U0499138

河南经济发展与生态环境保护耦合协调研究

祖恩厚 ◎著

Research on the Coupling and Coordination of
Economic Development and Ecological
ENVIRONMENTAL
PROTECTION IN HENAN

中国财经出版传媒集团
经济科学出版社
Economic Science Press
·北京·

图书在版编目（CIP）数据

河南经济发展与生态环境保护耦合协调研究／祖恩厚著. --北京：经济科学出版社，2024.5
ISBN 978 - 7 - 5218 - 5449 - 7

Ⅰ.①河… Ⅱ.①祖… Ⅲ.①生态经济－经济发展－研究－河南 Ⅳ.①F127.61

中国国家版本馆 CIP 数据核字（2023）第 252414 号

责任编辑：杨　洋　卢玥丞
责任校对：齐　杰
责任印制：范　艳

河南经济发展与生态环境保护耦合协调研究
祖恩厚　著
经济科学出版社出版、发行　新华书店经销
社址：北京市海淀区阜成路甲 28 号　邮编：100142
总编部电话：010 - 88191217　发行部电话：010 - 88191522
网址：www. esp. com. cn
电子邮箱：esp@ esp. com. cn
天猫网店：经济科学出版社旗舰店
网址：http：//jjkxcbs. tmall. com
北京季蜂印刷有限公司印装
787 × 1092　16 开　20 印张　405000 字
2024 年 5 月第 1 版　2024 年 5 月第 1 次印刷
ISBN 978 - 7 - 5218 - 5449 - 7　定价：79.00 元
（图书出现印装问题，本社负责调换。电话：010 - 88191545）
（版权所有　侵权必究　打击盗版　举报热线：010 - 88191661
QQ：2242791300　营销中心电话：010 - 88191537
电子邮箱：dbts@ esp. com. cn）

河南省社科规划办项目"生态强省背景下河南生态经济高质量发展路径研究"（2022BJJ047）资助

河南省研究生优质课程项目（项目编号：YJS2023KC14）资助

前言
Preface

从党的十八大开始，在中国共产党的领导下，中国特色社会主义走进了新时代。新的时代有新的特征，也有新的任务。因此，要把握时代特色，找出发展规律，不断展现蓬勃向上的生机活力，不断取得丰硕坚实的劳动成果。新的时代有新的方向，也有新的使命。因此，要改变我国社会经济的发展格局，由粗放型社会经济向集约型社会经济转变，并从高速增长走向高质量、可持续的发展阶段。不论是从经济学相关发展规律来看，还是从全球发达国家的实践经验来看，优先发展绿色、生态、循环产业，推动社会经济走向生态化，都是社会经济能够取得高质量发展的最为显著的特征之一。

我国自古便有"得中原者得天下"之说，地处中原腹地的河南省，既是我国具有重要战略地位的农业大省，同时也是具有举足轻重地位的经济大省，粮食产量、经济总量多年位于全国前列。不仅如此，作为中部地区和黄河流域最为重要的省份之一，河南省不仅是中部地区崛起国家战略的主要担纲者，还是黄河流域生态保护和高质量发展国家战略的重要执行者，同时也是"一带一路"、大运河文化带、"美丽中国"、乡村振兴等国家战略的重要参与者。可以说，这些国家重大发展战略是河南省实现社会经济发展的"天赐良机"。抓住时代机遇，对接国家重大发展战略，实现社会经济高质量发展，完成社会经济转型，推动国内生产总值更进一步、再上一层，既是河南省相关领导必须要承担的责任使命，也是专家学者务必要思考的重大课题。而对河南省社会经济与生态环境之间的关系进行研究，从其耦合协调度出发，通过生态经济化、经济生态化、产业生态化、生态产业化等手段，寻找到提升河南省社会经济与生态环境耦合协调度的有效方法和推动河南省生态经济高质量发展的准确路径，无疑是实现河南省社会经济高质量发展的纾难之策、破局之道。

河南省是我国最早注重生态文明建设的省份之一，早在 2010 年，河南省便提出"全力建设生态大省"的口号。2021 年，河南省把建设生态强省提上日程，通过为山区增绿、建设农田防护林、大力开展环境保护与生态修复等举措，使生态文明建设稳步向前推进。2022 年 3 月，河南省出台《河南省"十四五"生态环境保护和生态经济发展规划》，计划到 2035 年时，初步建成生态强省。该规划因此成为加快推动河南省生态强省建设步伐的新蓝图，同时也是我国第一个将生态环境保护和生态经济发展进行融合的省级规划，在全国率先开展生态环境保护和生态经济发展融合工作，从而推动生态经济高质量发展。在其中，河南省明确提出七大战略，即碳排放碳达峰战略、黄河流域生态环境保护战略、南水北调中线水源地生态安全保障战略、大运河绿色生态带建设战略、革命老区绿色振兴发展美丽中国战略、乡村生态振兴战略以及城市生态环境提质战略等，不仅是对国家重大发展战略的紧紧呼应，更是河南省发展生态经济、实现生态高质量发展的坚定表达。

通过本书相关研究，希望能够为河南省如何更有效地利用现有资源，怎样把握未来生态强省建设发展方向，借以提升其综合实力，从而为推动生态环境与社会经济实现高质量发展提供一些思路和帮助，同时也为其他省份的生态文明建设以及生态强省建设提供一定借鉴和参考。苟能如此，对本书作者来说，不啻为功德一件，也算是为河南省发展建设所作出的一些努力和贡献。

祖恩厚

目录
Contents

第一章

绪 论

第一节 研究背景、目的及意义

一、研究背景

2008 年注定是一个不寻常的年份，随着美国次贷危机的爆发，华尔街引发了一场风暴，继而在全球范围内掀起了金融海啸，众多国家纷纷陷入了金融危机。此后，从西方发达国家开始，艰难走出金融危机的世界诸国开始意识到自身经济存在的致命性缺陷，开始想方设法加以弥补，低碳环保的绿色经济渐渐被提上日程并越来越受到重视，全球经济迈向绿色经济优质发展的新征程。为刺激绿色经济的发展，推动自身经济绿色化、生态化、高质量化，全球各国纷纷制定了促进低碳经济、环保经济、绿色经济、生态经济以及循环经济等新型经济走向快速发展之路的政策，并对这些新型经济进行大力扶持，从而推动本国经济又快又好的转型，使本国经济增长走上健康、绿色、优质、高效之路。

经过改革开放以来四十余年的发展，尤其是进入 21 世纪之后与世界经济的良好接轨和紧密融合，当前我国社会经济正展现出良好的发展势头，开始从粗放型经济向集约型经济转变。虽然受金融危机冲击的影响较小，但随着时代的发展和社会的进步，我国社会经济也逐步走向高质量发展之路，经济增长从之前的注重数量和速度，也转向注重质量和效率，社会经济高质量发展，既是我国社会体制转型的需要，也是适应当前新形势的需求。

推动社会经济高质量发展，要走经济发展、社会进步、人民富裕、环境友好、生态良好之路，走推动生态环境与社会经济和谐发展之路，也就是说，发展社会经济不能以损害环境、破坏生态为代价。早在 2005 年，时任浙江省委书记的习近平同志就曾在《浙江日报》上撰文指出："我们追求人与自然的和谐，经济与社会的和谐，通俗地讲，就是既要绿水青山，又要金山银山"①。这对社会经济生态化、绿色化、优质化提出了更高要求。在 2017 年 10 月 18 日召开的党的十九大会议上，"绿水青山就是金山银山"的生态经济发展理念被写入《中国共产党章程》。在 2018 年召开的全国"两会"上，更是通过宪法修正案，将生态文明建设以及"美丽中国"发展理念写入《中华人民共和国宪法》。因此，我国社会经济在进入增长新阶段、发展转型期阶段，要走高质量发展之路，就要以生态优先思想为前提，以绿色发展理念为指导，否则，一味追求经济增长只能走入死胡同，不切实际地讲求发展转型只能是纸上谈兵。

全国如此，各省亦是如此。地处中原的河南省自古便是群雄逐鹿之地，历史悠久、文化厚重，同时拥有丰富的人口资源、土地资源和矿产资源，既是农业大省，也是经济大省，不仅粮食产量多年名列全国前茅，经济总量也多年位于全国前列，在中部地区更是首屈一指。近年来，随着中部崛起、"一带一路"、黄河流域生态保护和高质量发展以及大运河文化保护传承利用等重大国家战略的提出与实施，河南省已经成为我国发展速度较快、发展势头良好、发展潜力巨大的省份。与此同时，河南省山河锦绣、草木丰茂，境内不仅有太行山、伏牛山、桐柏山、大别山、邙山和嵩山等生态历史名山，还有黄河、淮河和海河等自然文化大川，物种多样丰富，环境生态优美。河南省作为黄河流域和我国中部最为重要的省份之一，在保护黄河流域生态、推动中部社会经济高质量发展之路上肩负着极为重要的责任与使命。然而，与东南沿海发达省份相比，河南省发展步伐稍显缓慢，经济增长有所不足。按照习近平总书记提出的生态优先与绿色发展并行的经济发展新要求，对照我国建设蓝天白云、绿水青山、沃土如金、环境优美、生态和谐的美丽中国总体目标，河南省生态经济占整体经济的比重还不够大，发展动能稍显不足，社会经济发展与生态环境保护的协调程度还需要进一步加深，具体表现在以下方面：生态保护问题虽然越来越受到重视，但并未将其放在最优先的位置；由于仍然属于经济欠发达省份，保持经济增长速度一直是其考虑的最优先项；对其境内山川河流的生态破坏、环境污染问题重视程度不够，思想认识不足，尤其是对黄河流域生态环境治理问题缺乏行之有效的应对措施；出于发展经济的目的，对重点排污企业监督力不够，有时甚至对非法排污行为睁一只眼闭一只眼等。党中央环境保护督察组、国务院环境保护

① 习近平. 绿水青山也是金山银山 [N]. 浙江日报，2015 - 08 - 24.

部等相关部门曾对此进行督查,并做出严重问责,给河南省造成较大的社会压力。

事实上,早在2010年,河南省便提出了"全力建设生态大省"的口号,要在"十一五"期间坚持生态环境保护的前提下,使社会经济发展得到优化,并把生态环境保护和节能减排作为推动相关产业转型、贯彻落实科学发展理念、促进产业结构调整等的重大举措,大力推行低碳经济,全面推动河南省建成生态大省。2021年,河南省通过为山区增绿、建设农田防护林、大力开展环境保护与生态修复等举措,推动生态文明建设稳步向前。① 2022年3月,河南省出台《河南省"十四五"生态环境保护和生态经济发展规划》,以深入打好环境污染防治攻坚战、促进生态系统修复、大力发展绿色生态经济、筑牢环境生态安全底线等重要措施为手段,绘制生态强省建设的宏伟蓝图。该规划是将生态环境保护和社会经济发展相互融合,推动整体良好均衡发展的省级规划。与此同时,河南省还制定了远景目标,计划到2025年时,基本建成森林河南,预计到2035年时,初步建成生态强省。建设生态强省,提升国民经济的"低碳含量",已经成为河南省目前乃至今后很长一段时间内的重要战略目标。

河南省的实际情况是虽然经济总量还算可观,但人口基数大,人均经济水平还很低。因此,发展社会经济仍然是河南省实现自身发展、推动自身进步的主要目标和重要方向。河南省必须要加快社会经济发展步伐,一方面,积极发挥自身优势,在传统行业和传统领域寻求破局之道;另一方面,补齐自身短板,在新兴行业和新兴领域寻求突破,谋求创新,从而推动社会经济全面发展,早日实现全面建成小康社会战略目标。

因此,河南省社会经济发展应该建立在生态环境优先的基础上,将生态环境保护提升到至关重要的位置,通过对相关产业进行生态化改造和发展,实现生态产业化、产业绿色化、企业环保化、产能创新化、高新技术推动的发展。总而言之,河南省要通过构建融合低碳经济、绿色经济和循环经济的现代化经济体系,形成生态环境优先特点突出、绿色发展特征鲜明的新型经济模式,通过积极探索、勇敢尝试、大胆改革、奋力创新,从而走上生态保护与经济发展珠联璧合、环境优化与社会进步相得益彰、经济高质量发展与产业优质化创新并行不悖的康庄大道。

二、研究目的

河南省加快建设生态强省是贯彻习近平生态文明思想重要指示精神的内在要求,

---

① 王东风. 河南九项举措推进生态强省 [N]. 中国绿色时报, 2021-11-11.

是加快推动河南全面振兴、全方位提升的战略选择，是从根本上解决河南生态环境问题的最为重要的途径之一。

问题导向重点突出，难题解决迫在眉睫。就当今而言，无论国内还是国际，环保经济、绿色先行、低碳发展都是主流，如何在生态环境优先的前提下，多快好省地发展社会经济，是国内外相关研究者面临的重大课题，也是从中央到地方各级政府、相关部门亟待解决的重要难题。因此，以生态强省为背景，对河南省生态环境和经济发展之间的关系进行深入研究，对它们之间出现的矛盾进行认真分析，以习近平生态文明思想为指引，以"美丽中国"、黄河流域生态保护和高质量发展等重大国家战略为契机，提出河南省构建绿色、低碳、环保、循环等新时代经济体系的初步构想，无疑是恰逢其时的。

本书通过翔实的数据、丰富的资料、科学的分析，深入探析适合河南省生态经济高质量发展的路径，并给出相关建议，这对于河南实现更有效地利用现有资源、把握未来生态强省建设发展方向、提升本省整体综合实力、推动生态环境与社会经济实现高质量发展具有重要的现实意义，同时也为其他省份生态文明建设以及生态强省建设提供一定的借鉴和参考。

三、研究意义

从理论方面来讲，通过笔者深入而系统的研究、翔实而严谨的分析，能够使绿色发展理念进一步延伸，使生态环境优先理论得到进一步充实。近年来，随着绿色经济受到世界各国越来越多的关注，无论是绿色发展理念还是生态环境优先理论，都是国内外学者聚焦和研究的前沿性理论课题。本书以河南省为研究对象，在探讨生态环境和社会经济发展之间关系的同时，积极探索生态环境助推社会经济高质量发展的有效路径，有助于补充绿色发展理念，完善生态环境与社会经济优先理论。

从实践方面来讲，通过笔者深入实地走访调研以及对症下药给出解决问题的方案，不仅能够为河南省走上生态经济高质量发展之路提供方向指引，还能为助推河南省成为生态强省提供策略建议。如今，提升社会经济水平的生态环境含量，已经成为世界各国的共识，并成为我国各省市奋力争取的目标方向。在河南省内部，更是已经全面铺开，正在如火如荼地开展着。然而，由于缺乏成熟的经验支撑和成功案例的佐证，导致其理论并未得到充分论证和充足验证。因此，就目前的现实状况而言，亟待对实际案例进行总结分析、对基本经验进行概括归纳，从而上升至理论高度，并以此指导更多的现实操作、适用于更广泛的领域空间。

细分来讲，其意义主要体现在以下三个方面。

（1）越来越多的研究聚焦在绿色发展和生态环境优先上，是我国社会主要矛盾转变之后，人民新的价值观不断得以塑造的结果。

自新中国成立后，在很长一段历史时期之内，由于生产力落后，我国社会的主要矛盾都体现在人民群众日益增长的物质需求、文化需要和落后的生产力不相匹配。当落后的生产力满足不了人民群众对物质和文化的心理需求时，其他社会矛盾也会不断涌现。然而，当具有中国特色的社会主义不断前进、一路前行，走入新时代时，我国社会的主要矛盾也在悄然发生变化。在党的十九大报告中，习近平总书记指出，"中国特色社会主义进入了新时代，我国社会主要矛盾已经转化为人民日益增长的美好生活需要和不平衡、不充分的发展之间的矛盾"①，从而为新时代中国特色社会主义事业指明了前进方向，为我国人民未来的奋斗征程奠定了思想基础。我国社会的主要矛盾发生了变化，意味着其基本特征在不断发生变化，具体内涵也在不断发生变化。具体表现在：当年，我们求温饱，如今，我们求环保；当年，我们求生存，如今，我们求生态；当年，允许一部分人先富起来，以先富带动后富，如今，要共建共享，共同富裕；当年，我们追求社会经济飞速、高速增长，如今，我们追求社会经济高质量、优质发展等。新要求带来新矛盾，新矛盾催生新目标，新目标指出新方向，新方向明确新追求。这些新追求既是我国社会主要矛盾发生变化后人民群众新要求的体现，也是中国特色社会主义走进新时代之后具体特征的转变。也就是说，随着吃饱穿暖、安居乐业等最基本的物质文化需求不断得到满足，如今，我国人民一方面对物质文化生活有了更高层次的要求，另一方面对法治、民主、正义、公平、环境、生态、安全、质量等方面的心理精神需求也随着时代的前进不断增长。

时代在前行，人民群众也在不断进步。七十余年的经济发展和社会建设使我国人民不断得到成长。之前，人民群众对美好生活的追求，更多地表现在物质上；如今，人民群众对美好生活的追求，更多地表现在精神上。这样的转变是天翻地覆的，对此，我们务必要有十分清醒的认识，要深刻意识到目前我国社会发展不均衡、不充分、不协调的现状已经成为我国社会主义事业持续向前推进的绊脚石，不仅难以满足人民群众对美好生活日益增长的需求，减少人民群众对前途未来持之以恒的信念，还无法适应中华民族伟大复兴征程当前这段时间以及未来很长一段时期的目标。最突出的几点表现便是发展质量不高、发展效率低下、创新水平不高、科技能力难以持续提升、实体经济不够强大以及生态环境破坏严重等。长此以往，不仅会成为我国社会经济发展的制约因素，还会成为我国社会主义建设事业的重要负担。

---

① 决胜全面建成小康社会 夺取新时代中国特色社会主义伟大胜利［R］. 中国共产党第十九次全国代表大会，2017.

（2）越来越多的研究聚焦在绿色发展和生态环境优先上，是我国"五位一体"建设战略布局不断深入、不断铺展的结果。

经过千难万险，中国共产党领导全国各族人民成立了中华人民共和国。然而，新中国成立之初，积贫积弱、满目疮痍、百废待举、百业待兴，因此，我国将以经济建设为中心作为基本国策。在很长一段历史时期，我国都将经济建设当成国家建设的重中之重，以实现经济飞速增长。但是，由于片面追求经济效益，一门心思发展经济，许多地方、许多人不惜污染环境、破坏生态，造成环境恶化、生态损伤。更有甚者，在将生态环境资源转化为社会经济效益的时候，通过过度消耗、肆意浪费各种生态环境资源，来获取丰厚的社会经济效益的情况屡有发生，并有愈演愈烈之势，最终导致生态环境资源难以合理配置，消耗过大、浪费严重，使得环境污染日益加剧、生态平衡不断遭到破坏。面对生态环境问题越来越严峻的形势，我国政府审时度势，下定决心治理环境、改善生态，并在党的十八大报告中适时提出"五位一体"整体进行建设的战略决策。所谓"五位一体"，即经济建设、政治建设、文化建设、社会建设和生态文明建设总体布局，统筹安排，全面实施，整体推进。"五位一体"战略，是在经济建设、政治建设和文化建设的"三位一体"的基础上，经过经济建设、政治建设、文化建设和社会建设"四位一体"战略调整而来，这样的调整转变过程，正是理论指导实践、实践修正理论，两者有机结合、不断调整、逐步发展并日臻完善的过程。在"五位一体"之中，经济建设为根本，政治建设为保障，文化建设为灵魂，社会建设为前提，生态文明建设为基础，五者有主有次、有因有果，主次分明、互为因果。因此，在现阶段我国学者针对资源开发和利用而做出的相关研究，其重点已经发生转移，在对资源进行开发和利用的过程中，如何对环境进行保护，如何对生态进行修复，如何节能减排，如何在低排放、低消耗、低能量的基础上实施，是学者们研究的主要方向。与此同时，也要看到，只有在全民之中倡导低碳生活方式，养成全民节约的习惯，建成节能型社会，才能真正做到节能减排；只有建立生态优先、绿色生产、节能环保的工业模式，培养节约资源、节省能源、环境友好的消费方式，才能真正做好节能减排。因此，针对资源的再次利用、多次利用、循环利用进行研究便显得尤为重要，如果在这些方面能够取得突破，可以保证我国社会经济高质量发展过程中所需要的资源得到充分而持续的供应。这对于我国社会经济建设以及社会主义事业发展而言，都具有重要意义。

（3）越来越多的研究聚焦在绿色发展和生态环境优先上，是我国在推动社会经济高质量发展过程中呼声越来越高的结果。

我国自实施改革开放以来，经济增长速度一直保持在较高水平（见图1.1），虽

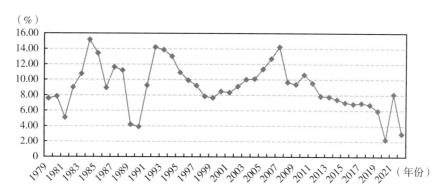

图 1.1　我国改革开放以来 GDP 增长率

资料来源：《中国统计年鉴》2022 年。

然对我国社会主义事业的发展形成坚实有力的支撑，但也应看到，之所以能够在经济上取得骄人的成绩，主要得益于我国实施的是抓大放小、偏重数量不重质量、追求速度不求效率的社会经济发展模式。这一模式正是高能耗带来快速度、快速度造成高污染、高污染催生低产出的发展模式。虽然能够使我国社会经济保持着四十余年的较快增长，并有十余年增长率均保持在两位数水平，呈高速增长，但是也造成了生态破坏严重、环境污染加剧的不良局面，资源遭到大量消耗，环境遭到大范围破坏，生态造成严重损伤。这种"杀敌一千，自损八百"的发展模式走到今时今日，早已经是不堪重负、难以为继。我国就当下而言，"资本在投入与产出的比例方面正呈现出逐年下降的趋势。在目前的情形之下，我国的 GDP 每增加 1 元，就要多增加 6.9 元的投资，经过对比，我国的投资回报比不仅远远低于西方发达国家的平均水平，即便与我国 10 年前的数据相比，也有着较大幅度的下降。在 2008 ~ 2017 年这十年间，我国增量投资回报比平均为 5.7，而在 1998 ~ 2007 年这十年间，我国增量投资回报比平均仅有 4.0"①。2014 年 5 月，习近平总书记在河南考察时指出："中国发展仍处于重要的战略机遇期，我们要增强信心，从当前中国经济发展的阶段性特征走出去，去适应新常态，同时保持战略上的平常心态"。② 在此，需要着重指出的是，习近平总书记所强调的"经济新常态"，正是指调整优化我国现有经济结构，将经济增长速度由高速转为中速。我国社会经济发展模式，正在从之前追求规模、注重速度的粗放型增长向追求质量、注重效率的集约型增长转变③。也就是说，所谓社会经济高质量发展，其核心之处便在于在追求经济增长的同时，也要注重环境保护和生态平衡，促进彼此协调发展、均衡发展，在生态环境优先

---

① 靳涛，踪家峰. 中国转型期粗放式经济增长模式探讨 ［J］. 改革，2005（8）：18 - 22.
② 中共中央文献研究室. 习近平关于社会主义经济建设论述摘编 ［M］. 北京：中共文献出版社，2017.
③ 李鑫. 浅析中国经济新常态的提出 ［J］. 中国市场，2017（25）：29 - 30.

的前提下，在绿色发展的基础上，增强我国经济活力、提高科技创新力、提升核心竞争力。社会经济高质量发展，是少污染、低能耗、高效率、多循环的绿色健康发展，通过提升生产力的绿色指数，从而走上生态经济协调融合之路，借以推动社会经济的可持续发展，并为子孙后代的未来发展奠定坚实的基础、开创良好的局面。

第二节　研究内容、路线及方法

一、研究内容

第一章为绪论，主要介绍研究背景、目的及意义；研究内容、路线及方法；国内外研究现状。生态环境与社会经济能否和谐共存、相互促进，关系到全人类能否可持续发展，也关系到世界各国社会经济能否得到健康长足发展。伴随着生态环境在全球范围内恶化，并呈现出越来越不利的局面，为确保发展的顺利进行，并使未来的发展具备可持续性，世界各国对生态环境破坏问题日益重视，如何减少对生态环境的破坏，修复已经破坏的生态环境，并使未来社会经济发展呈现低能耗、高效率的态势，是国内外学者研究的重中之重。为了对人类社会赖以生存的自然环境进行保护，使本国经济得以绿色发展，探讨生态环境与社会经济之间关系的相关理论受到各国学者的普遍关注，经过多年的积累，已经拥有一大批较为成熟的研究成果。对现有文献进行搜集整理，并进行归纳分析，借以验证生态经济高质量发展理论的可行性，展望生态经济高质量发展的前景，拓宽河南省社会经济发展的思路，从而走上生态经济高质量发展之路。

第二章为国内外生态经济发展阶段研究。在传统工业文明之中，尽管有针对生态环境的相关要求，但并非重点，更难以成为其有机组成部分。如今，随着人们对生态环境提出的要求越来越高，在新型工业文明之中，生态文明占据很大比重，社会经济发展不应以牺牲生态环境为代价。相反，保护我们赖以生存的环境，促进生态平衡，不仅能够推动社会经济发展，还能使社会经济发展走上高效率、低能耗之路。这是生态文明的发展要求，也是新工业文明区别于传统工业文明的主要特征。需要指出的是，生态环境保护与社会经济发展的协调融合并非一蹴而就，而是不断深入、不断更新的漫长过程，因此其融合发展的历史具备一定的阶段性特征。库兹涅茨的环境曲线理论同样适用于生态环境与社会经济这两者之间产生联系的过程，就西方发达国家生态与经济相互关联的历史阶段而言，可以分成四个阶段，即生态经济矛盾产生期、生态经济矛盾加速期、生态经济矛盾爆发期以及生态经济融合促进期。就我国现实状况而言，生态环境与社会经济相互关联的历史阶段也可分为四个阶段，但和西方发达国家不尽相同，我国先后经历生态经济大致协调期、生态经济矛盾产生期、生态经济矛盾爆发期以及生态经济矛盾平息期。

　　第三章为改革开放以来我国政府推进生态经济高质量发展进程分析。改革开放以来的这四十余年，是我国社会经济高速发展的重要时期，也是验证生态环境与社会经济能否产生良好关系的关键时期。幸运的是，中国共产党的领导集体普遍对生态环境与社会经济之间的关系较为看重，对社会经济发展过程中的生态环境因素尤为重视，屡次强调要加强生态环境保护。我国改革开放以来的生态环境与社会经济融合发展的历史大致可以分成四大阶段，即生态经济融合发展的孕育期（1978～1989年）；生态经济融合发展的推进期（1989～2003年）；生态经济融合发展的成长期（2003～2013年）；生态经济融合发展的成型期（2013年至今）。需要着重指出的是，自党的十八大召开以来，对生态环境与社会经济融合发展的重视达到前所未有的高度，以习近平同志为核心的党中央不仅将对生态环境的保护写入相关法律法规，还从制度层面进行了约束。在习近平生态文明思想的指导下，我国在坚持走生态经济可持续发展道路的同时，并将生态文明建设置于和经济、政治、文化以及社会等方面的建设同等重要的位置，坚持将社会经济发展与生态环境保护相结合，融合推进、协作共赢。在中国特色社会主义建设事业的未来征程中，我国的生态经济建设不仅要继续坚持中国共产党的领导，还要与我国现阶段的实际情况相结合，使生态经济建设理论不断充实和完善，使生态经济建设实践不断得到创新和优化，从而为我国生态环境与社会经济之间的相互促进、彼此协调提供必要的前提。

　　第四章为习近平关于生态经济重要论述的形成研究。习近平总书记关于生态经济体系的重要论述并非一朝一夕形成的，也非短时间内苦思冥想的结果，而是有深厚的理论基础和丰富的实践经验作为支撑，并且经过很长时间的修正、转化、调整、提高、补充以及丰富。而其中的"绿水青山就是金山银山"，即"两山"理论，无疑是我国生态经济融合发展思想理论的结晶，同时也是习近平关于生态经济重要论述的不可或缺的组成部分。习近平关于生态经济重要论述的形成过程，可以分为四个时期，即习近平关于生态经济重要论述的孕育期、习近平关于生态经济重要论述的雏形期、习近平关于生态经济体系重要论述的成长期和习近平关于生态经济重要论述的成熟期。在习近平生态文明思想的指引下，我国生态经济高质量发展不仅勇敢迈进新时代，"美丽中国"建设的新征程也从此开启。为推进我国生态经济高质量发展，习近平总书记认为要从以下五个方面重点入手：其一，加快生态文明体系的构建步伐；其二，全面推进绿色发展；其三，致力于解决突出生态环境问题，将其作为民生领域的优先选项；其四，有效防范生态环境风险；其五，促进生态环境治理水平稳步提升。

第五章为河南省生态经济高质量发展现状研究。河南省是黄河流域和我国中部的重要省份，生态经济占整体经济的比重低于东南沿海发达省份，发展动能较低且社会经济发展与生态环境保护的协调度略低。具体来说：经济水平稳步提高，生态经济后劲十足；生态建设成效明显，环境质量持续向好；对接重大战略机遇，形成融合发展合力。同时，河南省生态环境与社会经济的协调融合也出现了诸多问题：自然资源压力依然很大；经济转型任务依然艰巨；环境污染状况不容乐观；生态系统退化亟待遏制；生态产业结构单一等。

第六章为生态环境与社会经济耦合协调发展评价体系构建。推动生态环境与社会经济高质量发展至关重要，需要河南省积极探索一条满足自身需求、适合自身发展的社会和谐、经济发展、生态绿色、环境友好之路。在进行耦合协调发展评价体系构建时，需要遵从科学性、可行性、完整性以及动态性等四个原则。在进行耦合协调发展评价指数选取时，需要注意的是，这些指标必须是可以量化的，而且能够通过具体数值来表示，用直观数据进行反映。河南省生态环境发展评价指数系统分为生态环境容量、生态环境污染以及生态环境治理等三个方面；河南省社会经济发展评价指数系统包含社会经济结构、社会经济规模以及社会经济潜力等三个部分。上述三个方面和三个部分又可进行细分，继而明确具体的评价指数及各自权重，进而构建耦合协调模型，确立相应的评定标准。

第七章为河南省生态环境与社会经济耦合协调度综合分析。首先是对生态环境与社会经济综合发展水平进行评价分析，2007～2022年的十六年里，河南省生态环境与社会经济耦合度在图上略成"M"型；其次是对生态环境与社会经济耦合协调时空变化进行分析，十六年来，河南省生态环境与社会经济耦合协调度从2007年时的离散状态达到2022年时的耦合状态，生态环境与社会经济之间的关系从相互制约到相互促进，这两大系统开始彼此成就、相得益彰，并渐渐走向耦合度更高、协调度更好的良性发展、健康发展；再次是对河南省生态环境与社会经济耦合协调空间变化进行分析，对于河南省下辖的18市来说，生态环境与社会经济耦合度数值基本上均呈现出不断增加的发展态势；最后是对生态环境与社会经济耦合协调度空间关联进行分析，河南省下辖的18市生态环境与社会经济耦合协调发展水平在局部空间集聚态势方面表现出各自的不同，很难从中发现可以进行整体归纳和概括总结的客观规律。

第八章为生态强省背景下河南生态经济高质量发展路径选择。在全球科技浪潮的推动和国内社会经济高质量发展的鼓舞下，河南省应该紧抓机遇、迎接挑战，以新经济为抓手、以新业态为方向、以新理念为指导，坚持生态经济先行、绿色产业优先的原则，以创新作为驱动、高端形成引领、生态集约运作，从而使本省生态环境与社会经济的耦合度更高、协调度更好。因此，河南省要以思维先行，强化社会经济生态化意识；使行动得力，健全现代产业绿色化机制；用政策保障，夯实生态经济热潮化根基，从而走出一条生态环境与社会经济高质量发展之路，走出一条使生态环境问题得到有效解决的社会经济优质增长之路，走出一条使生态环境污染得到有效防治的整体发展健康的有效之路，走出一条生态环境得到有效保护的民生改善、群众富裕之路。

第九章为相关案例分析。其一是黄河流域旅游经济与生态环境耦合协调研究，以黄河流域九省为研究对象，收集各省统计年鉴相关资料作为样本数据，基于整理的 2012 ~ 2021 年的各项数据指标，对黄河流域旅游经济与生态环境系统相互作用程度和空间相关性特征进行测量分析，2012 ~ 2021 年黄河流域生态环境整体呈现波动式发展趋势。九省之间生态环境系统综合得分差距不明显，但生态环境质量有着不平衡发展的趋势。其二是河南省旅游经济分异驱动机制研究，对河南省旅游经济变异的时空规律进行分析，进一步研究旅游经济发展的驱动机制，使各地对自我旅游业发展状况有更清晰的了解，并为其区域旅游发展的科学化、特色化、区域化提供理论指导，为促进全域旅游协调、持续、高效、健康发展，助力地区经济实现高质量发展提供科学参考。

第十章为结论。建设生态强省，提升国民经济的"低碳含量"，是河南省今后很长一段时间内的重要战略目标。要想走生态强省之路，就要针对河南省独特的地理环境、自然资源形势以及社会经济状况，实事求是、量力而行、量体裁衣、对症下药；就要以习近平新时代生态文明思想为根本指引，以我国新时期绿色发展理念为基本遵循；就要积极调整经济发展促进社会进步的整体思路，让生态优先理念根深蒂固，形成固定思维，成为不可逾越的规矩和社会经济发展的前提与根本；就要对环境生态的可承载范围进行认真衡量，对经济发展做出通盘考虑，在确保生态环境安全无虞乃至越来越好的基础上，促进经济增长，加快经济发展，推动河南省在中部崛起的伟大征程中成为越来越重要的力量。河南生态经济高质量发展路径选择有三条，即强基之路、破局之路和保赢之路。

二、研究路线（见图1.2）

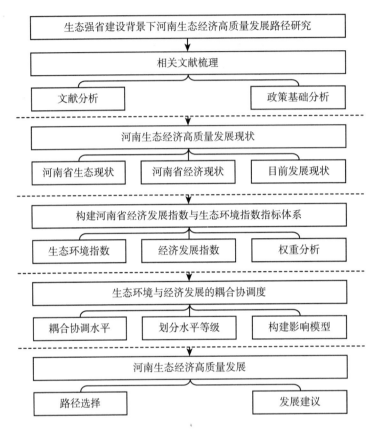

图1.2 生态强省建设背景下河南生态经济高质量发展路径研究技术路线

三、研究方法

（一）文献综述法

在环境污染日益严重、生态破坏触目惊心的当今，生态经济融合发展是大势所趋，也是世界各国的现实需求。生态经济融合发展理论受到国内外众多学者的重点关注，而且已经积累下较为丰硕的理论实践成果。因此，对现有文献进行搜集整理、并加以分析总结，能够熟练掌握生态经济融合发展理论的内涵外延，并清晰把握生态经济融合发展理论的目前状况和未来发展方向，从而为生态强省背景下河南生态经济高质量发展路径研究奠定坚实的基础。

（二）环境库兹涅茨曲线学说

美国经济学家西蒙·史密斯·库兹涅茨（Simon Smith Kuznets）根据自身推测和大量经验证实，在 1955 年提出倒"U"型曲线学说。他认为经济发展和收入差距变化之间的关系是呈倒"U"型的。也就是说，在经济未能得到充分发展的时间段，受经济发展的影响，收入分配则趋向于不平等化，而在经济得到充分发展的时间段，受经济发展的影响，收入分配则趋向于平等。倒"U"型曲线也常以提出者的名字命名，称作库兹涅茨曲线学说。

20 世纪 90 年代，美国经济学家格鲁斯曼（Grossman）和艾伦·克鲁格（Alan Krueger）等发现库兹涅茨学说同样适用于生态经济领域，在对众多具体污染物进行系统研究后，二人提出环境库兹涅茨曲线学说。该学说认为，生态环境与社会经济之间的关系呈现倒"U"型（见图 1.3），具体而言，当一个国家的经济处在刚刚起步阶段，出现的生态环境问题并不是很多，随着经济发展的速度加快，这个国家的生态环境问题会越来越多、不断涌现，直到该国经济发展到一定程度并进入繁荣期的时候，该国生态环境状况便会得到一定程度的改善，并呈现出逐渐向好、越来越好的趋势。

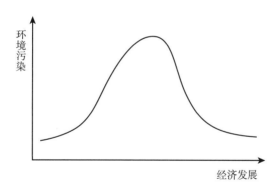

图 1.3 环境库兹涅茨曲线（环境污染与经济发展关系）

资料来源：王国印 . 实现经济与环境协调发展的路径选择——关于我国经济与环境协调发展理论与对策研究 [J]. 自然辩证法研究，2010，26（4）：83–88.

在环境库兹涅茨曲线学说看来，随着人均收入水平的提高，人们对生态环境的要求也会越来越高。具体来讲，当本国经济处在较低水平的时候，人们吃不饱、穿不暖，难以安居乐业，生活的主要目的便是填饱肚子、免于饥寒，生态环境问题对他们而言，并非首要选项；当本国经济处在较高水平的时候，人们能够吃饱穿暖，开始追求更高层次的精神食粮，对生活环境、生态质量等也有了更高的心理预期，人们有能力也有意愿借助经济发展的红利，去改善生态环境，追求高质量生活。一方面，出于对生态环境保护的重视，可以购买绿色产品和环保商品；另一方面，出于对生态环境保护的责任，人们可以采取组织游行、参加集会等形式向当局者抗议，给执政者施压，从而推动政府相关生态环境保护政策制度的出台。

（三）矛盾分析法

对我国自改革开放以来生态环境与社会经济融合发展各历史阶段进行研究，必须采取一套科学系统、行之有效的方法，社会主要矛盾分析法便适用于这项研究分析。矛盾分析法是指观察和分析各种事物的矛盾运动，进而解决矛盾的一种方法。这是人们分析问题、解决问题的一种普遍的方法、根本的方法。矛盾分析法是马克思主义社会学的基核方法之一，对研究社会现象具有普遍适用性。它不仅能说明现在，而且能预测未来。尤其对宏观的、复杂的社会现象和社会问题的研究，有它独到的作用。矛盾分析法包括一分为二地看问题，具体问题具体分析，抓住重点和主流，坚持两点论和重点论的统一。

社会主要矛盾指引了社会发展的方向，提供了社会变革的动力，影响着社会各个方面的发展，同时也反映了社会基本矛盾。我国社会主要矛盾发生变化，与经济发展进入新的阶段渊源颇深，与科学技术的进步、思想观念的转变也有着极为密切的关系，因此，从社会主要矛盾的变化之中，能够发现生态经济产生联系的过程和生态经济融合发展的脉络。

（四）内涵外延分析法

在不同的历史阶段，同一事物的内涵和外延并不相同。以现代化这一词汇而言，在新中国成立初期，我国有实现四个现代化的提法，当时所谓的"四个现代化"，即农业现代化、工业现代化、国防现代化以及科技现代化；改革开放时期，我国又提出要建设"四个新的现代化"，彼时所谓的"四个新的现代化"，即工业现代化、城镇现代化、信息现代化以及农业现代化；进入 21 世纪之后，在四个新的现代化的基础上，又增加了一个生态现代化，成为五个现代化。随着我国现代化建设的整体推进、稳步实施，生态经济融合发展思想也从孕育走向定型，在先后经历孕育期、推进期、成长期和成型期这四个发展阶段之后，日臻完善、日渐成熟。习近平总书记提出的"绿水青山就是金山银山"理论便是我国生态经济融合发展思想走向成熟的重要标志，目前已经成为我国新时代生态文明建设和新时期构建"美丽中国"的理论指导。

（五）系统分析法

生态经济被视为层次分明、重点突出的一大系统，在这一系统之中，又可划分成三个等级。第一个等级称作一级生态经济系统。在该生态经济系统之中，仅有一些较为简单的线性物质流存在，具体而言，人类对资源进行开采，然后把废料弃之不用。在工业革命还未发生之时的漫长历史时期，便隶属于一级生态经济系统，在当时人类并没有意识到生态环境问题的重要性以及生态环境恶化产生的深远影响，只是将线性物质流进行简单叠加。在一级生态经济系统之中，虽然还未造成较为严重的生态环境问题，但也要看到，生态环境问题从此时开始已经出现萌芽。第二个等级称作二级生态经济系统。在这一生态经济系统之中，人类在进行工业生产时，已经开始使用较为清洁的生产方式，为应对层出不穷的生态环境问题，人类一方面对生态环境污染进行治理，另一方面对生态环境即将出现的问题进行预判严防。目前，世界上多数国家的工业体系便隶属于二级生态经济系统。在二级生态经济系统之中，资源虽然已经得到大规模利用，但利用并不充分。因此，不仅经济效益没有最大化，就连环境效益也没有最大化。应该看到，多数资源属于不可再生资源，是有限的存在，而生态的承载能力、环境的承受能力也是有限的。所以在二级生态经济系统中，必须将高能耗、高污染、低产出、低收益的不利局面彻底扭转，否则，当生态环境难以承受人类的废物废料时，这一生态经济系统便会崩溃。在二级生态经济系统之中，必须构建低碳环保、节能减排的产业结构，并走上生态经济融合发展之路。第三个等级称作三级生态经济系统。在这一生态经济系统之中，对资源可以进行循环使用，基本上不会有废水、废料、废渣等废弃物出现，即便上一个阶段出现废弃物，也会在下一个阶段进行资源回收并进行合理利用。废弃物再度转化为资源、对生态环境的影响降至最低、资源利用能够达到最大化，这当然是大多数企业梦寐以求的。因此，对国内外大多数企业而言，从二级生态经济系统迈入三级生态经济系统是必由之路，也是其升级转型的正确方向。

（六）态势分析法

态势分析法也叫 SWOT 分析法，于 20 世纪 80 年代提出。SWOT，S 即优势（strengths）、W 即劣势（weaknesses）、O 即机会（opportunities）、T 即威胁（threats），指的是组织本身的强项与弱项以及所处环境的机会与威胁，代表着该组织的惯常态势。使用态势分析法，可以对社会经济自身的优势和劣势、所遇到的机会以及所面临的威胁进行分析。如果结合经济组织的内部条件、外部条件、涵盖内容，还可以进行综合分析，从而形成 SO 战略（即增长型战略）、WO 战略（即弥补型战略）、WT 战略（即防御型战略）、ST（即拓展型战略）等四大类型战略。

（七）PS 模型评价法

PS（pressure-state）模型是由 PSR（pressure-state-response）模型精简而来。

PSR（pressure-state-response）模型，即压力－状态－响应模型，在环境质量评价学科之中，是对生态系统进行健康评价的一种常用评价模型，最早由加拿大统计学家大卫·拉帕波特（David J. Rapport）和托尼·弗兰德（Tony Friend）于 1979 年提出，对生态环境所面临的压力进行分析，具体而言是对自然资源现状、生态环境现状与人类响应这三者之间的关系进行分析。20 世纪八九十年代，由经济合作与发展组织（OECD）和联合国环境规划署（UNEP）等组织陆续将其应用于生态环境领域，构建对生态环境问题进行分析研究的框架体系。在该模型之中有三类指标，即 P 指标（压力指标）、S 指标（状态指标）和 R 指标（响应指标）。PSR 模型评价法应用比较广泛，早在 20 世纪 90 年代时，经济合作与发展组织（OECD）便将其应用于对农业系统可持续发展性的评价、对农业生态系统健康性的评价、对湿地系统健康性的评价、对水资源的承载能力的评价、对生态环境系统安全性的评价以及对风险的评价等众多领域。后来，PSR 模型再次拓展其应用领域，世界银行（The World Bank）将其应用于经济金融领域，用来对世界发展指标、世界知识与发展指标、可持续发展等进行评估，通过构建与绿色发展、生态发展、可持续发展等相关的 P 指标、S 指标和 R 指标，对相关影响因素进行分析。PS 模型评价法可以在生态经济融合发展评价指标体系之中得到应用，能够清晰明了地反映这些指标之间的关系。

（八）比较分析法

无论是西方发达国家，还是广大发展中国家，都十分重视生态经济，许多国家更是把生态经济、绿色产业当成本国经济结构调整的重要抓手，生态经济理念深入人心，其内涵和外延也在不断拓展延伸。当然，我国也不例外，无论是生态经济还是生态文明建设，都已经成为国内诸省的共识。在打造生态强省，提升社会经济发展的生态环境含量的过程中，河南省不仅需要对西方发达国家的先进经验进行借鉴和吸收，还要对国内其他省份的成功案例进行学习和化用，从而推动本省生态经济得到高质量发展。

（九）系统论

系统论（systems theory）是将研究对象作为一个整体系统，从系统的结构、行为、特点、规律、原则、功能及系统之间的关系等方面进行研究，并对其做出数字描述。在研究区域性生态经济时，便需要用到系统论，即将生态经济看成有机统一的整体系统来研究。在系统内部，各组成要素之间，关系如何、产生怎样的相互作用，都是生态经济系统论研究的重点。这样一来，便能规避相对单一化的机械论，从而更加符合生态经济自身实际。在对河南省生态系统高质量发展进行研究时，必须做到清楚掌握河南省生态环境与社会经济这两大系统内部各指标、各要素之间的关系，然后才能进行解读分析，从而做出正确的判断，继而找出适合河南省自身实际的发展路径。

▶ 第三节　国内外研究现状

生态经济融合发展不仅和全人类能否走上可持续发展道路紧密相连，更与世界各国经济建设的成功与否密切相关。随着全球工业化浪潮的愈演愈烈，地球的生态环境也在不断恶化，因此，世界各国对社会经济发展的生态环境含量越来越重视，减少对自然环境的破坏和对生态资源的依赖，成为全世界专家学者研究的重要课题，也成为全球有志之士努力的主要方向。为了对我们赖以生存的家园进行有效保护，推动世界各国经济走上绿色发展、生态发展之路，联合国陆续发布《我们共同的未来》《联合国气候变化框架公约》《京都议定书》等报告，号召世界各国行动起来，共同守护全人类的未来，并公布《绿色经济：联合国视野中的理论、方法和案例》，让各国进行借鉴并遵照施行。西方发达国家和国家联合组织也纷纷行动了起来，就节能减排、打造生态经济发出了倡议。英国政府发布了《我们能源的未来：创建一个低碳经济》能源白皮书，率先提出了节能环保的新经济概念——"低碳经济"：通过耗费更少的自然资源、造成更低程度的生态环境污染，来换取最大的经济效益，才是人类的正确生存之道。欧盟制定了《2020 发展战略规划》，并将绿皮书《能源政策》予以颁布，在其中以很大篇幅讲述了绿色增长的概念，强调了社会经济增长的生态环境含量，在其看来，绿色增长才是未来竞争的关键所在。为改变自然能源利用格局，使能源浪费有所降低，美国政府先后颁布了《国家能源政策》《能源政策法》《2025 年能源部战略计划》等法案，希望民众能够合理利用能源，最大限度降低能源消耗。我国政府很早便意识到生态环境之于我国生存与发展的重要性，早在 1994 年 3 月便颁布《中国 21 世纪议程——中国 21 世纪人口、环境与发展白皮书》，着重强调自然资源的稀缺性，重点指出在努力发展社会经济、推动社会经济增长的同时，也要合理开发利用自然资源，并加快以可再生能源过渡替换不可再生能源的步伐，从而推动我国经济走向可持续发展之路。需要着重指出的是，《中国 21 世纪议程——中国 21 世纪人口、环境与发展白皮书》是全世界第一部国家级《21 世纪议程》，由此可以看出我国政府的超前眼光和先见之明。

生态经济已经成为全球各国推动经济发展的主要方向，生态经济研究自然而然也就成为国内外学者的研究重点。经过国内外学者的辛勤努力，目前，生态经济研究已经取得了较为丰硕的研究成果，并奠定了坚实的理论基础。对现有文献进行搜集整理，并做出归纳汇总，然后加以分析总结，借以验证生态经济高质量发展理论的可行性，展望生态经济高质量发展的前景，可以拓宽河南省社会经济发展的思路，从而走上生态经济高质量发展之路。

一、国外生态经济学的研究现状

生态经济理论是由西方发达国家率先提出并兴起的。当然，这和西方发达国家最先兴起工业革命并在全球掀起一场惊人浪潮有着极为密切的联系。第二次世界大战结束之后，世界各国将主要精力从征战、备战转移到发展本国经济上来，第三次工业革命由此发起。20 世纪 60 年代，由于第三次工业革命的兴起，西方发达国家的科学技术发展突飞猛进，社会经济也得到前所未有的增长，人类文明开始步入前所未有的崭新局面。然而，一系列问题也陆陆续续地出现，如生态恶化、环境污染、人口爆炸式增长、各种疾病爆发等。这些问题愈演愈烈，使得人类社会受到史无前例的威胁，更为严重的是可持续发展随时都有被阻断的危险。有识之士正是看到这一点，才大胆站出来奔走呼喊，号召人们积极行动起来，正视生态破坏和环境污染问题。其中，以美国海洋生物学家蕾切尔·卡逊（Rachel Carson）最为知名。蕾切尔·卡逊于 1962 年出版的知名作品《寂静的春天》（*Silent Spring*），直指人类社会所面临的生态环境危机，引起了世界各国学者对生态破坏、环境污染以及资源浪费的重视。英国著名经济学家博尔丁（K. E. Boulding）也于 1966 年提出了著名的"宇宙飞船经济理论"（spaceship economy），从经济学视角对生态环境与社会经济之间的关系以及出现的问题进行了详细分析。1969 年，博尔丁出版的《一门科学——生态经济学》，首次提出了"生态经济学"这个词汇，并将其归为一门学科。

从此以后，生态经济理论日益受到各界专家学者的重视，许多经济学家开始致力于该理论的研究，并积极进行探索实践。半个多世纪以来，国外学者针对生态经济理论的研究已经取得了丰硕的成果，具体而言，可以归为下列几大类型。

（一）国外对生态经济定义的研究

"生态经济"这一词汇出现以后，纵观国外对"生态经济"的定义可谓众说纷纭，未能形成共识。生态经济学的提出者博尔丁（1969）认为"如今的经济社会系统是建立在自然生态系统之上的，因此，以人类经济活动为核心的社会经济活动是在大自然生物圈之内进行的"，在他看来，这样发展经济的方式便是生态经济①。美国著名生态经济学家赫尔曼·E. 达利（Herman E. Daly，1974）认为生态经济是相对新颖的交叉学科，既包含对生物学、生理学等的认识，也包含对社会科学的看法，其思想基础还是新古典主义经济思想。与此同时，他也认为，这种观察世界、剖析事物的方法是革命性，前所未有、闻所未闻。美国学者科斯坦萨·R（Costanza R.，1989）则认为，所谓生态经济是一种致力于对生态系统和经济系统之间关系进行深入研究的专门学科，在研究相关生态经济问题时，所用到的方法也是多学科交叉或者说跨学科集成的。可以看出，科斯坦萨对生态经济的定义聚焦在研究方法上。不过，他本人后来也承认，生态经济自身的内涵更为丰富，所指甚多，不能以一套完整的理论体系来概括，也不能给出统一的定义。与此同时，科斯坦萨敏锐地察觉到，针对生态经济所进行的相关研究，其着眼点一直在"致力于使生态经济问题得到解决"上。

事实上，随着时代的发展、科学技术的进步以及学者们对生态经济研究的不断深入，生态经济的定义也不断得到拓展和完善。不过，不管用怎样的方式来表述，不管从哪个视角来看，生态经济的核心从来不曾改变过，相信以后也不会改变，这便是——在寻求社会经济发展、追求社会经济增长的同时，都要考虑到生态环境。就像生态经济学一直强调的那样——经济与生态是紧密相连，甚至合为一体的，在发展社会经济的同时也要确保生态环境的安全。也就是说，如果社会经济系统想要健康发展，那就必须做到一个前提条件——生态系统是稳定的。

1. 可持续发展式生态经济

世界环境与发展委员会（WCED）于1987年出版了报告《我们共同的未来》，其中，对可持续发展这一理论进行如下定义——在满足当代人需求的同时，又不损伤后代人满足其需求的能力。可持续发展与生态经济有诸多共通之处，因此，一些生态经济学家便将两者联系起来进行研究，由此产生可持续发展式生态经济。不过，由于对可持续发展与生态经济两者之间关系的看法不同，对可持续发展式生态经济的定义也不尽相同。1990年，美国著名生态经济学家赫尔曼·E. 达利（Herman E. Daly）在阐述生态经济理论时，便在其中融入了可持续发展观式的表述。在他看来，所谓的可持续发展其实是以生态经济思想为基础，只不过，它作为可实践性很强的方法论存在。② 不过，对于赫尔曼·E. 达利的观点，许多学者并不认同，在他们看来，可持续发展的内涵更丰富，意义更深远，经济、社会、文化等诸多领域都能运用可持续发展思想，而生态经济只是对生态和经济之间的关系进行研究，范围太狭

① K. E. 博尔丁. 经济学与科学［M］. 丁寒，译. 香港：今日世界出版社，1977：42-29.
② Herman E. Daly. Toward Some of Sustainable Development［J］. Ecological Economics，1990（2）：1-7.

窄，内涵更局限，生态经济充其量只是可持续发展思想的一种体现，具备可持续发展性。基于这样的观点，美国学者科斯坦萨便把生态经济定性为"具有可持续性的科学管理思想"①。

2. 循环式生态经济、低碳式生态经济

两名英国环境经济学家 D. 皮尔斯（D. Pearce）和 R. K. 特纳（R. K. Turner）在 1996 年正式出版了著作《自然资源与环境经济学》。在该书中，他们首次提出了"循环经济"，认为这一经济模式和传统经济模式有着本质的不同。在两位学者看来，循环经济是解决全球资源枯竭、生态破坏以及环境污染等诸多问题的有力工具。然而，"循环经济"这一词汇早在二十多年前便已经出现，但直到今天，经济学界也没有给出相对一致的定义。一般而言，循环经济指的是在社会生产之中，通过重复使用自然资源，或者尽可能少地使用资源，并尽可能少地向环境排放废弃物，从而将对环境的危害减少到最低的一种经济发展模式。

英国政府于 2003 年发布的报告《我们未来的能源——创建低碳经济》中，率先使用了"低碳经济"这一词汇。该报告认为，当碳生产力经过漫长的发展历程，达到某一峰值时，低碳经济自然而然便会应运而生。在英国政府看来，通过发展低碳经济，可以使产品的国际竞争力迅速提高，从而达到对国际低碳市场的快速占领。这样一来，本国经济便会呈现低排放、高增长的良好局面。不过，实事求是来讲，所谓低碳经济，无外乎在使用能源时如何达到最高效率以及在进行能源结构调整时怎么达到最优效果这两点。2007 年，经过长达十余天的马拉松式谈判，"巴厘岛路线图"终于在联合国气候变化大会上通过，至此，针对因气候变化而导致的全球变暖问题终于有了被全球多数国家一致认可的解决措施。在"巴厘岛路线图"中，对低碳经济作出了具体阐述，认为它是生态经济的有机组成部分，不仅被视为是全人类在处理生态危机和环境污染问题时所能采取的最优方案，还被看成是世界诸国在调整社会经济结构、促进社会经济转型升级，从而走上可持续发展之路的唯一出路。事实上，无论是生态经济理论还是可持续发展理论，无论是循环经济理论还是低碳经济理论，都是全球学者在追求生态环境与社会经济耦合协调之道时所给出的正确答案。这四种理论相辅相成，你中有我、我中有你，甚至可以说有异曲同工之妙。只不过，可持续发展理论最为基础，其他三种理论都可被看作可持续发展理论的诠释和延伸。与此同时，其他三种理论也在验证着可持续发展理论，并为其提供操作性强、行之有效的工具。

随着相关研究的逐步深入和不断拓展，越来越多的专家学者形成一定共识，他

① Costanza R. What is Ecological Economics？[J]. Ecological Economics, 1989 (1): 1-7.

们认为无论是生态经济还是循环经济，抑或是低碳经济，其实从本质上来讲并没有任何不同，只是它们针对的问题不同、侧重的方向不同、关注的领域不同而已，低碳经济的着眼点在碳排放上，循环经济的着眼点在资源利用上，生态经济的着眼点在生态环境与社会经济协调发展上。整体而言，这三种理论所倡导的经济形态基本相同，即将节约资源、爱护环境、维系生态平衡作为主要特征。此外，三种理论都认为，只有降低资源消耗、保护自然环境、促进生态平衡，达到人与自然的和谐共处、协调发展，才是通向未来的康庄大道。[①]

（二）国外生态经济历史脉络梳理

1. 生态经济起源

早在 20 世纪 20 年代中叶，美国科学家麦肯齐（Mekenzie）将"生态学"这一概念首次应用在人类社会研究领域，同时指出，在对经济学进行分析的时候，不能不考虑其生态因素。从此以后，经济学与生态学便有了学科交叉，对二者进行交叉研究的学者渐渐多起来。英国知名经济学家 K. E. 博尔丁在 1969 年出版了《一门科学——生态经济学》，首次引入了"生态经济学"。书中明确要求，在对经济学进行研究时，必须对生态因素加以考虑，否则便难以全面。不仅如此，书中还对生态经济学所要研究的对象进行了具体阐述，同时认为生态经济学存世的意义在于要在社会经济系统和生态环境系统之间寻找不偏向任何一方的平衡点。以此为节点，生态经济学便正式"诞生"了。

2. 生态经济发展

我国学者周立华在 2003 年发表了《生态经济与生态经济学》，将生态经济理论在国外的发展历史划分成两个阶段[②]。其中，第一个阶段为生态经济理论孕育与诞生阶段，时间跨度为 1850～1969 年，以 K. E. 博尔丁所著《一门科学——生态经济学》出版为标志；第二个阶段为生态经济理论发展与繁荣阶段，时间跨度为 1970～1987 年，标志性事件众多，下面将进行详述。

生态经济理论发展与繁荣阶段是生态经济理论观点百花齐放、百家争鸣的时期。在这一时期，与自然资源、生态环境以及经济发展相关的研究论著如雨后春笋般出现，达到汗牛充栋的程度，使得生态经济学成为学者们的研究热点，并掀起一场研究热潮，继而席卷全球，成为一大文化现象。在当时，生态经济学不仅引起全球各国执政者的密切关注，也吸引了其他领域的专家学者参与其中，于是，生态经济学海纳百川、兼容并蓄，广泛吸收经济学、环境学、生态学、社会学等多门学科的观

---

① 杨运星. 生态经济、循环经济、绿色经济与低碳经济之辨析 [J]. 前沿，2011 (8)：94－97.

② 此处对国内和国外研究现状划分的依据是研究目标而非作者的国籍。

点和论据，造就了一门内涵丰富、意义深远的学科。与此同时，众多研究生态经济学的专家学者也各说各话，坚持己见，从而使生态经济学又衍生出三大学派，即乐观派、悲观派和中间派。

这三个学派的主要分歧在于对生态危机的态度上。其中，悲观派的代表为国际民间学术团体罗马俱乐部，隶属于该俱乐部的三位美国学者德内拉·梅多斯（Donella Meadows）、乔根·兰德斯（Jorgen Randers）、丹尼斯·梅多斯（Dennis Meadows）在 1972 年出版的《增长的极限》，被认为是挑战现有思维模式和行为方式的经典之作。书中指出，造成全球性生态危机的直接原因是人口数量的增长和经济总量的上升，并认为人类只有减少生态活动才能够保护人类社会免于消亡。悲观派认为，人类社会创造的所有福利都是使生态环境得到保护的结果，因此，只有改变原有的经济增长模式，才能让生态环境得到改善。事实上，他们只看到经济增长给生态环境带来的不良影响，却忽视了经济增长与生态环境之间存在着极为紧密的内在联系，能够相互促进、彼此融合。

恰恰相反，持乐观态度的学者们则认为，经济增长对生态环境有重大利好。美国未来研究会会长、乐观主义未来学派代表人物赫尔曼·卡恩（Herman Kahn）便持这种观点，他在 1976 年表示，经济迅猛增长的势头要予以保持甚至加强，因为伴随着社会经济规模的不断增长，在到达一定的时间点之后生态环境危机自然而然便会消失。

中间派的观点则是悲观派和乐观派两者观点的综合，该学派的代表人物是美国社会思想家、未来学家阿尔文·托夫勒（Alvin Toffler）。他在 1984 年时宣称，对于人类当前所面临的种种问题，应该理性对待。[①]

在生态经济的第二个阶段，虽然流派众多、各抒己见、争吵不休，但是，这些专家学者都已经看到人类社会正在面临着两难选择。一方面，社会经济要发展；另一方面，生态环境在恶化。是发展经济还是保护生态，人类正走在十字路口。不过，正是在这样的纷争之下，发展生态经济才顺理成章地成为世界各国的共识。人类要解决生态环境与社会经济之间的矛盾，还得靠生态经济。

3. 生态经济成熟

国际生态经济学会（ISEE）于 1988 年成立，次年，《生态经济学》（*Ecological Economics*）月刊创办。从此以后，生态经济理论逐渐走向成熟，生态经济学也进入了新的发展阶段，生态经济学这一学科得以最终确立。

这一时期，有关生态经济理论的研究不再仅局限于基础理论领域，而是对其研

---

① 梁洁，张孝德. 生态经济学在西方的兴起及演化发展 [J]. 经济研究参考，2014（42）：38－45.

究领域进行积极拓展，针对生态经济价值的研究以及进行生态经济价值评估所采用的方式方法的研究逐步成为生态经济理论研究的热门。美国经济学家戴利（Daly）和科布（Cobb）在 1989 年提出可持续经济福利指数（ISEW）的概念，采用环境资源评估验证人类社会的福利水平。美国著名生态学家 H. T. 奥德姆（H. T. Odum）于 1996 年提出"能值理论"（energy theory），他认为生态经济系统之中所蕴含的不同种类的能量可以换算成在同一基准之下的能值，这样一来，便可以对该系统内部的不同能量运动特征进行衡量分析，从而对生态经济资源所蕴含的价值进行研究。当然，影响最为深远的还是生态系统服务价值评估指标体系，由美国学者科斯坦萨（Costanza R.）等于 1997 年建立。他们认为全球生物圈可以分成 15 个生态系统，为每个生态系统进行服务的指标各有 17 个，通过逐项估算并加以汇总，便能评估出全球生态系统的各项服务功能价值之所在。现代经济学研究通常采用国民生产总值（即 GNP）对社会经济发展各项指标进行衡量，然而，这些生态经济学研究者们却独辟蹊径，站在生态学角度，对生态环境与社会经济之间的关系进行综合考虑，对生态经济所蕴含的巨大价值进行认真思考，深入研究了评估生态经济价值所采用的策略方法，从而为生态经济理论研究开辟出新的道路。仅凭这一点便能够看出，学者们对生态经济理论的研究已经不再仅仅局限在定义归纳和理论探索等这些内部问题上，而是拓宽思路，对其应用推广进行研究，从而到达外部研究领域。

4. 生态经济拓展

2014 年，我国学者梁洁和张孝德撰写了《生态经济学在西方的兴起及演化发展》，在其中，将 2008～2014 年这一时间段定为西方生态经济学的"内生发展期"。这里所说的"内生发展"指的是在这一时间段之内，可持续发展、循环经济、低碳经济以及绿色经济等理论先后出现，并纷纷掀起一股股浪潮。多种学说理论相互交织、彼此影响，使得生态经济学的内涵、外延均出现不同程度的拓展。学者们开始跨国界、跨领域进行研究，立足不同领域、站在不同角度对生态环境与社会经济之间的关系进行思考，使得生态经济学研究出现了前所未有的活跃局面。不仅如此，生态经济成为一个越来越热门的词汇，正渐渐成为世界各国政府之间针对经济领先权进行比拼的热门话题，也成为国内外众多知名企业铆足干劲想要寻求大突破以赢得更多利润效益的重点领域。

（三）国外对生态经济理论的研究

1. 生态经济系统理论

受生态学产生的深远影响，英国知名生态学家 A. G. 坦斯利（A. G. Tansley）于 1935 年提出了著名概念的"生态系统"。随着国际生态经济理论的发展，西方生态经济学者们对生态系统做出延伸拓展，从而产生了"生态经济系统"。他们认为生态经济系统主要包含生态系统和经济系统两个部分。后来，我国学者王传胜和尤飞等人又在生态经济系统之中增加了社会系统。至此，生态经济系统便分成了生态系统、经济系统以及社会系统三个部分。A. G. 坦斯利（A. G. Tansley）认为尽管自然界能够分成多个系统，但它们之间并不是孤立存在的，而是有着或紧密或松散的联系，像水系统、生物系统以及空气系统便是如此，水系统和空气系统能够相互转化，生物系统更是不能离开水系统和空气系统而单独存在。脱胎于生态系统的生态经济系统当然也具备这一特性。

生态经济学作为一门新兴学科是自然科学和社会科学共同造就的，因此兼有两者的特征。与此同时，生态经济学还善于从不同的学科流派之中吸收能量并化为己用，从而青出于蓝而胜于蓝，因此，生态经济学能够弥补单一学科学派的缺陷，并冲破学科学派之间的诸多限制。在绿色经济学会（the group of green economists）编制的《生态经济学：全球改革的实践方案》（*Ecological Economics：A Practical Programme for Global Reform*）一文中着重指出，生态经济学包含经济学、生态学及伦理学等学科内涵，作为调控生态经济的主要手段，经济学所蕴含的效益理论能够对生态经济研究的相关成果进行评估和分析；作为生态参数的重要表征，生态学能够对自然系统在人类的作用之下所做出的一些变动进行发现及预测，从而对环境管理问题提供重要指导；作为系统化阐述道德观点的学科，伦理学能够对人类思想理念问题进行梳理，从而对人类社会的行为提供重要指导。无独有偶，在杰洛恩（Jeroen）等学者编撰的《生态经济学与可持续发展》（*Ecological Economics and Sustainable Development*）一书中，也有对多学科、多流派对生态经济学相关研究做出的不少贡献予以肯定的表述。例如，均衡观点，由新古典学派提出的"以人类作为中心的社会福利并不减少"；物质观点，由经济学派指出的"物质能量流入与流出的经济系统应该予以控制"；社会观点，由生物学派主张的"生态系统与社会文化之间的相互联系应该予以维持"，后来均被生态经济学所吸收并采用，为丰富生态经济的理论内涵以及研究发展提供了有力的支撑。[①] 事实上，正因为与其他学科、其他流派不断进行经验交流、信息互通、论点借鉴，生态经济系统才在自我调节、问题反馈的过程中，得以不断发展和壮大，从而成为一门前景广阔的学科。

2. 生态经济增长理论

经济增长理论是生态经济学研究最为重要的论点之一，该理论最早由英国著名经济学家，同时也是经济学的主要创立者亚当·斯密（Adam Smith）提出，用于解

---

① 王传胜，尤飞. 生态经济学基础理论、研究方法和学科发展趋势探讨 [J]. 中国软科学，2003（3）：131－138.

释经济学的相关规律。生态经济学对经济增长理论实行"拿来主义"，用来解释在兼顾生态系统的基础上研究经济增长客观规律以及影响因素的相关问题。

经济增长理论拥有两百余年的历史。这两百余年来，不断有学者对其进行研究，截至目前已取得丰硕成果。在经济学家看来，在相当长的一段历史时期内，一个国家或地区的经济增长主要和三方面因素有关，即一个国家或地区以往积累的生产资源、资源在当下的使用效率及科学的不断进步。如果把这一思想放置在生态经济学之内也是适用的，因此，许多生态经济的研究者立足于这一思想对生态经济学进行研究，从而推动了生态经济增长理论的发展。美籍奥地利经济学家熊彼特（Schumpeter）曾就科学技术的创新对于生态经济的影响进行了专门研究。他发现，许多企业为了追求更为丰厚的市场利润，积极开展科学技术创新活动，由于科学技术的创新，导致生产资料需求程度逐渐降低，从而造成经济严重收缩。然而，为了确保正常经营，越来越多的企业只能进行科学技术创新，从而形成接下来的经济高涨与收缩浪潮。[1] 生态经济理论研究的主要目标便是在对生态环境系统进行保护的前提下，使社会经济得到增长。由此可见，科学技术创新是对生态经济产生重要影响的因素之一。在科学技术创新的不断推动和刺激之下，生态经济系统会不断得到完善和修正。

二、国内生态经济学的研究现状

（一）国内生态经济学的历史脉络梳理

1. 我国生态经济学的萌芽

在马克思主义思想之中，生态经济思想是浓墨重彩的一笔。马克思主义传入我国以后，与我国的本土文化相结合，并与我国的自身实际相对照，从而开启马克思主义生态经济思想中国化之路，最终形成了具有中国特色的马克思主义生态经济思想。不仅如此，自新中国成立以来，我国政府始终在探索生态环境与社会经济协调发展之路，并按照我国的现实状况，对生态进行改造，对环境进行治理，从而走出了一条符合我国自身实际的生态经济之路。以毛泽东为代表的中国共产党人对生态环境问题尤为重视，毛泽东曾提出，"要为人口增长制定计划，避免人口暴增对土地和资源带来压力；要对江河进行治理，尽可能地减少水土流失；要提倡勤俭节约，倡导艰苦奋斗，以节约资源，保护环境；要坚持植树造林，绿化我们的祖国，使生

---

[1]　宋晶，高旭东，王一. 创新生态系统与经济增长的关系［J］. 技术经济，2017（12）：23－29.

态更好，环境更美"等建议①。在党中央的大力推动下，这些建议在后来一一变成现实。周恩来格外重视生态环境保护工作，针对生态环境污染，他曾提出要以"预防为主，防治结合"为原则进行治理，以"实事求是，综合利用"为方法开展工作等，为我国生态环境治理工作打下了坚实的基础②。

然而，在这一时期，我国对生态经济的研究，只是停留在对污染进行治理、对生态环境进行保护等层面，而且和经济、社会、科技等方面并无太大关联，因此显得并不深入，只是单纯站在生态环境的视角来看待相关问题。此外，我国学者在对以毛泽东同志为代表的中国共产党人相关思想进行研究时，大多偏向于政治、军事、文艺等方面思想，对其中蕴含的生态经济方面较少涉及。在未来，这应该成为我国生态经济研究的一个重要方向。

整体而言，新中国成立以后的很长一段历史时期，我国生态经济思想都处于孕育阶段，直到 20 世纪 70 年代，才渐渐出现萌芽，慢慢步入正轨。尤其是 1979 年 9 月《中华人民共和国环境保护法（试行）》的颁布实施，成为我国生态经济事业步入正轨的标志。与此同时，西方国家对生态经济的一系列研究也渐渐为我国学者所熟知，从此之后，我国开始积极探索，希望走出一条具有我国自身特色的生态经济发展与实践的道路。

2. 我国生态经济学的发展

20 世纪 70 年代末期，随着我国的国民经济重新走向正轨，在社会经济得到发展的同时，生态环境也连接不断的出现问题。鉴于我国的现实状况，我国学者对生态经济学的研究日渐重视，通过对西方学者在生态经济方面研究成果的借鉴和吸收，最终开始对生态经济学进行系统研究。我国最早提出"生态经济"学说的学者是时任中国社会科学院经济研究所所长的许涤新，早在 1980 年他便率先提出"要使我国的生态环境问题得到彻底解决，就要把我国自己的生态经济学真正建立起来"。③ 此外，他还撰写了论文集《论生态平衡》，成为我国出版生态经济学专著第一人。在他的组织下，1980 年 9 月，我国召开了首次生态经济问题座谈会。紧接着，全国第一次农业生态经济学术研讨会于 1982 年在宁夏银川召开；同年，全国第一次生态经济学术讨论会又在江西南昌召开。1982 年，我国著名经济学家熊文愈先生专门就我国传统生态经济理论进行了明确论述，他认为自然生态资源无比重要，对于人类的生产生活是极为必要的，对于生态环境保护也是十分重要的。同年，我国在全球范围内率先发布了《中国 21 世纪议程——中国 21 世纪人口、环境与发展白皮书》，

---

① 中共中央文献研究室. 建国以来毛泽东文稿（第五册）[M]. 北京：中央文献出版社，1991.
② 席青. 周恩来生态环境建设思想探析 [J]. 理论探索，2011（3）：94 - 96.
③ 许涤新. 实现四化与生态经济学 [J]. 经济研究，1980（11）：14 - 18.

成为世界上首个发布《21 世纪议程》的国家。在这部白皮书中，我国明确强调："坚持走可持续发展的道路，是关乎中国下一世纪发展的自身需求，也是关乎中国未来发展的必然选择。""只有把经济发展、社会进步与资源节约、环境保护协调统一起来，坚持走可持续发展的道路，才有中国发展的前途，才有中国人民的未来。"2008 年学者李周在回顾这段历史时着重指出，以生态经济协调发展作为理论基础，可持续发展理念在我国得以创立，不仅能够对我国社会主义市场经济条件下的现有生态环境与社会经济协调发展和社会经济可持续发展形成明确的指导，还能够为我国生态经济理论今后的发展、推广和应用提供重要的思想指引。[①]

1984 年，生态经济研究渐渐走向明朗，这一年中国生态经济学会成立，从此我国对生态经济理论进行系统研究的大幕正式拉开。同年，经济学家马传栋撰文指出，我国学者构建生态经济理论，其实只是对西方生态经济学进行模仿和借鉴，并没有考虑我国自身特点。[②] 周立华也持类似的观点，2003 年时，他通过研究相关文献，认为这一时期在生态经济研究领域，我国学者对国外研究成果的借鉴有过度之嫌。1993 年，罗必良通过对这段时期与生态经济学有关的理论做出研究之后发现，我国这段时期的生态经济研究，主要是对国外相关理论的引进、嫁接、转移和吸收，尽管也出现不同的流派、秉持不同的观点，但多数与国外生态经济学有着千丝万缕的联系。不过，尽管我国生态经济学研究者大多只是对国外生态经济学研究进行模仿借鉴，但还是有一些学者在进行独立思考和认真思索。他们看到我国当时生态经济问题的复杂性和严重性，试图厘清我国当代生态经济理论的内涵和脉络，为我国生态经济体系的真正建立打下了坚实的基础。[③]

可喜的是，1985 年以后，我国对生态经济理论所做出的全面、系统的研究逐渐展开。学者们不仅将更多的目光投向生态经济理论体系架构的建立上，还着眼于生态经济理论研究方法的更新上。不仅如此，他们还渐渐学会用理性的眼光来看待西方生态经济学，一方面吸收其精华，另一方面去除其糟粕，为建立具有我国自身特色的生态经济学做出了很好的铺垫。

3. 我国生态经济学的繁荣

1987～2011 年这二十余年是我国生态经济理论研究至关重要的时期。在此期间，我国生态经济理论开始拥有自己的思考，并逐渐呈现出大发展、大革新、大繁荣的势头。值得一提的是，随着国外循环经济、可持续发展、低碳经济以及绿色经济等理论（这些理论在我国的兴起如图 1.4 所示）陆续引入我国，我国学者针对生

① 李周. 中国生态经济理论与实践的进展 [J]. 江西社会科学，2008 (6)：7－12.
② 马传栋. 论生态经济学的研究对象和内容 [J]. 文史哲，1984 (3)：93－99.
③ 罗必良. 中国生态经济学：回顾、反思和重构 [J]. 农村经济与社会，1993 (1)：16－24.

态经济理论的研究得到了充实和拓展，从而使生态经济研究别开生面。

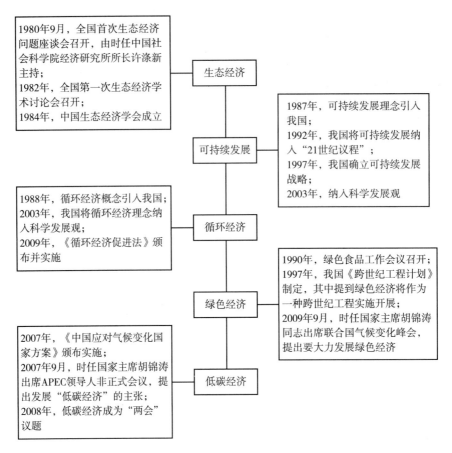

图1.4 我国生态经济、可持续发展、循环经济、绿色经济及低碳经济兴起

在这一时期，生态经济研究者们深刻剖析了生态经济以及其他理论的相关概念，认真研究这些理论的共同点与不同点、交叉点和侧重点。2011年，学者杨运星在研究生态经济、循环经济、绿色经济及低碳经济之间的关系时，不仅对这四者的概念做出了详细解释和明确辨析，还关注了其异同点，他认为这四种经济模式，从本质上来说是相同的。并且，其理论基础及追求目标也基本一致，这四种经济模式客观上都应该算作可持续发展理论的经济表现手法，但由于它们所提出时的历史背景不同，故而侧重不同。总而言之，在这一阶段，我国生态经济的内涵更加丰富，外延也在不断延伸和拓展，尤其在研究方法、研究领域及研究角度等方面都做出了极大创新，有了较大发展。

4. 我国生态经济学的成熟

2012年11月，中国共产党第十八次全国代表大会在北京召开，这是载入史册的历史性大事，对生态经济理论而言，这场盛会同样具有重大意义。在这次大会上，宪法修正案得以通过，"生态文明"和物质文明、精神文明等量齐观，一同被写进了《中华人民共和国宪法》。2012年12月，习近平总书记在广东省视察工作时，就落实好党的十八大着重强调的生态文明建设以及"美丽中国现代化"建设相关任务提出具体要求。他指出，"要实现永续发展，必须抓好生态文明建设。走消耗资源、污染环境的老路行不通"。他强调，"要把生态文明建设上升为国家意志，上升到关系中华民族永续发展的重大问题去关注"。[①] 2015年，周光迅和周明等学者聚焦我国这十余年因发展社会经济所造成的生态恶化和环境污染，对新中国成立以来社会经济发展的成功经验和失败教训进行研究后认为，习近平总书记提出的生态文明建设思想，不仅能够满足我国目前社会经济形势的需求，也能够适应我国当前生态环境状况的要求，可以说是当下我国最先进的生态经济观念。[②] 刘海霞在2015年、典赛赛在2017年也看到，目前我国已经迈向新的发展阶段，社会主要矛盾已经发生了变化，人民群众的需求也在发生变化。一方面是社会经济增长，另一方面是生态环境破坏，这两方面构成一对矛盾体。只有解决这对矛盾体，人与自然友好相处、和谐共存的理想目标才能实现。习近平总书记的生态经济论述正是在这样的历史背景下应运而生，既满足全国人民的迫切要求，也顺应时代发展的历史潮流。[③] 2016年，段蕾和康沛竹意识到我国生态环境问题的严重性，如水土流失、资源匮乏、植被破坏等，他们认为我国当下的经济发展模式必须做出改变，才能实现绿色发展。也有一些学者认为，在当前我国经济大转型的背景下，习近平生态文明思想是我国全面建成小康社会必须要秉承的指导性思想。

（二）国内生态经济基本理论研究

1. 国内针对生态经济研究对象的研究

许多研究者认为生态经济学既是一门新兴学科，又是一门交叉学科，他们从生态经济系统的视角出发，对当前生态经济的热点问题进行研究，并试图给出解决方案。然而，生态经济的研究对象究竟是什么，研究者们并不能给出标准答案，并且，他们的观点分歧很大。1984年，姜学民、时正新等学者总结出了三种不同的观点，即结合论、角度论以及客体论。[④] 持结合论观点的学者认为，生态经济研究对象正是生态系统和经济系统这两大系统之间的结合点（或者叫交叉点）；持角度论观点

① 中共中央文献研究室.习近平关于社会主义生态文明建设论述摘编［M］.北京：中央文献出版社，2017：3－4.

② 周光旭，周明.习近平生态思想初探［J］.杭州电子科技大学学报，2015，11（4）：35－40.

③ 刘海霞，王宗礼.习近平生态思想探析［J］.贵州社会科学，2015（3）：29－33.

④ 姜学民，时正新，王全新，等.我们对生态经济学研究对象几种不同认识的看法［J］.农业经济问题，1984（5）：60－61.

的学者认为，生态经济的研究对象是会发生变化的，并且是由于研究角度的不同而导致的变化，站在经济的角度研究和站在生态的角度研究，其研究对象是不同的；持客体论观点的学者认为，生态经济的研究对象既非生态系统、也非经济系统，而是生态系统和经济系统发生融合之后形成的生态经济系统。针对生态经济系统这一客体进行研究，可以包含多个方面，如其功能、特点、规律、问题、外在的生态效益及经济效益等。1993 年，学者罗必良对我国生态经济学的发展历程进行了回顾和反思，他认为生态经济学的研究对象无外乎两大方面，一是人类社会经济活动和自然环境的关系，二是生态经济系统本身，可谓一语中的。

事实上，通过对相关文献进行研究我们可以发现，尽管研究者们对生态经济研究对象的指向存在一定的争议，但有一点可以肯定，就是他们都绕不开"生态经济系统"。具体而言，研究者们基本上都认为在与生态经济有关的诸多研究对象之中，必然会有生态经济系统，并且，这一系统是由经济系统与生态系统共同作用、相互结合之后重新组合而成的复合型系统。

2. 国内针对生态经济制约因素的研究

我国学者早已开展了对生态经济进行实践的研究，尽管出现多种学说、多个理论，但这些学说和理论都没有得到彻底实施。那么，究竟是什么原因造成生态经济实践的步伐受到阻碍呢？这便要说到对生态经济实践产生影响的制约因素了。

制约生态经济实践的因素有很多，我国有很多学者致力于这方面的研究，并且取得了较多成果。总体而言，制约生态经济实践的因素通常可分为四大类，即经济生产力水平、生态物质要素、环境承载力及绿色科学技术水平等。我国卓越的国家领导人、改革开放总设计师邓小平同志，曾就制约生态经济实践的因素表述过自己的论断。在他看来，对生态经济实践产生制约，最为重要的因素莫过于经济生产力。他在马克思主义思想中"社会生产力"论点的基础上，提出了"经济生产力"的概念，他认为所谓"经济生产力"，是人类利用自然、改造自然，从而获得自然资源为己所用的能力。[①] 不仅如此，经济生产力还是生态经济系统能够正常运转、健康发展的主要动力。2004 年，李彦龙指出，如果人类社会所消耗的劳动量是恒定的，人类科技发展水平也是恒定的，那么生态系统所能提供的物质要素（也就是环境生产力）数量越多、质量越高，其所能带来的生态效益和经济效益也就会越高。在他看来，环境生产力才是社会生产力发挥效用的前提。与此同时，他也表示，人口生产力、经济生产力、智力生产力等也会对生态经济的实践产生重要影响。[②] 马克思（1884）和邓小平（1993）等都曾对科学技术之于社会生产力的重要推动作用做出

① 苏星. 邓小平社会主义市场经济理论与中国经济体制转轨 [M]. 北京：人民出版社，2008.
② 李彦龙. 哲学视野中的生态经济 [D]. 北京：中共中央党校，2004：1 - 2.

过重点表述。朱丽兰在 1998 年、李彦龙在 2004 年，也先后认定"生产经济的第一生产力便是绿色科技"。在现阶段，我国学者针对阻碍绿色产业进步发展的因素所进行的研究也有很多。例如，2014 年，李胜连采取 AHP 法（即层次分析法）对我国鄱阳湖生态经济区之内制约绿色产业发展的因素进行了分析并最终得出结论，认为对该地区绿色产业发展形成制约的因素有两大方面：一是技术因素，如绿色技术难以落地；二是生态系统的限制，如水质量、空气质量以及土壤质量等[①]。这两方面形成的制约还是比较大的。不过，他同时指出，像劳动人数、就业质量等社会因素，以及该地区外部经济补救成本等经济因素，所产生的制约也不小。

3. 国内针对生态经济理论依据的研究

针对我国生态经济理论依据的研究，学者们很早便已经开始，并取得了较为丰硕的成果。早在 1981 年，学者许涤新指出我国的生态经济学研究，马克思主义思想可以发挥巨大作用。无独有偶，1982 年，于光远也认为，虽然我国的生态经济学还处于孕育和筹备阶段，但马克思主义思想、辩证唯物主义思想等无产阶级思想能够成为我国研究生态经济学的强有力支撑，推动我国生态经济学得到快速发展。也就是说，在以上两位学者看来，马克思主义思想可以成为生态经济的理论依据，不仅能够服务于我国生态经济学，还能成为其指导思想。2015 年，周光迅和周明指出，习近平总书记关于生态经济的论述和马克思主义思想是一脉相承的，马克思主义思想之中对人类社会与自然生态之间关系的论述，直接造就习近平总书记关于生态经济论述的产生，并推动其发展。可以说，习近平总书记关于生态经济的论述是马克思主义在我国落地生根之后所结出的宝贵思想果实。在刘鹏、李军等（2015）看来，正因为马克思主义思想所蕴含的正确的世界观、科学的方法论，为习近平新时代治国理念提供了坚强的指引和丰富的养分，使得习近平新时代治国理念成为我国现阶段最有力的思想武器。

2013 年，王磊、于晓雷、肖安宝撰文指出，我国的传统文化也在为习近平关于新时代生态经济的论述提供着充足的养料。如道家的"物无贵贱""道法自然"；儒家的"以天地为本""天人合一"等思想，正是我国传统文化蕴含生态经济观念的重要体现。2015 年，刘海霞、王宗礼指出，习近平关于新时代生态经济的论述以及生态优先发展理念，不仅是生态经济学的体现，还融合了生态政治学、生态伦理学以及马克思主义思想等。2017 年，金小方和詹玉华对我国生态经济理念的脉络进行梳理研究后着重强调，我国生态经济理念是以马克思主义思想中的生态经济理念为思想指引，虽然对西方生态经济学有所借鉴，但并不是跟风盲从，尤其在融入了我

---

① 李胜连. 鄱阳湖生态经济区资源型产业绿色发展制约因素及对策研究［J］. 工业安全与环保，2004，40（10）：25－27.

国传统文化中的生态经济理念后，显得更加别具一格。①

三、国内外生态经济研究评述

如今的世界，是开放包容的世界，是兼容并蓄的世界，是和谐共进的世界。全人类荣辱与共、命运与共，只有守望相助，才有坚强有力的未来。在后金融危机时代，世界各国都试图改变传统的经济模式，建立新的经济发展架构。将目光聚焦在生态经济上，既是各国经济发展的要求，也是各国民众期盼与需要的结果。于是，生态经济理论成为全球性热门话题，也是顺理成章的事情。无论是欧美西方发达国家的经济转型，还是广大发展中国家的经济增长，都离不开生态经济，其产生的深远而持久的影响正在改变着我们的世界。从生态经济理论诞生以来，无论是我国还是世界上其他国家，对其研究非但从来没有停止过，反而近些年呈现出越来越猛的增长势头。因此，生态经济理论展现出内涵丰富、思想充分、基础深厚的态势。一般而言，国外学者注意到生态经济问题的时间较早，经过多年的思想发展和理论创新，已经积累了许多极为先进的成果，并构建出一些清晰可见的发展模型。国内相关研究虽然起步较晚，但进步较快，再加上能够不断地推陈出新，时至今日已经取得诸多可喜成就。然而，尽管如此，无论是国外研究还是国内研究，都远非尽善尽美，而是存在着自己的不足。

（一）国外生态经济研究评述

1. 生态系统演变较快，导致理论研究相对滞后

在工业革命没有发生之前的很长一段历史时期，人类活动对生态系统造成的影响是极小的，小到甚至可以忽略不计。彼时，人类所消耗的生态资源、所排放的废水废物，在生态系统可以承受的范围之内，生态系统通过自身净化便能完成自我修复。因此，这样的生态系统虽然有一定的变化，但是完全能够预测。然而，随着工业革命的发生，城市大面积出现，人口数量猛增，过于迅猛的经济增长和人类活动的过大影响，给生态系统造成的压力越来越大。并且，几十年如一日地挤压堆积，时至今日，数量庞大的人口规模和影响广泛的生态压力，已经远远超出生态系统所能承受的范围。不仅如此，生态危机逐步扩大，已经从刚开始的少数发达国家蔓延至如今的全球大多数国家，成为一种全球性危机。这样一来，生态系统所发生的变化、所产生的影响不再是一种平衡状态，而是捉摸不定，几乎毫无规律可循的，至

---

① 金小方，詹玉华. 当代中国生态经济理论的思想来源和构建 [J]. 华东经济管理，2017，31 (7)：62-67.

于其未来的发展变化，更是很难预料的。[①]

在生态环境问题产生之初，国外学者们对生态经济的研究是分离的，生态学家们只是注意到生态系统演化的速度在加快，经济学家们只是注意到经济发展正产生着巨大影响。随着生态环境问题日渐突出，研究者们渐渐注意到生态环境与社会经济之间有着紧密联系，经济系统不能离开生态系统单独存在，生态系统也不能隔绝经济系统的影响。事实上，经济系统只能算作全球生态系统的一个分支，和其他系统共生互助、协调发展。不过，自从生态经济学作为一门新兴学科问世以来，大多数研究者们只是将生态经济系统看成一个平衡的、静态的系统，而没有考虑到生态经济系统时刻都在发生着变化，是非平衡的、动态的。如果不将生态经济系统的发展变化看作是一个动态的过程，就很难进行切合实际的研究，当然也就无法对生态经济系统的演变过程做出精准预测。

2. 一些研究不切实际，对实际问题的解决形成误导

自工业革命以来，人类活动强度加剧，对自然资源的需求猛增，对资源、生态、环境等造成了巨大压力，因此而引发的生态环境危机越来越严重。于是，世界各国都在积极寻求破解之法，试图找到一条既能发展社会经济，又能优化生态环境的双赢之道。西方生态经济研究者率先迈出一步，先后提出了科技破局、自然资本化以及自由市场等观点。然而，这些观点或目光短浅、或饮鸩止渴、或以邻为壑，均显得不切实际，无法真正解决全球生态环境问题。就自然资本化而言，英国著名经济学家迈克尔·雅各布斯（Michael Jacobs）认为，自然资本化在本质上来讲是将环境视为能够进行买卖的商品。于是，迈克尔·雅各布斯的拥护者便觉得如果能够将环境视为商品，环境就有了商品属性，自然也就有了商品价值。这样一来，在进行实际操作时便可以对其采取相应的保护手段。[②] 迈克尔·雅各布斯这种观点只是简单地将自然环境作为商品归入经济体系，在短时间内确实能够让生态环境压力得到一定缓解，但却忽略了一个致命的问题，就是资本主义是要对外扩张的，一切限制条件在他们眼中都会显得微不足道。如果这样操作的话，不仅生活条件遭到破坏，就连生产条件也会受到限制。西方学者的这些观点，虽然看起来较为新潮，但对于生态环境危机的真正解决并无多大帮助，因此逐渐被时代所抛弃。

（二）国内生态经济研究评述

我国学者针对生态经济理论所进行的研究，往往是优先考虑生态环境因素，并

① 石田. 评西方生态经济学研究［J］. 生态经济，2002（1）：46－48.
② 贾学军，彭纪生. 经济主义的生态缺陷及西方生态经济学的理论不足——兼议有机马克思主义的生态经济观［J］. 经济问题，2016（11）：1－7.

对与之匹配的社会经济发展路径进行规划制定。与此同时，对生态经济理论思想的体系建设尤为重视，并且呈现出系统性特征。事实上，我国自从实施改革开放以来，社会经济得到快速发展，人民生活水平稳步提高，与此同时，诸多生态环境问题也随之而来。因此，学者对生态经济问题的研究一直保持着较高的热度，但总体来说研究深度不够，研究的独立特征不甚明显。下面将对现阶段我国生态经济研究所出现的问题进行归纳概括，并做简单评述。

1. 规范分析较多，实证研究不足

我国著名生态经济学家罗必良于 1993 年指出，我国生态经济理论大多只是就事论事，缺乏全盘考虑，所制定的整体措施缺乏统筹性，又无关联性，对政策的分析以及对后果的评价更是极其缺乏。事实上，针对生态经济理论所进行的研究，我国学者普遍将精力放在理论的存在是否合理上，并对生态环境问题进行归纳总结，使生态环境所出现的危机清晰明了地呈现在大众面前，却忽视了对其背后原因的挖掘以及如何解决问题。也就是说，我国学者一直致力于解决生态环境问题"是什么"，而对"为什么"的研究较少。即便在今天，我国生态经济研究所出现的问题仍然是诸如此类。因此，在当前及未来的研究中，我国学者在对各种生态经济问题进行客观描述后，应做出理性、全面的分析，探究其原因，给出答案。

2. 理论研究宽泛，系统论述缺乏

习近平关于生态经济的重要论述，是我国生态经济理论的精华，同时也代表着我国生态经济理论的前进方向。国内许多学者致力于习近平关于生态经济重要论述的研究，从产生背景到理论源流，从具体内容到未来方向，都做了深入而系统的研究，并取得了丰硕成果。但是，在当前的局面下，急需站在更高的角度上，对其进行全面、系统的梳理。较为可惜的是，截至 2023 年 12 月，对我国生态经济理论历史脉络的形成、历史时期的划分、核心内容的梳理等方面的研究尚无太多公开资料，因此对整体框架系统的搭建还尚需些时日。2016 年，学者刘於青认为，我国目前对习近平关于生态经济重要论述的相关研究大多集中在个案方面，也就是说，从某个片段或某一方面进行总结剖析的研究很多，而对该其整体架构的研究相对缺乏。从整体看来，我国学者的相关研究普遍缺乏系统全面的认知。[①]与此同时，我国学者针对习近平总书记在生态文明建设方面的讲话解读分析过多，相关研究的理论深度不足，对习近平关于生态经济重要论述进行理论提升的研究更是少之又少。

总之，在现阶段，我国学者针对生态经济所进行的研究存在两大问题，一是对

---

① 刘於青. 党的十八大以来习近平同志生态文明思想研究综述 [J]. 毛泽东思想研究，2016，33（3）：74-78.

我国生态经济发展历程的概括总结、理解把握关注较少；二是无论研究的深度还是广度都难以让人满意。当然，这也为我国学者对生态经济进行后续研究提供了思路、指明了方向。

3. "拿来主义"普遍，"本土改造"不力

目前，在我国流行的生态经济理论，或从国外发达国家的理论照搬而来，或从其他国家所呈现的经济现象类比得来，并不一定完全适合我国的国情。尤其是我国生态经济理论所涵盖的研究方法、基本规律及理论基础等方面，对西方学者理论成果的借鉴占了很大的比重。与此同时，在对生态经济理论进行研究以及对生态经济学著作进行编写时，从西方相关理论之中汲取灵感，已经成为我国许多学者的惯用手法。不可否认，生态经济与生态经济学，本身都是从西方国家兴起的，其中许多经典理论对我国的生态经济与生态经济学研究是极为重要的。然而，应注意到我国有自身特色，有自己独特的国情，在社会经济发展过程中，所遭遇的生态破坏、环境污染问题，并不能完全依靠西方的生态经济理论来解决，要走适应自身发展的道路。例如，我国知名学者沈满洪在编撰《生态经济学》时，采用现代经济学理论对生态经济相关理论进行了论述。然而，其进行描述时使用的所谓"经济规律与自然规律"，其实都是脱胎西方经济学而来。再如，我国学者赵玲所主编的《生态经济学》，在对生态经济基础理论进行论述时，借鉴了德国著名物理学家鲁道夫·克劳修斯（Rudolph Clausius）的观点；在论述市场失灵现象时参照了西方经济学的观点；在对生态经济学的相关内容进行研究时，也沿袭了西方学者所创造的系统研究法。

随着时代的进步和我国经济的纵深发展，我国学者也开始意识到西方经济理论的不足，对西方的相关思想理论从之前的"拿来主义"转为"本土化改造"，针对生态经济学的研究也是如此。目前，已经有不少从事生态经济学研究的学者对我国的生态经济研究做出了批判，认为将国外的理论框架直接拿来照搬而不进行本土化处理，即便开展再多的研究、做再多的工作也是无用功，因为方向和方法都是错误的。事实上，任何理论的诞生、发展都有自己的方式和特色，只有尊重现实、认清形势，脚踏实地地调查研究，掌握大量的一手资料，所创造出来的思想理论才能解决现有问题及不断涌现的新问题。这便是思想理论产生、发展和创新的过程，任何创造、研究都不能脱离这一实际。

4. 走势过于单一，难以"百家争鸣"

1993 年，我国著名学者罗必良曾撰写《中国生态经济学：回顾、反思与重构》，他认为当时出版的众多生态经济学著作，其体系构建基本上大同小异，大多采用科学的思路和系统的方法，并有着清晰的主线。在他看来，我国生态经济学在进行学

科建设时，呈现出明显的"大一统"趋势，其趋势表现为以下三点：

（1）理论线索基本固定，先对系统进行总述，之后对系统所包含的结构、要素以及功能进行分述，最后对系统所具有的功效以及所产生的效益进行评价；

（2）在前述理论框架下，分别从农村与城市生态问题以及农林牧渔等大农业问题进行阐述和揭示；

（3）各种专题研究（一般会以环境、能源和人口作为研究对象）通常进行类似处理，并做出相似表述。

学术研究宜百花齐放，忌千篇一律；宜活学活用，忌生搬硬套。如果我国生态经济研究还延续原来的方式，遵循原来的路径，路只能是越走越窄，最终走进死胡同，既不具备科学精神，也无法为解决现实问题提供指导。尤其是对社会经济快速发展、形势错综复杂、生态环境越来越脆弱、地区差异越来越大的当今社会而言，更需要脚踏实地、实事求是。

（三）生态经济研究未来发展趋势

未来任重而道远，我国学者当以"敢为天下先"的勇气、勇于突破创新的精神，坚持独立思考、实事求是，从而走出属于自己的学术道路。具体而言，我国生态经济研究未来将呈现出以下三种趋势。

1. 勇担责任，加强合作

随着世界经济联系越来越紧密，地球越来越像一个村子。全体人类作为这个村子的村民，利益共享、责任共担，所面临的来自自然资源枯竭的压力、生态环境恶化的威胁、人口大幅增长的恶果也是共同的，没有哪一个国家能够独善其身。我国是世界上最大的发展中国家，同时也是联合国安理会常任理事国，在生态环境保护方面所要承担的责任自然也是巨大的。正因如此，我国一直恪守责任、牢记使命，在推动我国社会经济健康发展的同时，积极承担全球生态修复、环境保护方面的责任，主动参与全球生态环境对话，加强国际生态环境合作。尤其近年来，我国更是将宣言化作行动，将行动付诸努力，体现出一个负责任大国应有的责任和担当，如倡导资源节约、发展清洁能源、制定节能减排目标等，受到国际社会的普遍好评和世界各国的一致赞扬。需要浓墨重彩书写的是，党的十八大所制定的生态文明建设战略，更是将生态环境安全作为国家战略，实施自我救治，更是得到国际社会的普遍认同。

2015 年，我国学者潘荔强调，要想根本解决世界性生态环境危机问题，全人类并肩作战才是唯一出路，这就要求国与国之间通力合作，人与人之间命运与共。[①]

---

① 潘荔. 当代中国共产党人生态文明建设思想探析 [J]. 科教导刊（电子版）（中旬），2015（5）：4 - 5.

事实上，我国生态经济学会秘书长王松霈早在 1995 年便一针见血地指出，我国生态经济学只有走向世界才有出路。[①] 在全球日益一体化的今天，构建"人类命运共同体"已经成为国际共识，我国只有树立正确的全球环保观，筑牢全球生态安全意识，对国外生态环境污染治理理论进行虚心学习，对西方生态环境污染治理经验大胆借鉴，同时坚持独立思考、实践先行，才能形成具有我国自身特色的生态经济理念，并分享给全世界，让全人类受益。

2. 立足大局，放眼长远

以往在进行社会经济建设时，我国主要追求社会经济效益。如今，随着时代的变迁和社会的发展，我们的观念也在更新，要追求生态经济效益。所谓生态经济效益，即生态环境效益和社会经济效益兼而有之，生态环境与社会经济能够和谐共荣、合作共赢。新中国成立以来，为了追求社会经济发展，我国在生态环境方面走了一些弯路。党的十一届三中全会召开后，形势才得到扭转，我国不仅对以往的左倾错误做了反思和修正，还学会了从生态经济的视角看待社会经济问题，以生态经济理论对社会经济建设进行指导，也开始进行有关生态经济的相关研究。然而，令人惋惜的是，即便在现今，生态经济理论还只是被一些从事该方面研究的学者以及少数有见识的政界人士所掌握。我国大多数人，尤其是广大官员干部对此并没有足够的认知。例如，在进行社会经济建设时，一些官员干部因循守旧，他们遵循经济规律，重视社会经济效益，却对生态规律视而不见，将生态环境效益忽略不计，因此导致某些省、市、地区难以处理好社会经济发展与自然资源浪费之间的矛盾，难以解决好生产建设和生态环境恶化之间的问题，难以调和好发展社会经济和保护生态环境之间的冲突，使得资源枯竭、生态破坏、环境污染的现象至今仍触目惊心。在这样的情形之下，如果社会经济发展与生态环境恶化之间的矛盾再难得到根本解决，进而形成恶性循环，长此以往，必然会造成经济衰退、社会退步、民生凋敝。与此同时，也会从根本上断掉生态经济健康发展的后路，从此再难有大的提高与进步。因此，应该正视生态环境与社会经济的矛盾，重视生态经济所产生的效益问题，可谓箭在弦上，迫在眉睫。

总而言之，怎么看待生态经济所产生的效益，和我国新时代经济体制建设的长远性、全局性以及战略性息息相关，因此需要谨慎对待和深入研究。正因如此，生态经济效益问题才会成为我国生态经济未来研究的一大重点，同时也会成为热点。

3. 扩散思维，拓展空间

生态经济是一门交叉学科，同时它又是开放式的，开放性很强、包容度很广、

---

① 王松霈，徐志辉. 中国生态经济学研究的发展与展望 [J]. 生态经济，1995（6）：19-23.

因此，生态经济理论研究从经济领域拓展到其他关联领域，是该研究的发展趋势，也是时代进步的必然要求。

具体而言，生态经济思想是发源于生态系统和经济系统，并在这两大系统之中进行应用的思想。事实上，无论是生态系统还是经济系统，能够对其产生影响的因素有很多，不仅包括生产发展、社会进步、经济发展、生态平衡及环境保护，还包含人口数量、历史文化、科技水平、民族特性及国际关系等。因此，要想对生态经济思想精准把握，就不能将眼光局限在经济领域，思考范畴也不能仅仅停留在社会经济发展以及生态环境保护方面。从长远来看，生态经济所追求的目标也不仅仅是社会经济发展与生态环境保护的和谐平衡，还包括产业的可持续发展和社会经济的高质量发展。这也就是说，生态经济的内核是可持续发展，通俗来讲是人类社会怎么长久地保持健康发展的问题。人类的繁衍生息、人类文明的生生不息、社会经济的高质量发展、民族的团结与进步、世界的和平与发展等，都和可持续发展思想密切相关。可以说，可持续发展思想是照亮所有迷途的明灯，是解决所有问题的关键。

四、国内外生态经济相关专题研究评述

（一）国内外生态经济历史阶段划分研究

人类历史上首次发生工业革命以后，煤炭因为能够为机器提供动力而成为炙手可热的自然资源。然而，煤炭燃烧造成空气污染加剧，由此引发生态环境问题。当时还处于生态环境污染的初发阶段，呈现出局部性、零散性、偶然性的特征。当人类历史向 20 世纪 40 年代迈进时，因煤炭燃烧导致的严重环境污染已经波及到发达国家的多数民众，屡屡成为公害事件。与此同时，石油作为一种新的燃料被大量使用，也加深了环境污染的严重程度。欧美发达国家从此进入了公害发展期，使得人们逐渐认识到生态环境对社会经济发展能够形成一定制约。到 20 世纪 50 年代，随着第二次世界大战结束，欧美发达国家陆续从战争的旋涡中走出来，开始致力于发展社会经济，从此西方世界进入到战后发展期。为促进社会经济继续高速增长、推动城市化进程不断加快，西方发达国家对资源大多采取掠夺式开发，因生态环境污染而引发的公害事件层出不穷，并逐渐成为这些发达国家的重大安全隐患，这便是"公害泛滥期"。面对如此严重的生态环境安全问题，西方国家急于寻找对策用以调和社会经济发展与生态环境保护之间所出现的矛盾。也就在这一时期，西方大量学者致力于如何对生态环境与社会经济进行协调统筹问题的研究。英国经济理论学家肯尼斯·鲍尔丁（Kenneth Boulding）全面系统地对生态环境与社会经济这两方面进

行分析，他建议用经济体系之中的循环模式取代之前的线性生产模式。在分析生态环境与社会经济之间的关系时，一些学者会用到列昂惕夫投入——产出模型（leontief input-output model），即在进行模型构建时，增加污染物影响变量，从而在对生态环境与社会经济这两方面进行综合研究时走出一条新路。也正是在这样的理论背景下，1976 年坎伯·J. H 和 B. H. 斯特兰（Cunmber J. H. and B. N. Stram）两位学者对该模型进行了补充，添加了以生态环境保护为前提的约束条件，进而对社会经济发展相关政策进行研究。还有一些学者以热力学原理为理论背景，对该原理限制生态环境保护的过程进行描述和解释，从而阐述该原理能够对社会经济发展的系列行为产生限制的现象，并建立物质平衡理论模型。在探求对污染如何进行控制时，美国经济学家威廉·杰克·鲍莫尔（William Jack Baumol）采用一般均衡分析法（general equilibrium analysis），最终找出了最佳策略。

之后，世界各国社会经济普遍得到前所未有的发展，生态环境污染也越来越严重，并由发达国家蔓延至全球。温室效应、酸雨、冰川消融等生态环境问题在全世界范围内不断涌现，人们渐渐意识到人类的生存与发展已经出现了严重的危机，生态环境污染问题不再是某一个国家的事情，也不仅仅是某一个区域的事情，而是全人类需要共同面对的。联合国世界环境与发展委员会于 1987 年 2 月发布了《我们共同的未来》（*Our Common Future*）这一纲领性文件，对人类的可持续发展提出多项具体要求，对生态环境污染问题给出了一些较为具体的整治意见和治理措施。尤为重要的是，确立了可持续发展的基本原则，对如何开采资源和利用环境，提出了具体翔实的要求。《我们共同的未来》的发布，正是要对下一代人所需求的发展机会予以保证，并且要采取足够的举措予以支持。事实上，人们此时的思考已经远远超出生态环境保护范畴，对如何统筹生态环境与社会经济，使其融合协调发展也做出了一些有益的探索。①

1992 年，联合国环境与发展大会在巴西海港城市里约热内卢召开。会上，确定了多项与生态环境保护有关的政策。此外，还专门增设了关于人类社会经济发展与生态环境保护这两方面的议程，对生态经济如何可持续发展问题给予高度关注。2002 年，美国思想家、被誉为"环境运动宗师"的莱斯特·R. 布朗（Lester R. Brown）指出，人们盲目迷信权威，对一些经济学家的看法误听误信，从而使他们在理解现代社会时陷入混乱，以至于创造出与其赖以生存的生态环境系统不适应、不协调的社会经济模式。② 不仅如此，联合国环境规划署（United Nations Environ-

① 滕藤. 生态经济与相关范畴 [J]. 生态经济, 2002 (12): 2 – 6.
② 莱斯特·R. 布朗. 生态经济——有利于地球的经济构想 [M]. 林自新, 等译. 北京: 东方出版社, 2002.

ment Programme，UNEP）于 2010 年发布了《绿色工作：在低碳、可持续发展的世界中实现体面工作》。在其中，倡导绿色工作，提倡绿色经济，同时将绿色经济视为一种可以使社会公平度以及人类福祉得以明显提升，还可以使环境风险和生态稀缺显著降低的经济模式。[①] 届时，世界各国都已经对生态环境与社会经济之间如何协调发展的问题做出密切关注，也都意识到任何形式的社会经济活动，都离不开生态环境系统，在发展本国社会经济的同时，还要对生态环境进行保护。

我国学者对生态环境与社会经济如何统筹发展的问题进行研究的时间比西方学者要迟一些。1973 年，我国全国性环境保护会议才首次召开，无论是环境工作者还是生态环境研究者，都将主要精力放在对污染如何治理及如何利用先进技术对治理进行控制等方面，对生态环境与社会经济统筹协调的综合思考少有涉及。与此同时，在理论研究方面，我国学者将生态环境也视为一种资源，所以认为无须对生态环境进行专门研究。然而，学者们后来也意识到这样的做法着实不妥，毕竟对生态环境的利用也并非是无止境的，同时得出结论——任何发展都要在生态环境得到有效保护的情况下进行，对资源的利用，也要确保其可循环式与可持续性。

生态环境与社会经济毕竟有其自身复杂性，当两者交叉组合后，将变得更加复杂。于是，我国学者分别从不同领域和不同视角出发对这一问题进行研究，并提出了多项理论试图解决该问题。经过对这些理论的比较和实践论证，最终认定和谐论是当前我国解决生态环境与社会经济问题的最佳答案。也就是说，社会经济发展和生态环境保护要有机统一，力争做到和谐统筹。

正是在这样的大背景之下，著名经济学家许涤新率先提出了要在我国建立生态经济学，并对其概念理论进行归纳阐述，同时撰写了《生态经济学》一书。在该书中，他把生态经济学的发展阶段划分为创建、发展以及深化等三个阶段。我国学者马传栋于 1986 年从经济学角度出发，将经济系统和生态系统这两大系统进行结合，从而研究其结构及发展阶段。[②] 杨鹏和徐志辉这两名研究者于 2001 年在经济学体系中引入生态变量，对经济成果、经济状况、直接影响以及发展变化等进行研究分析。[③] 2004 年，学者吴玉萍指出，所谓生态经济学，其实就是对生态和经济组成的综合系统的矛盾和规律进行梳理的学科，因此应该将其纳入经济学体系之中。[④]

事实上，我国一直在积极努力追赶西方发达国家，从而推动我国社会经济走上可持续发展的道路。因此，我国针对生态环境与社会经济的耦合协调所进行的研究，

---

① UNEP and New Energy Finance. Global Trend in Sustainble Energy Investment 2010［R］. April, 2010.
② 马传栋. 生态经济学［M］. 济南：山东人民出版社，1986.
③ 杨鹏，徐志辉. 中国生态经济学研究存在的问题及今后研究的建议［J］. 生态经济，2001（2）：1-4.
④ 吴玉萍. 生态经济与生态经济学［J］. 自然杂志，2004，26（4）：238-242.

也在一步步走向纵深。经过多年的努力，尤其是改革开放四十余年来，目前，我国工业化已经取得了一定成效，但与西方发达国家相比还有很大差距，大约只相当于发达国家在 20 世纪 70 年代的平均水平。在目前这一发展阶段，我国的产业结构过于倚重重工业，能源利用率低，消耗惊人，转型升级迫在眉睫。如果以人均国民生产总值、产业结构组合以及工业化程度等指标来做综合判断，我国目前正处于工业化进程的中后期，资源、生态、环境等都面临着沉重的压力。只有调整社会经济结构、加快转变生产方式，通过转型升级来推动社会经济出现新一轮发展，否则，就有社会经济陡然滑坡的危险。

为直观观测经济收入与环境污染之间的关系，1955 年，美国著名经济学家西蒙·史密斯·库兹涅茨（Simon Smith Kuznets）提出倒"U"型曲线，即后世所谓环境库兹涅茨曲线（environmental kuznets curve）。通过该曲线可知，当某一国家的社会经济发展处于较低水平的时候，该国所遭受生态环境污染的程度相对较低，而随着国民社会经济的发展和人均经济收入的增加，生态环境污染的程度就会由低向高发生变化，生态环境恶化逐渐加剧。当人均经济收入达到一定峰值时，拐点便会出现，生态环境污染程度就会慢慢下降，生态环境质量也会稳步提升。如果从我国国内生产总值、国民经济收入的增长及国家经济实力这三方面来看，我国生态环境质量持续向好的拐点已经出现。

马克思和恩格斯对人类和自然之间所产生的联系持肯定态度，在他们看来，自然对人类的生存与发展不仅形成制约，还进行主导，人类只有与自然和谐共处才有光明的未来。受马克思主义生态经济观点的启发，俄罗斯学者伊诺泽姆采夫认为，工业社会的经济学说最终会被共产主义思想原则取代，这是人类文明的发展趋势。与此同时，他还着重强调，在后工业时代生态环境问题的尖锐性将会遭到削弱。[①]

美国现代问题研究学家、当代西方马克思主义生态学理论代表人物约翰·贝拉米·福斯特（John Bellamy Foster）认为，造成全球性生态环境危机的根源，还是资本主义毁誉参半的经济制度。在他看来，马克思主义生态学能够让我们清晰地看到生态环境问题的严重性。他完全认同马克思关于资本主义的生产方式是在使社会经济得到快速发展的同时，生态环境也遭到破坏污染这一论述。他认为，马克思所主张的社会主义制度必将代替资本主义制度，事实上是社会主义所倡导的生态循环必将代替资本主义所进行的生态破坏。

党的十八大召开以来，生态文明建设作为一种文明建设受到国人的普遍关注，

---

① 伊诺泽姆采夫. 后工业社会与可持续发展问题研究——俄罗斯学者看世界 ［M］. 安启念，等译. 北京：中国人民大学出版社，2004.

对生态文明发展阶段的研究也成为我国学术界的热门话题。我国学者刘家俊等认为，建设具有我国自身特色的生态文明，要坚持走以生态为导向的新时代工业化道路，同时指出要想改变原有的生产方式，就要大力发展科学技术。也有一些学者认为，在生态文明发展建设阶段，我国应该始终坚持以人民群众为主导的思想不动摇，与此同时，积极开展生态文明建设思想教育，使人民群众的生态环境保护意识不断提高。

（二）习近平生态文明思想研究

2012 年以来，习近平总书记所提出的生态文明建设战略以及由此汇集而成的习近平关于新时代生态经济的论述，屡屡成为国内学术界热议的话题和研究的热点。截至目前，在相关方面都取得了丰硕成果。由于习近平关于新时代生态经济的论述内容丰富、理念先进、作用明显、意义深远，使得国内学者对于习近平关于新时代生态经济的论述研究关注点不同、着眼点颇多。具体而言，可以分成该论述的产生背景、理论来源及具体内容这三个方面，现详述如下。

1. 对习近平关于新时代生态经济的论述产生背景的研究

2016 年，段蕾和康沛竹撰写了《走向社会主义生态文明新时代——论习近平生态文明思想的背景、内涵与意义》一文。文中指出，当前我国生态环境问题极为严峻，水土流失严重、资源消耗巨大、植被破坏触目惊心、雾霾扩散猝不及防，我国必须改变现有经济发展模式，推动"黑色发展"向"绿色发展"的转变。[①] 2015年，周光迅和周明也在《习近平生态思想初探》一文中对我国生态环境发生严重恶化的现状做出了分析，认为这是我国社会经济从缓慢增长走向高速增长的过程中必然要付出的代价。对多年来我国社会经济发展的经验和教训进行归纳总结、统筹分析的基础上，习近平关于新时代生态经济的论述应运而生。[②] 刘海霞和王宗礼于2015 年在《习近平生态思想探析》、[③] 典赛赛和殷焕举于 2017 年在《习近平生态文明思想探析》[④] 等论文中均提到，我国现阶段的社会主要矛盾已经发生了变化，人民群众的需求也发生了变化，通过化解生态环境危机，能够促进人与自然和谐共处。因此，对人与自然命运共同体的构建，是对时代发展潮流的顺应，称得上是顺应时势、合乎发展。与此同时，也有一些学者指出，在我国社会经济亟待转型的大背景

---

① 段蕾，康沛竹. 走向社会主义生态文明新时代——论习近平生态文明思想的背景、内涵与意义 [J]. 科学社会主义，2016（2）：127 – 132.

② 周光迅，周明. 习近平生态思想初探 [J]. 杭州电子科技大学学报（社会科学版），2015，11（4）：35 – 40.

③ 刘海霞，王宗礼. 习近平生态思想探析 [J]. 贵州社会科学，2015（3）：29 – 33.

④ 典赛赛，殷焕举. 习近平生态文明思想探析 [J]. 中共南昌市委党校学报，2017，15（1）：14 – 17.

之下，全面建成小康社会的伟大目标在前，习近平关于新时代生态经济的论述，可谓是助其实现的必由之路。

2. 对习近平关于新时代生态经济的论述理论来源的研究

2015 年，周光迅和周明在《习近平生态思想初探》中探究了习近平关于新时代生态经济论述的理论来源，认为马克思主义思想中有关人与自然之间关系的论述可以看作习近平关于新时代生态经济的论述源头，同时认为习近平关于新时代生态经济的论述是马克思主义思想扎根于中国土壤之后所结出的智慧硕果。同年，刘鹏也通过《习近平生态文明思想研究》对习近平关于新时代生态经济的论述进行了溯源，在他看来，马克思主义思想中有关自然的表达同样适用于该论述，用自然辩证法对该思想进行论证也很适合。①而刘海霞和王宗礼认为，习近平关于新时代生态经济的论述不仅融合了生态学相关理念，还从生态伦理学、生态政治学以及生态马克思主义等学说理念中汲取了不少营养。

3. 对习近平关于新时代生态经济的论述具体内容的研究

2016 年，阮晓菁和郑兴明从政治的角度撰写了《论习近平生态文明思想的五个维度》，对习近平关于新时代生态经济的论述做出了总结分析。他们认为该论述无疑包含当前的整体政治背景、可靠的政治保障以及当前政策所呈现出来的发展方向等重要内容。②还有一些研究者将几个方面之间的联系以及交互作用当作对习近平关于新时代生态经济的论述进行研究的重要内容。2016 年，李雪松等在《习近平生态文明建设思想研究》论文中指出，生态决定文明兴衰论、生态文明理论制度建设论及生态环境保护论，从本质上来讲，是生产力保护论、生态文明建设的系统工程论以及生态环境惠及民生论。③

事实上，党的十八大召开，以习近平同志为核心的党中央形成后，就把生态文明建设当作党和国家的重要战略。习近平关于新时代生态经济的论述，不仅是"五位一体"总体布局在统筹推进时的重要依据，还是"四个全面"战略布局在协调推进时的主要参照。通过生态文明建设的分步施行，一系列具有开创意义的工作因此得以开展，不仅生态文明的顶层设计工作得以加快推进、生态文明制度建设得以稳步实施，生态环境保护工业也得以转变观念，进展越来越顺利。随着一系列新理念的提出、新思想的形成、新战略的实施，更为系统、全面的习近平关于新时代生态经济的论述最终走向成熟。

可以说，习近平关于新时代生态经济的论述内容丰富、理念先进、思维缜密、

① 刘鹏. 习近平生态文明思想研究 [J]. 南京工业大学学报（社会科学版），2015，14（3）：21-28.
② 阮晓菁，郑兴明. 论习近平生态文明思想的五个维度 [J]. 思想理论教育导刊，2016（11）：57-61.
③ 李雪松，孙博文，吴萍. 习近平生态文明建设思想研究 [J]. 湖南社会科学，2016（3）：14-18.

考虑周全，其包含有代表新时代生态价值观的生态文化体系，倡导生态产业化和产业生态化的生态经济体系，将生态环境质量改善当作重心的目标责任体系，推进治理能力现代化的治理体系，制度先行、提供充足保障的生态文明制度体系，凸显生态系统良性运转循环以及针对环境风险进行有效防控的生态安全体系。如今，针对习近平关于新时代生态经济的论述所进行的研究，其广度和深度都是前所未有的，可谓丰富而深刻。从产生背景到理论渊源、再到具体内容，其表现是多维度的、表达是多层次的、作用是巨大的、意义是深远的。不过，对习近平关于新时代生态经济的论述发展脉络以及对应时期的研究，深度还不够、数量还不足，未来还需要加强。

（三）生态经济高质量发展内涵研究

早在 20 世纪 70 年代之初，我国许多学者就开展了生态环境与社会经济关系的研究，探索分析两者之间的交互作用。近年来，随着我国社会经济发展到一定阶段，生态环境问题逐渐成为制约社会经济进一步增长的因素，且制约程度越来越大。我国一些学者也开始转移研究方向，将研究重点放在社会经济发展与生态环境保护所产生的影响上，而对两者的协同发展也有所涉猎。

21 世纪初期，对生态环境之于社会经济的重要性，我国很多学者都已经做出了基本判断。刘思华是我国首位对生态环境在社会经济发展过程中发挥的巨大作用进行肯定的学者。早在 2002 年，他就参考自然界生态优势说、自然界生态价值说以及现实两重性假说等学说，提出生态本原说。他认为人类所进行的任何社会经济活动，都要纳入生态环境框架之中。[①] 2010 年，苑琳和武巧珍着重强调人类的社会经济活动，首先要对生态环境合理性做出优先考虑，之后才是社会经济合理性的考量，人类社会要想转变发展模式、加快社会经济发展，就必须把生态环境保护当成前提和基础。[②] 不过，多数学者针对生态经济高质量发展所进行的研究只是认为应该将生态环境置于更加重要的地位，实践探索及案例研究较少，生态经济探索路径研究更是少有涉及。不过，在联合国对相关报告进行公布，同时肯定生态经济、绿色经济对于未来全球经济所能起到的巨大作用之后，这一趋势得到大幅改观。从此之后，先后有多名学者从生态经济理论以及具体实践措施着手进行研究。[③] 如 2015 年，胡

---

① 刘思华. 经济可持续发展论——经济可持续发展论丛（10 卷）［M］. 北京：中国环境科学出版社，2004：12.

② 苑琳，武巧珍. 实施生态优先原则、推动经济发展方式转变［C］. //全国高等财经院校《资本论》研究会. 2010 年学术年第 27 届学术年会论文集，2010：32 – 33.

③ 联合国开发计划署. 中国人类发展报告 2002 绿色发展必选之路［M］. 北京：中国财经经济出版社，2002.

鞍钢和门洪华指出走生态经济和绿色发展之路，重点是要做到社会经济发展与生态环境保护的有机统一，核心是以人为本，主题是走可持续发展之路。[①] 2010 年，刘燕华认为生态经济能否得到高质量发展，取决于资源循环利用技术、节能减排技术以及生态环境保护技术等新技术能否得到推广和应用。[②] 2012 年，郝栋也强调绿色生态主要包含绿色生态系统包含性、绿色科学系统扩展性、绿色制度创建社会性以及绿色文化模式统一性等四个维度。[③] 2013 年，蒋南平和向仁康认为我国生态经济的内涵和实质主要包括社会经济的调适度、合理利用自然资源、可持续发展以及人与自然友好共处、和谐相处的发展理念等四方面的内容。[④]

虽然生态经济作为可持续发展理念的范式已渐渐成为学术界的共识，但是学术界对生态经济内涵所进行的解读并不统一，反而是众说纷纭。事实上，如果对学者们的研究进行认真归纳总结就会发现，我国学者对生态经济的内涵所进行的研究已经有了一定纵深。

（四）生态经济高质量发展评价指标体系研究

国外与生态经济高质量发展有关的理论很多，它们广泛分散在循环经济理论、产业生态学、产业代谢、绿色经济、低碳经济、节能经济以及物流分析等学说理论之中。20 世纪 80 年代，美国科学家罗伯特·艾伦·弗罗施（Robert Alan Frosch）和 N. E. 盖洛珀洛斯（N. E. Gallopoulos）提出了产业生态学（industrial ecology，IE）的概念。和之前传统的产业化方式不同的是，在产业生态学之中工业产业应该具有生态化、绿色化等特征；在进行生产的过程中，资源则具有可持续化、可循环化等特征；在整个流程中，原料要么成为产品被消耗掉，要么成为废物被重新利用，将浪费尽可能降至最低标准。此外，两位学者还对自然界生态系统新陈代谢的特点进行研究，并将之应用到工业领域。1989 年，他们撰写了《可持续工业发展战略》（*Strategies for Manufacturing*）一文，并在美国顶尖杂志《科学美国人》（*Scientific American*）上发表。在该文中，作者对产业生态系统做出了详细阐述，在他们看来，就像自然资源进行新陈代谢所要经历的流程一样，在产品生产过程之中，从组织生产到资源消耗、再到产品输出，整条生产链都和资源有关，并具有动态性特征，这

---

① 胡鞍钢，门洪华. 生态经济与绿色崛起——关于中国发展道路的探讨［J］. 中共天津市委党校学报，2015（1）：19 – 30.

② 刘燕华. 风能和太阳能无法上网与行业垄断有关［N］. 人民日报，2010 – 03 – 02.

③ 郝栋. 绿色发展道路的哲学探析［D］. 北京：中共中央党校，2012.

④ 蒋南平，向仁康. 中国生态经济发展的若干问题［J］. 当代经济研究，2013（2）：50 – 54.

便可被视为生态运行机制。[①]

21世纪初，我国学者在研究生态经济高质量发展的路径时，开始对生态产业、绿色产业等概念进行研究。经过二十多年的发展，在多方面已经取得了进展和突破。2005年，夏泰凤和董瑞芝提出要在坚持可持续发展原则的基础上，对生态经济理论作出系统阐述，并提出生态经济发展的体系目标，为未来的经济转型与产业升级打下了坚实的基础。[②] 2005年，姜虹以我国提出的生态文明建设相关内容为参照，对生态经济体系所涵盖的指标进行了详细说明，并将之和日本、韩国等东亚发达国家的具体情形做了比较分析。[③] 2010年，戴源在对我国境内多省份生态经济与经济发展状况进行评价的基础上，对生态经济指标体系进行了完善，使该指标体系呈现出系统化和科学化的特征。[④] 2015年，李春发和李红薇在构建PSR模型（pressure state response模型，即环境评价模型）以及SD模型（system dynamics模型，即系统动力学模型）的基础上，对生态经济考核指标体系进行了明确，同时规划出"一带三园四心"的生态经济空间布局，对生态经济高质量发展提供了先进的管理理念指导。[⑤]

（五）生态经济高质量发展对策研究

近年来，多名学者对生态经济高质量发展提出了自己的见解。例如，胡鞍钢和门洪华（2005）指出要将社会经济发展与生态环境保护统一起来，走以人为本的可持续发展之路。刘燕华（2010）提出要推广循环技术、节能技术、低碳技术、减排技术、生态技术及环境技术。王海芹和高世辑（2016）认为需要将生态经济高质量发展的政治策略为社会团体所采用，针对资源节约、环境保护、生态管理等具体目标而作出较为系统的政策。[⑥] 庄贵阳和薄凡（2017）撰写的《生态经济理论、内涵及实现机制》一文中强调，要把生态优势转化成经济优势，就要完成利益协调机制、分类指导机制以及创新驱动机制的构建，以期尽早实现经济效益、社会效益、生态效益、环境效益有机统一的目标。

2009年，全球绿色发展署（Global Green Growth Institute，GGGI）制作公布了

① Robert Alan Frosch，N. E. Gallopoulos. Strategies for Manufacturing [J]. Scientific American，1989，261 (3)：94 – 102.

② 夏泰凤，董瑞芝. 可持续发展与生态经济战略 [J]. 农村经济与科技，2005，16 (5)：6 – 7.

③ 姜虹. 我国生态经济面临的困境与对策探讨 [J] //中国科学技术协会、天津市人民政府. 第十三届中国科协年会第6分会场——生态经济与沿海城市可持续发展战略研讨会论文集，2005，16 (5)：6 – 7.

④ 戴源. 探索生态经济发展的体系和路径 [J]. 唯实，2010 (10)：14 – 15.

⑤ 李春发，李红薇. 促进生态文明建设的产业结构理论及应用 [M]. 北京，科学出版社，2015.

⑥ 王海芹，高世辑. 我国生态经济发展萌芽、起步与政策演讲：若干阶段性特征观察 [J]. 改革，2016 (3)：6 – 26.

《全球绿色发展署的信息手册》，指出要使全球经济继续保持增长，世界各国就要减少碳排放量、改善气候条件、使社会经济发展可持续性得到增强。这和生态经济所提出的目标不谋而合，可被视为生态经济定量化和具体化的措施。[①] 2012 年，韩国政府颁布的《韩国低碳绿色增长基本法》指出，保持生态经济优质发展的最高目标是使生态环境与社会经济得到统筹协调发展，具体措施是节约资源、促进资源的高效利用，与此同时，积极发展清洁能源、大力推广绿色技术，促进人才向生态产业回流、市场向生态经济倾斜，从而走上可持续发展的道路。事实上，这正是检验一个国家是否走上生态经济高质量发展之路的主要标准。也就是说，发展清洁能源、开发绿色技术是推动生态经济高质量发展的重点。2010 年，经济合作与发展组织（以下简称"经合组织"，Organization for Economic Co-operation and Development，OECD）发布《为拥有可持续的未来履行我们的承诺》发展报告，其中"生态经济发展战略中期报告"中指出，所谓生态经济优质发展的模式就是致力于追求生态环境与社会经济的协调发展，因此，世界各国要积极完善社会福利制度、提高国民健康指数、增加就业机会、合理分配资源，从而构建健康、绿色的生态经济发展模式。2011 年，经济合作与发展组织又发布了《迈向绿色增长》的报告，强调所谓的"绿色增长"就是要在保持自然资源得到可持续利用、投资得到可持续增长、创新得到可持续输出的前提下，使经济得到可持续增长。这正是生态经济高质量发展理念的具体表述。2017 年，在夏季达沃斯论坛（即世界经济论坛，World Economic Forum，WEF）上，世界绿色设计组织（World Green Design Organization，WGDO）提出要保持社会经济发展的长期性、持续性、健康性，不仅仅是站在经济的角度，从投资的可行性以及回报的长期性和稳定性来看，还要站在社会责任和道德责任的角度上，这也正是生态经济高质量发展所追求的。

　　总的来说，对生态经济高质量发展对策所进行的研究，无论是国外相关机构还是国内研究者，都将重点放在政策的制定和解读上。在国内外众多学者看来，无论是我国还是世界其他国家，都应该以政府为主导，积极制定一套行之有效、能够确保生态经济得到高质量发展的制度。然而，有关政策制度的制定，要充分考虑到本国和当地的实际情况，强调因地制宜，结合本国和当地的风土人情、资源禀赋以及产业发展状况，对具体问题进行具体分析，并按计划、分步骤予以解决，才是确保生态经济高质量发展。以河南省为研究对象，结合本省产业发展状况，对生态经济高质量发展的总体趋势做系统研究，对政府相关政策以及扶持举措进行具体分析，对该省生态系统的优化升级，无疑具有巨大的作用和重要的意义。

---

① 全球绿色发展署. 全球绿色发展署的信息手册 [C]. 墨尔本，2009.

（六）国外生态经济高质量发展经验研究

目前，伴随着经济全球化愈演愈烈，科技发展突飞猛进，人类也面临着巨大的生存与发展挑战，生态恶化、环境污染、全球变暖、资源枯竭等问题越来越严重，不断对人类社会敲响警钟。生态经济是综合循环经济、低碳经济、绿色经济等多种经济形式，将推进经济生态化、产业绿色化作为主要目标，将可持续发展作为主要内核的经济模式。美国、德国、日本、英国等西方国家无论是探索生态经济发展还是研究生态经济相关理论思想，都起步较早。例如，德国在推动生态经济走向高质量发展时，着重推动工业生态化，并制定与之相配套的环保政策制度。不仅如此，德国还与欧洲其他国家一道，共同开发生态化科学技术，并不断加大生态科技投资，积极推动传统产业向生态产业、绿色产业、低碳产业转型。在发展生态经济时，美国对清洁能源的开发和利用较为注重。美国政府认为生态经济高质量发展的核心是开发利用新能源，让新能源取代煤炭、石油等传统能源。

第二章 ②

国内外生态经济发展阶段研究

从本质上来看，生态经济所代表的新型文明形式，无疑是一种新工业文明。生态经济高质量发展的本质，便是促进社会经济与生态环境实现协调、融合发展。然而，生态环境与社会经济的协调与融合，并不是短时间内迅速产生的，而是要经历漫长的时间阶段和历史过程，正因如此才呈现出特征不同、形式各异的历史阶段性。库兹涅茨的环境曲线理论同样适用于生态环境与社会经济这两者之间产生联系的过程，就西方发达国家生态环境与社会经济相互关联的历史阶段而言，可以分为四个阶段，即生态经济矛盾产生期、生态经济矛盾加速期、生态经济矛盾爆发期以及生态经济融合促进期。就我国现实状况而言，生态环境与社会经济相互关联的历史阶段也可分为四个阶段，但和西方发达国家不尽相同，我国先后经历了生态经济大致协调期、生态经济矛盾产生期、生态经济矛盾爆发期以及生态经济矛盾平息期等四个时期。

▶ 第一节　生态经济发展阶段划分的背景与依据

一、生态经济发展阶段划分背景

社会经济发展与生态环境保护相互交织、相互影响，最终达到融合统一的过程，在不同的时间段，呈现出不同的特点，这是西方发达国家在走向现代化的过程中所呈现出来的特性和规律。

从 18 世纪 60 年代开始，英国发起技术革命，并在西方世界形成你追我赶的技术创新，第一次工业革命由此爆发。新技术和新设备的大面积应用和推广，使得全球经济出现前所未有的增长。然而，随着西方发达国家工业化进程的不断加速、城市化进程的不断推进，社会经济发展与生态环境保护之间的矛盾也越来越突出。

两次世界大战的爆发，与其说是国与国之间的矛盾、民族与民族之间的矛盾，不如说是世界各国尤其是西方发达国家对资源和技术的争夺所产生的矛盾。20 世纪 40 年代，第二次世界大战终于接近尾声，西方发达国家尤其是英国、法国、美国、德国等国家，为了复苏本国经济，并保护社会经济的高速增长，纷纷走上了"先发展工业，再治理污染"的路子。虽然使社会经济出现了一定时期的高速增长，却也因为生态环境污染使国民付出了惨痛的代价，更因为对污染进行治理耗费了大量人力、物力和财力。美国便是一个很典型的例子，该国地广人稀、资源丰富，为推动社会经济的快速发展，美国不惜消耗大量的生态资源，即便是低效率利用资源也在所不惜。然而，对资源如此不负责任的利用方式，很快便遭到了反噬，一系列浪费资源、破坏生态、污染环境的事件接连不断地发生，使美国疲于应对，付出了极大代价。之后，痛定思痛的美国人开始反思，并采取一系列措施对资源进行保护，对生态环境污染进行治理。与此同时，开展资源合理利用、能源节约使用等宣传，使节能意识逐渐深入人心。此外，美国还积极利用新能源，切实提高能源利用水平，并致力于新科技研发，使资源浪费率降至较低水平。经过多年努力，美国最终形成了资源节约、生态平衡、环境友好的发展模式。德国的例子也极其典型，20 世纪 50 年代，为提升经济实力，德国不惜以破坏生态、污染环境为代价大力发展工业、振兴传统产业，使德国一举从经济萧条的战败国成长为社会经济规模在全世界名列前茅的实力强国。然而，随着生态系统越来越脆弱、环境污染越来越严重，工业成本上升、产能大幅下滑，严重制约了德国社会经济的发展。20 世纪 80 年代，德国政府不得不正视生态环境问题，举全国之力、想方设法地发展环保技术，并积极使用清洁能源，从而使德国经济中的生态环保含量大幅上升，以发展生态环保经济为起点，德国迅速成为全球范围内最清洁、最生态、最环保的国家之一。

总而言之，在加速推进现代化的过程中，西方发达国家都曾出现社会经济发展与生态环境保护不相协调，从而产生严重矛盾的问题，也都曾经历这样的发展阶段——以破坏生态环境为代价大力发展经济的阶段、开始注重生态环境问题的阶段、对生态环境进行治理的阶段以及生态环境与社会经济两相兼顾、协调发展的阶段等。

可以说，要保证本国发展、使国力强盛、让老百姓过上富裕幸福的生活，实现现代化是必由之路。新中国成立之后，尤其是改革开放以来，我国所走的现代化道路和欧美诸国具有一定的相似性，社会经济发展与生态环境保护这两者之间进行关联的过程，和欧美诸国也有着一定的相似性。20 世纪 70 年代后期，我国为恢复生产、发展经济，大力推进工业化建设，并重新回到以经济建设为中心这条光明之路上来。在当时，我国并没有意识到生态环境保护的重要性，因此出现了一系列生态环境问题，最终导致生态环境体系衰弱不堪。在承受了因生态环境污染造成的巨大损失后，我国开始认真反思粗放式发展经济所带来的诸多弊端，于是制定了一系列保护生态环境的政策，策划了一系列修复生态、保护环境的方案，从而做到使生态环境与社会经济统筹兼顾。

一方面，对国外尤其是西方发达国家，生态环境与社会经济协调发展的历史进行阶段性划分，并予以概括总结。另一方面，对我国生态环境与社会经济协调发展的历史进行阶段性划分，并予以综合分析，能够理清生态经济高质量发展的理论背景，为生态经济高质量发展提供研究思路和思想前提。

二、生态经济发展阶段划分依据

（一）库兹涅茨介绍

环境库兹涅茨曲线学说是对生态经济发展阶段进行划分至关重要的理论依据，现对美国经济学家库兹涅茨进行简要介绍。库兹涅茨，即西蒙·史密斯·库兹涅茨（Simon Smith Kuznets），他出生于 1901 年的俄国，于 1920 年告别故土来到美国，考入美国哥伦比亚大学经济学院，之后加入美国籍。在学校期间，库兹涅茨便表现出对经济和数学浓厚的双重兴趣，他师从美国制度经济学派创始人米切尔教授，以研究社会制度与经济发展之间的关系见长。长期以来，库兹涅茨都致力于世界各国经济统计相关数据、资料的收集与整理，并对其进行认真的比较分析，成为经验统计学派的重要代表人物。

20 世纪 30 年代末至 40 年代，库兹涅茨对国民收入和核算问题进行了深入而系统的研究，并于 1941 年发表了重要论著《国民收入及其构成》。在该书中，库兹涅茨不仅对国民收入的以往研究进行了理论化和系统化梳理，还对国民收入以及其主要构成进行了详细阐述，更对利用现有资料对国民收入进行估算的过程和方式进行了归纳总结，从而为世界现代国民收入核算体系的建立打下了坚实的基础，库兹涅茨因此被称作"国民生产总值（Gross National Product，GNP）之父"。

20 世纪 50 年代以后，库兹涅茨又把注意力转移到经济增长研究领域，提出要用"国民收入"这一概念对一个国家的经济增长进行衡量，并给出具体而系统的计量方法，从而为西方世界的现代经济增长理论开创了一个重要分支——国民收入经济增长论。通过《美国经济中的资本》《关于经济增长的六篇演讲》《现代经济增长》《各国的经济增长》等一系列经济增长研究专著，库兹涅茨对人口结构、人口增长、国民总收入、产业结构、劳动生产率、收入分配模式、产品使用结构以及国际经济流量等一众经济变量，在国民经济增长过程中所发生变化的趋势、特点以及它们之间的联系形式进行了分析阐述，不仅为经济增长后续研究提供了清晰明了的统计资料，还站在经验的角度上对国民经济的增长过程做出了合理解释。从而一针见血地指出，所谓经济增长需要满足两大因素：一是科学技术的创新进步；二是资本主义社会在制度、结构以及意识形态领域做出的相对应调整。鉴于他在人口发展趋势研究、人口结构与经济增长、收入分配之间的关系论述等方面所作出的巨大贡献，1971 年，库兹涅茨被授予诺贝尔经济学奖。

（二）库兹涅茨曲线介绍

库兹涅茨曲线（Kuznets curve），因该曲线呈现倒"U"型，也被称作倒"U"曲线（Inverted U curve）或者库兹涅茨倒"U"字形曲线学说。该曲线是库兹涅茨于 1955 年提出的，是直观反映收入分配状况能够随着社会经济发展的过程不断发生变化的一种曲线，后来成为发展经济学之中至关重要的概念。

20 世纪 50 年代，库兹涅茨对美国、英国、德国、法国等西方发达国家的经济数据进行搜集整理和分析研究。此外，他对第二次世界大战前后，部分发达国家以及发展中国家的经济发展状况、收入差异情况做了比较研究。在对这些经济资料进行案例研究和数据分析后，库兹涅茨得出结论：当一个国家的社会经济刚刚起步，还处于快速发展阶段时，国民收入的差距会迅速加大。然而，当这个国家的社会经济发展趋于平稳，走向成熟发展阶段时，国民收入的差距会得到改善，呈现出渐渐缩小的趋势。

基尼系数（gini index 或 gini coefficient）是意大利著名经济学家科拉多·基尼（Corrado Gini）在 1922 年提出的，是用来对收入分配的差异程度进行定量测定的指标。在库兹涅茨曲线图中，一般将基尼系数作为纵轴，对收入分配的差异程度进行衡量；将人均国民经济收入作为横轴，用来对人均国民经济收入的增长指数进行衡量。如图 2.1 所示，便能较为直观地看出，库兹涅茨曲线呈现出倒"U"型，其中，当纵轴和横轴数据在 A 点交汇时，居民收入的差距是最大的，这也就是所谓的经济拐点。

（三）环境库兹涅茨曲线介绍

如上文所述，一个国家的社会经济刚开始起步时面临的生态环境问题较少，随着经济快速发展，生态环境问题也不断出现，当社会经济达到繁荣阶段时，生态环境将会得以在一定程度上改善并逐渐向好，即生态环境与社会经济呈倒"U"型的

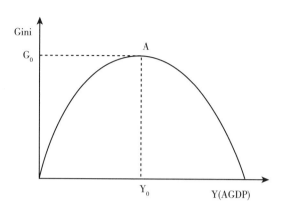

图 2.1 库兹涅茨曲线（居民收入差距与人均国民收入增长曲线）

资料来源：姚斌，富雷. 关于库兹涅茨倒 U 曲线的修正研究［J］. 山东工商学院学报，2008，22（6）：10 - 13.

关系。针对这种现象，学术界给出了以下四点解释。

1. 社会经济发展的客观规律

在经济发展和社会进步的过程中，产业结构不断调整，不断得到优化升级，以服务业为主导的第三产业在国民经济中所占比重就渐渐超过了工业。为减少本国生态环境污染，发达国家便会把高污染工业、高消耗产业慢慢向发展中国家转移，而发展中国家为了寻求社会经济发展，不得不被动接受这种高污染工业、高消耗产业转移。[①] 也有学者认为，两国之间的贸易往来之所以会发生，是因为两国之间的社会经济收入存在一定差异。这也就是说，两国对生态环境的态度和需求是不相同的。经过国际上通行的贸易往来，发达国家将高污染产业转移到发展中国家进行生产，然后再从发展中国家进口至本国，从而实现其对该产品的消费使用。这样的行为，虽然能够使发达国家的生态环境危机得到暂时缓解，但是却让发展中国家的资源、环境、生态都遭到极为严重的破坏。[②]

2. 城镇化的结果

随着西方国家城镇化进程的不断加快，到城镇化的中后期，已经可以采用先进的科技对生态环境污染进行治理和控制。与此同时，随着综合治理水平的不断提高，城市已经拥有了较为完善的生态环境治理体系。在格鲁斯曼等学者看来，经过规模效应以及经济结构这两者的共同作用，才使得库兹涅茨现象得以产生。也就是说，随着社会经济总量的增加，自然资源的消耗就会更多，导致生态环境

① Suri V，Chapman D. Economic Growth，Trade and Energy：Implications for The Environmental Kuznets Curve［J］. Ecological Economics，1998，25（2）：195 - 208.

② Lopezl R. The Environment as a Factor of Production：The Effects of Economic Growth and Trade Liberalization［J］. Journal of Environment Economics & Management，1994，27（2）：163 - 184.

被破坏的情形就会更严重，这便是规模效应。不仅如此，当一个国家从以农业为主的经济模式转向以工业为主的经济模式时，工业化进程的加快，就会使大量资源遭到消耗，给生态环境造成污染。不仅如此，随着工业化进程的不断加快，有限的资源被无限消耗，开始慢慢走向枯竭。这样一来，便形成恶性循环，使得生态环境恶化的情况更加严重。不过，当经济模式渐渐固定，经济行为渐渐走向成熟时，产业结构就会调整，从而进行优化升级，污染相对严重的第二产业就会逐渐向污染相对较小的第三产业转移，而生态环境问题便会得到一定程度的改善，这便是结构效应。随着清洁能源、绿色技术得到普遍的应用和推广，生态环境问题就会得到更大程度的改善。

3. 技术革新的结果

当一个国家的社会经济发展还只是处于起步阶段时，其精力主要是放在发展相关产业上，主要资本也会在相关产业上投入，以推动社会经济得到更快的发展。由于资金有限，再加上意识不足，对生态环境的保护也就难以兼顾。这样就造成了一定的后果：一边是社会经济的飞速发展和快速增长，另一边是生态破坏和环境恶化，资源被大量消耗。当社会经济发展到一定程度时，由于生态环境保护政策的限制，高污染产业利润就会大幅降低，大量资本就会被吸引到新科学和新技术领域，用于发明创造和技术革新。在资本的加持下，一方面，资源浪费的情形将大为改观，资源利用率也大幅提高；另一方面，能源再利用技术和清洁技术的推广，也使能源循环利用的效率得以提高。如美国当代著名女经济学家南希·L. 斯托基（Nancy L. Stokey）认为，当社会经济发展水平较低时，只能使用较为传统的高污染科技；当社会经济走向成熟时，传统的高污染科技便会被更为清洁的低污染或者无污染科技所替代，从而使生态环境污染问题得到大大改观。[①]

4. 需求者偏好发生变化

居民人均收入增加之后，对生态环境质量的需求就会更高。如果社会经济只是处在低水平状态，人类普遍还在为解决温饱而辛苦劳作，对生态环境问题自然不会有太多的考虑。甚至，如果能够以破坏生态环境为代价来换取吃饱穿暖，人类会毫不犹豫地这么做。当社会经济经过一定时间段的增长，发展至较高水平时，人类早已经解决了温饱问题，便会更加注重生活环境，对生态环境质量的要求也会越来越高。如果能够让自己的生活环境更好，人类甚至愿意花大价钱对生态进行保护，使环境能够得到改善。这是因为，一方面，人们手头有余钱，对生态环境保护可以给予一定预算，能够购买更为环保、更加绿色的产品等；另一方面，出于对生态环境

---

① Nancy L. Stokey. Are there Limits to Growth [J]. International Economics Review, 1989, 39 (2).

负责的态度，人们可以发动游行、集会等示威活动向当局者示警或者施压，从而迫使政府制定更加有利于生态环境保护的政策措施。[①] 1998 年，耶格·W（Jaeger W.）做出假设，认为经济个体对生态环境质量的需求是随着经济收入的增长而做出相应增长的，以此来对环境库兹涅茨曲线进行验证。[②]

第二节　国外生态经济发展阶段划分

纵观世界史及世界各国发展史，世界各国尤其是西方发达国家，社会经济发展与生态环境保护的整体走向和环境库兹涅茨曲线是大致相符的。具体而言，当西方发达国家的人均国民收入没有达到 10000 美元以前，生态环境与社会经济是互为矛盾体的，即社会经济越发展，生态环境越容易遭到破坏，生态环境保护所起到的效用就越差；当西方发达国家的人均国民收入超过 10000 美元以后，生态环境与社会经济就会渐渐走向协调，开始融合发展[③]。西方发达国家在生态环境与社会经济耦合协调方面所走的道路可以分为四大历史阶段。

一、生态经济矛盾产生期（18 世纪末至 20 世纪初）

18 世纪末期到 20 世纪初期，是西方发达国家生态环境与社会经济这两者开始出现矛盾的阶段。

18 世纪中期，机器被发明创造，开始取代人工，在运输、纺织及采矿等行业得到广泛运用。由于机器代表着更为先进的生产力，速度更快、效率更高，当其在生产实践中越来越受到认可之时，更多机器便被发明创造了出来，更多新技术和新工艺也逐渐出现，从而引发了一连串的社会连锁反应，最终形成一种轰轰烈烈的阵势，这就是工业革命的发端。1785 年，英国发明家詹姆斯·瓦特（James Watt）改进自己发明的蒸汽机并最终投产使用，成为之后机器大展身手的起始。在进行工业生产时，手工作业的生产方式逐渐被机器生产所取代，于是，以手工为主的传统劳动市场日渐衰败，以机器为主的工厂生产模式逐渐取而代之。这种新型生产模式迅速发

---

① Neha. The Income Elasticity of Non-Point Source Air Pollutants：Revisiting the Environmental Kuznets［J］. Economics Letters，2002（77）：387 – 439.

② Jaeger W. A Theoretical Basis for the Environmental Inverted-U Cure and Implications for International Trade［D］. Williams College，1998.

③ Grossam G. M.，Krueger A. B. Economic – Growth and the Environment［J］. Quarterly Journal of Economics，1995，10（2）：353 – 377.

展，不仅使劳动生产率大为提高，也使生产关系做出了变革。总而言之，工业革命的发生，使沿袭数千年之久的手工工具被淘汰，大规模的机器生产成为主流。不仅如此，煤炭等化石原料也作为机器的燃烧材料得到大规模应用，从而使生产效率大为提高。

工业革命发生之后，煤炭一举成为西方资本主义国家的主要燃料。到 1900 年时，当时世界上最先进的五个国家——英国、美国、法国、德国、日本，煤炭的产量已经超过了 6 亿吨[①]。煤炭作为主要燃料极大地推动了工业发展，为人类文明的进步作出了突出贡献，因为它不仅可以为内燃机等机器设备的正常运转提供动力，还方便了人类生活，给人类带来了极大便利。然而，煤炭大量燃烧后，在带来热量的同时，也使一氧化碳、二氧化硫等有害气体被释放出来，对生态环境造成污染，从而引发了极为严重的生态环境问题。不仅如此，由于对矿石原料的极大需求，使得采矿业得到突飞猛进的发展。但是，在采矿业发展之后，因为人类活动的加剧和开采的泛滥，对土壤、河流、山川和大气等造成了污染。此外，因化学工业的发展所造成的化学品污染，因水泥工业的发展所造成的粉尘及有害气体污染，因造纸业的发展所造成的河流污染等，都是这一时期生态环境污染的主要制造者。

作为工业革命的策源地，以及最早发生并完成工业革命的西方列强之一，英国因煤炭燃烧造成的大气污染危机极为严峻，此外，英国的河流污染问题也极为突出。不仅仅是英国，西方列强都不同程度地受到了生态环境污染问题的困扰。至 20 世纪初期，西方发达国家在陆续完成工业化之时，美国的重工业中心——匹兹堡、芝加哥等城市，燃烧煤炭所带来的生态环境污染问题已经极为严重。德国的情况更是不容乐观，灰黄色的浓烟滚滚来袭，笼罩在德国上空，晾晒在外面的衣服会变黑，本来葱绿的植被也迅速枯死，德国人整日活在忧心忡忡之中，为雾霾笼罩的未来深深担忧着。不仅如此，德国河流的颜色越来越"好看"，但水质却越来越差。如穆格利兹河，由于处于中上游的玻璃制造厂每天都会排出大量废水，并且水流的颜色都是红的，就像河流的伤口正源源不断地流出血液，触目惊心。哈茨地区的一些河流也是如此，由于污染严重，大量鱼类死亡，成片地飘在河面上，臭气熏天。

如果对照环境库兹涅茨曲线可以发现，在这一阶段，英国、法国、美国、德国、日本等发达国家的经济刚刚起步，正处于粗放式增长时期。不过，虽然这一阶段的生态环境问题已经接连不断地出现，并日益突出尖锐，但是对生态环境造成污染的物质来源相对来说较为单一，无非废水、废气以及废物。此时，虽然生态环境污染问题已经出现，但由于大多数人还在为生存奋斗，大多数西方发达国家还在为发展奋斗，普遍没有意识到生态环境能够对社会经济的发展产生巨大的阻力。

---

① 世界经济统计资料编辑委员会. 英法美德日百年统计提要 [M]. 北京：中国统计出版社，1958.

二、生态经济矛盾加速期（20 世纪 20 年代至 40 年代）

20 世纪 20 年代至 40 年代，在西方发达国家，生态环境与社会经济这两者的矛盾急剧加速，被称为生态经济矛盾加速期。

从 20 世纪初开始，西方发达国家走向工业化的进程明显在加快，对煤炭等传统燃料资源的需求也越来越大，最终导致煤炭开采的范围越来越广，每年的产量越来越多。20 世纪 40 年代，西方国家的有关统计数据显示，因工业生产和家庭生活燃烧煤炭而排放的二氧化硫，每年排放量都在几千万吨，污染范围在逐渐扩大，因煤炭燃烧而导致的伤亡事故越来越多，发生事故的频率也越来越高。其中，发生在比利时的马斯河谷烟雾事件就是最为著名的案例之一。1930 年底，时至隆冬，天寒地冻、浓雾笼罩，位于比利时烈日市西郊的马斯河谷工业区，其上空的浓雾更是格外厚重。事实上，这正是工厂云集的工业区所排放出来的一氧化碳、二氧化硫等有毒、有害气体，在地表长期凝聚并和附近雾气渐渐合为一体所致。结果，在那个隆冬，一星期之内就有 60 余人因呼吸道疾病接连死亡，受感染导致中毒的更是有上千人之多。[①] 就连附近山岗水域的飞禽也未能幸免，开始大面积死亡，甚至连居民圈养的家禽也受灾遭难，死亡的不计其数。不过，马斯河谷烟雾事件发生时，正值全球经济危机发生之时，虽然欧洲诸国民众闻之色变，但因经济萧条所造成的失业困扰以及生存艰难早已经使他们风声鹤唳，所以，事件所造成如此严重的生态环境污染问题并没有引起太过广泛的关注，自然也就没有引起太多的反思。不仅如此，从 20 世纪 20 年代开始，有机化学在西方世界得到快速发展，石油、天然气等自然燃料得到大规模的使用。诚然，这些自然燃料给工业生产带来了重大利好，给人类生活也带来了极大便利，然而它们却给土壤、河流等造成更为严重的污染，使得生态环境污染问题急剧恶化。

就在此时，被后世称作"公害发展期"的阶段开始了。由于污染范围越来越广，污染程度越来越严重，更为复杂的污染物接连不断地出现，新的污染源纷纷粉墨登场，从而导致患病人数接连升高，死亡人数也在不断攀升。如果对照环境库兹涅茨曲线可以发现，在这一阶段，英国、法国、美国、德国、日本等发达国家社会经济发展的步伐正在逐渐加快，处于迅猛增长时期。在工业化进程不断加快、城镇化进程不断提速的同时，所导致的生态环境污染问题越来越突出，形势也越来越严峻。这时，人类社会已经逐渐意识到生态环境会对社会经济的向前推进形成一定的

---

① 许庸．比利时马斯河谷烟雾事件［J］．环境导报，2003（15）：20.

制约，不得不慎重对待。

三、生态经济矛盾爆发期（20 世纪 50 年代至 70 年代）

从 20 世纪 50 年代开始，在西方发达国家，生态环境与社会经济这两者的矛盾已经变得不可调和，生态环境问题开始集中爆发。这一阶段，被称为生态经济矛盾爆发期。

第二次世界大战结束以后，世界各国从战争阴霾中走出来，开始集中精力发展社会经济。西方发达国家更是如此，它们以战后恢复为口号，对社会经济进行干预和调控，工业化进程急剧加速，城镇化进程明显加快，从而使国民经济得到持续而稳定的高速增长，被称为"经济发展的黄金时期"。然而，所谓的"经济发展黄金期"只是表象，这种突飞猛进的增长方式带来了更为严重的生态环境污染问题，使得生态环境污染和社会经济发展之间的矛盾渐渐走向不可调和。这主要是因为伴随着工业化进程的加速和城镇化进程的加快，一方面，大量资源被消耗造成资源日渐枯竭，另一方面，因繁忙的工业生产和繁荣的城市生活不断产生废弃物，当这些数量惊人的废弃物渗进土壤、排进大气、流进河流的时候，由量变渐渐形成质变，从而导致生态环境问题越来越频繁地发生，逐渐使生态环境问题成为世界性难题。

20 世纪 50 年代，发生在日本并轰动世界的水俣病事件极为典型。水俣病，因 1953 年首先在日本熊本县水俣湾附近发现而得名。事实上，它虽然以地名命名，却并非什么地域性疾病，而是一种慢性汞中毒疾病。经过多年的调查研究，1968 年 9 月，日本政府最终确认，由于日本氮肥公司长期向水俣湾排放废水，废水中含有甲基汞等有毒、有害物质，被鱼、虾、蚌、蟹等水族吸收并在其体内形成堆积。[①] 水俣湾的居民正是由于长期食用这种含有有毒、有害物质的水产品，而导致脑萎缩和神经系统受损，轻者步履蹒跚、手脚麻痹，重者手舞足蹈、癫狂致死。这种病对新生儿损伤更大，许多新生儿出生不久便患上脑瘫，出现严重的智力障碍。日本水俣病事件因此被列为"世界八大公害事件"之一。

水俣病事件在日本并非个例，如因石化企业排放大量废气，导致空气污染而引发的四日市哮喘病事件，因铅锌冶炼厂排放含有镉的废水污染水体，而导致的富山县痛病事件等，都发生在这一时期。事实上，不仅日本东京湾，许多靠近陆地的河湾海洋都在这一时期受到了严重污染，而且，越是经济繁荣的地区、越是工业发达的海域，污染越严重。如欧洲的地中海北部、波罗的海沿岸、美国东北部环五大湖

---

① 王盛吉. 日本熊本县水俣病公害问题研究（1956 年–1959 年）［D］. 上海：华东师范大学，2018.

区域等，都是当时全世界污染较为严重的区域。

生态环境事件不断爆发，引发了国民的强烈不满，示威、游行不断，告状、上诉不绝。由此可见，在这一阶段，生态环境污染已经成为欧美西方国家迫在眉睫需要解决的社会性问题，尤其是海洋污染的严重程度，已经让欧美西方国家不得不反思自己的经济模式，从而开始求新求变。

对照环境库兹涅茨曲线可以发现，在这一阶段，英国、法国、美国、德国、日本等发达国家的社会经济发展正稳步走向成熟，并于20世纪六七十年代达到峰值。也就是说，虽然这一阶段的生态环境问题越积越多，并与社会经济发展产生了不可调和的矛盾，但这些国家的社会经济却日臻成熟。这正是环境库兹涅茨曲线图中的"拐点时刻"，即意味着社会经济发展与生态环境恶化的矛盾不断深化，渐渐达到"顶峰"。生态破坏严重、环境恶化加剧、资源日渐枯竭，虽然人类还在这个地球上生活，但早已经艰难重重、危机四伏。在这种情形之下，只有下定决心改变，使生态环境与社会经济和谐共存、协调发展，才是人类唯一的出路。

四、生态经济融合促进期（20世纪70年代至今）

20世纪70年代以后，随着生态环境问题的加剧，西方发达国家渐渐意识到，协调社会经济发展与生态环境保护这两者之间矛盾的重要性，开始尝试着化解矛盾，推动两者和谐发展。这一阶段，被称为生态经济融合促进期。

在这一阶段，随着各种生态环境污染的社会性事件、群体性事件的集中爆发，生态环境问题渐渐成为人们重点关注的热门话题。世界各国形成一种共识——既要发展社会经济，又要加强生态环境保护，推动生态环境与社会经济的耦合协调才是通往美好未来的康庄大道，对已经受到深刻教训的西方发达国家来说更是如此。于是，多数西方发达国家在这一阶段开始成立生态环境保护机构，积极制定节能减排及污染防范措施，不断加大对环保资金的补助力度。

"公害问题国际座谈会"于1970年3月9日在日本首都东京召开，与会的13个国家多数来自西方世界。会后，与会代表共同发表了《东京宣言》，将环境权作为公民的一项基本人权，并以法律的形式确立。此后，许多国际机构开始针对各种生态环境问题开展多种形式的活动，许多国家的有识之士对生态环境问题的关注也空前高涨，在全球范围内掀起了珍惜资源、呵护生态、保护环境的浪潮，加强生态环境保护的呼声也越来越响亮。

1972年6月，"人类环境会议"在瑞典首都斯德哥尔摩召开，与会的有各国政府代表团、国家政府首脑、联合国机构代表以及其他国家组织代表，这是他们首次坐在一起以国际会议的形式共同讨论当代环境问题。在本次会议上发布了《人类环境宣言》，认为世界各国能否和谐共处、世界经济能否稳步发展，生态环境问题是核心，也是关键。因此，各国政府有责任也有义务制定政策、采取措施，加强生态环境保护。与此同时，《人类环境宣言》还指出，生态环境和人类息息相关，人类对生态环境的保护就是对人类自己的保护。因此，人类要与生态环境和谐相处，应该把加强生态环境保护放在和确保社会经济健康发展同等重要的位置上。在这次会议上，加强生态环境保护成为全人类的共识，人类第一次放下争端、打破界限，坐下来真诚交流，共同面对生态环境保护问题，这本身就是一次可喜的进步，因此，这次会议是应该载入史册的，值得浓墨重彩地大书特书。此外，《人类环境宣言》也认为，针对生态环境治理工作，提前防治比事后治理更重要，因为事后治理要付出更大代价、花费更大精力、消耗更多财力和物力。与此同时，该宣言还建议对排放物进行科学监控，对环境指标进行合理检测，并建立一套行之有效的监控系统和检测体系，使提前防治工作能够取得更好的效果。

事实上，从 20 世纪 70 年代开始，为治理生态环境污染，西方发达国家甚至不计成本，下大力度、花大力气关闭了众多污染企业，并加大对生态环境污染治理的投入，切实整治生态环境问题。针对生态环境问题，这些国家甚至先后制定和出台了多部法律、多项举措，努力使环境得到净化，使生态重新还原。在这一阶段，保护生态环境、杜绝污染破坏已经成为许多国家举国上下的共识。不仅如此，西方发达国家还大力发展科学技术对污染进行治理，并利用先进的科学技术对生态环境进行保护，对污染进行预防。至 20 世纪 80 年代后期，许多西方国家已经对生态环境污染进行了卓有成效的治理。在这其中，英国颇具代表性。20 世纪 70 年代初至 20 世纪 80 年代末，这二十年间，飘浮在英国上空的雾霾烟尘已经大为减少，20 世纪 80 年代末的烟尘只相当于 70 年代初的 1/8[①]。不仅如此，到 20 世纪 80 年代末期时，英国之前污染较为严重的河流已经基本恢复到未污染前的模样，重新变得草青水绿，较为难得的是，因河流污染早已经绝迹的大马哈鱼又在治理污染之后的河流中出现了。其他西方国家的生态环境状况也都大为改观。

对照环境库兹涅茨曲线可以发现，在这一阶段，英国、法国、美国、德国、日本等发达国家的社会经济发展进入繁荣期，国民经济保持在稳定向好水平，人们生态环境保护意识增强，并将生态环境保护意识转化为行动，生态环境问题也逐渐得到解决。在这一阶段，生态环境与社会经济之间的矛盾日渐消弭，呈现出协调共进、融合发展的趋势。从环境库兹涅茨曲线图来看，这一阶段生态环境与社会经济之间的

---

① Sheail J. An environmental history of twentieth-century Britain [M]. London：Palgrave Macmillan, 2002.

关系已经步入倒"U"型的后半段,朝更好的方向发展。

综上所述,人类对生态环境的认知经历了从不清晰到清晰、从无意识到肯定的阶段。随着工业文明不断向前发展,步入新时代、新时期之后,生态经济逐渐成为社会经济模式转变调整的主流方向,生态产业也慢慢成为传统产业进行转型升级的更高形态。我们似乎可以预见,在不远的未来,绿意盎然、生机勃勃的绿色生态文明必将取代机器轰鸣、齿轮运转的白色工业文明。从西方发达国家生态经济发展的历史进程来看,人类社会对生态环境与社会经济之间关系的认识,已经从不科学走向科学、从感性走向理性、从浅薄走向深刻。与此同时,人类渐渐认识到生态环境的重要意义。可见,以可持续发展思想为指引,积极发展生态产业,推动生态经济高质量发展,才是确保生态环境与社会经济的关系永远融洽和谐的最为有效的途径之一。

▶ 第三节　我国生态经济发展阶段划分

从 1978 年实施改革开放开始,我国重新回到以经济建设为中心这条道路上。如今,我国经济在高速平稳的形势下已经向前迈进了四十余年。至 2019 年,我国人均 GDP 已经突破 10000 美元大关,站在了一个新的起点上。如今,已经步入对生态环境保护进行高度重视的关键时期。如果从 1978 年开始算起,我国生态环境与社会经济之间关系的走向大致可以分成四个发展阶段,现详述如下。

一、生态经济大致协调期(1978~1989 年)

1978 年 12 月,党的十一届三中全会在北京召开。这是一次拨乱反正的会议,党和国家的工作中心重新转移到经济建设上来。于是,在中国共产党的领导下,全国各族人民开始鼓足干劲、努力进取,推动国民经济不断向前发展。这一阶段的社会经济发展,主要是对自然资源的开发与利用。从整体来看,1978~1989 年这十二年间,我国人均国内生产总值(即人均 GDP)呈现稳步上升的趋势,社会经济平稳增长,形势一片大好。从图 2.2 中可以发现,至 1989 年,我国人均国内生产总值突破 400 美元,达到 404 美元,是 1978 年时的近两倍。也就是说,在这一阶段,我国经济呈现出高速增长的发展态势。

如图 2.3 所示,从产业结构方面来看,1978~1989 年这十二年间,我国第一产业和第二产业的总体比重呈逐年下降的趋势,而第三产业的比重却在稳步上升,

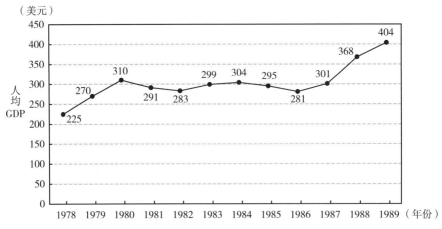

图 2.2　我国人均国内生产总值（人均 GDP）走势（1978 ~ 1989 年）
资料来源：国家统计局官网。

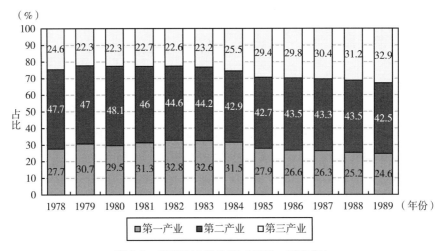

图 2.3　我国产业结构图（1978 ~ 1989 年）
资料来源：国家统计局官网。

1978 年第三产业的比重仅占 24.6%，而到了 1989 年已经上升至 32.9%。不过，也应注意到尽管第三产业比重有所上升，但第二产业所占比重仍然较大，也就是说，当时的我国社会经济仍然是以工业制造为主。

整体而言，我国国土面积大，矿藏丰富，资源众多，如果以资源总量排位，我国排在世界前列。从表 2.1 可以发现，1978 年以后我国的重心刚刚重新转移到经济建设上，对资源的消耗并不是很大，在我国资源利用可承载范围之内，所产生的经济活动也处在生态环境可承受的范围之内。也就是说，我国在对自然资源进行开发利用时，并没有造成较大程度的浪费，而是处于可控水平，对生态环境也没有造成太大的破坏和损伤。在 1978 ~ 1989 年这一时间段内，我国的生态环境与社会经济矛盾较少，处于基本平稳阶段。

年份	能源消费总量（万 tce）	构成（能源消费总量 = 100）			
		煤炭	石油	天然气	水电和核电
1978	57144	70.7	22.7	3.2	3.4
1980	60275	72.2	20.7	3.1	4.0
1985	76682	75.8	17.1	2.2	4.9
1990	98703	76.2	16.6	2.1	5.1

表 2.1　　　　　　　　　　我国能源消费总量及构成（1978~1990 年）

资料来源：国家统计局官网。

二、生态经济矛盾产生期（1990~2006 年）

从 20 世纪 90 年代初到党的十七大召开前夕，我国社会经济继续向前发展，但随着社会经济发展程度的逐步深入，生态环境与社会经济之间的矛盾已经出现，但基本处于可控阶段，并不突出。这一阶段，是我国生态经济矛盾产生期。

在这一阶段，我国社会经济正在加速发展，甚至出现超高速发展的良好局面。从图 2.4 可以发现，2006 年我国人均国内生产总值是 1990 年的 6 倍。不仅如此，从 2000 年进入 21 世纪开始，我国便成功位列世界前七大经济体。然而，由于社会经济突飞猛进地发展，不可避免地会对生态环境造成一定的破坏，此时已经超出了生态环境可以承受的范围，生态环境与社会经济之间的矛盾渐渐显露出来，为我国敲响了警钟。

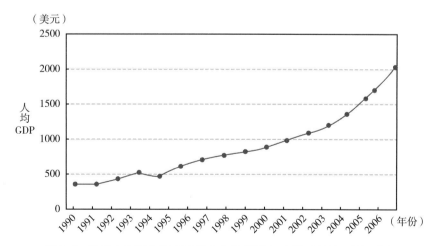

图 2.4　我国人均国内生产总值（人均 GDP）走势（1990~2006 年）

资料来源：国家统计局官网。

举例而言，我国曾号称"塑料王国"，因为我国不仅是塑料的生产大国，也是消费大国。正因如此，"白色污染"在我国是谈之色变的一大环境问题。1995 年，我国消费塑料的总量大约为 1100 万吨，其中，有近 600 万吨属于进口产品，仅塑料包装这一项便有 211 万吨①。当这些塑料包装被附加在商品上被消费之后，大多数被任意丢弃，其中多为聚乙烯制品，因此成了白色污染物。这些白色污染物极难降解，在被随意丢弃之后，不仅对生态环境造成极大危害，还使老百姓的生活环境大受影响，让老百姓产生颇多怨言。

再举个例子，长江三峡水利枢纽工程（即三峡水电站），不仅是世界上最大规模的水电站，也是我国有史以来最大的工程建设项目。它建成并开始发电以来，给我国带来了可观的经济效益，同时也带来了良好的社会效益。不仅如此，它在防洪、旅游、航运、灌溉和供水等多个方面都有着至关重要的意义，同时发挥着巨大的作用。经过大量的数据分析和资料研究表明，从 2003 年三峡工程开始蓄水以来，三峡水库附近人民群众的生产需要和生活需求能够得到基本满足，然而，其干流水体的水质污染却达到了相当严重的程度，再加上因库区建设所造成的水土流失，给附近农业造成的污染进一步加剧，从而进一步导致干流和支流的水质愈加恶化，因此形成恶性循环。受长江三峡水利枢纽工程影响的区域，绝大多数，植被因难以适应冬天是水域、夏天是陆地的生态环境交替变化而走向绝境、濒临死亡。② 不仅如此，还有 120 科 358 属 550 种植物因被高达 175 米的蓄水淹没而丧生③。如荷叶铁线蕨和巫溪叶底珠，在全世界范围内也只在三峡库区分布有其特有群落。然而，长江三峡水利枢纽工程建成以后，这两类植物大多数已经淹没在这片茫茫水域。松叶蕨和狭叶瓶尔草都是国家二级保护植物，也随着长江三峡水利枢纽工程的建成完全淹没于浩荡流水④。凡是事物都具有两面性，三峡工程在为我国社会经济发展作出突出贡献的同时，也给我国造成了巨大的生态环境压力。

在这一阶段，煤炭作为我国主要燃料被广泛使用，给我国带来了较为突出的生态环境问题。我国煤炭资源丰富，已探明总储备量高达 9000 亿吨以上，位列世界第三⑤。在 20 世纪八九十年代，价格低廉的煤炭是我国发电最为主要的燃料能源。那时，在我国政府和民众看来，我国煤炭储藏量如此丰富，加以利用也是理所当然，因此，当时我国煤炭不仅价格低廉，开采浪费还很大，利用率也是极低。相关统计数据显示，1995 年我国约有 70% 的能源利用来自煤炭燃烧。然而，煤炭燃烧后，由

① 正工. 白色污染危害大综合治理效益好——介绍废塑料回收利用科研成果 [J]. 适用技术市场，1999 (1)：4-6.
② 2005 年长江三峡工程生态与环境监测公报 [R]. 国家环保总局，2006.
③ 国务院三峡办有关负责人解析三峡生态环境现状 [EB/OL]. 中华人民共和国中央人民政府网，2007.
④ 王勇，刘义飞，刘松柏，等. 中国水柏枝属植物的地理分布、濒危状况及其暴雨策略 [J]. 武汉植物学研究，2006，24（5）：455-463.
⑤ 中国能源大数据报告（2023）[R]. 中能传媒研究院，2023.

于利用不充分，会有一氧化碳、二氧化硫等多种有毒有害气体排放到空气中，给大气带来了严重影响，从而形成酸雨等生态环境问题。1995 年，全国酸雨（pH 小于 5.6）覆盖面积的区域已占国土面积的 40% 左右。[1] 因燃烧煤炭所引发的生态环境污染问题应该予以重视。

环境可持续指数（Environmental Sustainability Index，ESI）是由美国耶鲁大学、哥伦比亚大学以及世界经济论坛联合发起，是用来对世界上主要国家及地区的环境质量指数进行评估的重要指标。其公布的数据显示，2005 年 1 月，我国的环境可持续指数在全球 144 个国家及地区之中排名第 133 位，十分靠后。排名靠后最为主要的原因，是被自然资源匮乏和资源管理不善这两项指标拖了后腿。[2]

对照环境库兹涅茨曲线图可以发现，处于社会经济发展粗放增长期的我国，生态环境问题已经逐渐暴露出来。值得庆幸的是，我国政府对生态环境问题产生的严重危害已经有所意识，并开始着手进行解决。1996 年，国务院召集第四次全国环境保护会议，在会上做出加强环境保护的重大决定，退耕还草、退耕还林等事关生态环境治理的重大国家工程由此启动，并如火如荼地开展。在 2007 年召开的党的十七大会议上，更是首次从国家层面提出要建设生态文明。对于我国生态环境保护事业来说，这些都是重大利好的消息。

三、生态经济矛盾爆发期（2007～2012 年）

2007 年，党的十七大召开，生态文明已经成为我国政府密切关注并准备予以规范实施的重大国家战略。从此时开始，一直到 2012 年党的十八大召开，在这五年里，我国社会经济继续稳步向前，各项社会经济指标都很健康。然而，这一时期也是我国生态环境问题集中爆发的时期，因此被称作生态经济矛盾爆发期。

在这一阶段，我国社会经济取得了举世瞩目的成就，尤其是在 2010 年，我国的国内生产总值首次超越了日本，成为仅次于美国的全球第二大经济体。到 2012 年，人均国内生产总值已经达到 6250 美元[3]，处于全球中游。尽管我国社会经济在从改革开放以来的三十余年里不断发展壮大，并已经位于全球前列，但国内生产总值在多年来得以迅猛增长的背后，却是以牺牲资源、生态和环境为代价换来的。代价不可谓不沉重，教训不可谓不深刻。纵观三十多年来，我国的社会经济发展模式是粗放式的，高投入、高排放、高消耗、高污染，不仅使我国的资源损耗较为严重，还

① 中国环境质量公报［R］. 国家环保总局，1996.

② 蔡昉，都洋，王美艳. 经济发展方式转变及节能减排内在动力［J］. 经济研究，2008（6）：4–11.

③ 孙菠. 中国环境库兹涅茨曲线的实证研究［D］. 长春：吉林大学，2016.

使生态环境被大面积污染和伤害。国家环保总局的相关统计数据显示，截至 2011 年 11 月，我国地表水污染极为严重，污染程度严重超标的劣五类水质占比已经超过 40%①。此外，我国的耕地大约有 1.5 亿亩遭到污染，灌溉耕田更是有 3250 亩重金属严重超标，达到了无法耕种的地步。虽然我国耕地面积还算可观，但我国人口众多，人均耕地面积严重不足。在这样的情形之下，不仅大量地表水被严重污染，就连土地也被大面积污染。在两者的双重加压之下，有毒有害物质便堆积在农产品里，造成了农产品质量不合格，无法向市场供应。在这五年里，我国食品问题频繁发生。不仅如此，随着我国生态环境污染问题日益严重，许多用来制作食品的原材料也已经遭到污染，许多蔬菜在种子种进土地那一刻起，就已经在遭受重金属等有毒有害物质的毒害，实在令人防不胜防，已经严重危及到了人民群众的食品安全。

因工业发展排放的有毒有害气体造成了大气污染而产生的雾霾问题，是这一阶段社会各界人士议论纷纷的一大焦点性事件。在这一阶段，要发展社会经济，不可避免地就要发展工业；要发展工业，不可避免地就要消耗能源；要获取能源，不可避免地就要使用燃料；要使用燃料，不可避免地就会排放有毒有害气体。于是，工业越发展，能源消耗越多，燃料使用就越多，有毒有害气体排放也就越多。正因如此，在这五年里，虽然社会经济稳步发展，工业取得了长足进步，但雾霾问题也日渐严重。根据相关统计数据显示，我国大多数城市在最近的二三十年里，每年出现雾霾的天数都已经超过一百天，有许多城市甚至每年超过二百天。不仅如此，污染程度也越来越深，最严重时空气能见度只有 1000 米，有时甚至还达不到这一数值。② 2012 年，学者王跃思等对我国强雾霾污染产生的主要原因做出仔细分析后得出结论，煤炭、石油等燃料在燃烧时所排放出来的氮氧化物会造成有毒气体二氧化硫的转化加速，从而加快雾霾形成的过程。③ 事实上，雾霾不仅仅是生态环境问题，它给人类身心健康所造成的伤害也是极其严重的。当雾霾被人体吸入之后，不仅有可能引发肺气肿、哮喘等疾病，还有可能导致心脑血管疾病，并使神经系统受到伤害，更有甚者，还会增大癌症暴发的概率（见表 2.2）。不仅如此，雾霾还严重危及社会安全。例如，它会给交通事业带来严重影响，给人们的出行带来诸多不便，因为严重的雾霾天气，航班、高铁、火车、轮渡以及汽车等都有可能延误。此外，它还会引发交通事故，使交通事故发生的概率大大增加。

---

① 生态环境部通报 11 月和 1－11 月全国地表水、环境空气质量状况［R］. 中华人民共和国生态环境部，2021.
② 吴兑. 近十年中国灰霾天气研究综述［J］. 环境科学学报，2012，32（2）：257－269.
③ 王跃思，姚利，王莉莉，等. 2013 年我国中东部地区强霾污染成因分析［J］. 中国科学：地球科学，2014，44（1）：15－26.

表 2.2　　　　　　　　　　　　雾霾直径与危害程度对照表

雾霾直径	到达身体部位名称	危害程度
PM10	进入上呼吸道，之后很快排出体外	较小
PM2.5	进入肺部，之后进入支气管	引发支气管炎、哮喘以及心血管疾病
PM1	进入血液系统	致癌
PM0.5	越过血气屏障，从肺泡进入心血管系统	伤害神经系统，引发心脑血管疾病
PM0.1	进入肺部并在肺泡内沉淀	附着重金属和有机物，危害全身

在我国，因废弃轮胎造成的生态环境问题也呈现出越来越严重的趋势。我国是全球轮胎生产第一大国，同时也是轮胎消费第一大国。随着经济的发展、社会的进步，我国居民生活水平也有了很大程度的提高，人均拥有汽车量每年都在稳步增长。然而，伴随着汽车越来越多，废旧轮胎的数量就越来越多，因废旧轮胎造成的"黑色污染"也越来越严重。我国橡胶工业协会所做的统计数据表明，2008 年时我国的废旧轮胎数量达到了惊人的 750 万吨，到 2012 年就已经超过了 1000 万吨[①]。但是，我国对废旧轮胎的回收利用效率连西方发达国家的 1/3 还不到，不仅严重浪费资源，还因此造成了生态环境污染，实在令人痛心疾首。在对废旧轮胎进行处理时，我国还普遍采用较为原始的方式，要么露天焚烧，要么就地填埋，要么随意丢弃。被丢弃的轮胎不仅污染生态环境，还大量占用土地资源。就地填埋的轮胎即便再经过一百年也不会被降解掉，却给土壤造成了较为严重的污染。露天焚烧的轮胎不仅排放有毒有害气体污染空气，还有可能引发火灾，使人民群众的生命财产安全受到一定程度的威胁。

总之，在 21 世纪到来的前十年，我国经济迎来高速发展的黄金时期，尤其是加入世界贸易组织之后，我国经济与世界经济接轨，更是取得惊人的增长速度。然而，在这一阶段，在发展社会经济的同时，生态环境也遭到了前所未有的破坏，两者产生的矛盾越来越突出，越来越尖锐。正是在这样的纠缠与交融之中，生态环境与社会经济的矛盾迎来了巅峰时刻。

四、生态经济矛盾平息期（2013 年至今）

2012 年 11 月，党的十八大召开，确立了以习近平同志为核心的党中央。在党的十八大会议上，吹响了"建设美丽中国"的号角。在 2017 年出台的党的十九大报告中，把"美丽中国"纳入我国现代化建设。2022 年 10 月，党的二十大召开，

---

① 中国废旧轮胎问题研究 ［J］. 中国轮胎资源综合利用，2017（10）：25.

会议明确了我国的现代化是"人与自然和谐共生的现代化",并强调要实现社会经济发展低碳化、绿色化,从而推动其高质量发展。也就是说,我国政府从上层建筑开始就做好了经济结构调整的整体设计,从而使一系列有关生态经济发展和生态文明改革的措施有序向前推进。在这一阶段,我国政府一系列政策切实落地,我国生态环境与社会经济之间所产生的矛盾基本平息,被称作生态经济矛盾平息期。

事实上,经过四十余年的发展与进步,我国已经走向了工业化进程的中后期阶段。2019 年,我国人均国内生产总值(即人均 GDP)达到了 10276 美元,首次突破10000 美元,已经到达西方发达国家所称的"10000 美元拐点"。近些年来,我国持续深化社会经济改革,优化升级产业结构,为节能减排创造了极为有利的环境。此外,近些年来,我国服务业比重不断上升,2013 年我国第三产业的比重首次超过了第二产业,成为我国占比最大的主导产业(见图 2.5)。

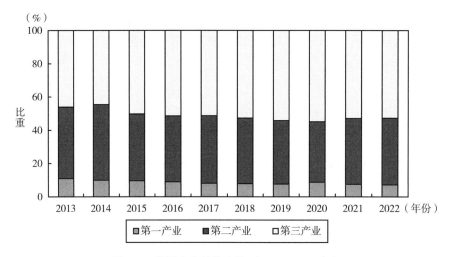

图 2.5 我国产业结构占比(2013～2022 年)

资料来源:国家统计局官网。

经过多年的努力,目前我国已经成为世界第一节能大国,同时也是世界可再生能源生产和利用大国。可再生能源进行装机的数量占全球总量的 24%,其中新增装机数量占全球新增装机数量的 42%。通过调整产业结构、推行能源节约、推动能效提高、优化能源结构等一系列措施,我国在生态治理、环境改善以及气候调节等方面取得了长足的发展与进步。相关数据显示,2014 年全国单位 GDP 的二氧化碳排放量同比下降 6.1%,比 2010 年累计下降 15.5%。

2015 年,我国政府制定了二氧化碳排放的总体目标,并向《联合国气候变化框架公约》秘书处提交了相关目标计划。我国计划到 2030 年单位国内生产总值(即单位 GDP)二氧化碳排放要在 2015 年的基础上下降 60%～65%,从而看出我国政府下大力度、花大力气整治生态环境,还全国人民美好环境、美丽家园的决心。不仅如此，近些年我国政府对生态环境污染治理问题高度重视，将妥善处理社会经济发展与生态环境保护之间的问题，作为国计民生的重大问题来抓，在生态环境污染治理方面的投资力度不断加大（见表2.3相关数据）。

表2.3　　　　　　　我国生态环境污染治理相关数据列表（2013～2020年）

项目	2013年	2014年	2015年	2016年	2017年	2018年	2019年	2020年
环境污染治理投资总额（亿元）	9037.20	9575.50	8806.30	9219.80	9538.95	13220.43	9151.90	10638.90
工业污染源治理投资（亿元）	849.66	997.65	773.68	819.00	681.53	621.27	615.15	454.26
城市排水建设投资额（亿元）	1055.00	1196.10	1248.50	1485.48	1727.52	1897.52	1930.02	2675.69

资料来源：国家统计局官网。

正如习近平总书记所言："绿水青山就是金山银山。"如果有可能，我们既要金山银山，也要绿水青山。如果只能二选一，我们宁要绿水青山，也不要金山银山，因为我们不仅要为自己负责，也要为子孙后代负责。[①] 尤其是党的十九大召开以后，我国对生态文明的建设与发展越来越重视，习近平总书记所提出的要坚定不移地走生态优先和绿色发展之路，实质上就是推动社会、经济、生态、环境这四者的协同进步。只有保持生态环境与社会经济协调发展、齐头并进，才能确保我国生态经济能够长期保持高质量发展。

党的十八大召开以后，党和政府果断明智地发出时代强音，要实现中国梦，要建设"美丽中国"，并首次将生态文明置于与政治文明、经济文明、文化文明和社会文明同等重要的地位，大力推动"五位一体"的新时代发展战略，便是要从生态环境效益出发，绘制生态强国之梦的美丽蓝图。[②] 党的十九大报告指出，我国要在2050年前后，推动社会主义现代化强国的全面建成。这里所说的"全面建成"，不仅是经济更加富强、政治更加民主、文化更加繁荣、社会更加和谐，还包括生态环境更加美丽。[③] 事实上，也是在强调生态强国对于我国现代化建设的重要性。在2022年10月召开的党的二十大会议上，习近平总书记更是强调，"在全面建设社会主义现代化国家新征程上，全党全国要保持加强生态文明建设的战略定力，着力推动社会经济发展全面绿色转型，统筹污染治理、生态保护、应对气候变化，努力建

---

①　习近平. 弘扬人民友谊，共同建设"丝绸之路经济带"［N］. 人民日报，2013 - 09 - 08.
②　毛军吉. 生态强国之梦［M］. 北京：社会科学文献出版社，2014.
③　胡鞍钢，张新. 建设美丽中国 加快迈进生态强国时代［J］. 国际税收，2018（1）：6 - 12.

设人与自然和谐共生的美丽中国，为共建清洁美丽世界作出更大贡献"①，筑牢生态强国理念，保持加强生态文明建设的战略定力，推动生态经济高质量发展，促进资源、生态、环境得到持续改善，才能让中华民族得以健康、长足、持续地发展。一系列思想理论的提出，为习近平新时代经济高质量发展的重要论述夯实了基础，从而促进其不断发展，直到走向成熟。

以生态文明建设、"美丽中国"理念和生态强国战略为主导的习近平关于新时代生态经济的论述提出后，各省市地区纷纷行动起来，做出了积极响应。在生态强国战略的鼓舞下，多个省份都制定了自己的"生态强省"发展规划，将按照时间节点、分步骤实施。为实现生态经济可持续发展，早在21世纪初，福建省就提出了要建设生态强省的战略思想。② 2016年，在湖南省第十一次党代会上，提出新湖南的总体发展目标——五个强省，其中便有"生态强省"。从此之后，生态强省就成了湖南省未来的主要奋斗方向之一。③ 2022年2月，吉林省制定了《吉林省生态环境保护"十四五"规划》，为加强生态强省建设和打造美丽中国的吉林样本打下了坚实的基础。④ 而在2010年，有学者就河南省生态省建设对实现中原崛起的重大意义进行了探讨，提出要以产业发展为路径，为河南省的生态省建设注入新的活力。⑤ 2021年河南省制定了多项措施积极推进生态强省建设，推动生态经济高质量发展。⑥

事实上，时至今日，为推动生态经济高质量发展，我国已经构建起确保生态经济能够得到高质量发展的制度框架，并逐步完善生态经济政策支持体系。我国生态经济政策支持体系的完整链条如下所示：生态经济发展理念——生态环境保护法律法规——生态文明建设政策思路——生态经济高质量发展实践操作机制，这对推动我国生态环境与社会经济走向协调融合、共同发展之路有着至关重要的意义。不仅如此，由中共中央、国务院共同派出的生态环境保护督察巡视组也于2016年开始实施具体工作，这表明党和政府对生态环境进行保护、对生态经济大力支持的坚定决心。生态经济高质量发展理念在我国不断得到深化实践，不仅为我国生态环境与社会经济的协调、长足、持续发展打下了极为深厚的根基，也为我国生态经济高质量发展的实施与推行提供了极为重要的科学依据。

① 赵渊杰. 努力建设人与自然和谐共生的美丽中国［N］. 人民日报，2022-12-23.
② 翁伯琦，唐龙飞. 福建建设生态强省的战略思考与若干对策［J］. 福建农林大学学报（哲学社会科学版），2002，5（2）：5.
③ 湖南省环境保护厅. 关于推进湖南生态强省建设的初步探索［R］. 湖南两型社会与生态文明建设报告，2017.
④ 任爽等. 吉林：以丰富森林资源为野生动植物提供良好环境［N］. 光明日报，2023-03-05.
⑤ 刘勇. 河南生态省建设的产业发展路径［J］. 华北水利水电学院学报（社会科学版），2010，26（4）：17-19.
⑥ 王东风. 河南九项举措推进生态强省［N］. 中国绿色时报，2021-11-11.

▶ 第四节　我国生态经济发展趋势

一、步入协调融合新阶段

从西方发达国家生态环境与社会经济之间关系的发展阶段来看，当人均国内生产总值达到 10000 美元时，意味着环境库兹涅茨曲线图上拐点的到来。从这时开始，生态环境与社会经济之间的关系进入到融合共生、协调发展的阶段。从党的十八大召开到党的二十大召开，这十年间我国社会经济发展大步向前，社会经济实力大幅增强。国内生产总值（即 GDP）从 2012 年的 53.86 万亿元上升至 2022 年的 121.02 万亿元，翻了一番还多，占世界经济的比重从 2012 年的 11.4% 上升至 2022 年的 18%，对世界经济增长的贡献也已经超过 30%。财政收入从 2012 年的 11.73 亿元增加至 2022 年的 22.82 亿元。居民消费价格年均上涨 2.0% 左右，长期保持在较低水平。十年来，我国城镇新增就业超过 1.2 亿人，一个拥有 14.12 亿居民的人口超级大国，人民群众安居乐业的梦想正在稳步实现。2022 年，我国国内生产总值增长 3.0%，居民收入增长 5%，城镇新增就业 1206 万人，城镇登记人口失业率 4.0%，多年保持在较低水平，国家财政收入累计增长 0.6%，进出口总额同比增长 7.7%，实际使用外资 12326.80 亿元人民币，按可比口径换算，同比增长 6.3%（折合成美元为 1891.3 亿美元，同比增长 8%），多年保持稳定增长。人均国内生产总值 8.75 万元，折合成美元为 1.27 万美元，已经越过环境库兹涅茨曲线图中的拐点，社会经济步入全新发展阶段。[①] 事实上，因为新冠疫情，2020 ~ 2022 年，我国经历了较为艰难的三年，经济增长受到了一定的限制，人民群众生活水平的提高受到了一定的影响。不过，从 2022 年底开始，我国的社会经济步入正轨，增长会更快、质量会更好，人民群众的生活水平也会稳定提高。

二、生态经济未来广阔

随着习近平关于新时代生态经济的论述逐渐形成，以及一系列生态经济高质量发展策略的制定并推行，我国在推动生态环境与社会经济协调发展方面已经取得了一些较为明显的成效，并呈现出越来越好的趋势，为生态良好、环境优美的"美丽

---

① 国家统计局. 中国统计年鉴（2012－2022 年）[M]. 北京：中国统计出版社，2022.

中国"建设打下了较为坚实的基础。

党的十八大召开以来，我国正在逐步加强对生态环境的保护，可以说，决心前所未有，力度也是前所未有。我国极为重视重点河流及海域的水污染防治工作，大力实施重点河流海域相关治理工程，在农药和化肥等污染较为严重的试剂肥料使用方面，坚决做到零增长。我国扎实实施重大环境保护及生态修复工程，大力推进退耕还林、退耕还草、退耕还湿等工作，并加强对土地荒漠化、土壤沙化以及水土流失严重等生态环境破坏的综合治理，务求取得实效。切实正视生态环境问题，对大气污染防治、水污染防治以及土壤污染防治等工作极为重视，分别制定了《大气污染防治十条措施》《水污染防治行动计划》《土壤污染防治行动计划》等计划措施，并做到切实推行，从而取得良好的防治效果。此外，党中央和国务院还积极行动起来，大力加强生态环境保护督察工作，坚决打击破坏生态环境的犯罪行为，对相关罪犯进行严肃处理。不仅如此，我国还勇敢承担起责任，切实履行好义务，大力推动《巴黎协定》的签署工作并使其生效，在遏制全球变暖和应对全球气候变化方面发挥着越来越重要的作用。

近年来，在一系列生态环境保护政策制度的实施下，我国生态环境状况稳步好转。在过去的几年中，我国单位国内生产总值能耗下降 8.1%，二氧化碳排放下降 14.1%。2021 年，我国单位国内生产总值能耗和 2012 年相比，累计降低 26.04%，大致相当于我国在这九年来节约或者少用了 14 亿吨标准煤的能源。也就是说，我国单位国内生产总值能耗在以每年 3.3% 的速度持续下降。不仅如此，我国还加速转变能源生产结构，使清洁能源所占比重稳步提升。2021 年，我国的非化石能源发电的装机容量已经达到 11.2 亿千瓦，第一次超过了煤电，所占比重高达 47%。而且，太阳能发电、风力发电和水力发电装机容量都超过了 3 亿千瓦，连续多年占据世界第一位。水力、核能、天然气以及其他新能源等清洁型能源发电在整体能源发电中所占比重不断上升。值得称道的是，我国消费能源总量呈现持续走高的趋势，并且能源消费向绿色化、生态化以及低碳化方向的转型速度也在加快。2021 年，我国消费能源的总量达到 52.4 亿吨标准煤，与 2012 年相比，增长超过 30%，也就是说，我国以每年平均 3% 的能源消耗增长速度，却带动每年平均约 6.6% 的国内生产总值增速。2021 年时，煤炭在我国能源消费总量的占比已经从 2012 年时的 68.5% 下降到 56%；水力、核能、天然气以及其他新能源等清洁型能源发电占能源消费总量的比例却稳步提高，天然气所占比重从 2012 年时的 4.8% 提升至 2021 年时的 8.9%，其他能源发电由 2012 年时的 9.7% 提升至 16.6%。[①]

---

① 陆娅楠. 10 年来单位国内生产总值能耗年均下降 3.3 ［N］. 人民日报，2022 - 10 - 09.

三、清洁产业前景远大

我国将供给侧结构性改革作为调整产业结构和实现社会经济转型的重要举措，在降低传统的高污染、高消耗、高风险产业的同时，对绿色产业和清洁能源进行大力扶持，取得了良好的效果。

我国坚持对传统产业进行改造提升，使供给体系的质量稳步提高、效率逐步提升。在进行供给侧结构性改革时，习近平总书记提出了去库存、去产能、去杠杆、降成本以及补短板等五大重要任务，被称作"三去一降一补"[1]。近些年来，我国下大力度、花大力气整治传统产业，逐步淘汰平板玻璃、水泥等产能落后的产业，与此同时，将煤炭、钢铁等行业作为重中之重，逐渐加大去产能力度。在"十三五"期间，我国退出钢铁落后产能累计达到1.5亿吨以上，退出水泥过剩产能达到3亿吨以上，有1.4亿吨地条钢被取缔[2]。此外，我国还大力发展具有战略意义的新兴产业，推动新产业实现新发展、促进新业态出现新振兴、引导新模式走出新路子，从而使新兴产业得以蓬勃发展。[3] 如今，以互联网与信息技术为代表的大数据、物联网、云计算、云服务等新兴产业迅速发展，并在短时间内快速崛起，成为刺激我国社会经济蓬勃旺盛的内生力量。不仅如此，我国还大力推进"中国制造2025"，绿色制造、智能制造及工业强基等重大战略工程稳步实施，从而加快先进制造业的发展速度。为振兴现代服务业，我国还出台了相关改革政策，实施相关举措，积极推动跨界竞争，促进行业融入，从而使现代服务业的生命力更加旺盛，活力更加充足。而且，在对传统消费进行提档升级的同时，也刺激新型消费异军突起。近些年来，我国互联网零售业迅速发展，每年销售额都在以30%以上的速度增长，社会消费品零售总额也得到大幅增长，年平均增长率都在10%以上[4]。

四、生态经济将出现拓展跨界

如今，生态文明建设体制在我国逐渐健全，"绿水青山就是金山银山"的生态经济理念已经深入人心，生态经济正在出现新拓展、实现新跨界，"生态经济 +"成为我国绿色发展和科学进步的重要标志。我国改革生态环境保护管理制度，使之

---

① 陈彦斌. 深化对供给侧结构性改革的认识 [EB/OL]. 求是网，2023.
② 让产业"含绿量"提升发展"含金量" [EB/OL]. 中华人民共和国政府网，2023.
③ 方彬楠等. 十年来我国退出过剩钢铁产能超1.5亿吨 [N]. 北京商报，2022 – 09 – 22.
④ 2023 – 2028年中国电子商务行业市场前瞻与投资战略规划分析报告 [R]. 前瞻产业研究院，2023.

愈加完善；对自然生态环境空间的用途进行管制，并逐渐加强升级；制定生态环境损害赔偿制度，使之得以有力推行；建立生态补偿机制，使之更加科学公正。通过一系列措施的实施，我国生态环境得到了更为有力的保护。

多年来，我国大力推进生态环境污染防治工作，并取得较大成效。《2022 年政府工作报告》提出，2023 年我国氮氧化物及二氧化碳的排放量要继续下降 3%，重点地区及重点城市，细颗粒物（即 PM2.5）浓度也要稳步下降。对于钢铁等行业，要稳步推进超级排放改造工作；污染排放标准，要继续提高，并推行限期达标制度，违法必究，执法必严；对柴油货车的超级排放，开展专项治理；对土壤污染防治、水污染防治等污染防治工作，要深入实施、稳步推进，2023 年我国化学需氧量以及氨氮排放量均要以 2% 的速度下降；对重点河流、重点海域，实施综合治理，对黑臭水体进行全面整治，切实改善人民群众的生活环境，维护人民群众的身心健康；对污水处理设施，要加大力度进行建设，收费要更加科学，政策要更加完善；严格禁止"洋垃圾"进入我国。与此同时，对生态系统的修复工作及环境系统的保护工作要大力加强；对生态环境保护红线，要全面划定，造林 1 亿亩以上的既定目标，要坚决完成；对湿度的保护范围和恢复范围要持续扩大；填海造地项目，要进行严格控制；生态环境保护执法工作，做到严格公正等等。未来的生态环境保护工作，任重而道远，但随着我国生态环境保护政策措施的大力推进施行，我国生态经济将会得到高质量发展，我国的生态环境也会越来越好。[①]

2018 年 5 月 18 日，全国生态环境保护大会第八次会议在北京举行。在此次大会上，习近平总书记做了题为《推进我国生态文明建设迈上新台阶》的重要讲话，他对我国小康社会全面建成的伟大目标，以及生态环境与社会经济在现代化阶段之间的关系等做出了清晰展望。总体上看，我国生态环境质量持续好转，出现了稳中向好趋势，但成效并不稳固。生态文明建设正处于压力叠加、负重前行的关键期，已进入提供更多优质生态产品以满足人民日益增长的优美生态环境需要的攻坚期，也到了有条件有能力解决生态环境突出问题的窗口期。新时代推进生态文明建设，必须坚持好人与自然和谐共生、绿水青山就是金山银山、良好生态环境是最普惠的民生福祉、山水林田湖草是生命共同体、用最严格制度最严密法治保护生态环境、共谋全球生态文明建设等六大原则。要通过加快构建生态文明体系，确保到 2035 年，生态环境质量实现根本好转，美丽中国目标基本实现。到 21 世纪中叶，物质文明、政治文明、精神文明、社会文明、生态文明全面提升，绿色发展方式和生活方式全面形成，人与自然和谐共生，生态环境领域国家治理体系和治理能力现代化全面实现，建成美丽中国。

---

① 资料来源：《2022 年政府工作报告》。

第二章

3

改革开放以来我国政府推进生态经济高质量发展进程分析

　　自 1978 年党的十一届三中全会召开，决定实行对内改革和对外开放的基本国策以来，我国社会经济重回正轨，并出现较大幅度的增长。然而也应注意到，当时我国社会经济的增长，有过分追求速度而忽略质量的一面，这种粗放型经济增长模式使我国在取得巨大进步的同时，也遭遇了很多问题。根据有关资料显示，我国每生产价值 10 万美元的产品所消耗的原材料，大约六倍于美国、七倍于日本、三倍于印度。我国能够采用较为环保的方式对工业生产废水和城市生活废水进行处理的城市不到 20%，没有污水处理厂的城市甚至超过 60%；有接近 1/3 的土壤被酸雨污染过；在我国现有的河流水资源中，有超过一半完全无法使用；有 1/3 的城市人口无法呼吸到干净的空气；有 1/4 的人民群众无法喝到干净的水。2015 年，有学者做过统计，我国因为生态恶化和环境污染所造成的损失，相当于每年国内生产总值（GDP）的 15%。事实上，近十年来，我国年平均经济增长率也只有 6.6%。[①] 自然资源浪费严重、生态系统急剧恶化、环境破坏触目惊心，我国已不能掉以轻心，只有积极行动起来，推动经济增长方式快速转变，并大力发展科学技术，从而推动生态产业发展，才能实现我国生态经济建设所规划的战略目标。

　　改革开放以来，我国历届政府均极为重视生态环境与社会经济之间关系的协调与和谐，也深刻地意识到只有在生态环境得到有效保护的前提下，才有社会的不断

---

① 李向阳.浅议生态文明城市建设［J］.建筑工程与技术，2015（2）：2-4.

进步和经济的长足发展，并因此颁布了有利于生态环境保护的法规，制定了促进生态经济高质量发展的措施。不过，由于国内外环境不同、时代背景不同、不同历史时期的任务不同，我国历届政府对生态环境的保护程度和政策不尽相同，对推动生态经济高质量发展的措施和方式也不尽相同。

改革开放以来，我国生态经济融合发展历史大致可以分成四大阶段，即生态经济融合发展的孕育期（1978～1989年）；生态经济融合发展的推进期（1989～2003年）；生态经济融合发展的成长期（2003～2013年）以及生态经济融合发展的成型期（2013年至今）。需要着重指出的是，自党的十八大召开以来，对生态经济融合发展的重视达到了前所未有的高度，以习近平同志为核心的党中央，不仅将对生态环境的保护写入了相关法律法规，还从制度层面进行了约束。在习近平生态文明思想的指导下，我国在坚持走生态经济可持续发展道路的同时，将生态文明建设置于和经济、政治、文化以及社会等方面建设同等重要的位置，坚持将社会经济发展与生态环境保护相结合，融合推进、协作共赢。在中国特色社会主义建设事业的未来征程中，我国生态经济不仅要继续坚持中国共产党的领导，还要与我国现阶段的实际情况相结合，使生态经济理论不断充实和完善，使生态经济实践不断得到创新和创优，从而为我国生态环境与社会经济的相互促进和彼此协调提供必要的前提。

▶ 第一节　社会主要矛盾分析法介绍

改革开放以来，我国政府对推动生态经济高质量发展的历史进程进行分析，需要一个很好的切入点，并采用一种科学系统、行之有效的研究方法。而社会主要矛盾分析法是一种极为对路的分析方法。

一、社会主要矛盾蕴含的哲学思想

矛盾既包含对双方关系的思考，也是对自身的反思，矛盾双方可以相互否定，也可以相互促进。不仅如此，矛盾双方的关系并非一成不变，而是时时刻刻不断地在发生变化。矛盾不仅无时不在，更无处不在，无论是现实的矛盾还是具体的矛盾，在发生转化的过程中，也是现实的而非虚幻的，是具体的而非抽象的。在经济发展和社会进步的整体进程之中，矛盾贯穿始终，并成为助推经济发展和促进社会进步的动力源泉。社会主要矛盾是推动经济发展和促进社会进步的主要力量，不仅影响着其他社会矛盾的产生、发展、壮大、消亡，还影响着社会发展的走向。

二、新中国成立初期我国社会主要矛盾

新中国成立以后，百业待举、百废待兴，经过几十年战乱纷争的国家已经满目疮痍、支离破碎，亟须全国人民团结起来、行动起来，建设一个强大的国家。因此，在 1956 年召开的党的八大会议上，时任国家主席的刘少奇同志代表中央委员会所做报告指出，对生产资料私有制进行社会主义改造基本完成。因此，我国主要国内矛盾已经发生了改变，不再是工农阶级和资产阶级之间的矛盾，而是人民群众对建立先进强大的工业国的总体要求和我国当时作为积贫积弱的农业国的现状不相匹配的矛盾。也就是说，人民群众对经济文化迅速发展的心理需求与当时现状难以满足人民群众的期望之间的矛盾。[①] 与此同时，该报告也认为，我国当前的任务是要动员已经获得解放、积极性被调动起来的几亿人民群众，对国内与国外一切能够团结的力量做出充分团结，对我们能够利用的一切条件进行充分利用，竭尽所能，使我国从贫穷落后的农业国之中走出来，发展工业，振兴经济，使我国迅速成为一个强盛的社会主义国家。在党的八大会议上，确立了将党和政府的工作重心进行转移，集中精力进行社会生产力的发展。该决定是我国具有战略意义和发展眼光的重大决策，但由于左倾主义的错误思想占了上风，在中共八届十中全会上，又将国内社会的主要矛盾重新转移到以阶级斗争为纲上来。

三、改革开放以来我国社会主要矛盾

1978 年 12 月，党的十一届三中全会召开，使我国重新回到经济建设这条主线上来。经过这次意义重大的会议，左倾主义的错误思想束缚被全面冲破，"两个凡是"错误方针被彻底否定，对真理标准的讨论使人民群众更为清醒地认识到积极发展社会经济和解决现实问题的重要性。从此以后，党和国家又将工作重心重新转移到对国民经济的发展建设上来，发展社会主义经济和建设社会主义强国成为国家前进的目标和方向。尤为重要的是，党的十一届三中全会完全摒弃了当时颇为流行的社会主要矛盾是"以阶级斗争为纲"的说法，首次提出在当前阶段我国社会的主要矛盾是人民日益增长的物质文化需要和落后的社会生产之间的矛盾。这一观点，在

① 齐卫平，赵雷. 党的八大关于社会主要矛盾结论的认识分歧及其后果 [J]. 河南师范大学学报（哲学社会科学版），2001, 28 (4): 31-37.

1987 年召开的党的十三大会议上专门做出了更为详尽和全面的阐述。与此同时，大会指出目前这一阶段甚至很长一段历史时期内，我国都处在社会主义初级阶段，为我国社会经济的发展铺平了道路，指明了方向。

四、党的十九大以来我国社会主要矛盾

我国推行改革开放以来，社会经济得到迅速和全面的发展，人民生活水平大幅提高，整体实力名列世界前茅，国际地位日益稳固。尤其是 2010 年，我国国内生产总值正式超越日本，成为仅次于美国的全球第二大经济体，使我国的国际影响力得到大大提升。这时，社会主要矛盾中"落后的社会生产"这一表述已经无法对我国国情进行精准概括和正确描述。走进新时代以来，人民群众的生活质量得到前所未有的提升，使"人民群众对美好生活不断增长的需求"对"人民群众日益增长的物质文化需求"这一表述取而代之，成为我国的社会主要矛盾表述。正因如此，在党的十九大会议上首次提到，目前我国社会的主要矛盾已经转化为人民群众不断增长的美好生活需要和不平衡、不充分的发展之间的矛盾。正如习近平总书记在党的十九大报告中所言，我们要在积极发展社会经济的同时，转换经济增长模式，将生态环境与社会经济之间发展不平衡的问题予以解决；要在有力推动社会经济持续增长、继续取得良好经济效益的同时，使人民群众在生产生活中方方面面的需要不断得到满足，从而使生态经济建设更好地进行、使社会经济得到全面发展[①]。不仅如此，习近平总书记还强调，要敏锐地察觉到，我国应该继续立足在社会主义初级阶段这一基本国情的基础上发展奋斗；要清醒地认识到，我国目前仍处于社会主义初级阶段的基本现实；要继续坚持走可持续发展的道路，要继续坚持科学发展观的思想理念[②]。由此可见，我国社会主要矛盾发生变化，主要是由我国社会经济整体向前推进发展的历史原因造成的，而社会主要矛盾的变化，给党和国家在奋斗新世纪和建设美丽中国的征程上，又增添了一些新的目标，提出了一些新的要求。

总而言之，我国自从 1978 年推行改革开放以来，由于经济不断发展、社会不断进步、民生不断改善、文明不断前行，推动我国的社会主要矛盾也在不断地发生变化。事实上，我国社会的主要矛盾所引起的变化和我国整体上发生的历史性变化关系密切，与此同时，对我国生态经济高质量发展又起到了重要的推动作用。所以说，通过我国社会主要矛盾所产生的变化，对改革开放以来我国政府推进生态经济高质量发展进程进行划分，是极为切合实际的选择。

---

① 大力推动我国生态经济建设 ［EB/OL］. 求是网, 2021.
② 正确把握新时代我国社会主要矛盾 ［EB/OL］. 求是网, 2022.

第二节　改革开放以来我国政府推进生态经济高质量发展进程具体分析

一、生态经济融合发展的孕育期（1978～1989 年）

1978 年，通过党的十一届三中全会的拨乱反正，党和国家的主要精力重新回到经济建设上来。当时，生产需要恢复，人民群众生活水平需要提高，因此，需要全力发展经济，大力发展生产力。全国人民铆足干劲，推动社会经济发展，提高自身生活水平，使得社会经济出现了一段时期的高速增长，国家实力显著增强。然而，由于当时对生态环境进行保护的认识严重不足，再加上社会经济发展模式相对粗放，从而对生态环境造成了一定破坏。以邓小平同志为代表的中国共产党人，在看到生态环境出现的一系列问题之后，深刻认识到加强生态环境保护的重要性。为此，提出了一些加强生态环境保护的构想，并制定了一系列加强生态环境保护的措施，从而使我国的生态经济融合发展走向萌芽孕育阶段。

（一）这一时期生态环境现状

在改革开放刚刚推行的 20 世纪 80 年代，由于全国各地普遍没有进行大规模和大范围的发展和建设，使得这一时期致力于社会经济发展所造成的资源浪费、生态破坏和环境恶化，都处在生态环境可以承载的范围之内。不过，我国为了尽快恢复经济，走上了高速增长的发展之路，于是，以破坏生态环境为代价，以消耗自然资源为重点的社会经济发展模式逐渐形成。随着社会经济的进一步发展，对能源的需求也进一步扩大，与之相对应，生态环境进一步恶化。这一时期，煤炭消耗在我国资源整体消耗之中占据 70% 以上[①]，传统煤炭所拥有的"三高"特点——高硫、高灰、高灰熔点，决定着在其开发与利用过程中会排放一些有毒有害气体，对生态环境造成巨大危害。

根据图 3.1 所显示，自 1980～1990 年这十一年间，我国煤炭产量呈现逐年上升的趋势。然而，在对煤炭进行开发以及使用的过程中，给生态环境带来了极为严重的破坏（见表 3.1）。

---

① 中华人民共和国统计局．中国统计年鉴［M］．北京：中国统计出版社，2019．

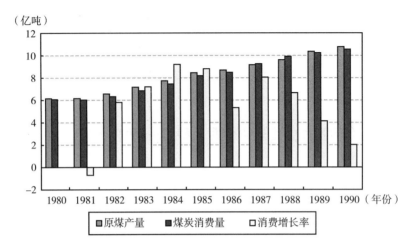

图 3.1 我国原煤产量、煤炭消费量及其消费增长率柱状图（1980～1990 年）
资料来源：中国统计年鉴数据库。

表 3.1   煤炭污染

类型	主要来源
大气污染	煤及煤矸石发生燃烧后，所产生的烟尘、粉尘及其他有害气体，煤炭在开发、堆场及运输过程中所产生的煤粉尘等，都会对空气造成污染
温室效应	煤层在抽放时排放出来的瓦斯、煤以及煤矸石发生燃烧后所产生的二氧化碳，都会使温室效应加剧
水污染	采煤过程中所排出来的井废水，选煤过程中所排出来的煤泥水，其他外出造成的工业废水以及煤矸石山所发生的酸性淋溶水等，都会造成水体污染
土壤污染	煤炭在生产和洗选过程中所产生的煤泥、煤矸石以及其他劣势燃料等，会给土壤造成污染

资料来源：国家生态部网站。

（二）将环境保护归入国家管理

由国务院环境保护领导小组起草的《环境保护工作汇报要点》，于 1978 年得到中共中央的批准。其中明确指出，消除污染和保护环境是我国建设社会主义和推动四个现代化实现的有机组成部分。我们坚决不走西方国家走过的"先污染、后治理"的老路。与此同时，该汇报材料也提到，要将环境保护纳入国家经济管理体系，同时指出，环境保护工作可被视为国家经济管理工作的一项重要内容。[①] 第二次全国环境保护会议于 1983 年在北京召开，会议指出，在现阶段我们要有序推进社会主义现代化建设，发展社会经济是首要任务，而在大力发展社会经济的过程中，

[①] 国家环保总局，中共中央文献研究室. 新时期环境保护重要文献选编［M］. 北京：中央文献出版社、中国环境科学出版社，2001.

还要推动生态环境逐步改善。在新中国成立初期，由于我国急于发展社会经济，同时又对生态环境问题缺乏清醒的认识，对我国的生态环境造成了相当严重的破坏，使得生态环境与社会经济之间的矛盾逐渐加剧。而在改革开放时期，我国生态环境已经出现了较为严重的问题，环境污染严重、生态急剧失衡，不仅对社会经济发展造成制约，还对人民群众的正常生活造成了极大的不良影响。生态环境遭到严重破坏，已经成为我国国民经济发展过程中所遭遇的严重问题。

正因如此，生态环境问题受到党和国家的重视，并决定将生态环境保护归入国家管理。在具体措施实施的过程中，我国政府决定对国民经济结构进行优化调整，同时决定对生态环境保护采取更为有力的措施。于是，我国政府认为在进行社会经济建设过程中，对生态环境问题要认真做到两点：第一点是重点防控，坚决杜绝有新的生态环境污染出现，对那些自身结构不合理、能源消耗大、资源浪费大，将对生态环境造成严重影响且没有行之有效的治理手段的项目，采取坚决制止和禁止实施的措施。第二点是有效治理，立即着手开始解决污染较为严重、对人民群众产生重大影响的生态环境问题。在政策制定上，以资源环境节约与生态环境保护相结合为原则；在措施采取上，以社会经济手段与科学技术手段相结合为原则。把政策措施落实到每一个企业和每一个人，坚持以"谁污染谁治理"为准则，切实肩负起责任、承担起使命，下大决心和花大力气对生态环境污染进行治理，使其得到根本性的改善。

（三）提出科技推动生态环境保护思想

时代不断向前，社会不断进步，经济不断发展，人的意识和行为也在与时俱进。我国老一辈无产阶级革命家很早就注意到生态环境对社会经济发展的重要性，并开始采取更科学的手段、采用更先进的方式对生态环境污染进行治理，并推动生态文明不断发展、不断向前。在中共中央批示的《环境保护工作汇报要点》中已经出现了一个科学论断，即将科学技术视为保护生态环境的重要手段。也就是说，要使我国生态文明建设取得长足进步，对环境科学的研究就必须加强。与此同时，邓小平同志在与原国家经委、国家计委以及农业部门的有关人士谈话时也强调，要想把生态环境保护好，就必须借助科学技术的力量，并高屋建瓴地指出科学技术是第一生产力。此外，邓小平同志还强调，要采用更为先进的科学技术探测、挖掘、开发新的能源，如加强核电站建设、开发油气田、大力发展公路铁路、着力推进对生态环境的保护等。

采用科学技术手段对生态环境进行保护就是在各个行业和各个领域大力开展污染预防和污染治理工作。不仅如此，我国还针对废水、废物、废气等"三废"的回收利用大力开展相关研究，并以环境科学理论为基础，展开针对环境科学的专门研究。此外，我国在科技成果转化和科技文化交流等方面也大幅加强，大力推广科学的防污手段和先进的治污技术。

二、生态经济融合发展的推进期（1989~2003 年）

从 1978 年我国推行改革开放开始至 20 世纪 90 年代初，我国社会经济得到了高速发展，工业化的步伐逐渐加快，城市化的进程稳步推进，然而，对生态环境的破坏也越来越严重，逐渐成为我国严重的社会问题。在这样的大环境下，以江泽民同志为代表的中国共产党人，适时提出社会经济可持续发展的战略构想，并针对生态文明建设，制定了一系列行之有效的政策，采取了一系列切实可行的措施，使生态经济融合发展走入稳步推进阶段。

（一）确定可持续发展的伟大战略

20 世纪 90 年代，我国社会主要矛盾并没有发生变化，仍然是人民群众日益增长的物质文化需求与落后生产力之间的矛盾。在当时，我国将发展经济作为工作重心，社会经济的飞速发展也必将带来对能源资源需求的大幅增加。根据图 3.2 可以看出，1991~2000 年，我国原煤产量比煤炭消费量要小一些，煤炭资源出现供不应求的状况。由此可见，我国社会经济的高速前进，使煤炭需求大为增长，然而原煤的开发量却远远达不到我国工业发展的需求。为了确保煤炭供应，使工业生产能够照常进行，使国民经济继续保持高速增长，我国开采煤炭的力度只能进一步加大，从而对生态环境造成了更进一步的伤害。

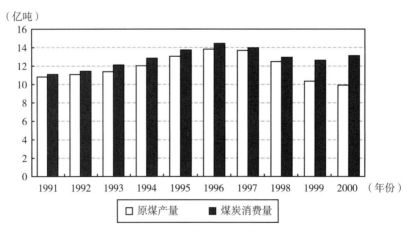

图 3.2 我国原煤产量与煤炭消费量对比（1991~2000 年）
资料来源：中国统计年鉴数据库。

事实上，由于对能源与资源的需求不断增长，造成我国能源与资源极为短缺的状况显而易见。为了满足社会经济不断增长的需求，我国对能源与资源的挖掘、开采力度也在不断加大，这样一来，生态环境的破坏程度又进一步加深。20 世纪 90 年代，我国水资源遭到污染的现象越来越严重，水环境不断恶化的情况也越来越普遍，许多城市缺水极为严重，已经对人民群众的生产生活造成了不小的影响。需要着重指出的是，排放进生态环境的污染物数量早已经超过了生态环境本身的承受能力，因此，生态环境受到进一步的污染破坏，情况越来越严重。随着全球生态环境恶化程度的不断加深，许多西方发达国家将一些高污染和高能耗的产业和企业向发展中国家转移。作为全球最大的发展中国家的我国，自然难以幸免，也接收了不少西方国家的高污染企业和高能耗产业，这样一来，使得环境污染和生态破坏的现象愈加严重。

以江泽民同志为代表的中国共产党人，引入国际上颇为流行的可持续发展理念，并将之作为发展社会经济的基础与前提，再结合我国资源、生态以及环境的自身状况，从而制定了符合自身特色和我国国情的发展战略，这就是可持续发展战略思想。虽然我国国土面积比较大，资源相对丰富，但我国人口基数较大，人均资源便少得可怜。再加上我国重新回到经济建设上的时间比较晚，社会经济发展起步慢，就造成了我国无论是社会经济发展水平还是科学技术发展水平，都比西方发达国家要落后许多。所以，如果要保证我国有自身特色的社会主义建设取得长足、健康和永续的发展，就必须坚持走可持续发展的道路。

对此，我国政府有着较为清醒的认识。1995 年，江泽民同志指出，现阶段我国推动社会经济稳步发展的重心，是把可持续发展作为工作的指导思想。1996 年 7 月，第四次全国环境保护会议在北京召开，确定了污染防治和生态保护双管齐下的工作思路，从而使我国的环保工作全面向前推进。在会上，江泽民同志发表了重要讲话，强调在进行社会主义现代化建设的过程中，必须将贯彻与落实可持续发展观当成大事、要事来抓。可持续发展战略思想最早是起源于对生态环境的保护，如今已经成为世界上许多国家用来指导社会经济发展的整体战略。发展社会经济，必须要兼顾到资源、人口以及环境，并需要统筹考虑。我们不仅要满足当前发展，还要照顾到我们的子孙后代，为未来的人们开创美丽幸福的新时代创造更为便利的条件。我们绝对不能像西方国家那样，走先污染、后治理的老路，更不能吃着祖宗饭，却断着子孙路。[①]

[①]　江泽民. 必须把实施可持续发展战略始终作为大事来抓——1996 年 7 月 16 日在第四次全国环境保护会议上的讲话 [J]. 环境保护，1996（8）：2 - 3.

（二）提出"环境就是生产力"的正确论断

江泽民同志在第四次全国环境保护会议上发表讲话时，提到"保护环境就是保护生产力"。事实上，江泽民同志对经济建设与生态环境保护之间的关系有着极为深刻的理解。2001 年，他在海南视察工作时，对经济建设与生态环境保护之间的关系有着非常精妙的论述。他指出，广大党员干部的生态意识和广大人民群众的环保意识要进一步增强，要让广大党员干部和人民群众在思想层面上真正明白，破坏生态环境就是在破坏生产力，保护生态环境就是在保护生产力，改善生态环境就是在发展生产力。[①] 与此同时，江泽民同志也指出，我国既不能走浪费资源发展社会经济的道路，也不能走先污染后治理的老路。在他看来，要保持社会经济的长足发展，就要加强生态环境保护，两者相互结合、相互促进和相互协调，才能出现社会经济可持续发展的大好局面。

要使社会经济走上可持续发展的道路，转变传统社会经济模式是重中之重，对社会经济结构进行优化改革。江泽民同志认为，生态环境遭到破坏的问题主要是在进行社会经济建设的过程中出现的，尤其是那些高污染和高能耗的重工业。因此，江泽民同志指出，我们要把可持续发展战略作为做事的前提和基础，正确看待经济发展与资源、人口、环境这三者之间的复杂关系，并要妥当处理。与此同时，结合我国自身实际情况，借鉴国外先进经验，尽快实现我国社会经济发展结构的升级转型。只有这样，才能保持人与自然的和谐共存和协调共处。

（三）科技环保同促进、共发展

江泽民同志认为，我国应该长期坚持科教兴国和可持续发展两大战略不动摇。我国人民应该努力学习，积极进取，实现对先进科学技术的掌握与应用，从而实现我国在科学技术发展上的跨越与赶超，进而实现我国社会生产力的跨越式发展，推动我国综合国力不断增强，国际竞争能力不断提升。[②] 随着国内外生态破坏和环境污染的程度不断加深，以江泽民同志为代表的中国共产党人，对科学技术的发展之于生态环境问题改善的重要性有着较为清醒的认识。他们看到，科学技术对污染防治和污染治理有着相当重大的意义，对生态环境保护工作也有着十分重要的作用。

1992 年《中国环境与发展十大对策》在我国发布，次年 5 月，中国代表团参加联合国在巴西首都里约热内卢举行的环境与发展大会，并向与会代表做了简要介绍。

---

① 江泽民．江泽民论有中国特色社会主义（专题摘编）［M］．北京：中央文献出版社，2002（8）：282.
② 江泽民．江泽民文选（第 3 卷）［M］．北京：中央文献出版社，2006（8）：262.

《中国环境与发展十大对策》中，具体论述了科学技术的创新与发展对环保产业的发展与进步所起到的重要作用。一是要重点扶持环保产业，积极有力地落实对环保产业的扶持与服务；二是要从国家层面制定政策，提供帮助，从而推动环保产业得到快速发展；三是要对环保产业加以正确引导，积极实现科技研究成果转化，使之成为我国污染防治和污染治理方面的重要手段；四是各级政府和企事业单位都要对科学技术的创新与研发做出有力配合，确保环境保护机构以及环境科研机构能够得到健康发展，从而对科学技术的创新与研发形成极为有力的支持。

三、生态经济融合发展的成长期（2003～2013 年）

走进 21 世纪以来，我国工业化步伐不断加快，城市化建设能力不断增强，现代化程度也在不断加深。然而，由于经济建设仍然是我国各项工作的重心，经济体量的不断增大导致对自然资源的需求量猛增，对能源的需求也在不断增长。由于资源和能源被大量消耗，我国只能对资源进行越来越多的开采，对能源进行越来越多的挖掘，才能适应社会经济飞速发展的需求。于是，我国面临的生态环境问题愈加严重，生态破坏触目惊心，环境污染情形堪忧。这时，以胡锦涛同志为代表的中国共产党人，不断反思现状，抓紧制定政策，分步骤有序实施，从而初步形成了具有我国自身特色的社会主义生态经济建设发展之路。

（一）生态文明建设提质增效

虽然我国政府在这一时期对生态环境保护方面的意识不断增强，针对生态环境保护所开展的行动也不断增多。但是，由于我国的生产力水平还远远赶不上西方发达国家，我国人民群众的生活水平还有待提高，所以，我国仍要坚持以经济建设为中心，积极发展社会经济，并以经济增长来带动社会进步和文明前进。摆在我国政府面前的主要问题，还是要满足人民群众不断增长的物质和文化需求。因此，在社会经济发展优先的前提下，资源需求进一步快速增长，能源需求进一步快速提升。如图 3.3 所示，2003～2013 年，我国对煤炭资源的消费量仍在逐年增长，资源依然有很大缺口，能源依旧供不应求。

在生态经济融合发展的成长期，生态环境保护已经从国家经济管理的一类工作提升了一个层次，将其视为一种文明来进行建设，这就是生态文明建设。党的十七大报告明确将"生态文明"写入，并浓墨重彩地做出了前景描绘。党的十七大报告强调，对生态文明进行建设，从而使能源资源节约与生态环境保护的产业结构、消费模式以及增长方式得以基本形成。不仅如此，还要让循环经济最终得以较大规模

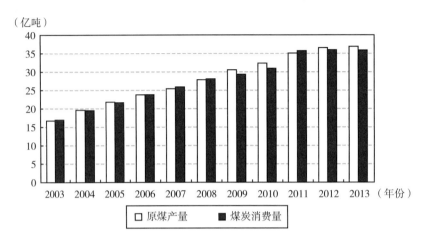

图 3.3 我国原煤产量与煤炭消费量对比（2003～2013 年）

资料来源：中国统计年鉴数据库。

地出现，可再生资源占资源总量的比重明显上升，所排放的主要污染物最终得以进行有效的控制，我国的生态环境有了明显改善与好转，最终使生态文明观念牢固树立在人民群众的心中。[①] 不仅如此，党的十七大报告还将生态文明列入全面建设小康社会所要实现的五大目标之一。此外，在重点强调生态文明思想理念的同时，党的十七大报告还提出要加强生态经济的建设与发展。

（二）生态经济稳步发展

生态环境与社会经济之间的关系，既需要彼此协调，也需要彼此促进。在进行经济建设的过程中，要调整社会经济发展模式，改变社会经济增长方式。事实上，我国生态环境遭到严重破坏的最为主要的因素，是不合理的社会经济增长结构。由于社会经济增长方式是粗放的，看起来形势一片大好，其实暗流涌动。不合理的社会经济增长结构造成了高能耗、高污染和低效率的生产模式，导致生态被破坏、环境被污染、资源被大量浪费、能源被大量消耗，使得我们赖以生存的家园空气质量越来越差，自然生态环境越来越恶化。再加上我国人口的急剧增长，对资源和能源的需求就进一步增加。也就是说，我国社会经济越发展，人口越增长，资源就越紧缺，生态环境的压力就越大，以至于矛盾重重。所以说，我国必须转变思想，调整社会经济发展模式，走可持续发展和绿色低碳发展的道路，从而使生态经济协调发展的步伐进一步加快。

2005 年，胡锦涛同志指出，要做好生态经济建设工作，就要把党的工作重心转

[①] 十六大以来重要文献选编 [M]. 北京：中央文献出版社，2006.

移到调整经济产业结构及转变社会经济发展模式这两个方面。与此同时，胡锦涛同志还强调，我国要实现社会经济的转型发展，就要走社会经济效益好、科技含量高、环境污染少、资源消耗低、同时人力资源的优势还要得到充分发挥的现代工业化新路子。只有这样，才能促进社会经济健康有序发展，从而实现良性循环。①

四、生态经济融合发展的成型期（2013 年至今）

从 2012 年党的十八大召开以来，我国社会经济继续高歌向前，一举成为推动世界经济增长的主要引擎。然而在这一阶段，我国的生态环境与社会经济之间的问题越来越多，越来越突出，越来越明显。这在一定程度上也使得我国政府对生态环境事业越来越重视，对生态环境保护的力度越来越大。由于高度重视生态环境保护工作，我国在生态环境的保护与改善方面也取得了较为明显的成效。事实上，我国社会经济在保持多年的高速增长之后，生态环境与社会经济的矛盾一触即发，问题的解决也变得刻不容缓。在这样的时代背景下，以习近平总书记为核心的党中央，大力发展生态经济，着力推动我国生态经济走向高质量发展，从而使生态经济得到前所未有的发展，并因此拥有着光明广阔的发展前景。

（一）习近平生态文明思想理论的提出

虽然我国地大物博、资源丰富，但人口基数过大，在四十余年社会经济保持高速增长的过程中，消耗了大量的资源与能源，造成我国资源与能源的相对不足。不仅如此，在对资源进行开采、对能源进行利用的过程中，由于国民意识不足和科技发展相对落后，因而出现较为明显和普遍的浪费现象，严重制约了我国社会经济的发展。与此同时，不科学的资源开发和不合理的能源利用，也会对生态环境造成进一步的伤害与破坏。事实上，根据最新公开数据，2020 年我国水土流失面积为269.3 万平方千米②，2019 年土地沙化面积已经为 168.78 万平方千米，荒漠化土地面积也达到了 257.37 万平方千米③。正因如此，我国才需要进一步加强生态环境保护工作，使生态环境问题得到实质性的解决。

近些年来，生态经济建设已经得到我国政府的高度重视。从 2013 年至今，十年里在推动经济高质量发展的同时，生态环境状况也有了较为明显的好转。我国政府

---

① 胡锦涛在中央人口资源环境工作座谈会上的讲话［EB/OL］. 中国政府门户网站，2004 - 04 - 04.
② 生态文明建设深入推进 美丽中国引领绿色转型——党的十八大以来经济社会发展成就系列报告之十五［EB/OL］. 国家统计局网，2022.
③ 我国荒漠化和沙化土地面积持续减少［EB/OL］. 中华人民共和国中央人民政府网，2022.

针对水污染、大气污染以及土壤污染制定了一系列切实有效的措施，并落到实处、落实到位，取得了较为显著的成效。然而，我国生态环境保护虽然取得了一定成效，生态环境状况有了一定程度的好转，但我国生态环境保护的现状也不容乐观，生态环境遭到破坏的压力更是与日俱增。因此，对生态环境进行治理的成效并不稳固，时时都有推翻重来的可能，更算不上一劳永逸，需要警钟长鸣，不能掉以轻心。

（二）习近平"绿水青山就是金山银山"理论的形成

习近平总书记对生态环境与社会经济之间的关系有着极为深刻的认识，并有着自己的独到见解，正因如此，他才能极为形象地用"金山银山"与"绿水青山"来指代两者。在他看来，如果两者能够兼而有之，那就既要绿水青山，也要金山银山；如果两者难以兼顾，只能二选一，那就宁要绿水青山，也不要金山银山。他更进一步指出，绿水青山就是金山银山，我们绝对不能因为能够获得社会经济的短暂发展而牺牲了生态环境。[①]

按照习近平总书记的"绿水青山就是金山银山"理论，生态环境与社会经济之间的关系可以划分为三个时期。

第一个时期：要金山银山，不要绿水青山，金山银山是以绿水青山为代价换来的。在改革开放初期，为了使生产力得到快速发展，我国尽可能地加快经济建设的步伐，从而对生态环境保护问题有所忽视，结果造成了生态被严重破坏，环境被大面积污染。在习近平总书记看来，这一时期的社会经济发展是需要进行反思的。

第二个时期：既要金山银山，也要绿水青山。在这一时期，随着社会经济发展走向纵深，生态环境污染问题日益凸显，自然资源短缺问题日益深化，矛盾变得越来越突出，逐渐成为阻碍我国社会经济发展的重要因素。这时，我国政府反思以往走过的道路，逐渐认识到生态环境问题的严重性以及加强生态环境保护的必要性，从而开始发展生态经济，并走上生态经济高质量发展的道路。在习近平总书记看来，这一时期的社会经济发展是需要进行肯定的。

第三个时期：绿水青山就是金山银山。在这一时期，经济得到前所未有的发展，社会得到前所未有的进步，人民群众的生活水平得到前所未有的提高，国民的认知水平和思想意识都有了大幅提高。在人们看来，靠山吃山，靠水吃水，绿水青山就是金山银山，工业可以生态化，生态也可以工业化；农业可以生态化，生态也可以农业化，甚至可以说，任何产业都可以生态化，任何生态也都可以产业化。这样的路子是可持续发展之路，是生态经济之路，是绿色发展和低碳发展之路。在习近平总书记看来，这一时期的经济发展是可以展望和畅想的。

---

① 刘希刚，王永贵．习近平生态文明建设思想初探［J］．河海大学学报（哲学社会科学版），2009（4）：33-37.

改革开放以来的四十余年，社会经济发展的实践经验告诉我们，只有正确处理生态环境与社会经济之间的关系，摆正它们的位置，推动它们和谐共处和协调发展，才能推动我国社会主义事业走上长足进步和健康发展的可持续之路。正因如此，我国才要牢固树立"绿水青山就是金山银山"的发展理念，一方面，进一步加强对生态环境保护的力度；另一方面，下定决心，排除万难，一心一意，心无旁骛地走上生态经济高质量发展之路。这才是我国社会主义事业能够永远保持青春活力的坦途。

（三）习近平关于生态经济重要论述的发展与成熟

在 2017 年召开的党的十九大会议上，习近平总书记明确指出，随着我国社会进入新时代，我国的主要社会矛盾已经发生了转化，转变为人民群众日益增长的美好生活需要与发展不平衡、不充分之间的矛盾[①]。

因此，我国需要改变社会经济增长方式、转变社会经济发展模式，推行资源节约、环境友好的社会经济发展模式，构建资源节约型和环境友好型社会，是推动美丽中国建设的必由之路。也就是说，我们要用可持续发展的集约型社会经济增长方式来取代传统的高污染、高能耗、低效率的粗放型社会经济增长方式。正如习近平总书记曾指出，厉行节约和合理利用资源是生态环境得到更好保护的主要途径。要使社会经济发展模式得到根本性改变，就要转变资源开发方式，改变资源利用模式，从而使产业结构得到优化调整，其可以从源头上消除社会经济发展对生态环境造成的严重影响。

现阶段，我国生态环境污染问题要想得到根本性改善，就必须坚持走可持续发展之路，要坚决摒弃片面追求社会经济发展，而对生态环境保护有所忽视的思想。自从 2012 年党的十八大召开以来，我国便开始有序推进生态经济发展与建设工作，并制定了一些行之有效的措施对生态进行修复、对环境进行优化，从而使我国生态环境得到了较大程度的改观。不过，即便如此，我国生态环境的整体状况并不乐观，还需要进一步努力。习近平总书记强调，针对生态环境的改善问题，我国要重点实施加强生态环境保护和生态环境污染治理两大举措[②]。不仅如此，习近平总书记还明确指出，我国生态经济建设意义深远，责任重大。对于如何正确处理生态环境与社会经济之间的关系、如何推动生态经济建设体系走向完善等问题，习近平总书记都做出了重要指示。他主张生态环境与社会经济的协调融合，认为应该在生态环境得到有效保护的前提下发展社会经济，还应该在发展社会经济的过程中注重生态环境

---

① 不断满足人民日益增长的美好生活需要［N］. 人民日报，2017 – 11 – 14.
② 中共中央 国务院关于全面加强生态环境保护 坚决打好污染防治攻坚战的意见［EB/OL］. 中华人民共和国中央人民政府网，2018 – 06 – 16.

保护，进而提出"保护生态环境就是保护生产力，改善生态环境就是发展生产力"的战略思想①。由此可见，现阶段我国发展生态经济的重要性、必要性以及紧迫性。

▶ 第三节　我国政府推进生态经济高质量发展未来趋势分析

从1978年开始实行改革开放，四十多年里，我国坚持以经济建设为中心，大力推进社会经济发展，促进了社会经济的增长，并结出累累果实。然而，由于对经济建设有所偏重，从而忽视了生态环境保护，以致我国生态环境遭到一定程度的破坏。正是在这样的时代背景下，我国生态经济思想理念才逐渐产生。如果放眼长远来看，对生态环境进行有效保护所体现出来的价值，要远远大于眼前暂时取得的社会经济价值。如果只追求社会经济发展而放弃生态环境保护，或者说以牺牲生态环境为代价来换取社会经济发展，不仅使社会经济增长会受到生态环境的制约，甚至可能要付出更大精力和更多财力来应对生态环境的"打击报复"。西方发达国家已经为生态环境的破坏付出了惨痛代价，我国许多省市地区也先后尝到破坏生态环境的恶果。教训是惨痛的，代价是沉痛的，有众多前车之鉴，我国不能不反思，不能不警醒，不能不做出改变，不能不有所行动。

早在两千多年的《道德经》中，我国伟大的思想家老子就对人与自然和谐共处的关系有过精妙的描述："人法地、地法天、天法道、道法自然"②。这体现出了古人对生态经济法则的遵从，闪耀着生态经济智慧之光。随着生态经济思想理念在全球范围内广泛传播并不断得到完善，我国政府立足自身实际，与有中国特色的社会主义建设相结合，推动具有中国特色的社会主义生态经济理念从产生走向成熟，并最终得以形成，成为我国生态经济实现良性发展和形成良性循环的指路明灯。正因如此，我们才要坚持以有中国特色的社会主义生态经济理念为指导，推动社会经济增长方式转变，稳步推进可持续发展战略，坚持科学发展观，从而实现我国生态经济的健康成长，推动我国生态经济走向高质量发展。

良好的生态和优美的环境是美丽中国的有机组成部分和最为重要的体现之一。经过四十余年的快速发展，我国已经积攒下太多生态破坏和环境污染问题，成为美丽中国建设的一大阻力。要想实现美丽中国的伟大梦想，就必须将生态文明建设置于全局之中的突出地位，不仅要不断加大对生态环境的保护力度，还要把生态经济

---

① 习近平：保护生态环境就是保护生产力［EB/OL］. 环球网，2021 – 04 – 22.
② 张景，张松辉译注. 道德经［M］. 北京：中华书局，2021.

作为经济发展的重中之重，建设好、落实好、推动好。在 2012 年召开的党的十八大会议上，提出"两个一百年"奋斗目标，即要在中国共产党成立一百周年时全面建成小康社会；在新中国成立一百周年时建成富强、民主、文明、和谐的社会主义现代化国家。第一个百年奋斗目标——全面建成小康社会已经于 2021 年实现，第二个目标的实现需要中国共产党领导全国各族人民，继续不忘初心，牢记使命，坚持不懈，艰苦奋斗。正因如此，在现阶段，我国既需要抓住机遇和迎接挑战，也需要正视自我，时刻反思，补齐短板，弥补不足，积极推动我国生态经济走向高质量发展，确保中国共产党的第二个百年奋斗目标能够提前实现。

习近平总书记在 2018 年 5 月 18 日召开的全国生态环境保护大会上提出，"用最严格制度最严密法治保护生态环境，加快制度创新，强化制度执行，让制度成为刚性的约束和不可触碰的高压线"①。要自觉把经济社会发展同生态文明建设统筹起来，充分发挥党的领导和我国社会主义制度能够集中力量办大事的政治优势，充分利用改革开放 40 年来积累的坚实物质基础，加大力度推进生态文明建设、解决生态环境问题，坚决打好污染防治攻坚战，推动我国生态文明建设迈上新台阶。因此，打赢推动生态经济走向高质量发展的这场战役，更加需要由执政党来领导，由我国政府来主导。首先，要打赢污染防治攻坚战，时间紧、难度大、任务重，不仅是一场大仗，还是一场硬仗，更是一场苦仗，因此必须加强执政党的领导。各省市、各部门要增强大局意识、政治意识、看齐意识和核心意识，坚决维护党中央的权威，坚持服从集中统一领导，切实负担起建设生态文明和推动生态经济发展的政治责任。作为本行政区域保护生态环境的第一责任人，各级党委一把手和政府主要领导都要带头做出表率，将生态环境保护的职责履行好，使各级部门都能做到守土有责，安土尽责，协作分工，共同发力。与此同时，要建立一套科学合理和切合实际的考核评价体系，对各级领导班子以及党员干部进行考核评价，并将考核结果作为奖惩提拔的重要依据。对于那些带头破坏生态环境，置国家法律法规于不顾的领导干部，要做到真正追责、敢于追责、严厉追责，并形成追责终身制度。此外，还要打造一支加强生态环境保护和守卫生态环境安全的环保铁军，要能够做到政治过硬、本领高强、作风扎实、敢于担当，特别能吃苦耐劳、特别能打仗战斗、特别能无私奉献。对于生态环境保护队伍建设，各级党委政府要主动关心，真正支持；对于那些想干事、敢干事、会干事、能干事的环保干部，各级党政领导要主动为他们撑腰，充当他们的坚强支柱和坚实靠山。只有这样，才能推动我国生态经济走向高质量发展。

---

① 习近平出席全国生态环境保护大会并发表重要讲话 ［EB/OL］. 中华人民共和国中央人民政府网，2018.

第四章

习近平关于生态经济重要论述的形成研究

    经过改革开放以来四十余年的社会经济发展，我国综合国力显著增强，人民生活水平稳步提高，我国的社会主要矛盾也相应地发生了变化，人民群众日益增长的物质文化需求同落后的社会生产之间的矛盾已经转化为人民群众日益增长的美好生活需求同不平衡、不充分的发展之间的矛盾。改革开放之初，生产力不发达，人民群众普遍不富裕，对美好生活的追求基本停留在吃饱穿暖阶段。到 2021 年我国已经全面脱贫，人民群众普遍富裕起来，生活质量得到较大幅度的提升。这时，人们对物质的追求已经不再迫切，取而代之的是对美好未来的向往。良好的生态和优美的环境是人民群众所向往的美好未来的有机组成部分。随着时间的推移，经济越发展、社会越进步、人民群众越富裕，对良好生态和优美环境的追求就会越迫切。正因如此，党的十八大适时提出了"美丽中国的建设"，这是对人民群众对美好生活的向往和对良好生态环境的追求的呼应。"美丽中国"建设因此成为我国生态文明建设最精妙的注解，也成为我国社会主义现代化建设的新目标。

    不过，相比人民群众的新向往和我国社会主义现代化建设的新目标，生态环境问题仍然是我国经济发展和社会进步的一大短板，发展既不平衡又不充分，高污染产业和高能耗企业仍然是推动我国社会经济发展的重要力量，许多省市地区所采用的经济发展方式并不能顺应历史发展的大趋势和响应时代流行的大风潮，仍然在以牺牲生态环境为代价来换取社会经济效益。时至今日，我国的资源、生态、环境问题仍然不容乐观，自然资源严重匮乏，生态环境严重污染，土壤污染、大气污染、水污染形势严峻，牵涉范围大，涉及区域广，不仅对我国社会经济的良性发展形成了严重制约，也让人民群众的身心健康受到了严重影响，使他们对未来生活的向往大打折扣。

造成这种局面，最为主要的原因是我国社会经济发展方式过于粗放，片面追求社会经济效益，从而忽视了生态环境破坏对社会经济发展造成的严重不良影响。不仅如此，因为没有将生态环境与社会经济之间的关系协调好和融合好，造成生态环境破坏严重，从而对社会经济发展造成极大负担。不重视生态环境，不对生态环境加强保护，反而对生态环境进行肆意破坏，就难以建立起一套切实可行和行之有效的生态文明制度，自然也就难以进行可以推动我国社会主义现代化建设平稳前行的生态文明建设。究其深层次原因还是缺乏对生态环境与社会经济之间的关系进行系统阐述的思想理论指导。

为了响应人民群众对美好生活迫切向往的呼声，更为了呼应人民群众对良好生态和优美环境的要求，习近平总书记适时地提出了我国要走生态经济高质量发展之路，为美丽中国建设这一伟大梦想提供了丰富的科学思想、必要的根本遵循和充分的制度保障。党的十八大报告首次对生态文明进行单篇论述，首次将"美丽中国"作为我国未来生态文明建设的宏伟蓝图；党的十九大会议将美丽中国明晰化、目标化，使之成为社会主义现代化建设的有机组成部分；党的二十大首次将"推动社会经济发展低碳化、绿色化"定性为促进高质量发展的重点环节，首次站在战略的高度上对生态文明建设的伟大意义进行明确，认为其是以中国特色社会主义现代化推进中华民族走向全面伟大复兴这一伟大历史目标的新使命和新任务。可以说，这些观点理论都是习近平生态文明思想中关于生态经济体系重要论述的智慧凝结。

习近平生态文明思想中关于生态经济体系的重要论述并非一朝一夕形成的，也非短时间内苦思冥想的结果，而是有深厚的理论基础和丰富的实践经验相支撑，并且经过很长时间的修正、转化、调整、提高、补充及丰富。如果向前追溯，其生态经济理念的源流和他在基层进行实践的经历有很大关系。从1969年习近平总书记到陕西省延安市梁家河村插队当知青，之后成为大队党支部书记，再到他在河北省正定县、福建省厦门市、宁德市、福州市、浙江省、上海市等地方任职，之后走进中央，成为新的领导核心，正是这些基层和地方任职经历，丰富了习近平总书记对生态文明思想的构思，同时促进了生态经济理念的发展与成熟。不仅如此，习近平生态文明思想，尤其是其中的生态经济体系相关内容的形成与发展，和我国社会主义建设事业息息相关，也与我国改革开放伟大征程紧密相连。

伴随着我国社会主义现代化建设的持续向前推进，我国生态经济融合发展理念也从羸弱小苗成长为参天大树，先后经历了孕育期、推进期、成长期及成型期这四个时期。而习近平总书记提出的"绿水青山就是金山银山"的"两山"理论，无疑是我国生态经济融合发展理念的结晶，同时也是习近平关于生态经济体系重要论述不可或缺的组成部分。随着"两山"理论日渐丰富充实并走向成熟，它不仅成为我国新时代美丽中国建设的重要指导思想，也成为我国社会主义现代化强国建设的科学依据和理论指导。

▶ 第一节　阶段分析法与生态经济理念

实现社会主义现代化是全国各族人民的梦想，也是中国共产党奋斗的方向。生态化是社会主义现代化的重要组成部分，但其成为社会主义现代化的"正式成员"则经历了一段时间，从中也反映出了我国对生态环境与社会经济之间关系在不同阶段的认知。关于现代化，最早提出来的是"四个现代化"，即农业现代化、工业现代化、国防现代化及科技现代化，在20世纪60年代时被我国政府所提出。改革开放时期，四个现代化有了不同内容，即城镇化、工业化、农业现代化以及信息化，为了和以往的"四个现代化"相区别，便称之为"新四化"。进入21世纪之后，随着我国社会主要矛盾的转变以及我国政府对生态环境与社会经济之间关系认知程度的加深，在"新四化"的基础上增添了生态化而成为"五化"。由此可见，我国在不同历史阶段对现代化的理解不同，现代化的含义也就不尽相同。事实上，在这其中，也就包含着我国政府对生态经济在不同历史阶段的看法，更进一步说，其中包含着我国政府的生态经济理念。

一、"四个现代化"与生态经济理念孕育

"四个现代化"是我国在建设社会主义中国伟大征程中所提出的宏伟目标，可以说是中国共产党的英明决策和伟大创举。事实上，"四个现代化"的内容并不是直接确定下来就不再变化的，而是经过几次更改之后才被确定下来。1954年，第一届全国人民代表大会一次会议在北京召开，与会代表认为我国要建设起强大的社会主义国家。经过激烈讨论，与会代表一致认为要建成强大的社会主义国家，需要在现代化工业、现代化农业、现代化交通运输业及现代化国防这四个方面下足功夫。通过这次会议，四个现代化首次被提出来。1964年底，第三届全国人民代表大会一次会议召开，周恩来提出，要实现"四个现代化"的伟大目标，即要把我国建设成一个具有现代工业、现代农业、现代科学技术及现代国防的社会主义强国。此外，周恩来还希望我国通过十五年的努力能够使科学技术水平得到大幅提升，

从而建立具有我国自身特色的工业模式和产业结构，并形成全面系统的国民经济发展体系，使我国现代化工业能够走在世界前列。经过演化而最终确定下来"四个现代化"就是工业现代化、农业现代化、国防现代化及科学技术现代化。从此之后，实现四个现代化便成为中国共产党领导全国各族人民同心协力和不懈奋斗的伟大目标。可以说，"四个现代化"的提出是我国在新中国成立初期，在致力于社会主义经济建设的过程中，由毛泽东、周恩来等老一辈无产阶级革命家高瞻远瞩、总结经验、去粗存精、准确概括，从而提出的事关我国未来几十年发展的伟大战略目标。

事实上，在"四个现代化"之中，工业现代化一直以来都是我国进行社会主义现代化建设最为重要的目标，因为只有工业实现现代化，才能带动农业、国防以及科学技术实现现代化，因此，我国提出要实现社会主义工业的发展口号。随着我国工业的稳步发展，我国的工业实力也在不断增强，带动国家整体经济实力、国防实力、科技实力都得到了较大幅度的提升。然而，由于我国传统工业长期以来都在经历粗放式发展，污染大、能耗高、效率低，尤其是随着一大批大型国有工业企业的崛起，我国资源遭受到前所未有的危机，生态环境遭受到前所未有的破坏。大气污染、水污染、土壤污染、雾霾、沙尘暴、山体滑坡等一系列生态环境问题层出不穷，使得我国政府不得不正视生态环境问题，逐渐认识到生态环境问题的重要性，并开始反思新中国成立以来社会主义工业化建设走过的道路。同时，认为积极推动高污染工业向生态型工业转变、高能耗产业向生态产业转型、低效率经济向生态经济转化，已经迫在眉睫，不仅不得不为，还要大有作为。在这样的时代大背景下，我国生态经济理念就开始孕育，并在不久之后被提上政府工作日程。

二、"新四化"与生态经济理念形成

新的历史阶段有新的历史任务，也会有新的战略规划和制度安排。党的十八大报告指出，我国要坚持走中国特色新型工业化、信息化、城镇化以及农业现代化道路，推动工业化和信息化深度融合发展、城镇化和工业化形成良性互动、农业现代化和城镇化互相协调发展，从而推动工业化、信息化、城镇化以及农业现代化走向同步发展。工业化、信息化、城镇化、农业现代化被称作"新四化"。我国政府认为只有实现"新四化"同步发展和共同进步，才是科学合理的发展，才能达到我国社会经济协调、全面、可持续发展的根本要求，才能推动我国社会生产力走向跨越式发展，才能把我国建设成富强、民主、文明、和谐的社会主义现代化强国。

在"新四化"之中城镇化是关键所在。我国正在推动的新型城镇化并非单纯的扩大城镇规模，而是为了吸引广大农村人口来到城市，从而使第一产业的人口减少，并慢慢向第二产业和第三产业转移，丰富了农业人口的就业，改善了他们的经济状况，并为工业和服务业的发展壮大积蓄了力量。不过，将农村人口转移到城镇，并非一蹴而就，而需要一定的时间和一个漫长的过程，尤其需要很多前提条件。事实上，只有使城镇的生产力不断得到发展，使城镇的科学技术水平不断得到提高，才能使城镇的产业结构进行调整、优化、升级，从而吸引农村人口不断向城镇迁移，以促进城镇人口数量的不断增长。只有大量农村闲散和剩余劳动力不断来到城镇，在城镇企业工作就业，在城镇安家落户，才能使城镇企业的规模不断扩大，使城镇的规模得以大面积扩张。这主要是我国特殊的国情所导致的，在很长一段历史时期内，我国农村和城市的生活水平都有着很大差异，生活在农村的人民群众生活艰难、条件艰苦，生活在城市的人民群众生活相对安逸，衣食住行相对便利，即便是现今在我国大部分地区仍是如此。正因如此，我国政府才提出要加强城镇化建设，尽可能地缩小农村和城市的差距，提升农民群众的生活质量，从而推动小康社会的宏伟目标得以全面实现。

不过，城镇化也可被视为工业化进展到一定程度的结果，称得上是工业化的产物，因为城镇化建设往往依靠相关产业带动，而工业尤其是大型工业无疑能够形成更好的带动作用，从而吸引大量农村人口前来就业，并在城镇安家落户。随着工业规模的不断扩大，企业会越来越多，吸引前来就业的农村人口就会越来越多，从而推动城镇规模也进一步扩大。

在"新四化"之中信息化虽然只能算作"新生代力量"，但无疑蕴含着巨大的发展潜力和惊人的能量。信息化是时代的产物，在如今计算机、互联网及智能手机大面积普及的信息时代，信息化无疑走到时代前沿，代表着快节奏、现代化、高层次生活。信息化能够使人与人之间的联系更为便捷和紧密，也能够使社会经济更加多元化、更加高速化、更加高质量化。此外，从全球生态经济发展的大趋势看，信息技术无疑是推动生态经济走向高质量发展的一大利器。

民以食为天，国以粮为本，农业现代化是"新四化"的根本，因为只有农业走向现代化，才代表着新四化的完全实现；只有实现农业现代化，我国才能成为社会主义强国；只有农业实现现代化，粮食安全得到保障，国家"手中有粮，心中不慌"，中华民族才更有信心、更有力量屹立于世界民族之林。不过，农业现代化也就意味着不能再走传统农业的老路，而要走高效率、高质量、高产出的新型农业之路。只有这样，才能推动农业走向现代化，完成现代化农业的伟大使命。要想使靠人力和靠天收的传统农业脱胎换骨，转变成靠机器、靠设备、靠科技、靠信息的现代农业，发展生态农业绝对是一条极为合适的路子。因为发展生态农业就意味着化肥、农药等高污染物在农业上的使用会大幅减少甚至禁止，就意味着农业将走向高效率、高质量、高产出的路子。事实上，这正是生态环境保护的现代化之路，也是生态经济高质量发展之路。可以说，生态现代化是伴随着农业现代化不断前行和深化应时而生的。

三、"五化"与生态经济理念成熟

近年来，我国的社会主要矛盾已经发生变化，正如党的十九大报告所指出，我国主要矛盾已经转变为"人民群众日益增长的对美好生活的向往和不充分、不平衡的发展之间产生的矛盾"[①]。新时代有新要求，新时期也有新使命，随着我国社会的进步和经济的发展，人民群众的生活水平有了很大程度的提高，心理需求也有了较大程度的转变。因此，人民群众对生活品质提出了更高的要求，对生态环境也有了更高层次的需求。越来越好的生态和越来越美的环境是人民群众的向往，也是美丽中国的有机组成部分。所以，在"新四化"的基础上，我国政府增添生态化，可以说是时代发展的趋势，也是人民群众的要求。"五化"，即工业化、城镇化、信息化、农业化现代化以及生态化。生态化是我国生态文明建设的延伸，也是习近平总书记关于生态经济体系重要论述的体现。

从"四个现代化"到"新四化"，再到"五化"，不仅仅是概念的变化和内容的扩增，更是我国社会主义现代化建设内涵的拓展和与时俱进的结果。生态经济理念的发展历程和这三个阶段息息相关。首先，在"四个现代化"阶段，随着我国工业化的兴起，粗放式工业发展模式造成生态环境的严重破坏，高污染、高能耗、低效率的传统工业向低能耗、无污染、高效率的新型工业转型，这正合乎生态经济的发展理念，于是，我国生态经济理念开始孕育。其次，在"新四化"阶段，随着我国城镇规模不断扩大、城镇化进程不断加快，大量农村人口迅速向城镇转移，农村人口急剧减少。在人力资源减少的情况下，农业要想实现现代化，就必然要摒弃传统农业那种靠人力和靠天收的思维模式，走高效率、高质量、高产出之路，这种思路和生态经济不谋而合，于是，我国生态经济理念开始形成。最后，在"五化"阶段，生态化作为时代发展的趋势和人民群众的呼声被列入"五化"，成为我国生态文明建设的重要内涵，也成为习近平生态文明思想走向成熟的重要标志，也意味着我国生态经济体系进入了深度发力阶段。时至今日，习近平生态文明思想中关于生态经济体系的重要论述，已经成为习近平新时代中国特色社会主义思想体系的重要组成部分，在我国新时代社会主义建设过程中发挥着重要的思想指引和理论指导作用。

---

① 不断满足人民日益增长的美好生活需要［EB/OL］. 人民日报, 2017 - 11 - 14.

第二节 习近平关于生态经济重要论述的形成过程研究

一、习近平关于生态经济重要论述的孕育期（1969～2002 年）

习近平总书记有着丰富的工作阅历，他从基层做起，以大队党支部书记为起点，历任县委副书记、县委书记、副市长、地委书记、市委书记、省委副书记、省委书记、直辖市委书记、中央书记处书记以及中共中央总书记等职务。从基层走出来的习近平同志，倾听到基层百姓的心声，了解到基层单位的实际情况，最理解基层人民群众的难处，也最了解基层百姓的呼声。因此，习近平关于生态经济理念的论述，在习近平同志下乡锻炼，和人民群众打成一片时便已经孕育，之后经历的雏形期、成长期以及成熟期，其实都和民间百姓的所盼所想有关，可以说正是想人民群众之所想，急人民群众之所急，解决人民群众最想解决也最着急解决的问题。简而言之，习近平关于生态经济的重要论述，从基层实践活动之中走来，又对基层实践活动形成强有力的理论指导和思想指引。

（一）陕西省梁家河大队生态建设实践

1969 年，年仅十五岁的习近平到我国西北黄土高原上的梁家河大队，开始了他下乡锻炼的知青岁月。刚来时他感到很迷茫，不过，很快便调整了心态，积极向人民群众学习，挑粪耕种、锄地收割，人民群众怎么做，他就跟着怎么学，遇到不懂的，就向老乡们请教，很快就成为一个种地的好把式。经过他坚持不懈的努力，1972 年冬，他光荣地加入了中国共青团，1974 年初又成为一名共产党员，之后不久，便被推选为梁家河大队党支部书记。1975 年 10 月被清华大学录取的习近平同志离开梁家河。他在梁家河大队度过的近七年时光，成为他了解民间疾苦、倾听百姓呼声的珍贵光阴。多年以后回忆起梁家河，习近平仍然满怀深情地说道："作为一名人民公仆，陕北高原是我的根，因为这里培养出了我不变的信念：要为人民做实事！"[①]

梁家河大队，如今叫梁家河村，位于陕西省延安市延川县文安驿镇，因北宋时有梁姓人家最早依河而居形成村落而得名。因为坐落在陕北高原上，当时的梁家河

---

① 梁家河 [M]. 西安：陕西人民出版社，2018.

大队土壤疏松、多旱少雨、植被稀松，自然资源匮乏，生态环境恶劣。老百姓辛辛苦苦种粮食，但收成只能看"天意"，丰年很少，灾荒却是连年，这里的人民群众常年在温饱线上挣扎，生活水平低下。在这里生活多年的习近平，自然理解群众的难处，也明白百姓的苦衷。当上大队党支部书记以后，习近平就号召这里的群众建沼气池，这样一来，既能使当地的卫生状况得到改善，又能使农业用肥问题得到解决，使粮食产量得到提高，还能利用沼气发电照明、烧火做饭，实在是一举三得。虽然困难重重，但都被坚毅的习近平给解决了，1974 年 7 月梁家河大队第一座沼气池建好了，而陕北高原也点燃了第一盏沼气灯。将农村随处可见的秸秆粪作为原材料制成沼气，这样一来，农民不仅有了种地的肥料，还能烧火发电，既不用化肥农药污染环境，还节约了高污染和高能耗的煤炭等能源。可以说，梁家河沼气池的建成是习近平总书记第一次亲身实践生态经济，为他后来所倡导的生态文明建设以及"美丽中国"建设提供了丰富的素材，打下了坚实的基础。①

（二）河北省正定县生态经济模式探索

20 世纪 80 年代初，全国正处于深入贯彻党的十一届三中全会的高潮期，一边拨乱反正，平定冤假错案；一边解放思想，实施改革开放。正是在这样的大背景下，习近平同志来到河北省石家庄市正定县。他于 1982 年开始担任正定县委副书记，又于 1983 年成为正定县委书记，1985 年才调离正定。1982～1985 年三年多的时间中，整个正定县遍布习近平同志的足迹，不仅与正定县的人民群众建立了极为深厚的感情，还为他执政思想的形成提供必要的前提和充分的思索。后来，当习近平同志回忆起那些年在正定的点点滴滴，曾饱含深情地说："正定，是我从政起步的地方，是我的第二故乡。我爱自己的故乡。"②

到正定工作以后，为尽快摸清当地的实际情况，习近平同志广泛开展调查研究，要求当地党员干部做事情一定要实事求是，从自身实际出发，在尊重社会经济客观规律的前提下，对正定县的社会经济和产业结构进行调整，千万不能蛮干。对当地实际情况做到熟稔于心之后，1984 年习近平同志提出必须建立均衡和合理的产业结构，这样才有利于正定县的社会经济发展。在他看来，农业是一个开放包容的生态系统，并不是单一的，因此，可以尝试建立具有多个层次的农业生产体系，对农业物质进行循环利用，推动能量转化率的提升，并使生态经济得到发展，这样一来能

① 焦艳，李合亮. 习近平生态经济发展理念的形成及内容 [J]. 中共天津市委党校学报，2017，19（2）：39－44.
② 邱然等. "正定确实是近平同志从政起步的地方"——习近平在正定 [N]. 学习时报，2021－09－26.

使不同目标和不同要求统统得到满足。在正定县这三年多，习近平同志已经对高消耗和高污染的发展模式开始进行反思，并尝试结合实践，走生态经济优质发展的路子。与此同时，他对生态环境的污染破坏已经有所关注，注重加强对生态环境的保护。

（三）福建省宁德地区生态经济融合发展实践

1985 年，习近平同志从河北省正定县调至福建省厦门市工作，担任厦门市委常委、副市长；1988 年 6 月，习近平同志离开厦门，调任福建省宁德地委书记；之后，他历任福建省福州市委书记、福建省委副书记、福建省省长等职务，并于 2002 年调离福建省，前往浙江省工作。

到宁德地区工作以后，习近平同志充分了解闽东的现状，关心宁德百姓的生活，多次深入民间进行调查研究。针对宁德地区的现状，在如何实现该地区社会经济发展这一问题上，他认为不能再走片面追求经济效益的老路，要走上经济效益、社会效益与生态效益这三者相互协调融合之路，要立足宁德自身实际，发展林业，走大农业之路。发展林业好处多多，不仅能够使宁德的生态效益增强，还会产生丰厚的经济效益和社会效益。事实上的确如此，植树成林，不仅可以优化环境，还能防风固沙，更能调节气候，使良好的生态环境得以保持。习近平同志所说的"大农业之路"是多领域、多功能、全面性、开放化、立体化的现代农业之路。如果按照这个思路来操作，多年以后，宁德地区必然会成为青山绿水、绿树成荫的好地方，老百姓会过上富裕和谐的生活，生态环境也会越来越好。

习近平同志在福建省工作期间，对福建省走上生态环境与社会经济融合协调之路有着切身体会。长汀县当时隶属于福建省龙岩地区专员公署，虽然这里曾有过闽西赣南地区第一个红色县级政权，是著名的中央苏区和红色革命根据地，但也是著名的穷苦之地，当地老百姓无以为生，便靠砍树度日。由于乱砍滥伐较为严重，造成长汀旱涝频繁，水土流失极为严重，最严重的时候，半个山都会崩塌掉。1985 年国家遥感相关数据显示，长汀县水土流失面积高达 146.2 万亩之多，占据整个县域面积的 1/3。习近平总书记曾先后五次前往长汀调研，到山村走访，找农户了解实际情景，并积极寻找对策，对治理水土流失工作给予了系统性解决方案。与此同时，习近平同志也意识到保证生态平衡的重要性，确信走可持续发展之路才是解决水土流失问题以及其他生态环境问题的最佳方案。[①]

武平县隶属于福建省龙岩市，是典型的多山、多林、多树之地，然而，由于林地权属不清晰、边界不明晰等诸多历史问题，造成武平县在更换旧林权证时产生不

---

① 张健楠，梁冰清. 人呵护山水 山水养育人——福建长汀 38 年水土流失治理记［N］. 农民日报，2021 - 12 - 10.

少摩擦与纠纷。在时任福建省省长的习近平同志的支持下，武平县按照"分山到户、家庭承包"的工作思路，率先在全国进行林权改革，2001 年 12 月，我国第一本新版林权证发放到村民手中。2002 年 6 月，习近平总书记专门来到武平县调研，并认真听取该县有关林权改革的汇报。他指出，武平县林权改革的思路和方向都是对的，关键是要实事求是、脚踏实地，一步一个脚印地向前走，真正做到让老百姓受益。为此，他还提出要求，武平县的集体林权制度改革，要参考家庭联产承包责任制的路子，从山上转移到山下。通过在武平县的试点，集体林权制度后来在福建全省推行，并将相关经验推广至全国。① 这场由习近平总书记亲自主导、亲手抓起的改革，不仅给福建省生态环境保护工作积累了宝贵的经验，提供了明晰的思路，还让福建林业得以发展、人民群众得以增收，更促进了习近平关于生态经济理论的形成。

由此可见，在福建工作期间，习近平总书记便已经认识到理顺生态环境与社会经济之间关系的重要性，从而倡导经济效益、社会效益与生态效益的协调融合发展，大力推动生态环境与社会经济的同步发展。

二、习近平关于生态经济重要论述的雏形期（2002～2007 年）

2002 年 10 月，习近平总书记来到浙江，担任浙江省委副书记、代省长；同年，升任浙江省委书记、省人大常委会主任等职务，直到 2007 年 3 月调离浙江，前往上海。在浙江省任职的四年多里，习近平总书记大力推进生态浙江、绿色浙江建设，使其关于生态经济体系的理念渐渐成型。在 2002 年举行的浙江省委十一届二次全会上，习近平总书记提出浙江省要大力推行可持续发展理念，积极实施"绿色浙江"建设，并以加强生态省建设为主要目标，有序推进资源、人口、环境、生态与社会、经济的和谐发展。"绿色浙江"发展理念的提出标志着习近平生态文明思想中关于生态经济体系的重要论述初见雏形。

（一）提出五大生态体系构想

在 2003 年 8 月召开的浙江生态省建设动员大会上，时任浙江省委书记的习近平提出了建设五大生态体系的构想。他认为要做好生态经济体系、自然资源保障体系、生态环境保护体系、能源支持保障体系及人口生态体系这五大生态体系建设，只有这样才能保障生态环境与社会经济的协调融合发展。五大生态体系构想的提出是习近平总书记对浙江省以生态强省为目标，调整优化该省社会经济结构，加快推进

---

① 颜珂，王崟欣. 山林披绿 林下生金［N］. 人民日报，2023－03－17.

该省新型工业化进程、积极发展生态农业、生态工业以及生态服务业、大力提倡绿色消费理念的一种全面和系统的思考，为我国后来推行的以"四梁八柱"为基本架构的生态文明体系建设奠定了较为坚实的基础。2004 年 3 月 19 日，习近平同志在《浙江日报》发表了题为《既要 GDP，又要绿色 GDP》的文章。在他看来，既要对社会经济当前的发展保持高度重视，又要放眼长远，对生态环境加强保护，从而实现生态环境与社会经济的全面协调，从而推进两者走可持续发展之路。他认为发展社会经济不能只盯着速度不放，还应该做到速度、质量以及效益的和谐统一；不能只是一味盲目发展，对环境污染和生态破坏不管不顾，从而给后代子孙带来无比沉重的负担，而是要实现人与自然和谐共处与和平发展；在发展好社会经济的同时，也要做好资源、人口、环境等工作。[①]

不仅如此，在浙江工作期间，习近平总书记还提出"生态兴则文明兴，生态衰而文明衰"的思想理念，从而将生态与文明的关系一语道破，为未来生态文明的提出做出了很好的铺垫。在习近平总书记看来，如果你对环境是善良的，环境对你便是友好的；如果你对环境不善良，污染它、破坏它，总有一天，环境会给你翻脸，然后毫不留情地向你实施打击报复。这是自然界发展的客观规律，从来不曾以人类的意志和喜好为转移。[②]

（二）对浙江省安吉县"守住绿水青山"实践进行总结

在浙江全省全力推进"绿色浙江"的过程中，习近平总书记曾多次下基层走访调研，察看推进进度，检验推进效果。他于 2005 年 8 月 15 日来到浙江省湖州市安吉县，到天荒坪村进行实地走访，在总结多次走访经验的基础上，第一次发表"绿水青山就是金山银山"的观点[③]。作为"绿水青山就是金山银山"理论的策源地，安吉县走生态经济发展的例子便很典型。多年来，在思想上，该县坚持将"山清水秀生态美"作为发展理念，并把青山绿水当作最能依靠的资源。与此同时，明确地将"守住绿水青山"作为发展底线，坚决不能逾越。在行动上，安吉县依靠山清水秀的自然条件，根据"七山一水两分田"的实际状况，在生态农业上花大力气，在生态工业上下足功夫，在生态旅游上多花精力，从而走出生态良好、环境优美、生活富裕的生态经济高质量发展之路。为了实现生态环境与社会经济的和谐发展，安吉县关闭大量经济效益虽然丰厚但是严重污染生态环境的厂矿，如水泥厂、矿场等，

①　习近平. 既要 GDP，又要绿色 GDP［N］. 浙江日报，2004 - 03 - 19.
②　黄浩涛. 生态兴则文明兴 生态衰则文明衰——学习习近平总书记关于生态文明建设的重要论述［EB/OL］. 中国共产党新闻网，2015 - 08 - 04.
③　"两山"诞生地　浙江安吉［J］. 江南论坛，2018（1）：65.

"打扫干净屋子"后，另起炉灶，大力推行生态旅游，从而实现景色优美和人民富裕的可持续发展。虽然从短期来看，由于关闭大量高污染和高能耗的厂矿企业对当地经济造成了严重影响，尤其是国内生产总值严重下滑，甚至呈现断崖式下落，但从长期来看，这样的举措无疑剜肉补疮、刮骨疗毒，也就在几年时间里，国内生产总值便已经回升至之前水平。习近平总书记对安吉县的做法予以充分肯定，当场做出赞赏，并以"绿水青山就是金山银山"作为表扬式总结。

此后不久，习近平总书记便在《浙江日报》发表了题为《绿水青山也是金山银山》的文章。在文中，他详细阐述了"绿水青山也是金山银山"的思想，认为生态环境也是能够换成"钱"的，所以要把生态环境的优势利用好和发挥好，应该积极推广生态农业、大力发展生态工业、着力推进生态旅游业等，这样一来，绿水青山便成了金山银山。可以说，在安吉县的走访调研，给了习近平总书记很大启发，直接推动习近平新时代生态环境战略思想的诞生。

（三）提出"绿水青山就是金山银山"理论

2006年3月，《浙江日报》头版"之江新语"专栏发表署名"哲欣"的评论文章《从"两座山"看生态环境》。文章认为，对人类与自然之和谐、社会与经济之和谐的追求，通俗而言是要"两座山"——既要金山银山，又要绿水青山。虽然这两座山有着许多矛盾，但同时也是辩证统一的。在这里，金山银山指的是因社会进步和经济增长带来的物质丰裕和财富增加；绿水青山指的是充足的自然资源和良好的生态环境。事实上，哲欣是化名，这篇文章的真实作者便是时任浙江省委书记的习近平同志。对"绿水青山就是金山银山"，习近平总书记想得多、站得高、看得远，他高瞻远瞩、深谋远虑，下笔成文之后，便形成著名的"绿水青山就是金山银山"理论。

习近平总书记认为，在具体实践和不同的历史阶段，我们对绿水青山与金山银山之间关系的认识是不尽相同的[①]。根据人们对两者关系的认识可以划分成三个阶段。第一个阶段是付出绿水青山的代价去换取金山银山。在这一阶段忽视了生态环境的存在，当然也可称作对生态环境的承受能力考虑较少，只是对生态环境进行索取。这时，我们所进行的社会经济发展模式是粗放式的，对自然资源大量消耗，尤其是不可再生的煤炭资源等，所造成的后果是严重的。资源被大量消耗而愈加匮乏、生态被严重破坏、环境被大面积污染，既危及人类的生存，又阻碍社会经济的发展。第二个阶段是既要金山银山推动人类社会的向前发展，同时也要保住绿水青山，使人类在发展自身的同时也不损害子孙后代未来的发展。在这一阶段，人类社会对生态环境的重要性的认识越来越深刻。因为这时的人类社会经济在经过高速发展之后，

---

① 深刻理解"两山"理念的科学蕴含 [EB/OL]. 求是网，2019-10-10.

物质生活已经极大富足，然而，生态环境污染问题却越来越严重，自然资源紧缺问题也让人类自己的生存岌岌可危。人类最终认识到生态环境就是人类存在的基础，如果生态环境继续恶化，总有一天，将会吞噬人类，人类将会不复存在。只有保住绿水青山，人类才有水喝、有柴烧，才有生存和发展。第三个阶段是绿水青山本身就能转化为金山银山，而且，山越青秀，水越清澈，能够转化的金山就越高，银山就越多。在这一阶段，人类终于意识到原来"绿水青山就是金山银山"。就像我们常说的"常青树就是摇钱树"，只要我们尊重和爱护大自然，就能将生态环境资源转化成社会经济资源，就能将生态环境优势发展成社会经济优势。这样一来，人类社会和大自然的关系是融洽的，两者是和谐共存的，甚至是融为一体的。生态是良好、环境是优美的、资源是可循环利用的，自然就能保证人类社会的永续存在，也就能保证我们的可持续发展。

事实上，这三个阶段是三种站位和三种境界，一个阶段比一个阶段站位高，一个阶段比一个阶段境界高。当然，第三个阶段的"绿水青山就是金山银山"的站位是最高的，境界也是最高的，它是适应目前全球发展状况的最佳模式，也是满足现今时代进步要求的唯一选择。"绿水青山就是金山银山"思想理论，对金山银山和绿水青山之间的关系，也就是生态环境与社会经济之间的关系作出了全面、系统、深入的阐述，也让我们认识到要想实现社会经济的高质量发展，就不能不加强生态环境的保护，而要想加强生态环境保护，也离不开高质量发展的社会经济，两者相辅相成，互为因果，不仅能够协调融合、共同发展，更可合二为一，成为一个不可分割的有机整体。

三、习近平关于生态经济重要论述的成长期（2007～2015年）

2007年11月，习近平同志从上海市委书记上任来到中央，历任中央政治局常委、中央书记处书记、中华人民共和国副主席、中共中央军事委员会副主席以及中华人民共和国中央军事委员会副主席等职。2012年10月，党的十八大召开，习近平被选举为中央委员会书记。

党的十七大以后，已经在中央任职的习近平站在更高的角度，以更长远的眼光来看待生态环境与社会经济之间的关系，他致力于对生态文明中国建设基本任务的梳理，从而制定出更长远的目标，对既适合中国自身实际情况，又符合自然发展规律的生态经济高质量发展之路不断探索，不断向前开拓。

（一）将生态文明提升高度

在习近平总书记的主持下，党的十八大将推进生态文明建设写入宪法这一建议被提上议案并予以通过，不仅对社会主义文明建设事业进行总体规划和布局，还加以详细阐述。

事实上，社会主义文明建设事业也可成为三个阶段：第一个阶段，我国政府意识到社会主义文明由物质文明、政治文明和精神文明这三部分组成；第二个阶段，我国政府意识到上面的阐述还不够全面，从而对社会主义文明建设重新进行梳理，然后提出社会主义文明建设由政治建设、经济建设、社会建设和文化建设等四部分组成；第三个阶段，我国政府认识到社会主义文明建设事业是由民主政治、市场经济、和谐建设、先进文化以及生态文明等五部分组成，并意识到这五部分是一个整体，这便是"五位一体"整体布局。我国政府对社会主义文明建设事业在这三个阶段分别有着不同的阐述，正是我国政府对建设中国特色社会主义道路认识越来越全面、理解越来越准确、构想越来越科学的体现。不仅如此，在党的十八大会议上还提出了"美丽中国"发展建设理念，成为我国实现社会主义现代化的新要求以及推进社会主义强国建设的新目标。为使党的十八大建设生态文明的任务得到落实，2012 年 12 月习近平同志前往广东考察，在途中，他强调要想推动中华民族得到永续发展就必须建设好生态文明，再走资源浪费、生态破坏和环境污染的老路肯定是行不通的。①

不仅如此，在习近平总书记的力主下，生态文明建设后来更是上升到国家意志层面，上升到中华文明能够得到有序传承的重大问题层面进行重视和关注。2015 年党的十八届五中全会在北京召开，会上对《中共中央关于制定国民经济和社会发展第十三个五年规划的建议》进行审议并予以通过，从而将生态文明建设和"美丽中国"建设列入我国"十三五"规划。无论是加快"美丽中国"建设，还是推进生态文明建设，都不只是喊喊口号，也不只是表表姿态，而是要从生态经济理念层面进行入手，通过对生态机制的完善和生态行动模式的改变，切切实实地推行下去，将其推进到完全实现那天。通过"美丽中国"建设的引领作用，我国将会实现生态环境与社会经济的双赢局面，从而走出人与自然和谐共处、生态环境与社会经济协调共生的可持续发展之路。这也意味着中国共产党必将率领全国人民耕耘新时代社会主义生态文明，实现生态中国和美丽中国的宏伟愿景。2013 年 4 月习近平来到海南考察，面对浩瀚蓝海和郁郁椰林，他感慨良多，随即做出指示，强调海南要做好生态环境与社会经济这两者之间关系的协调，要坚持不懈地做好绿化水平的提升和蓝天海洋的保护，为我国生态经济高质量发展做好表率、树好榜样，同时为子孙后代留下更多宝贵财产。在他看来，对自然环境所进行的保护，其实也是对社会生产力

---

① 习近平. 在广东考察工作时的讲话［C］. 习近平关于社会主义生态文明建设论述摘编，2017.

的保护；修复自然生态和改善自然环境其实就是在促进社会生产力的发展；给老百姓营造优雅的生态环境，其实就是在为老百姓谋福利和为人民服务。因此，保护自然生态环境是一件利国利民的大好事，也是一件改善民生的大好事。对于社会经济发展要量力而行，对自然资源的状况不能不管不顾，对生态环境的情况不能不查不问，否则，就是在干杀鸡取卵、竭泽而渔的事情。但是也应该看到，加强生态环境保护不能一意孤行，要结合社会经济发展状况来进行，如果离开社会经济发展来谈生态环境保护，无疑是缘木求鱼。因此，我们应该在社会经济发展的过程中注意保护生态环境，也应该在保护生态环境的过程中注重社会经济发展，两者不可偏废，要做到协调统一。[①]

（二）提出生态主体功能区建设战略

2013 年是我国生态经济理念发展走向纵深的一年。在这一年里，习近平总书记的许多重要讲话都涉及对生态环境与社会经济之间关系的论述，尤其是多次讲话都以生态经济作为重点来阐述。不仅如此，他对国土资源尤为注重，以总揽全局的眼光，对如何整体利用和开发国土资源、如何实现生活空间和生态结构的科学化布局、如何给大自然留下足够的、能够实现自我修复的余地等都有着系统阐述和科学安排。其目的很明确，便是不仅要给当代创造一个天蓝云白、山清水秀、地绿景幽的良好生态环境，更要给子孙后代留下一个资源充足、生态良好、环境优美的美丽家园。

2013 年 5 月 24 日，在十八届中央政治局第六次集体学习时，习近平发表讲话。他认为，要对生态环境与社会经济之间所存在的辩证关系有正确的认识，要树立生态经济高质量发展观念，正确对待生态环境保护就是对社会生产力进行保护；恢复自然资源和改善生态环境就是在推动社会生产力的发展。当人类工业文明发展到很高程度时，生态文明就显得尤为重要。只有对生态文明足够重视才能促进人与自然之间的关系走向协调，保护自然资源和保护生态环境可以说是一桩功在当今、利在千秋的伟业。此外，必须要对主体功能区加快建设，按照不同的功能和不同的职责对不同的区域进行划分，哪些可以优先开发、哪些可以重点开发、哪些要限制开发、哪些必须禁止开发，都要有针对性地进行区分和划片。例如陆地和海洋的敏感区域要进行生态红线划定，并且做到令行禁止和严格遵守。要构建科学合理的农业发展格局、主次分明的城镇化格局、重点突出的生态安全格局，只有这样，才能使我国以及区域性生态安全得到保障，并促进生态服务功能的提高。[②]

[①]　习近平. 在海南考察工作结束时的讲话［C］. 习近平关于社会主义生态文明建设论述摘编，2017.

[②]　习近平. 在十八届中央政治局第六次集体学习时的讲话［C］. 新华网，2013－05－24.

2013 年 12 月 12 日，在中央城镇化工作会议上，习近平总书记就城市现代化过程中出现的诸多生态环境问题专门做出了指示，对主体功能区的战略规划进行重点实施，对城镇化总体布局做出了统筹安排，并提出"三纵两横"的理念。在他看来，现在虽然只是一张蓝图，但我们必须不懈努力、坚持到底，下定决心来实现这张蓝图，千万不要"翻烧饼"。要实事求是，按照自身资源状况以及当地实际情况，以科学的开发强度和合理的开发方式，对开发边界，特别是特大城市以及大型城市的开发边界要严格划定，使城市发展与生态文明水乳交融，让城市居民也能享受到"绿水青山"。① 目前，主体功能区思想已经成为我国推动城镇化进程主要遵循的根本原则和较为重要的指导思想。

（三）强调生态环境保护要统一领导

2013 年 11 月 9 日至 12 日，中共十八届三中全会在北京召开。在会上，习近平总书记针对《中共中央关于全面深化改革若干重大问题的决定》向与会代表发表了说明讲话。他强调，山水林田湖相互依存、彼此联系，称得上是组合在一起的生命共同体，对此我们要有正确的认识。人的命脉系于田，田的命脉系于水，水的命脉系于山，山的命脉系于土，土的命脉系于树。在我们对生态环境进行修复以及对各方面用途进行限制时，对自然本质和客观规律必须尊重。事物是普遍联系的，并不是孤立存在，山水林田湖也是如此。如果在治理生态环境的过程中，将植树、护田、治水等分开来做，各自进行，既不相互联系，也不彼此协调，那么，最终结果将会是不仅不能使生态环境得到修复，还会加深整个生态系统遭到破坏的程度。因此，对国土资源来说，不同用途、不同职责、不同管制，都要有机统一起来，政令归属一个部门，统一管理，统一执行。② 这是我国政府对生态环境保护进行统一领导和统一管理的问题首次表明态度。这样的决定无疑是英明的，因为只有做到多方协调、统筹管理、统一领导、政出一门，在生态文明建设过程中才能做到有效率地向前推进，有秩序地往前推行。

在 2014 年 3 月 7 日召开的第十二届全国人民代表大会二次会上，习近平总书记在听取贵州代表团的审议意见时再次强调，小康社会能否全面建成关键要看生态环境的质量是否达标。妥善处理生态环境与社会经济之间的关系，或者称绿水青山与金山银山之间的关系，不仅有利于推动我国社会经济走向可持续发展，还有利于推进我国社会主义现代化全面建设。因此，要确定正确的思路，确立正确的目标，因

① 习近平. 在中央城镇化工作会议上的讲话［C］. 十八大以来重要文献选编（上），2014：589 - 602.
② 习近平. 关于《中共中央关于全面深化改革若干重大问题的决定》的说明［EB/OL］. 求是，2013.

地制宜、量力而行，选择适合自身实际的特色产业发展。[①] 不仅如此，对循环经济之于生态经济高质量发展关键性作用的发挥，习近平总书记十分重视。他指出，强调发展不唯 GDP 论，并不是放弃发展，而是要扭转那种只顾发展社会经济而对其他事业的发展不管不顾的发展观念，扭转以社会经济增长速度来论英雄做出评判的陈旧观念。2013 年 5 月 24 日，十八届中央政治局第六次集体学习过程中，习近平总书记着重指出，要大力发展循环经济，推动生产减量化、流通再利用化、消费资源化。2015 年 5 月，我国政府又发布了《关于加快推进生态文明建设的意见》，对循环经济的重要性再次做出强调，认为循环经济的发展，要遵循再利用、减量化以及资源化的原则，加快我国循环型工业结构推进建立的步伐，加快我国现代农业体系和现代服务业体系建立健全的节奏，从而使整个社会资源产出的效率得到大幅提高。

大型厂矿企业曾为我国社会经济的发展作出突出贡献，但它们对生态造成破坏，对环境造成污染的程度也比较大，正因如此，它们迫切需要转型发展。2013 年 7 月，习近平总书记到被誉为"中国光谷"的湖北省武汉市东湖高新区考察时，曾满怀深情地说："能够变废为宝，进行循环利用，即便是夕阳产业也会变成朝阳产业，你们的做法值得赞赏和鼓励，但更要再接再厉"。[②] 事实上，采用生态经济发展方式，调整产业结构，使其科技含量更高、能源消耗更低、环境污染更少，从而使生态经济的辐射范围更广，并推动生态经济走向高质量发展，正是我国避免陷入西方式黑色发展困境的必要前提，也是我国社会经济实现绿色低碳发展的关键环节。一直以来，习近平总书记对生态环境与社会经济之间的关系都颇为重视。在 2015 年时他便指出，在我国社会整体向前推进的过程中，既要注重高速度发展，也要注重高质量发展。与此同时，还要严格遵循基本经济规律和客观自然规律，将生态经济融合发展思想理念运用到社会经济的方方面面，从而推动多方协调和共同发展。尤为重要的是，要增强"绿水青山就是金山银山"的"两山"意识，强化对自然遗产的尊重，对历史遗产的保护，同时加强经济、政治、生态、环境、文化、科技等方面的协调融合和协同发展，从而实现社会经济效益与生态环境效益的双赢。

（四）推动"绿水青山就是金山银山"理论广泛应用于实践

2015 年 3 月 6 日，在参加全国人大十二届三次会议江苏代表团审议会时，习近平总书记强调，环境便是民生，青山便是美丽，蓝天便是幸福。要像保护我们的眼睛一样去对生态环境进行保护，要像对待我们的生命一样来对待环境。将绿水青山和我们的身体生命等量齐观。改革开放前，我国并不富强，老百姓生活水平极为低下，

① 习近平. 十二届全国人大二次会议贵州代表团审议政府工作报告讲话［N］. 贵州商报，2014-03-10.
② 习近平："变废为宝"是艺术［EB/OL］. 共产党员网，2013-07-22.

生活条件很差，经过四十余年的努力，如今，我国已经基本消灭贫困，并在 2021 年全面建成小康社会。这时，已经解决吃饱穿暖问题的人民群众对生态环境提出更高要求也是必然的。毕竟，在追求经济富足的同时，对美丽的家园和优美的环境进行追求也是理所当然的。更何况，随着思想意识的提高，人民群众已经逐渐认识到生态文明是我们人类赖以生存和发展的基础。在我国政府发布的《关于加快推进生态文明建设的意见》中对生态文明提出了更高要求，要求牢牢树立尊重自然、保护自然、顺应自然的思想理念，坚决秉承"绿水青山就是金山银山"的思想原则。至此，"绿水青山就是金山银山"的思想理论便被正式写在我国政府的文件之中，得到充分认定。也就是说，以发展生态文明作为中心思想的我国生态经济战略思想的地位更加凸显，并贯穿在社会、经济、政治、科技、教育、文化等方方面面的发展与前进之中。与此同时，我们也要看到，"绿水青山就是金山银山"的思想理论之所以会被写入中央文件，是我国改革开放四十余年来社会经济转型发展的需要，是我国社会主义现代化建设走进新时代的客观要求，是推动我国社会经济走向高质量发展的现实要求，是人民群众的根本利益得到更好保障的具体体现，是人民群众追求更为和谐幸福生活的迫切要求，同时也是中国共产党在总结多年执政经验的基础上对执政规律所做出的新的总结与判断。

2013 年 9 月 7 日，受邀到哈萨克斯坦访问的习近平总书记在哈萨克斯坦著名大学纳扎尔巴耶夫大学发表重要演讲，他认为我们既要绿水青山，也要金山银山；宁要绿水青山，不要金山银山，而且，绿水青山就是金山银山[1]。2015 年 3 月 29 日，在出席博鳌亚洲论坛同中外企业家座谈时，习近平总书记强调，中国生态经济的机遇正在逐渐扩大，我们要走生态经济道路，提倡对自然资源进行节约利用，与大自然友好相处的生态型生产生活方式，正因如此，必须要加快调整社会经济结构的步伐[2]。所谓调整社会经济结构，主要是对资源利用方式进行调整或转变，摒弃传统的粗放型资源配置形式，放弃那种一味追求 GDP，一味寻求经济高速增长却对自然资源和生态环境进行破坏的传统发展模式。此外，还要适时转变观念，牢固树立生态经济理念，走绿色发展、低碳发展和可持续发展的道路。2017 年 11 月 10 日，在出席亚太经合组织工商领导人峰会时，习近平总书记明确表态，要加快生态文明机制体制改革，坚持发展生态经济、低碳经济、循环经济和绿色经济，从而走上可持续发展的道路，不仅如此，对生态环境保护制度也要严格遵守，坚决执行[3]。随着"绿水青山就是金山银山"理论的不断完善和创新，将会在全球产生越来越重要的

---

[1] 习近平在哈萨克斯坦纳扎尔巴耶夫大学发表重要演讲 [EB/OL]. 中央政府门户网, 2013 - 09 - 07.
[2] 习近平同出席博鳌亚洲论坛年会的中外企业家代表座谈 [EB/OL]. 中央政府门户网, 2013 - 04 - 08.
[3] 习近平主席在亚太经合组织工商领导人峰会上的主旨演讲 [EB/OL]. 新华网, 2021 - 11 - 11.

影响，尤其是在生态环境不断恶化的当今世界，创造安全美丽的生态环境，构建和谐美好的生命家园，对全人类来说无疑有着更强大的吸引力。这便是"绿水青山就是金山银山"理论魅力之所在。以该理论为指导，在中国共产党的带领下，我国在2035年前后，天会更蓝、山会更青、水会更绿、生态会更好、环境会更美、物种多样性也会更丰富，"美丽中国"的恢宏画卷正在徐徐展开，并一一变成现实。

四、习近平关于生态经济重要论述的成熟期（2015年至今）

党的十八大召开以来，我国生态文明建设的步伐不断加快，改革生态文明保护制度的成效越来越明显，所取得的生态环境效益越来越显著。在习近平文明思想的指引下，不仅我国生态经济高质量发展勇敢迈进新时代，"美丽中国"建设的新征程也从此开启。

（一）使生态经济理念深入人心

2013年11月15日，经中国共产党第十八届中央委员会第三次全体会议审定通过的《中共中央关于全面深化改革若干重大问题的决定》，对生态文明建设提出了制度要求，提出要尽早构建全面系统的生态文明制度体系，强化制度对生态环境保护工作。2014年举行的中共十八届四中全会提出了尽快出台相关法律以对资源的开发和利用形成约束，并对生态经济、循环经济、低碳经济、绿色经济的发展能够起到促进和保障作用。2015年10月，中共十八届五中全会召开，对新的发展理念形成共识，这便是"协调、创新、开放、绿色、共享"，无疑是对生态经济融合发展思想理念所进行的简明扼要的诠释，同时成为我国在新时代推进生态文明制度改革的过程中所要遵循的科学指导。此外，生态补偿机制的实施与推行，也成为在生态经济融合发展思想理念推动之下，我国在生态文明制度改革方面所实施的一项重要举措。

（二）倡导人与自然的命运共同

2016年1月18日，在出席省部级主要领导干部学习贯彻党的十八届五中全会精神专题研讨班时，习近平总书记指出，人类与自然其实是一种共生共荣的关系，对大自然造成的伤害，早晚会回到人类自己身上，只有遵照客观自然规律，才能避免走两败俱伤的弯路。对于自然资源，我们要做到取之有时、用之有度，只有这样，生态环境这个短板才能得到彻底扭转[①]。人类与自然之间的关系先后经历了以使用

[①] 习近平. 在省部级主要领导干部学习贯彻党的十八届五中全会精神专题研讨班上的讲话［M］. 北京：人民出版社，2016.

工具为主要标志的狩猎时代、以从事耕作为主要标志的小农时代、对自然资源过度使用造成严重浪费的工业时代，如今，则是为营造美好家园而进行斗争的生态文明时代。只有对我们赖以生存的地球进行更好的保护，才能使我们人类更好地生活在这个美丽的蓝色星球上，如果我们人类不懂感恩，只是一味索取，完全不考虑生态环境的承受能力，那么最终结果必然是我们付出惨痛的代价，甚至是遭遇人类这个种族走向灭亡的危险。人类与自然界构建命运共同体，将视角从人类自身扩展到自然界，这不仅仅是在反思和解构人类文明以往走过的道路，更是构建起未来世界人类与自然界和谐共生和协调共存的关系。人类与自然界构建起来的共同体是合作互利的关系共生体，更是双向奔赴的利益攸关方。事实上，只有真正了解人类与自然之间的关系，才能真正理解人类与自然界组成命运共同体的伟大意义。人类与自然界之间的关系，既包含遵循客观自然规律的命运共同体，还包含反映人类主观意识的道德关系体，更包含人类与自然界共生共存的利益关系体，以及人类认知层次不断提升的文化关系体。之所以将自然界视为人类的一部分和人类赖以生存和发展的基础，就是因为人类与自然界实质上是有机统一的，两者互惠互利，自然界的繁茂和人类社会的繁荣能够相互提供能量。从文化层面看，自然界的生机勃勃与人类社会的欣欣向荣能够相互影响。总之，如果人类社会的伦理观、价值观和文化观能够和自然界所传达的规则、规律、道理合二为一、融为一体的话，那么生机勃勃而又欣欣向荣的生态文明终会来到我们身边。

2016 年 3 月 10 日，在出席第十二届全国人民代表大会四次会议青海代表团审议会议时，习近平总书记再次做出指示，世界上许多东西都有替代品，但生态环境没有，用的时候不知不觉，失去的时候便会后悔莫及。因此，在进行生态文明保护的过程中，一定要有大局观念，要有长远的眼光，要总揽全局看问题，坚持以保护生态环境为最优选项，以厉行资源节约为最先选项，我们要像保护自己的眼睛一样对生态环境进行保护，也要像对待自己的生命一样对待生态文明。推动生态经济发展模式不断向前，形成绿色低碳的生活方式，无论对我们这个国家还是我们自己都大有裨益。[①] 2016 年 5 月 30 日，出席在北京举行的全国科技创新大会、两院院士大会、中国科协第九次全国代表大会时，习近平总书记作了题为《为建设世界科技强国而奋斗》的重要讲话。他强调构建社会主义生态文明，破除生态环境污染，实现可持续发展，要在两方面做文章，一是要针对生态环境污染，大力采取恢复治理措施，通过科学研究，对生物多样性的客观规律有很深层次和更全面的认识，从而能够更好地治理生态环境污染。二是要制定切实可行的政策，从法律层面增强保障能

---

① 习近平. 人民日报：在参加十二届全国人大四次会议青海代表团审议时的讲话 [N]. 杭州日报，2016－03－11.

力，采用更多的先进科技，去破解和消除我们在生态经济高质量发展道路上所遭遇的诸多困难，并能够以全球为视角，推动人类与自然界的协调发展。不仅如此，习近平总书记还多次做出指示，要构建生态经济融合发展模式，从而实现人类与自然界和谐共生的社会主义现代化。当然，他也曾多次强调，要构建有中国特色的生态经济融合发展模式，必须优先节约资源和保护生态环境，坚持以资源生态环境得以自然恢复为主要方针。

（三）生态文明配套制度得到加强

2016 年 1 月，在长江经济带考察时习近平总书记强调，大保护要共抓，大开发不要搞[①]。正因如此，才需要有一条与生态文明建设相配套的完善制度。

首先，生态发展政策体系要做到建立和健全，对地方环境标准、信息公开制度、排污许可制度、环境风险监管制度以及企业环境评价制度等不断进行修订和完善。基于生态文明的发展，不能再像以前一样只关注社会经济效益的增加、只关注 GDP 增长，而是要将生态环境保护情况、污染产业撤离情况、环保节能企业入驻情况、人民群众的民生福祉、老百姓的满意度、幸福感和安全感等统统纳入政府扶持体系之中。建立健全生态发展政策体系对我国社会经济能够得以又快又好发展来说具有重大意义。

其次，建立健全生态 GDP 考核制度，对地方官员进行政绩评价和奖惩措施实施时，将生态环境保护取得的成效列入重要考核依据。在进行社会考核评价体系评价时，将消耗资源的成本、破坏生态的成本、损害环境的成本以生态效益的程度都囊括其中。此外，还要建立能够反映生态经济高质量发展要求的考核办法、目标体系以及奖惩机制。也就是说，所谓生态 GDP 等同于传统意义上的 GDP 减去消耗资源、破坏生态、危害环境等成本，再加上所取得的生态效益。如果使用类似的考核指标进行考核，便会使生态经济高质量发展的相关策略更有力地向前推进。[②] 生态 GDP 才真正体现了 GDP 所反映出来的社会经济状况以及进行 GDP 核算的意义，从而具有很高的现实参考价值。生态 GDP 考核体系的建立和健全，不仅能够对资源浪费的减少和生态环境的有效治理起到重要的促进作用，还能够促进生态环境保护倒逼机制的产生，从而推动社会经济进一步实现转型升级，同时也顺应国际社会核算体系的要求，实在是一举多得。为稳妥起见，不妨采用传统 GDP 和生态 GDP 这两种核算方式协同运行的方式。

最后，建立健全生态补偿机制，上一级对下一级的转移支付制度，对因实施生态环境保护策略造成发展权受到损害，并牺牲部分社会经济效益的省市地区而实施的生态补偿制度，都要逐步走向完善。生态经济融合发展是我国正在推行的一大发

---

① 习近平在推动长江经济带发展座谈会上强调 走生态优先绿色发展之路 让中华民族母亲河永葆生机活力 [EB/OL]. 中央政府门户网, 2016 – 01 – 07.
② 黄贤金. 开展生态 GDP 核算 推进生态文明建设 [N]. 新华网日报, 2013 – 08 – 20.

展目标，为了完成这一目标，我国必须推行生态补偿机制。事实上，我国设立生态补偿机制的时间并不晚。早在 1999 年，我国便提出了退耕还林和天然林保护两大震惊世界的生态环境保护工程。截至目前，我国退耕还林工程可以说是全球范围内最大面积的生态补偿项目，我国政府对那些将耕地转变成林地的群众做出一定补偿。从 2001 年开始，我国启动森林生态效益补偿基金试点工作，至 2004 年试点工作结束。经过评审后认为该补偿基金效果良好，并正式面向全国推广。而在此前一年，我国退牧还草工程也开始启动。在 2005 年举行的党的十六届五中全会上，中共中央首次正式提出了生态补偿机制的设立，于是，《中共中央关于制定国民经济和社会发展第十一个五年规划的建议》提到，按照谁进行开发谁进行保护、谁获得受益谁进行补偿的原则，促进生态补偿机制尽快建立。当这一文件获批后，在全国范围内进行生态补偿试点工作便正式启动。之后，国务院负责生态补偿管理的部门又发布了许多针对专门地域、专门领域、专门对象的多项与生态补偿有关的政策文件和规章制度，涉及湿地、森林、流域、自然保护区以及重点生态功能区等诸多领域。我国政府于 2016 年 5 月发布了《关于健全生态保护补偿机制的意见》，要求各项生态补偿制度能够 2020 年之前在重点领域和重点地区得到大面积推广，补偿力度要与我国整体社会经济水平相适应，生态补偿试点工作能够取得显著效果，继而对多元化和系统化的生态补偿制度进行建立和完善。以这一目标为指引，我国生态补偿机制已经从草原、森林、耕地、湿地等单个体生态补偿逐渐拓展至重点领域，以及生态保护红线区等所产生的综合性补偿；从省内纵向生态补偿拓展至跨省市横向生态补偿；从单一的货币补偿拓展至政策、实物、产业、技术等形式的多元化综合补偿。不仅如此，生态补偿机制在经过市场化之后，成为各级政府之间进行财政转移支付的有力补充，不仅能够更为多元化地利用补偿资金，还能促进当地特色产业的发展和技术水平的提升，从而推动当地自我发展的造血机制早日形成。"十二五"和"十三五"期间，针对不同地区、不同类型的生态资源，我国积极开展生态补偿，并进行一些有益探索。在此基础上，"十四五"期间在各省市地区，生态补偿工作都取得了不小的突破。

（四）生态保护战略整体推进

2017 年 5 月 26 日，在出席十八届中央政治局第四十一次集体学习时，习近平总书记指出，综合治理生态环境应该加大力度，合力推进大气、水体以及土壤污染的治理工作，大力推行河长制度，发展生态清洁能源，力争取得更为显著的整治效果，从而使美丽城乡建设有序向前推进[①]。习近平总书记到湖北省武汉市视察期间，

[①]　习近平主持中共中央政治局第四十一次集体学习并发表重要讲话 ［EB/OL］. 中央政府门户网，2022 - 07 - 29.

于 2018 年 4 月 26 日召集相关人员就长江经济带发展的深入推进工作进行专门座谈①。在他看来,在我国生态安全系统之中,长江流域至关重要,因此,长江经济带的发展必须要将长江的生态环境承受能力作为最为重要的前提条件,一定要高度重视长江经济带的生态环境保护工作,并将其融入到长江经济带的整体发展之中。所以,习近平总书记认为,发展长江经济带必须要加强创新性发展,还要深入体制改革、进行统筹规划、加强积极引导,从而推动长江经济带高质量发展。他指出,在建设长江经济带的过程中,必须将长江生态环境保护和修复放在首要位置,从而实现科学有序的高质量发展。2019 年 9 月 18 日,习近平总书记视察河南期间,在河南省会郑州市主持召开黄河流域生态保护和高质量发展座谈会,并做了重要讲话②。在他看来,黄河流域不仅是我国至关重要的经济地带,还是我国极为重要的生态屏障,因此,要始终坚持"绿水青山就是金山银山"的思想理念,依水定策、量水行动,因地制宜、分类实施,对上下游、左右岸、干支流进行统筹谋划,共同做好大保护,协同做好大治理,加大生态环境保护力度,保障黄河流域长治久安,推动流域整体高质量发展,提高人民群众生活水平,传承、弘扬和保护黄河文化,力争使黄河成为人民群众的幸福河。

2020 年 6 月,国家发展改革委和自然资源部联合印制下发了《全国重要生态系统保护和修复重大工程总体规划(2021 - 2035 年)》,对今后较长一段时间全国范围内的重要生态系统所要进行的保护和修复进行了全面布局,并制定了我国在 2035 年所要推进的草原、森林、河流、荒漠、湿地、海洋、湖泊等生态系统保护及修复的整体目标及主要目标,并确定了我国生态系统保护和修复重大工程总体布局"三区四带",以山水林田湖草等生态一体化保护及修复作为主线,同时对 9 项重大工程项目、47 项重点布局任务以及四大方面措施保障进行部署。该规划的提出,是对之前单个生态系统保护及修复为主的机制做出的转变,从而构建对山水林田湖草进行一体化保护和修复的机制。这也是党的十九大召开以来,我国首次从国家层面针对生态保护和生态修复领域所制定的综合性规划,对我国生态环境保护战略的整体向前推进,具有极其重要的促进作用。③

(五)"绿水青山就是金山银山"理论日臻成熟

党的十八大对《中国共产党章程》做了修订,把生态文明建设写入党章,成为

① 习近平在湖北考察 [EB/OL]. 中央政府门户网,2018 - 04 - 28.
② 习近平. 在黄河流域生态保护和高质量发展座谈会上的讲话 [J]. 求是,2019 (20):8.
③ 国家发展改革委,自然资源部. 全国重要生态系统保护和修复重大工程总体规划(2021 - 2035 年)[EB/OL]. 中国政府网,2020 - 06 - 03.

社会主义事业总体布局的一部分；党的十九大对党章再次进行修改，将习近平关于推进生态文明建设的新思想写入其中。不仅如此，在正文主要段落中也增加了不少有关生态文明建设的新内容和新表述，像"绿水青山就是金山银山"理念、最严格的生态环境保护制度推行等。党的二十大报告认为，"中国式现代化是人与自然和谐共生的现代化"①，从而明确我国新时代社会主义生态文明建设的战略任务，推动生态经济高质量发展是总基调，促进人与自然的和谐共生是主要任务。由此可见，执政党越来越重视生态文明建设，促进全党同志牢牢树立有中国特色的社会主义生态文明观念，自觉树立生态经济理念，从而开启"美丽中国"建设的新时代。2018年3月11日，《中华人民共和国宪法修正案》获得了十三届全国人大一次会议第三次会议的通过，"美丽中国"建设被列入宪法，一同被列入的还有"生态文明"。此次在宪法中载入"美丽中国"和"生态文明"，对生态环境与社会经济之间关系的协调融合具有重要的促进作用，填补了我国宪法级环境治理空白，从而使这两者拥有更高级别的法律地位以及更强类别的法律效力。这不仅符合我国在当前形势下的需求，还满足全国各族群众共同的期盼，更让党的思想变成国家意志。此外，此举还明确了生态文明建设在具体实践中的要求，这样一来，社会经济结构调整及转型升级的主要方向和基本原则便被确定了下来，在未来的实际行动中，生态经济高质量发展理念便能够得到更好的贯彻和执行。

时至今日，习近平新时代生态经济发展战略理论已经成为我国新时代具有中国特色的社会主义思想理论体系的有机组成部分，成为我们将实现中华民族伟大复兴，实现富强、民主、自由、和谐的中国梦的奋斗纲领，转化成全国人民的共同认识和一致行动的有力武器。通过《中国共产党章程》和《中华人民共和国宪法》，有中国特色的社会主义生态文明建设被确立下来，我国生态文明制度的改革成果也得以保存，表明习近平总书记"绿水青山就是金山银山"的思想理论已经成熟，习近平关于生态经济的重要论述已经定型。

2018年是海南建省办经济特区三十周年。2018年4月13日，在海南建省办经济特区三十周年庆祝大会上，针对海南省人与自然和谐发展现状，习近平总书记发表热情洋溢的重要讲话。他指出，作为我国唯一一个热带省份，海南省对热带地区的资源禀赋利用得很好，具有本省特色的农业也得到了充分发展，并以此打造了现代农业基地，从而使热带产品品牌效应由此产生，乡村振兴战略也在有序向前推进实施。与此同时，他强调海南省同时也是海洋大省，要坚定地走人与海洋和谐共荣和合作共赢的发展道路，推动新兴海洋产业的兴盛与繁荣，大力发展现代化海洋渔

---

① 习近平：高举中国特色社会主义伟大旗帜 为全面建设社会主义现代化国家而团结奋斗——在中国共产党第二十次全国代表大会上的报告［EB/OL］. 中央政府门户网站，2022 - 10 - 25.

场，推进海洋科技发展，从而使海南省成长为海洋强省[1]。习近平总书记认为，海南省要建设好国家生态文明试验区，党中央将予以大力支持，他希望海南省做好榜样，为全国其他生态文明区域建设提供经验、做出示范[2]。海南省要以最为严格的自然生态环境保护制度作为保障，以安全高效的管理模式作为手段，推动建立生态环境保护和自然资源节约的监督管理机制体制，并走向完善。同时，海南省还要做好国家热带雨林公园的试点工作，构建归属权明确、职责义务清晰、监督体制完善的自然生态保护体系。他还希望海南省能够把生态发展情况纳入相关评价考核机制，建立健全生态 GDP 考核评价指标，对生态保护补偿机制的形式和内容进行丰富和充实，从而使陆地与海洋能够统筹协调的生态修复机制和污染防控治理联动机制能够最终建立并完善。事实上，这正是我国具有中国特色社会主义生态文明建设的新任务，也是我国生态环境保护制度改革行进的新方向，同时也是"美丽中国"建设的最新动员令。

第三节 以习近平关于生态经济重要论述推进生态经济高质量发展趋势研究

如同硬币的两面、天平的两端，生态环境保护与经济社会发展，本身就是辩证统一的关系[3]。在他看来，对生态环境进行保护其实就是对生产力的保护，改善生态环境其实也就是在推动生产力的发展。将生态环境和生产力进行联系，其实也就是在生产力三要素——劳动对象、劳动资料及劳动者的基础之上，增加新的生产要素——生态环境，这使得生产力理论的内容更加丰富。以全球为视野，用长远的目光来看待生产力与生态环境之间的关系，从而提出生态生产力这一理论观点，其实也在告诉世人，生态环境保护和社会经济发展并不是绝对对立的，两者之间可以协调融合；人类与自然界之间并非总是产生冲突的，两者可以和谐共生。伴随着生态环境保护能力的加强，生产力也会得到极大发展，生态环境和生产力可以相互促进，又能相互制约。可以说，生态生产力这一思想观念，是我国新时代具有中国特色社会主义思想的有机组成部分。以新时代生态经济理念为指导，推动社会经济增长模式的转变，提升社会经济结构能力，推进生态经济、循环经济、绿色经济、低碳经济等经济形式的发展，能够从根本上减少社会经济发展过程中所付出的生态环境代价。不仅如此，还要采用倒逼机制，坚决执行最为严格的生态环境保护制度，从而

① ② 习近平出席庆祝海南建省办经济特区 30 周年大会并发表重要讲话［EB/OL］. 中央政府门户网，2018 - 04 - 15.

③ 第一观察｜领悟习近平生态文明思想蕴含的辩证法［EB/OL］. 中国政府法制信息网，2023.

加快推进生态环境保护和治理市场体系的建立，通过提高自然资源开采与利用标准，提升生态环境保护能力，从而加快产业转型升级。

生态农业是现代农业的一种新模式，它涵盖面很广，包含生态食品、生态农业生产所使用的原材料、观光旅游农业、休闲度假农业以及生态景观农业等方方面面。生态农业在我国出现的时间比较晚，无论其规模还是发展层次，在国内都处于起步阶段，因此，在当前我国现代农业体系之中只占据很小的比例。以习近平生态文明思想中的生态经济理念为指导，大力推广发展生态农业，不仅对我国现代农业技术的发展与进步大有好处，还对我国生态农业发展意识的提高有所帮助，推动我国生态农业相关法律法规的制定与完善。

制造业是我国社会经济发展的支柱产业，生态制造业是对生态环境影响以及自然资源消耗进行综合考虑的一种现代制造业的新模式。在改革开放初期，我国的大型厂矿企业，走的基本都是高污染、高能耗、低效率的传统路子，到如今，我们需要走生态制造业的新路。所谓生态制造业，是推行企业效益和社会效益的有机统一，既满足人类的社会经济需求，又肩负起人类对生态文明的责任，从而使社会经济发展从"黑色发展"走向"绿色发展"，因此形成一种新的制造业发展模式。以习近平生态文明思想中的生态经济理念为指导，对生态制造业的政府激励、市场激励以及团队自身激励形成推动作用，对推动生态制造业高质量发展的统一规划和战略目标进行制定并予以完善，使政府的协调统筹作用得到最大程度的发挥。从事生态制造的企业，可以精准把握国际相关产业向我国转移的重大机遇，迅速抢占市场，对企业的产品结构进行调整升级，从而快速向新行业和新领域转移，以实现生态制造业的优质发展，并为国民经济注入新的活力，从而为生态文明美好和谐的美丽中国建设贡献自己的力量。

生态服务业是在我国新时代生态文明思想指导下诞生的，新型服务业模式具有生态化、无污染化、绿色化等显著特征。生态服务业是在对当地自然资源和生态环境进行充分利用和合理开发的基础上发展而来的，它依靠现代科学技术以及信息技术，对服务业的业务领域进行拓展，通过对工艺设计的改进以及对服务模式的创新，从而推动产品及服务最终走向非物质化的形式。要实现生态服务业的高质量发展必须以习近平生态文明思想中的生态经济理念为指引，坚持走可持续发展之路，从而推动生态与经济、生态与社会、生态与文化以及生态与科技等相互关联方的协调融合发展。我国生态服务业要想实现高质量发展，需要进行两手准备：一方面，加快对传统服务业进行升级改造的步伐，另一方面，对现代服务业的快速发展予以大力支持，为现代服务业拓展更大的生存空间，为走进新领域和出现新业态提供充分的政策支持。尤其要对技术含量高、附加值高、带动能力明显的新型服务业进行重点扶持，如互联网平台、新媒体、信息技术服务、物联网、智能化服务、信息化物流等，以此为契机，推动产业结构调整、优化、升级，加快社会经济增长模式的转变，从而将生态服务业当作支柱产业来培养，为实现人与自然和谐共生的现代化增添更多生力军。

总而言之，习近平生态文明思想中的生态经济理念，对我国未来的产业新形式，如生态农业、生态制造业以及生态服务业等都能提供正确的理论指导，并为我国农业、制造业以及服务业的转型升级提供充分的理论保障，尤其对生态+、绿色+等这些跨行业和跨领域的产业融合发展更具有极为重要的指导意义。

2018年5月18日至19日，第八次全国生态环境大会在首都北京召开。我国在1973年至今的半个世纪里，只召开过八次全国生态环境大会，而2018年召开的这次不仅是最近的一次，也是自党的十八大以来仅有的一次。此次大会，习近平总书记出席并做了重要讲话，他用已经成熟的生态文明思想，对我国当时、2035年以及本世纪中叶所进行的生态经济融合发展做出了详细、系统和全面的部署[①]。

习近平总书记认为，生态文明建设是和中华民族实现长久永续发展息息相关的根本大计[②]。中华民族向来是崇尚与大自然和谐共处的民族，不仅对自然有着无上的敬仰之情，还对万物有着发自内心的热爱，五千余年绵延不绝的中华文明孕育出丰富厚重的生态文明。一系列历史经验告诉我们，生态兴盛则文明就会繁盛，生态衰败则文明就会衰亡。党的十八大以来，我国已经开展了一系列长远性、开创性和根本性的工作，从而加快推进生态文明的顶层设计，加快建设生态文明的制度体系。不仅如此，我国还加强生态环境保护方面的法治建设，推动中央生态环境保护督查制度建立并予以实施。此外，我国还大力推进生态发展，制定大气、水体和土壤污染防治三大行动计划并深入实施，在全球范围内率先制定了《中国落实2030年可持续发展议程国别方案》，有力推行《国家应对气候变化规划（2014—2020）》的实施与落实，从而推动我国生态环境保护事业出现全局性、转折性和历史性变化。整体而言，我国的生态环境质量已经出现了持续性的明显好转，并呈现稳中向好的发展势头。然而，也应该看到，虽然成绩来之不易，但成效却不稳固。目前，我国生态文明建设正处于压力堆垒和负重前行的关键时期，已经进入优质生态产品应得到更充分的供应以满足人民群众日益增长的对良好生态和优美环境的需求的攻坚时期，也到了既有条件也有能力将生态环境所出现的集中问题和突出问题进行彻底解决的窗口期。形势紧迫，可谓间不容发。与此同时，我国社会经济也从高速增长模式开始向高质量发展模式转型，需要跨过一些常规性关口，更需要迈过一些非常规性关口。因此，我们必须严阵以待，紧咬牙关，翻过一道道山，迈过一道道坎儿。

---

① 习近平出席全国生态环境保护大会并发表重要讲话［EB/OL］. 中央政府门户网, 2018 - 05 - 19.

② 让绿水青山造福人民泽被子孙——习近平总书记关于生态文明建设重要论述综述［N］. 人民日报, 2021 - 06 - 03 (01) .

习近平总书记指出，生态环境问题是和中国共产党的使命与宗旨息息相关的重大政治性问题，同时也是和国计民生紧密相连的重大社会性问题①。广大人民群众焦急地呼唤、热切地期盼生态环境质量能够快速提高。对人民群众之所想、所急、所盼，我们应当做出有力回应，大力推行生态文明建设，确保更多更优质的生态产品供应，使人民群众不断增长的对良好的生态和优美的环境的需求能够得到满足。推进新时代具有中国特色的社会主义生态文明建设，必须要坚持以下六点原则。

第一，人与自然协调共存、和谐共生。坚持以自然资源节约优先、以生态环境保护优先、以自然恢复为主导，要像保护我们自己的眼睛一样对生态环境进行保护，要像对待我们自己的生命那样对待我们赖以生存的生态环境，让自然美景常留人间，让生态环境永远宁静和谐，还自然以幽静清丽、健康美丽。

第二，绿水青山就是金山银山。深入贯彻协调、创新、开放、绿色、共享的发展思想，推动资源节约型和环境保护型产业结构、空间格局、生活方式以及生产方式的加快形成，给自然资源留下足够的自我修复时间，给生态环境保留足够的休养生息空间。

第三，良好的生态环境是最有价值的民生福祉。坚持以生态为民、生态利民和生态惠民为原则，着力解决对人民群众的身心健康造成严重伤害的较为突出的生态环境问题，使人民群众不断增长的对良好的生态和优美的环境的需求能够得到满足。

第四，山水林田湖草是共生共存的生命共同体。要整体规划、多措并举、分步实施、统筹兼顾，全地域、全方位、全过程的进行生态文明建设。

第五，用最为严格的制度、最为严密的法治对生态环境实施保护。推进制度创新的步伐，强化制度执行的效果，让制度成为最有力的约束、最不能碰触的高压线。

第六，共同致力于全球生态文明建设。对全球生态环境治理工作深度参与，为国际生态环境保护和全球经济可持续发展提供最优方案，加强国际合作，与世界各国一道积极应对全球性气候变化。

为推进我国生态经济高质量发展，习近平总书记认为要从以下五个方面重点入手②。

其一，加快构建生态文明体系的步伐。将生态价值观作为主导价值的生态文化体系的建立健全步伐要加快；推进生态产业化以及产业生态化的生态经济体系的建立健全步伐要加快；将生态环境质量改善作为主要目标的责任体系的建立健全步伐要加快；推进治理体系制度化以及治理能力科学化的生态文明制度体系的建立健全步伐要加快；以促进生态系统实现良性循环和有效防控环境风险的生态安全体系的建立健全步伐要加快。总之，要不断加快对我国生态文明体系的构建，一定要保证

① 让绿水青山造福人民泽被子孙——习近平总书记关于生态文明建设重要论述综述［N］. 人民日报，2021－06－03（01）.

② 习近平. 努力推动我国生态文明建设迈上新台阶［J］. 党的建设，2019（4）：4.

我国能够在 2035 年时，实现生态环境质量的根本好转，"美丽中国"的伟大目标也基本能够实现。如果再向前展望，到 21 世纪中期，我国能够实现政治文明、物质文明、社会文明、精神文明以及生态文明等五大文明全面提升、整体推进，绿色发展方式全面形成、低碳生活方式深入人心。届时，人民群众能够和自然环境和谐共处、友好共生，国家治理体系能够在生态环境领域全面实现，国家治理能力能够通过生态环境保护得以大幅提升。到那时，绿水青山的伟大梦想便会实现，美丽中国的伟大目标也会到达。

其二，全面推进绿色发展。绿色发展是高质量现代化经济体系得以构建的必然要求，是推动生态环境污染问题得到彻底解决的根本对策。推动绿色发展应该以推动社会经济结构调整和优化能源空间布局为重点，致力于国土空间开发布局的优化和区域流域产业布局的调整，引导培育和做大做强环保节能产业、绿色生产产业、绿色能源产业，使资源得以全面节约，能够进行循环使用，科学链接生产系统与生活系统，提倡俭省节约和适度消费的低碳生活方式，坚决反对铺张浪费和奢靡成风，尽量减少不合理消费。

其三，致力于解决突出生态环境问题，将其作为民生领域的优先选项。坚决打赢蓝天保卫战是重中之重，要把空气质量得到明显改善作为考核评估的硬性要求，强化联控联防，推动重度污染天气基本消除，还老百姓一片湛蓝的天空，使他们能够安睡在繁星点点的夜空。要推动水体污染防治行动计划深入实施，保障饮用水安全，城市黑臭水体基本予以消灭，还老百姓水清岸绿和鱼嬉虾戏的美好生活家园；要推动土壤污染防治行动计划得到全面落实，做到重点区域、重点行业和重点污染物可防可控，对土壤污染加强修复和管控，对风险做到有效防范，让老百姓吃得安心和住得放心；对农村民居要持续开展环境整治行动，以美丽乡村打造和实现乡村振兴为契机，为农民兄弟留住鸡鸣犬吠和鸟语花香的田园生活。

其四，有效防范生态环境风险。作为国家安全的有机组成部分，生态环境安全可被视为社会经济能够得到可持续发展的重要屏障。要对生态环境风险实行常态化管理，使多层级和全过程的生态环境风险防范体系能够系统构建。生态文明制度改革也要加快向前推进，对于已经出台的改革举措能够做到有效落地和严格执行，及时制定出新的改革方案。

其五，促进环境治理水平稳步提高。对市场化手段能够充分运用，资源生态环境价格机制做到逐步完善；对政府和民间资本合作的项目，采取多项举措予以支持；加大对重大科技攻关项目的支持力度；对与社会经济发展有关的重要生态环境问题，能够开展相关对策研究，以储备相关理论知识；对有关气候变化的国家战略，要积极应对和稳步实施。推动全球气候治理体系的构建与完善，确保其在合理公平和合作双赢的局面下运行，彰显我国负责任的大国形象，推动人类命运共同体的建设和成长。

第五章

（5）

河南省生态经济高质量
发展现状研究

▶ 第一节　河南省生态环境发展现状

自从 2012 年党的十八大召开以来，以习近平同志为核心的党中央，加强生态环境保护，倡导生态文明建设，提出生态文明新思想、新理念、新战略，从而使习近平生态文明思想得以形成，并使我国对生态文明建设客观规律的认识上升到一个全新的高度。

在新时代新思想的带领下，河南省始终坚持将习近平生态文明思想作为理论指导，秉承"绿水青山就是金山银山"的思想理念，以推动新时代生态经济高质量发展的目标实现作为主要抓手，积极进取，勇于奋进，努力建设成人与自然协调共存和和谐共生的社会主义现代化省份，虽取得了一定成绩，但也存在一些不足。

一、湿地自然保护区建设初见成效

河南省处于我国中东部，处在黄河流域中下游，属于亚热带向暖温带的过渡区域，气候多样化，地貌复杂化，河流纵横交错，水库池塘星罗棋布，是我国唯一地域面积横跨黄河、长江、淮河和海河等四大流域的省份，正因如此，河南省才得以拥有丰富的湿地公园。全国第二次湿地资源调查结果显示，河南省的湿地总面积为

62.79 万公顷，湿地面积占省国土总面积的比例（也就是湿地率）高达 76%，其中，河流湿地面积为 36.89 万公顷，人工湿地面积为 24.72 万公顷，沼泽湿地面积为 0.49 万公顷，湖泊湿地面积为 0.69 万公顷[①]。

丰富的湿地资源吸引了众多飞禽走兽在河南省安家落户。查阅相关资料得知，仅河南省境内的湿地脊椎动物就有 64 种被列入国家级和省级重点保护动物名录。其中，有 9 种被列入国家一级保护动物名录，37 种列入国家二级保护动物名录，有 18 种列入河南省重点保护动物名录。生活在河南省境内的湿地鸟类，有 40 种列入我国重点保护动物名录，其中，有 8 种被列入国家一级保护动物名录，有 32 种列入国家二级保护动物名录，还有 29 种湿地鸟类被列入《濒危野生动植物种国际贸易公约》，13 种湿地鸟类被列入河南省重点保护动物名录。[②]

多年来，河南省对湿地保护工作一直较为重视。尤其近年来，随着我国生态文明建设被写入《中华人民共和国宪法》，河南省的湿地保护工作更是有了较大幅度的加强。第一方面，对湿地保护和修复的力度不断加大，推动湿地面积不断增加，质量不断向好；第二方面，多次开展专项整治活动，严厉打击破坏湿地资源的行为；第三方面，通过多种形式的宣传教育，推动人民群众的湿地保护意识不断增强，从而使河南省的湿地保护取得了显著成效。以黄河流域湿地为例，近年来，河南省全力推进黄河流域湿地保护工作，多举措进行综合治理，积极展开生态修复行动，在黄河湿地进行违规采砂的采砂场有 132 家被关闭、采砂船有 232 艘被清理，从根本上治理了黄河流域湿地违规采砂的现象，让大河流水为之一清；进行鱼虾养殖的鱼塘虾塘有 4401 个被关闭，总面积达到 5.73 万亩，让大河流水为之一畅；黄河保护区内，有 1299 家养禽养畜的养殖场被清退，尤其是实行绝对保护的核心区和对核心区保护形成有力保障的缓冲区，所有养殖场一律清退，让黄河两岸空气为之一新。通过一系列卓有成效的措施，以坚决杜绝生态环境污染为指导原则，统筹治理林草湿沙，协同作战共同做好大保护，紧密配合有力推进大治理，努力让黄河成为人民群众的"幸福河"，从而使黄河流域湿地生态环境得到根本性的改善。[③]

到 2022 年底，河南省共有四个国家级自然保护区被列入联合国教科文组织"人与生物圈计划"的世界生物圈自然保护区，即宝天曼国家级自然保护区、鸡公山国家级自然保护区、河南小秦岭国家级自然保护区以及连康山国家级自然保护区。全省已经建成的自然保护区高达 30 处，其中，13 处为国家级自然保护区（见表 5.1），17 处为省级自然保护。通过这些保护区的建立，全省有大约 80% 的典型生态系统

---

① 湿地资源 [EB/OL]. 河南省林业局官网，2021.
②③ 全国湿地展播 | 河南：河流湿地润泽中原 [EB/OL]. 国家林业与草原局网站，2022 – 10 – 25.

被纳入自然保护区的保护范围。[①] 在接下来的二十年里，河南省要通过"四区三带"，以生态文明建设为契机，对省内社会经济结构的转型、相关产业的升级形成倒逼，从而去除落后低下的产能，使现代化高效农业得以蓬勃发展，中高端服务产业得以兴盛推行。[②]

表 5.1　　　　　　　　　　　河南省国家自然保护区

序号	名称	所在地区	建区时间	成为国家自然保护区时间	景区级别	是否为"世界生物圈保护区"
1	宝天曼国家级自然保护区	南阳市南召县	1980 年	1988 年	5A	是
2	鸡公山国家级自然保护区	信阳市浉河区	1982 年	1982 年	5A	是
3	河南伏牛山国家级自然保护区	南阳市西峡县	1982 年	2004 年	4A	否
4	太行山猕猴国家级自然保护区	济源市邵原镇	1982 年	1998 年	无	否
5	董寨国家级自然保护区	信阳市罗山县	1982 年	2001 年	无	否
6	河南大别山国家级自然保护区	信阳市商城县	1982 年	2014 年	无	否
7	连康山国家级自然保护区	信阳市新县	1982 年	2005 年	无	是
8	河南小秦岭国家级自然保护区	三门峡市灵宝市	1982 年	2009 年	无	是
9	河南新乡黄河湿地鸟类国家级自然保护区	新乡市封丘县	1988 年	1996 年	无	否
10	河南黄河湿地国家级自然保护区	新乡市封丘县、长垣县	1995 年	1996 年	无	否
11	河南南阳恐龙蛋化石群国家级自然保护区	南阳市西峡、内乡、淅川、镇平县境内	1998 年	2003 年	无	否
12	河南丹江湿地国家级自然保护区	南阳市淅川县	2001 年	2007 年	无	否
13	高乐山国家级自然保护区	南阳市桐柏县	2004 年	2004 年	无	否

资料来源：百度星图：河南省国家级自然保护区名单。

二、森林城市建设令人满意

近年来，河南省针对山水林田湖草一体化深入开展生态环境保护与修复工作，紧紧围绕森林、湿地、流域、农田、城市等五大生态系统进行统筹建设，全力呵护自然、美化环境、修复生态，使大自然重新以宁静、美丽、和谐的面貌出现。作为人口最为集中的生态系统，城市生态系统的兴衰，不仅关系到我国生态文明建设的

---

① 数说河南省自然保护区和湿地［EB/OL］. 河南省人民政府网站，2021 – 10 – 12.
② 河南省人民政府关于印发河南生态省建设规划纲要的通知（豫政〔2013〕3 号）［EB/OL］. 河南省人民政府网站，2013 – 01 – 15.

成败，还关系到人民群众对生态环境是否达到自身期望值的评价。河南省积极做好城市生态系统的修复和优化工作，一方面，积极倡导将高污染、高能耗和低效率的传统工业企业迁离城市，尽可能地减少工业排放的废水、废气和废物；另一方面，想方设法增加城市绿地面积，几乎达到"见缝插绿"的程度。河南省鼓励下辖地市，对城市弃置地、边角地以及墙角楼角进行绿化，哪儿有空地，就在哪儿建设绿地，使得城市绿地随处可见。不仅如此，河南省还与旧城改造和老旧小区改造等相结合，积极建设小型和微型绿地，以拓展绿化空间。截至2022年底，河南省下辖18市（示范区）之中，已经有17个市获得了"国家森林城市"称号（见表5.2）。

表5.2	河南省国家森林城市	
序号	名称	获得年份
1	许昌市	2007
2	新乡市	2008
3	漯河市	2010
4	洛阳市	2011
5	三门峡市	2012
6	平顶山市	2013
7	济源市	2013
8	郑州市	2014
9	鹤壁市	2014
10	焦作市	2016
11	商丘市	2016
12	濮阳市	2018
13	驻马店市	2018
14	南阳市	2018
15	安阳市	2019
16	信阳市	2019
17	开封市	2022

资料来源：大河网官方数据。

事实上，自从2005年河南省启动森林城市建设以来，十多年里一直在奋力写就新时代生态文明答卷，使浓浓绿荫遍布中原大地。这一切都得益于河南省委省政府的高度重视。早在2016年，在河南省委出台的《河南省"十三五"发展规划建议》中已经将"森林城市建设"写入相关条款。2018年11月，实施国土绿化提速行动建设森林河南动员大会在河南省会郑州市召开，中心议题是"以绿荫城"，明确指示全省各地要交出满意答卷。为此，河南省委省政府分别与省辖各地市签订了《森林河南生态建设目标责任书》，对完不成目标的地市相关领导追究责任。

在整个"十三五"期间，河南省共造林 89.21 万公顷，对森林抚育以及改造面积达 155.07 万公顷，所有国有林场的改革目标均已经完成，2020 年河南省林业产业产值已经高达 2200 亿元。① 截至 2020 年底，整个河南省的森林面积达到 418.67 万公顷，森林覆盖率已经超过了 25%，活立木蓄积量达到了 26654.48 万立方米，其中有 20719.12 万立方米为森林蓄积量。② 不仅如此，到 2021 年底时河南省获得"省级森林城市"的县（市）已经有 38 个之多，另外，还有 18 个县（市）已经进入推进实施阶段。③ 省级森林城市建设工作目前正在分步骤、分梯次向前推进，全国已经建成的各级"森林乡村"更是有 6739 个之多。从地市级拓展到县级，之后是乡级，再之后是村级，河南省一直在奋力推进各级森林生态文明建设，地市级有逐渐成形的中原森林城市群、县级有森林城市、乡级有森林小镇、村级有森林乡村，河南省已经建成了层次分明、涵盖面积大、辐射范围广的森林生态文明建设体系，使河南省的森林城市建设不仅向广处拓展，更向深处挖掘。

《河南省"十四五"林业保护发展规划》已经于 2022 年 4 月正式发布。其中，对河南省生态环境逐渐向好提出了更高要求。到 2025 年时河南省的森林覆盖率要达到 26.09%，森林蓄积量要达到 22269 万立方米，草地综合植被盖度要达到 85%，湿地保护率要达到 53.21%，自然保护地面积要占到省陆域国土面积比例的 7.05%。计划完成造林面积 43.50 万公顷、人工种草以及草地改良面积 9.54 万公顷，森林抚育面积达到 66.87 万公顷。不仅如此，省辖市全部完成"国家森林城市建设"，新增 50 个省级森林城市，建设 250 个森林特色小镇和 2500 个森林乡村（见表 5.2）。④

三、生态旅游蓬勃发展

近年来，河南省对发展不成熟、乱象丛生和管理混乱的自然旅游景区进行重点整治，并扶持建设许多生态环境良好、自然风光优美和发展潜力巨大的自然旅游景区。正如习近平总书记所言："绿水青山就是金山银山。"⑤ 扶持自然旅游景区就是要守住河南省的"绿水青山"，使生态环境得到更好的保护。与此同时，自然旅游景区所获得的旅游受益又能成为"金山银山"，使得当地社会经济得到发展，当地人民群众的生活水平也能因此得到提高，从而获得丰厚的经济效益和社会效益。

开发自然旅游景区，既能盘活当地的旅游资源，也能带热当地的生态资源，从

①②③④　路娇．河南森林城市建设 17 年：让城市融入大自然 打造宜居宜业宜游生活空间［N］．大河报，2022－12－09．
⑤　习近平：绿水青山就是金山银山［EB/OL］．中国共产党新闻网，2015．

而使当地各种资源活起来和火起来。河南省是较早地看到生态旅游优势的省份之一，早在 2009 年，河南就启动了"生态旅游年"建设，目的是推进生态旅游向纵深发展，加快河南省产业结构调整升级的步伐，并深入实施"旅游立省战略"。[1] 不仅如此，为了推进河南省生态旅游高质量发展，河南省还制定了生态旅游计划，在获取经济效益和社会效益的同时，也能使生态环境得到进一步保护。

河南省有村庄 40000 多个，这些村庄特点不同、景色各别、魅力独具。不仅如此，山水与自然相融，民俗文化又和山水自然相融，有看不尽的山水田园风光，数不尽的民俗民居风情，更有无穷无尽的发展潜力。生态环境的修复和改善，可以大幅提升村容村貌以及村落周边的环境形象，自然景观和人为景观融为一体、合二为一，便构成了更具特色和更有看点的生态资源，这正是成为旅游资源的前提条件，也是"绿水青山就是金山银山"思想理论的现实写照。[2] 近些年，河南省启动特色生态旅游示范镇、乡村旅游特色村以及休闲观光园区等评选工作，便是希望以此为契机，盘活乡镇村落生态旅游资源，推动乡村生态旅游高质量发展，为乡村振兴战略目标的实现作出更大的贡献。不仅如此，河南省以"美丽乡村"建设为目标，对人居环境进行持续整治，推动农村人居环境长效化和常态化管理守护机制的建立健全，并结合乡村治理工作，推动乡村治理体系走向健全，大力培育文明乡风，从而推动河南省生态文明建设再上台阶。

四、水域治理成绩与问题并存

近年来，河南省多措并举，重拳出击，坚决打赢水污染防治攻坚战役，推动水域环境综合治理力度不断加大，促使水域生态呈现出持续向好的发展态势。不仅如此，早在 2012 年，河南省就依照由国家林业局专家组评审通过的《河南林业生态省提升工程规划》，启动"四区三带"生态治理建设项目。所谓"四区"，即太行山地生态区、中原生态涵养区、桐柏大别山地生态区以及伏牛山地生态区；所谓"三带"，即南水北调中线生态走廊、沿黄河生态涵养带以及沿淮河生态保育带。河南省以"四区三带"为抓手，以区带结合的形式，打造生态空间锦山秀水和生活空间诗情画意的"美丽中原"。[3] 2017 年 10 月 14 日，由国家林业局调查规划设计院编写的《森林河南生态建设规划（2018 - 2027）》通过评审并予以公布。该规划指出，

① "河南生态旅游年"活动在西峡启动 [EB/OL]. 西峡网，2019 - 05 - 10.
② 如何留住美丽"乡愁"？河南 4 万多个行政村人居环境整体提升群众满意度超九成 [EB/OL]. 河南省人民政府门户网站，2020 - 10 - 20.
③ 任磊萍，李凡. 河南"四区三带"勾勒"美丽中原" [EB/OL]. 中国广播网，2012 - 12 - 13.

河南省生态资源保护将按照"一核一区三屏四带多廊道"的空间规划布局实施具体方案。"一核"为郑州大都市生态区；"一区"为平原生态涵养区；"三屏"为伏牛山地生态屏障、太行山地生态屏障和桐柏—大别山地生态屏障；"四带"为南水北调中线水源地带、沿黄生态涵养地带、沿淮生态保育地带以及大运河和明清黄河故道生态保育地带；"多廊道"是以高速铁路、铁路、高速公路和公路为主体的交通道路生态廊道和以黄河、长江、淮河和海河等主要河流干支流为骨架的河流生态廊道。①

　　针对河南省境内的重点河流，河南省均做出了时间节点清晰和目标主次分明的水域污染防控治理攻坚战役实施计划，针对每条河流污染物的主要构成形式、主要分布特点以及污染物特征等，都做了详细说明，并对每条河流的治理重点区域以及主要治理任务进行了明确指示，从而使河流流域污染防治工作得以有序向前推进。不仅如此，河南省对水域污染防治还实行联防联控制度，对监测体系、水量调配和信息资源都进行统一管理和使用。与此同时，对规范治理和环境监管做到统一应急预警和统一联动执法，力争做到"七统一"。规范治理并加强督导工作，定期见面会商，并逐步完善督查评估制度，逐渐打破行政区域之间的界限，从而形成众人齐心合力齐抓共治，以确保河南省境内水域环境质量得到持续改善，水生态系统能够逐渐恢复，并对水污染事故的发生进行严格防范。②

　　此外，为使流域治理得到最大程度的满足，河南省启动重点流域水环境综合治理项目的申报工作，建立重点流域水环境综合治理基金。仅 2022 年就有 28 个项目获得了 18.54 亿元的投资③。为使流域生态环境保护纳入有效和科学管理之下，针对境内河流湖泊，全面启动河长制度，使河流治理保护责任落实到人，从而使多头管理和"九龙治水"的难题得到根本性解决。不仅如此，河南省还以河长制度为基准，构建起省级、市级、县级、乡级及村级等五大层级河长体系，并实现责任终身追究制度，以确保江河湖泊管理的责任明确，监督严格、协调有方、保护得力，从而实现江河湖泊功能的永续利用和生态环境的可持续发展。

　　虽然河南省水资源丰富，但由于该省北部、西部、南部多山，东部多平原，境内面积大多属于山区向平原的过渡地带，再加上气候跨亚热带和暖温带，属于亚热带向暖温带过渡的地带，双重过渡带的叠加造成了河南省较为特殊的气候条件和较为复杂的地貌地形。再加上人口基数较大，农业活动较为频繁，造成境内水土流失

---

　　① 刘瑞朝，彭飞. 河南将按"一核一区三屏四带多廊道"布局规划建设森林资源［N］. 大河报，2022 - 10 - 16.

　　② 河南省流域水污染防治联防联控制度［EB/OL］. 河南省水利厅，2017 - 02 - 09.

　　③ 河南省发展和改革委员会. 关于河南省申报 2023 年重点流域水环境综合治理中央预算内投资计划项目的公示［EB/OL］. 2023.

较为严重。根据 2020 年底统计，河南省水土流失面积高达 7.04 万平方千米。仅黄河流域水土流失就占省内水土流失面积的三成之多。经过长期坚持不懈的努力，河南省对 4.53 万平方千米的水土流失面积已经做出治理，并且在"十三五"期间继续奋战，又对 0.56 万平方千米的水土流失面积做出治理，将纳入国家规划河南省新增水土流失治理面积超额完成。[①] 即便如此，对水土流失的治理工作任重道远，丝毫不能松懈。不仅如此，黑臭水体问题也值得重视。2016 年 2 月，环境保护部、住房和城乡建设部对我国城市"黑臭水体"进行排查时发现，河南省信阳市管辖范围内竟然有 5 条河流的水质都是劣五类。按照环境保护部和国家质量检验检疫总局联合制定的《地表水环境质量标准》，劣五类水，也就是污染程度超过五类的水，连一般农业用水和普通景观要求用水都达不到，可见其污染的严重程度。[②] 看来，在进行生态湿地建设以及流域河道治理的过程中，河南省部分城市"黑臭水体"治理工作应该作为重中之重。否则，不仅将对河南省生态文明建设事业的持续向前推进造成严重影响，也会给人民群众幸福感、获得感和安全感的提升造成一定的不良影响。

五、生态环境污染值得重视

为根治农业污染，推动我国农业走向可持续发展，我国于 2015 年 3 月制定了《全国农业可持续发展规划》（以下简称《规划》）。在《规划》中对农业污染治理工作提出了"一控两减三基本"原则。"一控"，即对农业用水总量进行控制；"两减"，即减少农药和化肥的施用总量；"三基本"，即对畜禽污染处理、地膜回收和秸秆焚烧等这三个农业污染最为重要的基本问题，以资源化利用的方式从根本上予以解决。河南省是以农业安身立命的农业大省，因此高度重视农业污染问题。近些年，按照"一控两减三基本"的原则，在对农业用水总量控制上，河南省进行严格控制，坚决不超量、不超标，同时大力扶持生态农业和节水农业等新型农业形式。在减少农药和化肥的施用总量上，大力推行化肥和农药施用零增长行动，使河南农业对农药和化肥的施用总量不再上升。不仅如此，还大力提倡绿色耕作和健康农业，号召农民尽量减少对农药和化肥的施用。在根治畜禽污染处理、地膜回收和秸秆焚烧等问题上，河南省一方面大力发展并推广先进科学技术，如三沼综合利用和秸秆沼气等，变废为宝，使得这些农业污染物成为可以利用的资源，另一方面积极推广

---

① 李乐乐，彭可，田光明. 绿水映青山 中原出新彩［N］. 中国水利报，2022 - 12 - 15.
② 关于公布全国城市黑臭水体排查情况的通知［EB/OL］. 中华人民共和国住房和城乡建设部办公厅，环境保护部办公厅，2016 - 02 - 05.

和应用先进农业模式，如秸秆粪便等农业废弃物综合利用模式、农牧渔结合循环发展模式等，在河南省农田和农村生态环境得到良好改善的同时，也推动河南省农业得到高质量发展，从而得到了良好的效果。

不仅如此，河南省还积极对土地实施综合整治，因地制宜，对症下药，有区别和针对性地对各区域生态环境污染进行治理。如安阳、新乡和开封等市，地处豫北和豫东，多是山区或者和山区接壤，因此常常出现较大的风沙，在这些区域，河南省实施田间林地策略，在使森林覆盖率得到增长的同时，也能起到一定的防风固沙作用。洛阳和南阳等市，地处豫西和豫南，被伏牛山系和太行山系贯穿，山地较多，在这些区域，实施缓坡地治理，增加农田蓄水量，不仅有利于农业增收，对山区水土流失也起到了一定的抑制作用。在其他一些城市，推行小流域治理策略，广种植被造林护坡，从而减少土壤沙化和水土流失。经过一系列整治活动的推行，河南省森林覆盖率较之前有了大幅提高，同时也使水土流失、风沙和泥石流等自然灾害发生的频率大为减小。此外，还使农田生态环境得到了大幅改善，农作物抗逆能力也大幅增强，并为我国的粮食安全提供了充分的保障。

与此同时也应看到，虽然从整体上来说河南省的农业用地资源颇为丰富，面积也极为可观，但在一些地区，由于多年过量使用化肥农药，造成这些地区的农业用地无论在总量上还是在质量上，都呈现出逐年下降的趋势。再加上一些县区和乡村，为了求发展和创效益，引入从大城市转移过来的高污染和高能耗的工业企业，使得废水废气的排放量大幅增加，不仅使土地遭受更深程度的污染，也使农作物、森林和水体都受到一定程度的污染，从而使农村的污染状况愈演愈烈。

不仅是农村，城市生态环境污染问题也不容小觑。一些传统的重工业企业正处于产业结构调整升级的转型时期，对能源进行利用的方式仍以高污染和高能耗的煤炭等为主，排放出来的废气释放到大气中，就使该区域大气污染的形势加剧。在对2021 年我国 168 个重点城市的空气质量进行排名时，河南省新乡市在当年 6 月排在最末位置。[①] 可见，河南省污染防治攻坚战役仍然任重而道远，还需要做出更大的努力。

▶ 第二节　河南省社会经济发展现状

随着党的十八大召开，具有中国特色的社会主义进入全新发展时期，我国社会

---

① 关于印发《2021－2022 年秋冬季大气污染综合治理攻坚方案》的通知［EB/OL］. 中华人民共和国生态环境部，2021－10－29.

经济增长模式也走进转型发展期，由之前的高速增长开始向高质量发展转型。河南省社会经济也是如此，在经历很长一段时间的高速增长之后，逐渐从数量的增加向质量的提升转化。经过近些年的发展，河南省的综合实力得到明显提升，社会经济结构有了很大程度的优化，发展动能转换的速度逐渐加快，生态环境持续向好，人民群众生活水平不断提高，国内生产总值也从 2012 年的 2.9 万亿元先后迈过 3 万亿元、4 万亿元、5 万亿元和 6 万亿元四个台阶，到 2022 年时达到 6.13 万亿元，与十年前相比增长了一倍多①。不仅如此，河南省供给侧结构性改革稳步深入向前推进，在确保粮食产量逐年稳步增长的情况下，第二产业和第三产业的产值占国民生产总值的比重持续提升，其总和已经超过国民生产总值的 90%，到 2022 年时达到 90.52%（见图 5.1）。常住人口城镇化率已经突破 50%，到 2022 年时达到 57.07%②。新技术、新业态和新模式对经济增长的带动效应明显增强，以郑州航空港经济综合实验区、郑洛新国家自主创新示范区、中国（河南）自由贸易试验区以及中原城市群为代表的"三区一群"产业优势引领作用日益显现，高速铁路网呈米字型发散，推动河南省交通大格局优势凸显，从省会郑州到西北欧国家卢森堡的"空中丝绸之路"建设取得可喜进展，主要污染物排放总量大幅下降，单位国内生产总值能耗显著降低，城乡居民收入稳步增长，已经能够和国内生产总值的增长齐头并进，脱贫攻坚战役取得了不小的成绩。

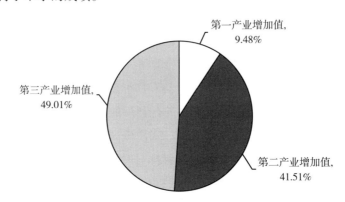

图 5.1　2022 年河南省国内生产总值结构占比

资料来源：河南省统计局官网。

　　然而也要看到，随着我国的社会主要矛盾发生转变，河南省社会经济所面临的主要问题也在发生变化，从原来的"有没有"转化为如今的"好不好"。对照新时代社会主义现代化和社会经济高质量发展的要求，尽管河南省在社会经济方面已经

①② 国家统计局河南调查总队.2022 年河南省国民经济和社会发展统计公报［R］.河南省统计局网站，2023.

取得了一些可喜成绩，但也遭遇一些发展瓶颈。

一、三大需求增长迅速，但并不协调

在经济学上，投资、消费和出口被称为"三驾马车"，它们共同驱动，一起发力，拉动国内生产总值一往无前。在习近平新时代中国特色社会主义思想的科学引领下，近年来，河南省对外开放水平持续提升，对外贸易发展大踏步向前，招商引资效果明显，内贸流通不断夯实基础，对外投资合作稳步发展，商务治理能力不断提升。2022年，河南省货物进出口总额达到8524.1亿元，同比增长4.4%，在我国的整体排名前移，位列第9位，是2012年时的2.56倍；实际使用外资总额达到17.8亿美元，同比增长高达118.2%，与2012年时相比有所下降；实际到位省外资金总额达到1.1万亿元，同比增长4%，是2012年时的2.2倍；社会消费品售出总额达到24407.4亿元，增幅明显高于全国平均增幅，是2012年时的2.26倍（见图5.2和图5.3）。① 投资、消费和出口这三大需求都取得了长足的进步，为河南省的跨越式发展和人民群众生活水平的提高作出了突出贡献。

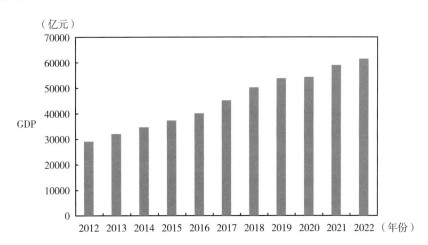

图5.2　河南省国内生产总值（GDP）统计（2012～2022年）
资料来源：河南省统计局官网。

事实上，经过多年的发展与进步，进入21世纪以来，河南省三大需求已经形成了"投资是主导力量，消费成中坚力量，净流出开倒车"的格局。三大需求的发展与进步并不同步，这样的格局是失衡的。造成格局失衡的主要根源在于城乡结构不合理。随着河南省城镇化进程不断向前推进，投资仍会不断增长，消费需求也会越

---

① 2022年河南商务"成绩单"出炉，四大亮点一文全览［EB/OL］. 河南省人民政府网，2023 – 02 – 06.

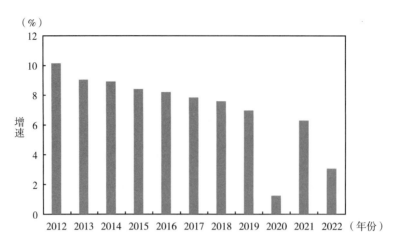

图 5.3 河南省国内生产总值增速统计（2012~2022 年）
资料来源：河南省统计局官网。

来越大，这两者仍是拉动河南省社会经济持续向前行进的"两驾马车"。具体表现如下。

（一）资本形成率较高

2016~2021 年，河南省资本形成率每年都在 70% 以上，2022 年有所回落，在 68.45%，然而，仍然比全国平均资本形成率高出超过 25%。河南省不含农户的固定投资在国内生产总值的占比从 2005 年的 20.35% 呈直线上升趋势，至 2022 年时该数据为 99.85%，高出全国平均数值 22%。不仅如此，河南省投资产生的效益明显呈下降趋势，2022 年该省全社会固定资产每增加 100 元投资，生产总值只是增加了 10.85 元，还不到 2015 年的一半。如果与全国平均水平相比，这一指标低了 2.35 元；如果和发达省市相比，比江苏省低 7.47 元、比广东省低 14.26 元、比北京市低 27.87 元、比上海市低 26.69 元（见图 5.4）。

过度依赖靠投资拉动社会经济增长，可能会造成经济受外部因素的影响较为严重，导致经济发生较大幅度波动的概率大大增加。投资发生变化，与之相对应就会引起上游产业对市场的需求发生一定变化，从而可能产生多米诺效应。按照投资边际效率递减规律，随着时间的增长，投资对经济的拉动作用会慢慢减弱。与此同时，如果政府投资数量过多、数额过大，也会对民间投资造成一定程度的挤压，使民间投资增长速度放缓。而对于投资本身来讲，如果对货币以及信贷投入形成过度依赖，则会造成债务上升，债务不断累积后，相应的风险性就会加大。不仅如此，投资比例过高就意味着将会有更多的自然资源被消耗掉，相对应而言，生态环境遭受污染破坏的危险性就进一步增加，从而导致生态环境的压力加大，这在一定程度上也会

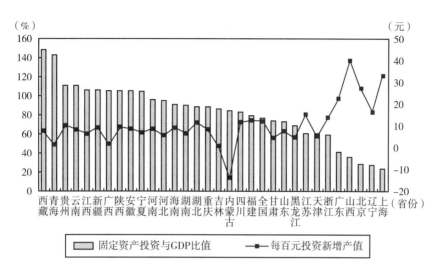

图 5.4　2022 年全国各省份固定资产投资回报对比

资料来源：国家统计局官网。

对消费需求产生抑制作用。

（二）最终消费率偏低

2022 年，河南省的最终消费率只有 53.7%（见图 5.5），城乡居民的最终消费支出占本省国民生产总值的比例为 38.36%。这两个数据和全国平均水平相比均要低一些。也就是说，河南省城乡居民的消费水平并不高，消费增长幅度也有限。制约河南省城乡居民消费增长的因素主要有四方面：其一，城乡居民可支配收入太低，2022 年河南省城乡居民平均可支配收入只有全国的 77.83%；其二，人口老龄化不

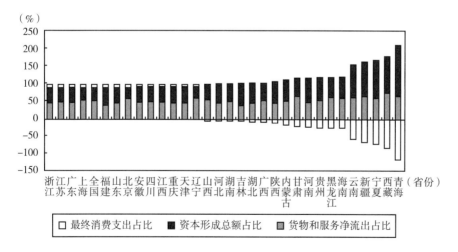

图 5.5　2022 年全国各省份支出占国内生产总值构成

资料来源：国家统计局官网。

断加剧，目前河南省 65 周岁以上的人口占全省总人口的比重已经超过 10%[1]，为了保险起见，人民群众还是希望有所储备，也就是说进行养老型储蓄的意愿极为强烈；其三，河南省医疗、教育和养老等社会保障体系并不健全，城乡居民希望储备一定资金以备不时之需，主动消费的意愿并不是很强烈；其四，城乡居民的收入还有一定差距，高收入人群和低收入人群在消费行为和消费理念上有着很大程度的不同，消费潜力有待进一步挖掘。

（三）净流入负增长过大

近些年，河南省的产品与服务净流入进一步扩大。2011 年，河南省的产品和服务净流出占据国内生产总值的比例为 −1%，到 2017 年时这一数据已经负增长至 −22%，全国排名第 22 位。如果与东部沿海发达省份相比较，就会看到差距，浙江省为 6.7%，位列全国第一名；江苏省为 6.3%，位列全国第二名；广东省为 5.4%，位列全国第三名；山东省为 1.3%，位列全国第四名。[2]

2022 年河南省净出口额为 5247 亿元，同比增长 5.2%[3]。由此可见，造成河南省产品与服务净流入出现负增长的主要原因根本不在于国际贸易，而在于国内省份之间、区域之间产品和服务进出出现不平衡所导致的。这也就是说，河南省本身的生产、老百姓的生活需求，需要国内其他省市进行产品和服务流入才能满足。因此，消费对河南省自身社会经济增长所产生的拉动作用明显降低也就显而易见了。

二、产业结构调整步伐加快，但有待深化

（一）产业结构不断优化升级

近些年，河南省以高质量发展为主要目标，不断深化供给侧结构性改革，推动产业结构调整，促进社会经济持续和健康发展，持续加强巩固第一产业，不断优化升级第二产业，积极培育孵化第三产业，从而使省内产业结构在调整过程中不断深入优化，推动三大产业齐头并进、协同作战，不断向中高端领域迈进，河南省现代化产业体系形成的步伐不断加快。

针对第一产业，河南省不断强化其基础地位，稳步推进其走向现代化。习近平总书记在河南调研时曾强调："粮食生产是河南的一大优势，也是河南的一张王牌，

---

①③ 国家统计局河南调查总队. 2022 年河南省国民经济和社会发展统计公报［R］. 河南省统计局网站，2023.

② 国家统计局河南调查总队. 2017 年河南省国民经济和社会发展统计公报［R］. 河南省统计局，2018.

这张王牌任何时候都不能丢!"① 按照习近平总书记的要求,河南省时刻牢记保障我国粮食安全这项重大政治责任,坚持把保证主要农产品尤其是粮食供应当作本省深入推进"乡村振兴"这一国家战略的第一要务,坚持扎扎实实做好粮食生产,大力推行高标准农田"千百万"工程建设,稳步提升粮食生产能力。自从2012年河南省率先在全国推进高标准和大规模农田建设工程以来,截至2022年在全省范围内累计建成高标准农田7580万亩,粮食产量已经连续五年保持在1300亿斤以上的水平,为我国的粮食安全提供了强有力的保障②。与此同时,针对农业供给侧结构性改革,河南省稳扎稳打、做细做实,持续向前推进深化,坚持"农头工尾"和"粮头食尾"的原则,不断延伸粮食产业链、提升粮食价值链、完善粮食供应链,对优势农业和特色农业,大力推行集群模式,使优势农业和特色农业呈现出蓬勃发展的良好势头。至2021年,河南省优势农业和特色农业总产值已经高达6063.35亿元,占据省内农林牧渔产业总产值的比例超过一半(57.7%)③。目前,农产品加工行业已经成为河南省产值第一高的支柱行业,河南省被赞誉为"国家粮仓""中国厨房"和"国人餐桌",农业第一大省的地位牢牢不可撼动。

针对第二产业,河南省大力推动其转型升级,使其稳步向中高端产业奋力迈进。习近平总书记曾强调:"将制造业高质量发展当作我们的主攻方向。"④ 同时,他也指出:"要坚决推行产业的转型升级,大力加强自主创新,积极发展智能制造和高端制造。"⑤ 河南省牢牢铭记习近平总书记的嘱托,大力推行科教兴省和创新驱动等重大战略,奋力推进河南制造成为河南创造、河南速度变成河南质量、河南产品升级为河南品牌。与此同时,传统产业提质增效发展的速度也在加快。河南省紧盯智能化、高端化、融合化、生态化和绿色化等全新发展目标,把新型材料、装备制造、生态食品、能源化工、建筑装配、电子信息、文化旅游、现代物流、高效种养、健康养老、酒类酿造和烟草加工等十二个重点产业,同时也是本省优势产业当作突破口,全力推行制造业智能、生态和技术等三大改造,积极推进传统装备制造业向智能化和高端化转型。2021年,河南省在建材、冶金和化工等五大类传统产业的工业增加值占据规模以上工业增加总值的比例达到48.4%,和2012年相比高出1个百分点⑥。不仅如此,对于新兴产业,河南省还进行重点

① 侯冰玉."粮食生产"这张王牌怎么打?河南有这些"密码"![N].大河报,2023-03-10.
② "一季千斤、两季吨粮"!河南公布高标准农田建设规划[EB/OL].河南政府网,2022.
③ 非凡十年农业发展实现新跨越——党的十八大以来河南农业发展成就[EB/OL].河南政府网,2022.
④ 张旭.中国经济高质量发展的基础与方向[J].红旗文稿,2022.
⑤ 韩鑫.以智能制造推动产业升级(人民时评)[N].人民日报,2022-09-26.
⑥ 结构调整稳步推进 发展优势显著增强——党的十八大以来河南经济结构调整成就[EB/OL].河南省人民政府网,2022.

培育，积极推行战略优势新兴产业跨越式发展重点工程，全力打造生物医药、智能终端、新能源、节能环保设备以及互联网汽车等新兴产业链。目前，现代食品和装备制造两个万亿级以及其他 19 个千亿级产业集团已经初具规模。盾构机、新能源客车以及特高压装备等新兴产业生产出来的设备装备畅销全球，享誉海外，从而推动河南省高端装备产业成为"大国重器"。2017～2021 年这五年间，在规模以上工业中，战略性新兴产业增加值每年的平均增长速度超过 10%，比规模以上工业整体增加值每年平均增长速度高出 5 个百分点。而且，战略性新型产业增加值的增长速度每年都在加快，2021 年河南省规模以上工业之中的战略性新兴产业增加值占据规模以上工业整体增加值的比例达到 24.0%，与 2017 年时相比提升近 12 个百分点。① 此外，河南省对工业的未来发展也做出了长远而翔实的规划设计，不断谋篇布局。河南省深入推行创新驱动这一重大发展战略，积极围绕清洁能源、未来网络、量子通信以及类脑智能等科技前沿领域不断谋新篇，开新局，从而培育出一大批优势明显、特色十足和发展潜力巨大的"独角兽"企业和高新产业集群。例如，中国人民解放军战略支援部队信息工程大学，多年深耕脑机交互和多模态脑信号解析等智能领域，目前已经取得了若干项专利。在量子通信、拟态防御以及量子计算机等高科技领域，该校也排在我国第一梯队之列。宇通客车股份有限公司已经获得氢燃料电池客车产品公告，不仅是全国首家，也是全球首家。河南电池研究院和同济大学携手合作多年，在双方的通力配合之下，氢燃料电池堆示范线已经建成，预计年产将达到 500 台套（40 千瓦）。这些前端领域和前沿科技取得的突破，对河南省未来发展制高点的抢占以及相关产业的示范带动，都发挥着极其重要的作用。

针对第三产业，河南省本着求新求变和做强做优的原则，推动其成为助推社会经济增长的强劲动能。近年来，河南省积极发展现代化服务业，着力培育新业态，积极开发新模式，有意识培养新载体，使服务业迅速向数字化、品牌化以及标准化方向快速挺进。党的十八大召开以来，河南省服务业的规模不断壮大，层级显著提升，对相关产业升级转型的推动作用日益增强。2013～2021 年这九年间，河南省服务业的增加值平均年增长率为 8.7%，比河南省这九年间的国内生产总值年平均增长率还要高出 1.6 个百分点。2021 年，河南省服务业增加值占据河南省当年国内生产总值的近一半，达到 49.1%，和 2012 年相比提升了 13.4 个百分点。不仅如此，2021 年服务业对河南省社会经济增长的贡献比率已经高达 63.1%，比第二产业工业还要高出 36.2 个百分点，如果和 2012 年的数据相比则高出近 30 个百分点，已经成

---

① 战略性新兴产业十年成就回顾［EB/OL］. 中华人民共和国国家发展和改革委员会网，2023.

为推动河南省社会经济向前发展的第一支柱力量。[①] 在服务业得到快速发展的同时，其内部结构也在不断优化升级。2013~2021 年这九年间，河南省文化以及与其相关产业的增加值以每年平均 14.1% 的速度快速增长，占每年国内生产总值的比重已经从 2012 年的 2.3% 提升至 2021 年的 4.1%[②]。尤其是以现代时尚概念和当今流行文化对传统文化进行全新诠释而打造的文化节目，如《唐宫夜宴》《龙门金刚》《端午奇妙游》《七夕奇妙游》等屡屡叫响全国，成为国人重新认识河南的重要窗口，也带动洛阳市、郑州市和开封市等这些文化古都的文化旅游热，从而使国风国潮成为河南省又一张靓丽名片。2016~2021 年的这六年时间里，河南省的信息技术、软件以及信息传输服务业增加值每年的平均增速高达 17.8%，比河南省这六年间的国内生产总值年平均增长率高出 11.5 个百分点；商业和租赁服务业增加值每年的平均增速高达 11.9%，比河南省国内生产总值年平均增长率要高出 5.6 个百分点；修理及其他服务业增加值每年的平均增速高达 11.6%，比河南省国内生产总值年平均增长率要高出 5.3 个百分点；文化、娱乐和体育等文体产业增加值每年的平均增速高达 10.6%，比河南省国内生产总值年平均增长率要高出 4.3 个百分点。除此之外，河南省的科学研究服务、技术服务以及金融业等行业，每年的平均增速都要高于河南省国内生产总值年平均增长率，已经成为带动服务业快速前进的中坚力量。[③]

（二）产业结构调整有待深化

从目前来看，国内消费市场开始向高品质化和多元化方向转变。与国内发达省份相比，河南省产业结构还存在一些不足，如战略性新兴产业在该省国内生产总值的占比相对较低，传统能源和原材料产业占比偏重，现代化服务业发展步伐相对缓慢，新兴产业还没有达到规模化等，使供给结构和需求结构明显不相匹配。

首先，战略性新兴产业在河南省国内生产总值的占比相对较低，这主要表现在高端装备制造方面。2022 年，河南省以通用设备、金属制品、汽车制造、专用设备、电气机械、运输设备、仪表仪器以及电子设备等这八类行业为代表的高端装备制造业，在本省国内生产总值的占比和全国平均水平相比，还要低 7.63 个百分点[④]；高新技术企业所产生的工业产值在规模以上工业企业主要营业收入的占比从

① 结构调整稳步推进 发展优势显著增强——党的十八大以来河南经济结构调整成就［EB/OL］. 河南省人民政府网，2022.
② 创新传统 融合出彩｜两大关键词回眸河南文化产业发展非凡十年［EB/OL］. 河南文化网，2022.
③ 河南省社会科学院课题组. 非凡十载话河南 出彩中原谱新篇——河南经济发展报告（2023）［M］. 北京：社会科学文献出版社，2022.
④ 国家统计局河南调查总队. 2022 年河南省国民经济和社会发展统计公报［R］. 河南省统计局网站，2023.

2011 年开始便持续下滑，和国内发达省份相比，其差距也在逐渐拉大。究其主要原因可以概括为三点：其一，产业集群创新动能不足，创新生态有待培养，高端装备制造企业研发投入力度不够，技术研发能力偏弱，引进先进技术力度不大，科技成果转化能力较差。其二，发展新兴产业的技术优势不强，能够引领未来发展的人才储备不足，高端装备制造所需要的关键性零部件、电子元器件及配套设备等大都需要从省外采购，甚至还要从国外进口，本省相关配套产业准备不足。其三，产业链不完整，缺乏上游集成和下游配套，往往是"单兵作战"，因此，相关产业的发展，往往只是依靠单套单机式较为单一的增长，成套系统、系统设计及工程承包等能够提供增值服务的配套产业难以匹配，因此在产业链这一环节需要多加培育。

其次，现代化服务业发展步伐相对缓慢。2022 年，河南省服务业在本省国内生产总值的占比为 49.01%，和全国平均水平相比低 3.8 个百分点[①]，如果和国内发达省份相比还要低更多，这和河南省国内生产总值在全国的排名极不相称。如果进行细分就会发现，现代物流、电子信息、金融服务、设计研发以及中介商务等生产类服务业，在本省国内生产总值中所占比重和全国平均水平相比都要低出不少。此外，传统服务业在河南省服务业整体中所占比重较高。究其主要原因，可以概括为三点：其一，具有较强竞争力的现代化服务企业较为缺乏，在全国叫得响的服务品牌不多，在企业品牌化和服务标准化等方面做得不够，打造服务业载体平台，使众多企业能够聚集发展的能力有待提高，具有全球视野以及开拓进取精神的现代化服务高端人才较为匮乏。其二，无论是对内还是对外，开放程度都不够高，部分服务行业还遗留有市场准入较难、监管体制不完整和扶持力度不够大等问题。其三，体验经济、共享经济和平台经济等新型服务经济模式发展较为缓慢，形成新的经济增长点的时间相对较长。

最后，新兴产业难以形成规模。近年来，在航空经济、跨境电商、信息物流以及大数据平台等方面，河南省均取得了一定进展，但共享经济和人工智能等方面还排在全国较为靠后的位置。《中国互联网发展报告（2022）》于 2022 年 9 月发布，其中显示，在互联网方面，河南省的综合得分仅为 28.35 分，在全国排在第 12 位，与北京、广东、江苏和浙江等省市相比仍然存在较大差距。尤其在互联网应用、数字经济发展以及创新能力建设等方面失分较多，发展较为薄弱。而从《全球人工智能发展报告（2022）》中可以发现，目前我国从事人工智能的企业主要集中在全国经济较为发达的省市，其中北京市人工智能企业排在第一位，在全国人工智能企业的占比达到 30.76%；广东省人工智能企业排在第二位，在全国人工智能企业的占

---

① 国家统计局河南调查总队.2022 年河南省国民经济和社会发展统计公报［R］.河南省统计局网站，2023.

比达到 21.58%；上海市人工智能企业排在第三位，在全国人工智能企业的占比达到 15.81%；浙江省人工智能企业排在第四位，在全国人工智能企业的占比达到 7.12%；江苏省人工智能企业排在第五位，在全国人工智能企业的占比达到 6.02%。[①] 而在河南省从事人工智能的企业寥寥无几，在全国人工智能企业的占比也就极少。根据天猫、京东和拼多多等我国八大主要电商平台所公布的数据显示，在 2022 年的"双十一"，河南省全网零售额在全国的占比仅为 0.8%，远远低于广东省的 23.8%，浙江省的 14.1%，江苏省的 10.9% 以及山东省的 3.1%。就连同为中部省份、人口数量远远不及河南省的湖北省，占比也为 1.3%。[②] 究其主要原因，可以概括为以下四点：其一，新经济生态圈尚未形成，缺乏领军型企业。其二，新兴产业发展层次还处在较低水平，创业型高端人才，尤其是大数据挖掘、人工智能算法以及 3D 打印等较为前沿的学科人才严重紧缺，成熟型人才更是稀缺。其三，无论是企业家还是创业者，思想相对传统，对产业发展规律把握不足，对产业发展趋势掌握不够。目前，河南省在这些新兴领域的发展与进步还只是处在借鉴模仿阶段。其四，融资渠道有限、行业准入存在不少障碍、政策制度存在真空现象等，环境因素的制约以及治理能力的滞后，造成新兴企业发展举步维艰。

三、经济驱动后劲十足，但新旧接续不力

（一）社会经济驱动后劲十足

近年来，河南省将扩大就业作为保障民生和改善人民群众生活的第一要务，坚持推行就业优先战略，实施更为积极的就业策略，并以"大众创业、万众创新"思想为指导，鼓励创新创业，并采取一系列切实可行的政策措施，以推动更高质量和更加充分的就业实现。第一，不断拓宽就业渠道，稳步增加就业人员。2012 年以来，河南省社会经济实现健康平稳发展，持续推进城镇化建设，不断完善充实创业就业的政策举措，多方开拓就业渠道，使城乡居民就业率不断提高。2012~2021 年这十年间，河南省城乡居民新增就业从 1902 万人增长至 2627 万人，累计增加数量达到 725 万人。全省城乡居民的失业登记率处于较低的水平，一直稳定在 3% 左右。2012~2020 年这九年间，河南省城乡居民登记在册的失业人数每年都在 38 万人至 63 万人，城乡居民失业登记率保持在 2.8%~3.3%，比预期控制目标的 4.5% 还要低出不少。[③] 第二，持续优化就业结构，力争和社会经济发展保持一致。伴随着河

① 赵岩. 人工智能发展报告（2022~2023）［M］. 北京：社会科学文献出版社，2023.
② 2022 年双 11 全网销售数据解读报告［R］. 星图数据，2022.
③ 2021 年河南省国民经济和社会发展统计公报［R］. 河南统计局网站，2022.

南省社会经济的升级转型以及全省劳动力市场逐渐走向完善，该省就业人员，无论从城乡结构还是产业结构来讲，都逐步得到优化，不仅城镇就业人员的数量得到较大幅度的增长，城乡就业结构也趋近合理。2012 年，河南省城乡就业人员的比例为37.2∶62.8，到 2021 年这一比例变为 54.3∶45.7，越来越接近于 1∶1 的合理结构。①城乡居民在第三产业就业的比重不断增加，就业结构明显得到优化。2012 年，河南省城乡居民在农业、工业和服务业这三大产业的就业比例为41.8∶30.5∶27.7，到2021 年这一比例变为 24.2∶29.9∶45.9。②经过十年的不懈努力，河南省城乡居民就业比例完成了从"一二三"到"三二一"的转变，和本省经济结构升级转型的步调基本趋近一致。第三，持续提升人民群众受教育的平均年限，极力提高就业人员素质。2020 年第七次全国人口普查相关数据显示，河南省常住人口接受教育的情况逐渐好转，拥有大专及以上文化程度的人口出现较快速度的增长，常住人口接受教育的平均年限为 9.79 年。与 2010 年第六次全国人口普查相比，河南省拥有大专及以上文化程度的人口增长 94.0%，拥有高中文化程度的人口增长 21.9%，拥有初中文化程度的人口增长 6.6%，拥有小学文化程度的人口增长 7.6%，文盲率完成 2.0 个百分点的下降，接受教育的平均年限则有 0.79 年的提高。③河南省城乡人口接受教育的状况不断得到改善，尤其是文盲率的下降以及接受教育平均年龄的提高，是河南省在教育事业发展、义务教育普及以及青壮年扫盲等方面措施取得明显成效的有力表现。不仅如此，河南省就业人员接受教育的平均年限也得到明显提升。2020 年第七次全国人口普查相关数据显示，在河南省，16 岁以上在劳动年龄的人口之中，拥有高中文化程度的从业人员占据全体就业人员的比例为 17.9%，和 2010 年第六次全国人口普查时相比有 4.9 个百分点的提高；拥有大专以上文化程度的从业人员占据全体就业人员的比例为 17.0%，和 2010 年第六次全国人口普查时相比有 10.2个百分点的提高。④河南省教育事业的蓬勃发展，为本省劳动力市场供应更多高学历和高素质人才，为经济的后续发展提供了强大动力。

2020 年 5 月，在参加十三届全国人大三次会议内蒙古代表团审议时，习近平总书记指出："党团结带领人民进行革命、建设、改革，根本目的就是为了让人民过上好日子，无论面临多大挑战和压力，无论付出多大牺牲和代价，这一点都矢志不渝、毫不动摇。"⑤河南省始终牢记习近平总书记的嘱咐，坚持以人为本的理念、以人民群众为核心的思想，将改革发展作为动力，把城乡贯通当作途径，全力推行新型城镇化建设，不断推动农村人口向城镇转移。2021 年，河南省常住人口的城镇化

①②③④　结构调整稳步推进 发展优势显著增强——党的十八大以来河南经济结构调整成就［EB/OL］.河南省人民政府网，2022.

⑤　人民日报评论员. 让人民过上好日子［N］. 人民日报，2020 - 05 - 24.

比率已经超过 50%，达到 56.45%，与 2012 年相比有 14.46 个百分点的提高①，城乡人口结构已经发生了根本性变化，从以农村人口为主转变为以城镇人口为主。不仅如此，在城镇化进程的推动下，城乡作为一盘棋进行谋划的崭新格局正在形成，城乡一体化建设的发展思路已经清晰，从而使城乡面貌发生巨大变化，城乡居民收入均有了较大幅度的增长，人民群众的生活水平不断提高，幸福感、安全感和获得感也得以稳步提升。第一，稳步增长城乡居民收入，确保和社会经济发展的步调保持一致。党的十八大报告指出，居民收入增长要与社会经济发展保持同步，劳动报酬增长要与劳动生产率的提高保持同步。按照这一原则，河南省鼓励创业，促进就业，不断完善和充实社会保障制度，使城乡居民，特别是中低收入人群的收入持续增加，居民收入增长与社会经济发展增长同步这一目标基本实现。2012 年河南省城乡居民人均可支配收入为 12772 元，到了 2021 年这一数据增长至 26811 元，增长了两倍多。这十年间，每年平均增长率为 8.6%，即便除去价格方面的因素，每年平均增长率也有 6.4%。而在这十年间，河南省人均国内生产总值每年平均增长率为 6.6%②。城乡居民人均可支配收入每年实际平均增长速度和人均国内生产总值每年平均增长速度几乎一致，符合居民收入增长和社会经济发展增长同步的预期目标，从而进一步增强了河南省人民群众的获得感。第二，持续优化收入结构，人民群众的财产净收入显著增长。河南省始终把确保公平公正作为工作原则，以民生所得回应民心凝聚，推动收入分配机制不断走向健全，对以技术、资金和管理等要素进行分配，按贡献参与分配等模式予以积极鼓励，使城乡居民各项收入都有了显著增长，从而使本省收入结构不断得到优化。2012 年河南省居民人均工资为 6408 元，到 2021 年这一数据增长至 13519 元，如果不考虑价格因素，每年平均增长率高达 8.6%；2012 年河南省居民人均经营净收入为 3280 元，到 2021 年这一数据增长至 5490 元，如果不考虑价格因素，每年平均增长率为 5.9%；2012 年河南省居民人均财产净收入为 523 元，到 2021 年这一数据增长至 1686 元，如果不考虑价格因素，每年平均增长率高达 13.9%，比人均可支配收入每年平均增长率还高出 5.3 个百分点；2012 年河南省居民人均转移净收入为 2561 元，到 2021 年这一数据增长至 6114 元，如果不考虑价格因素，每年平均增长率高达 10.2%，比人均可支配收入每年平均增长率高出 1.6 个百分点。③ 由此可见，河南省城乡居民的收入来源更加多元化，财产性收入所占比重不断上升。2021 年河南省城乡居民人均财产净收入占人均总收

---

① 在城里"留得下""过得好" 河南十年间城镇化率由 41.99% 提高到 56.45% [EB/OL]. 河南省人民政府网，2022.
② 2021 年河南省国民经济和社会发展统计公报 [R]. 河南统计局，2022.
③ 结构调整稳步推进 发展优势显著增强——党的十八大以来河南经济结构调整成就 [EB/OL]. 河南省人民政府网，2022.

入的比重已经达到 6.3%，和 2012 年相比有了 2.2 个百分点的提高。[①] 第三，逐步缩小城乡收入差距，不断增强人民群众的幸福感和获得感。多年来，河南省始终坚持"发展靠人民，发展为人民"的思想理念，坚持使更多的人民群众能够享受到改革发展结下的丰硕果实，使城乡差距进一步缩小。2012 年河南省城镇居民的人均可支配收入为 19843 元，到 2021 年这一数据增长至 37095 元，如果不考虑价格因素，每年平均增长率高达 7.2%；2012 年河南省农村居民的人均可支配收入为 7963 元，到 2021 年这一数据增长至 17533 元，如果不考虑价格因素，每年平均增长率高达 9.2%，和城镇居民的人均可支配收入每年平均增长速度相比有了 2.0 个百分点的提高。2021 年河南省城镇居民和农村居民在人均可支配收入方面的比重为 2.12，和 2012 年相比下降了 0.37[②]。

（二）新旧驱动接续不力

就目前而言，推动河南省社会经济增长的重要因素和满足河南省社会经济增长的主要条件都已经发生了重大变化。20 世纪末较为流行的高投入、高污染、高消耗和低收益的社会经济增长模式已经难以适应新时代的发展，因此，社会经济发展模式必须做出改变。只有强化创新驱动，社会劳动力完成从数量型向质量型的转变，充分挖掘城镇化进程的推进所带来的消费潜力和投资潜力，不断提高全要素生产率，才能使更有效率、更高质量、更可持续和更加公平的发展模式得以实现。较为可惜的是，河南省在这些方面做得都不够好。

首先，创新投入不尽如人意。从世界各国推动本国经济发展的历史经验来看，创新能力尤其是科技创新能力，是一个国家或地区提升其社会经济地位形成支撑的最为主要的力量。技术革新、产业变革和科技革命总是与区域社会经济实力的增强和地位的崛起密切相关。就目前而言，新一级的技术革新、新一代的科技革命和新一轮的产业变革都处在加速催化和集中爆发的阶段，从而推动产业分工发生重大调整、区域经济格局发生重塑、国家竞争格局发生转变。然而，从河南省目前情况来看，创新能力仍然是本省能否走上高质量发展之路的主要障碍。具体表现在以下四个方面：其一，科技投入不高。2022 年，河南省在研究与试验发展方面的经费（即 R&D 经费）投入强度为 1.31%，与全国的 2.13% 相比，仅仅只是全国研究与试验发展经费的 62%，不仅如此，河南省科学技术方面的支出在地方财政支出的占比不足广东的 1/3，少于江苏省的 1/2，低于浙江省的 1/2。其二，自主创新能力不足。2022 年河南省每万人获得专利授权的数量仅有 5.8 件。其三，创新成果转化不力。

①② 结构调整稳步推进 发展优势显著增强——党的十八大以来河南经济结构调整成就［EB/OL］. 河南省人民政府网，2022.

2003 年，河南省每万元国内生产总值在技术市场的成交额为 28.06 元，到了 2022 年这一数据下降至 17.25 元，和国内先进省市相比，退步较为明显，差距越拉越大。① 其四，创新载体不足、创业平台不多。从国家科技部在 2018 年发布的《关于公布国家备案众创空间名单的通知》来看，在国家级众创空间之中，符合国家备案条件的有 1952 家，而河南省仅仅只有 38 家，新型科技研发机构有 40 家，还不足第一名广东省的 1/4。②

其次，人口数量红利逐渐消退，质量红利有待挖掘。事实上，早在 2009 年河南省 15 岁至 64 岁适龄劳动人口的数量已经到达顶峰，劳动力从过剩转向短缺的"刘易斯拐点"已经到来，并且比全国平均水平还要提前三至四年。河南省在人口资源数量上的红利消退速度比全国平均水平还要快。从人口的文化程度来看，2020 年第七次全国人口普查相关数据显示，河南省拥有专科及以上的人口占全省总人口的比例为 11.74%，排在全国倒数第五的位置，而全国拥有专科及以上的人口占总人口的比例为 15.47%，河南省低于全国平均数值。③ 如果对河南省人口数量红利迅速消退的主要原因进行深入分析，可以概括为以下四点：其一，人口净流出数量极大。近年来，尽管河南省的人口增长率保持在较高水平，每年都在 5‰ 以上，高于全国平均水平，然而人口的大量流出使得自然增长的人口被抵消掉④。2020 年第七次全国人口普查相关数据显示，2020 年河南省流向外省的人口高达 1610 万人，和 2010 年第六次全国人口普查数据相比增加了 595 万人之多，净流出人口高达 1483 万人，一举成为我国净流出人口数量最多的省份⑤。其二，人才成长平台较少，人才发展载体不够。2017 年 9 月，教育部、国家发改委和财政部联合发布了《关于公布世界一流大学和一流学科建设高校及建设学科名单的通知》（即《"双一流"大学及学科名单》），河南省入选的高校仅有郑州大学和河南大学两所，排名位列全国第 16 位。在中部诸省之中，湖北省有 7 所入选，湖南省和安徽省各有 3 所入选，河南省在中部地区也不占优势，更不用说和直辖市以及东南沿海的省份相比了。其三，创新型高端人才极其紧缺。由于各省院士数量的说法很多，现对此部分内容作出更正，更正的信息来自官方网站。河南省只有 34 人⑥，与邻近省份相比相差较多，低于湖北省的 81 人⑦和陕西省的 48 人⑧。其四，省市之间和区域之间争夺人才的竞争态势愈演愈烈。在 2021 年毕业季，北上广深等特大型城市房价过高和生活成本过高，使年

---

①② 2022 年河南省研究与试验发展（R&D）经费投入统计公报［EB/OL］. 河南省人民政府网，2023.
③ 第七次全国人口普查公报［EB/OL］. 中华人民共和国中央人民政府网，2021.
④⑤ 河南外出人口都去哪了？［EB/OL］. 河南省统计局，2021.
⑥ 院士增选 河南缘何取得大突破［EB/OL］. 河南省人民政府网，2023.
⑦ 湖北新增 8 位院士 两院院士总数达 81 人［EB/OL］. 湖北人民政府网，2021.
⑧ 立足西部 奋进十年 在追赶超越中迈向高质量发展［EB/OL］. 教育部政府门户网，2022.

轻人生活空间受到严重挤压针对此特殊状况，我国许多省会城市如武汉市、南京市、长沙市和西安市等纷纷拿出购房优惠、直接落户、方便就业和社会福利提升等优渥条件来吸引应届毕业生就业、安家，从而展开激烈的人才争夺。同时，北上广深等特大城市也不甘示弱，如北京市便推出人才引进管理办法，为高精尖领域有建树的人才专门开通"绿色通道"，上海市也开始执行人才高峰工程实施方案。像北京市和上海市这样不缺人才的城市都在进行高端人才抢夺，可见城市之间的人才竞争已经走向白热化阶段。事实上，对高端人才的抢夺就是对未来发展高地的抢占，这才是城市进行人才竞争的根源所在。

最后，城镇化推进相对缓慢。就现今而言，城镇是我国各种资源聚集、各类人才汇聚和各种产业集中的地方，这是农村所无法匹敌的。城镇经济总量占我国经济总量的80%以上，城镇投资占我国总投资的90%以上，城镇消费占我国总消费的90%以上[1]。城镇化推进之路不仅是我国减小甚至消除城乡差距的最佳之路，也是新时代我国扩大内需的重要基础。随着城镇化不断向前推进，我国城乡居民的财产性收入能够得到有效提高，人民群众的财富水平也能够得以迅速提升。更重要的是，劳动要素的配置水平会不断增强，分布结构会更加优化，协调能力会持续提升。不仅如此，随着城镇化步伐的加快，我国的产业结构布局会更加科学合理，社会组织形态会更加和谐完整，阶层结构也会趋向和睦平展。近些年，河南省不断推进城镇化进程，城镇化水平也在不断提升，从2012年至今已经取得了长足进步，但与我国平均城镇化水平相比，仍有一定差距。具体情况如图5.6所示。河南省常住人口城镇化比率之所以低于全国平均水平，究其主要原因可以概括为以下四点：其一，是由河南省发展现状所造成的。河南省人口基数大，产业基础相对薄弱，基础设施建设推进有一定难度。其二，农村人口和地方政府都在面临左右为难的艰难选择。对农村人口来说，城市是否有适合自己的发展机会，生活质量能否得到保障，也就是说，进城以后所取得的收入和在房产、医疗和教育等方面的支出是否能够达到平衡，并且有所结余，这是天大的问题。对地方政府来说，在接纳大量农村人口以后，能否为他们提供充分的公共服务，城市具备多大的规模才是最佳的选择，这也是天大的问题。关于城市规模的问题，根据如今的主流观点来看，都市圈和都市群等城市网，有可能是实现均衡发展的前提下城市发展的理想化模型。也就是说，通过对当今现代化交通体系和信息化通信体系的协调整合，将某一区域内的大型城市与中小型城市连接起来，构成以大型城市为核心、中小型城市为辅助的城市网。这样一来，大型城市，特别是一些特大型城市能够提供更广阔的市场空间和更丰富的就业机会，

---

① 中华人民共和国统计局. 中国统计年鉴［M］. 北京：中国统计出版社，2022.

而中小型城市则能够提供更多的住房、更充分的教育资源和更宽松的医疗体系等公共资源。如果按照这一模式来发展，大型城市便能发挥规模效应，使更多人口受惠，而又能避免大型城市因盲目进行扩张而得上"大城市病"。不仅如此，大型城市的生活成本因此降低，中小型城市也拥有更多、更好的就业机会，从而呈现出大型城市和中小型城市共进双赢和多方达到利好共赢的良好局面。

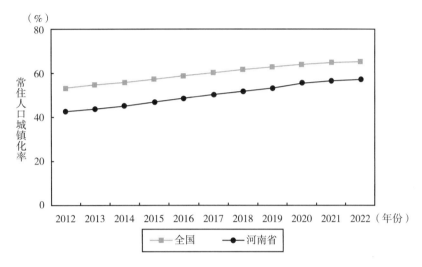

图 5.6　全国与河南省常住人口城镇化率对比（2012～2022 年）
资料来源：国家统计局官网。

四、市场主体结构更加合理，但营商环境尚需改善

（一）市场主体结构更加合理

多年来，河南省始终坚持对公有制经济的巩固与发展，推动国企与国资改革不断深化。与此同时，毫不动摇地对非公有制经济的发展进行支持、鼓励和引导，尤其是对民营企业的快速发展更是积极扶持，从而使非公有制经济的活力得到激发和增强，进而推动社会生产力出现更深程度的解放。随着所有制经济形式不断涌现并越来越丰富，河南省所有制经济结构也在发生着惊人的变化，从而最终形成多种类型所有制经济协同发展和齐头并进的新格局。

党的十八大召开以来，河南省国企改革改制不断深化，战略重组步伐也在加快。通过国企公司制、国企改革"三年行动"和国企改革"扫荡战"等多项改革举措，河南省不断优化国有经济布局，调整国有经济结构，不断增强国有企业的核心竞争力，从而使国有企业拥有更大的发展潜力和更广阔的市场前景。2021 年，河南省国有企业的营业总收入达到 17389 亿元，和 2012 年相比增长了 22.6%；创造利润达到

560 亿元，和 2012 年相比增长了 20.4%。其中，省管国有企业创造利润达到 263 亿元，和 2020 年相比增长了 166.4%；创造净利润达到 183 亿元，和 2020 年相比增长了 349.4%，这种"两个翻番"的局面是历史首次，同时也创造出了 2012 年以来的最佳水平。2021 年，河南省规模以上工业公有制企业占据全省规模以上工业企业的比重为 5.6%。其中，国有控股企业只占了 4.6%，但是产值占比达到了 22.2%，资产占比达到了 34.4%，主要营业收入占比达到了 22.5%，实现利润占比达到了 11.1%。①

不仅如此，河南省非公有制企业也得到了较快速度的发展，成为本省国民经济的强有力补充。党的十八大召开以来，河南省制定了一系列促进非公有制企业快速发展的措施，如民营经济"两个健康"百县提升行动、促进中小企业和民营企业健康发展行动计划、促进民间资本健康发展 26 条措施等，在推动民营企业健康发展的同时，也使港澳台资企业、外资企业和合资企业等经济类型得到蓬勃发展，从而使非公有制经济一举成为推动河南省社会经济快速发展的一支生力军。河南省的非公有制经济增加值在 2020 年时已经高达 35409.72 亿元，比 2012 年增长了一倍还多，占据河南省国内生产总值的比重高达 65.3%，和 2012 年相比有了 3.6 个百分点的提高。河南省规模以上非公有制工业企业在 2021 年时达到 20484 个，占据全省规模以上工业企业总数的 94.4%，产值所占比例高达 76.5%，资产所占比例高达 64.5%，主要营业收入所占比例高达 76.4%，取得利润所占比例为 87.8%。与此同时，吸纳全省工业就业人口的比例高达 78.9%。河南省规模以上非公有制服务业企业在 2021 年时达到 7780 个，占据全省规模以上工业企业总数的 85.2%，主要营业收入所占比例达到 51.4%，取得利润所占比例为 58.5%。与此同时，吸纳全省服务业就业人口的比例约为 66.0%。②

（二）营商环境尚需改善

作为实体经济最为重要的参与者，市场主体的强弱在一定程度上直接关系到实体经济升级转型的成败。近年来，河南省大力推行商事制度优化改革，有力推行减政、减税和降费体制，使营商环境不断得到优化，进一步激发了大众创业、万众创新的热情，从而使市场主体数量出现快速增长的良好势头，有力推动了河南省社会经济的稳步向前。然而，如果进行横向对比，河南省市场主体无论从规模上还是从结构上，亦或是从核心竞争力上来看，都需要进一步的改善提升，尤其是市场环境，更需要进一步清理整顿，释放出更广阔的空间。

---

①② 结构调整稳步推进 发展优势显著增强——党的十八大以来河南经济结构调整成就 ［EB/OL］. 河南省人民政府网，2022.

　　首先，市场主体没有得到充分发育。以数量而言，河南省市场主体并不占优势；以结构而言，河南省市场主体尚存在一些不合理之处；以综合竞争力而言，河南省市场主体并不强，因此，新业态发展、新动力激发和新转型推动的根基并不牢固。到 2020 年底，河南省的企业法人数量只是广东省企业法人数量的 39.72%、浙江省企业法人数量的 32.39%、江苏省企业法人数量的 43.52%、山东省企业法人数量的 41.52%。① 河南省每千人所拥有企业法人的数量只是浙江省的 1/4，不足江苏省的 1/4，只是广东省的 1/2，不足山东省的一半。河南省每千人所拥有个体户数量只是浙江省的 54.44%、江苏省的 58.99%、湖北省的 66.02%、山东省的 66.79%。河南省企业与个体户的比例仅相当于浙江省比例的一半，还不足江苏省比例的 1/2。河南省规模以上工业企业的数量只是广东省、江苏省、浙江省和山东省这四省的一半左右，在 A 股上市企业数量只占全国的 2.2%。在中国五百强企业中，河南省只有 11 家；在中国五百强民营企业中，河南省也只有 15 家；在全球五百强企业中，河南省仅有河南能源化工集团 1 家上榜。②

　　其次，需要更进一步优化营商环境。事实上，真正能够增强社会经济活力，为社会经济发展积蓄巨大动能的主导者是企业家。企业家们用新的思想发展新的技术，再以新的组织类型向市场进行投放，不断进行市场开拓，使社会经济不断向前发展。过去的企业家，普遍看重手中掌握的资源，希望能够得到更多的优惠政策，如今的企业家不一样，他们更看重营商环境，哪个地方的审批更少、流程更优化、体制更顺畅、机制更有活力、效率更高、服务更好，就到哪个地方投资建厂，就到哪个地方从事商业活动。近年来，东部和南部省份都在积极进行营商环境改造，如江苏省的"不见面便能审批"、浙江省的"只跑一次办完事"、广东省的"一照通行"等企业办理审批制度改革均取得较为显著的成效。2012 年以来，河南省一直致力于体制改革和机制创新，不仅使政务服务更加方便快捷，"互联网＋"的模式也使审批流程大大减少，办事效率大大提高。与此同时，河南省也着眼于主打"亲清新"的新时代政商关系的构建，使企业在制度层面的交易成本、生产成本和经营成本大大降低，从而在营商环境优化方面有了很大程度的改观。然而，与国内发达省市相比，河南省还存在着不小的差距。在由全国工商联组织开展的 2022 年度"万家民营企业评营商环境"活动中，营商环境排名前十的省份，分别为浙江省、广东省、江苏省、上海市、北京市、山东省、湖南省、安徽省、四川省和福建省，河南省不在此列；营商环境排名前十的城市（不包括直辖市）分别为杭州市、温州市、广州市、深圳市、宁波市、长沙市、南京市、苏州市、青岛市以及合肥市，河南省下辖 18 市

---

　　① 2020 年全国各省市法人单位数量排行榜［EB/OL］. 华经情报网，2021.
　　② 11 家豫企上榜"2022 中国企业 500 强"［EB/OL］. 河南省人民政府网，2022.

均不在列。[①] 因此，河南省的营商环境还需要进一步优化和完善。

第三节　河南省生态经济发展历史及现状

一、河南省生态经济发展历史

中华人民共和国成立以来，河南省社会经济得到快速发展，各项事业都稳步向前挺进，人民群众的物质生活水平得到大幅提高，精神世界也更加丰富。与之相对应地，生态环境保护事业也是稳扎稳打，不断深入、不断向前。尤其是党的十八大召开以来，在习近平生态文明思想中生态经济理论的正确指引下，河南省对党中央和国务院制定的各项生态环境保护决策以及生态文明建设部署，都做到大力贯彻和坚决落实，从而在生态环境保护、生态环境污染治理和生态环境问题防治等诸多方面均取得了一定成效，河南省的生态环境与社会经济出现协调共处和融合共进的发展势头。

（一）生态经济矛盾萌芽阶段（1949~1978年）

中原自古便是群雄逐鹿之地，战争仍频，到了近代亦是如此，战乱不断。再加上时有天灾，使得河南省社会经济发展举步维艰，人民群众更是在温饱线上挣扎，连生存都很难保障，甚至出现1942年"大饥荒"的惨痛场面。

新中国成立之初，百废待举、百业待兴，河南省当时的现实状况基本上也是如此，社会经济发展以农业为主，工业规模较小，建筑业不成气候，除像洛阳市等战略城市，因"一五"期间一些大型厂矿的开工建设而出现工业规模化发展外，其他城市工厂企业较少。在当时，第二产业占河南省国内生产总值的比例还达不到20%[②]，即便是有生态破坏和环境污染问题出现，也只是局部性和整体可控的。1958年以后，随着我国对社会经济发展的高度重视和对工业强大的迫切愿望，开始推行轰轰烈烈的"全民大炼钢铁"运动，之后又有"工业学大庆""农业学大寨"和"以粮为纲"等诸多运动，在造成人力和物力严重浪费的同时，也使自然资源遭到破坏、生态环境遭到污染。河南省无序生产、随意排放、毁山毁林和填湖毁草等现象极为普遍，生态破坏和环境污染问题已经凸显。

---

① 程钰. 全国工商联发布2022年度万家民营企业评营商环境主要调查结论［N］. 中国日报，2022 - 11 - 04.

② 【河南70年】环境保护扎实推进生态文明建设日益加强［EB/OL］. 河南省统计局网站，2021.

随着生态环境问题的不断出现，党和政府渐渐认识到生态环境的重要性，不仅于 1973 年 8 月召开了第一次全国环境保护会议，还制定了我国第一部生态环境保护文件——《关于保护和改善环境的若干规定》。国务院环境保护领导小组也于 1974 年 10 月成立。按照我国生态环境保护工作的要求，河南省生态环境管理体系、生态环境保护科研体系、生态环境监测体系等相继建立，首次以治理工业"三废"为主题的污染防治工作也在这一阶段进行。

（二）生态经济大致协调阶段（1978~1989 年）

党的十一届三中全会召开的 1978 年是我国改革开放事业的起点，也是我国经济即将走向高速发展的转折点。与此同时，我国的生态环境保护事业也迎来了发展的春天。1978 年 2 月，第五届全国人民代表大会第一次会议在北京召开。在这次会议上，不仅《中华人民共和国宪法》予以通过，"国家对自然资源、生态环境进行保护，防治污染和其他公害"等与生态环境保护有关的条款也首次写入我国宪法。

在这一阶段，由于社会经济还处于恢复与发展阶段，以经济建设为中心成为指导河南省社会经济全面发展的主要思想。由于一系列经济项目刚刚实施，一些大型企业厂矿正在兴建，因此，这一阶段生态环境与社会经济的矛盾并不突出，因工业发展造成的污染基本在生态环境可以承受的范围之内。即便如此，河南省仍然较为重视生态环境保护问题。河南省第一次环境保护会议于 1984 年 3 月在郑州召开，这次会议不仅明确了将生态环境保护纳入各级党委和政府的日常工作之中，还特别强调了全省生态环境保护工作要从对工业污染点源的单纯治理开始向以预防为主导、以管理促治理，对污染实施综合治理进行转变。河南省第二次环境保护会议于 1986 年 3 月召开，与会代表认为河南省环境保护工作应该得到更进一步的重视，工作重点也应该由目前的工业污染防治向城市环境治理、自然资源保护和自然生态修复等方向进行拓展。不仅如此，生态环境保护机构的规格也做了一些提升，将原属处级的环境保护办公室提升为副厅级的河南省环境保护局。此外，部分河南省直属厅局、一些地市级政府机构以及大型企业也先后设立了有生态环境保护职能的机构，也配备了专门人员。

（三）生态经济矛盾产生阶段（1989~2007 年）

随着河南省社会经济持续深入发展，尤其是以大中型厂矿为主体的工业得到突飞猛进的发展，使得河南省陆续出现一系列生态破坏和环境污染的问题，这引起了河南省委省政府的高度重视。河南省第三次环境保护会议于 1991 年 5 月在省会郑州市召开，与会代表认为河南省生态环境保护工作需要更加规范和完善，因此，走法治化和制度化道路是不可避免的。为了更好地处理河南省生态环境保护问题，河南省环境保护局于 1995 年被提升为正厅级单位。1996 年 8 月，为了做好新世纪河南省环境保护工作，河南省第四次环境保护会议在省会郑州市召开。这次会议制定了河南省在新世纪生态环境保护的目标，并对任务进行了明确。此后，《河南省污染物排放总量控制制度》开始在全省范围内全面施行。

在这一阶段，我国对生态环境保护的力度也在不断加大。如"十五"期间，我国把主要污染物总量控制指标作为一项重要指标放进《中华人民共和国国民经济和社会发展纲要》。其中，二氧化硫、一氧化氮和一氧化碳等六种主要污染物作为控制目标被列入该纲要。"十一五"期间，我国倡导环境友好型社会建设，针对生态环境保护工作，先后建立污染减排统计体系、节能降耗制度、环境监测体系和生态环境保护考核体系等多项体系制度。河南省生态环境保护体制随之也做出了一些调整，并尽最大努力进行完善。分别于 2002 年 5 月和 2006 年 6 月召开的河南省第五次和第六次环境保护大会，主题思想都是为贯彻和落实"十五"和"十一五"期间党和政府制定的生态环境保护目标和任务来进行的。

（四）生态经济矛盾爆发阶段（2007～2012 年）

进入 21 世纪以后，河南省社会经济出现了一段时间的高速发展，但生态环境问题也随之而来，并接连不断地出现。从此，河南省生态环境与社会经济之间的关系日渐恶化，进入矛盾集中爆发阶段。河南省也开始加大力度对生态环境污染问题进行集中整治。淮河流域水污染防治工作全国现场会于 2007 年 11 月在河南省省会郑州召开，确定以河南省为试点，建立县级污水处理厂和垃圾处理场的方案，并在全国范围内进行推广。从 2008 年开始，针对耐火材料、煤电机组、电解铝、砖窑和水泥等造成严重生态环境污染的行业，河南省持续开展综合治理工作，对与国家产业政策不相符合，并造成严重污染的工厂和生产进行关闭淘汰，对耐火材料炉窑进行集中改造，对水泥立窑全部生产线进行淘汰，对电解铝自培槽予以关闭，对燃煤电厂进行脱硫脱硝设施安装等，通过这一系列积极有效的举措使河南省主要污染物的排放大为减少。

在这一阶段，河南省生态环境保护体制基本成型，机制逐步健全，不仅和本省社会经济的发展需要相适应，还对社会经济发展的方方面面和各个领域进行全面覆盖，从而为本省社会经济的发展作出一定贡献。

（五）生态经济矛盾平息阶段（2012 年至今）

党的十八大召开以来，我国生态保护事业开启新篇章，以习近平为核心的党中央，不仅做出大力推进社会主义生态文明建设的决定，还把生态文明建设和政治建设、经济建设、社会建设、文化建设同等看待，纳入我国社会主义现代化建设之中，并提出要建设"美丽中国"的伟大战略目标。在习近平生态文明思想中的生态经济理念的指引下，河南省坚决贯彻落实党和国家对生态文明建设的相关决策部署，还始终坚持将生态文明建设放在全省工作的重要位置，矢志不渝地走生态经济高质量发展之路。

作为中部大省，河南省肩负着社会经济发展的重大责任。在这一阶段，河南省工业化加速推进，城镇化步伐逐步加快，既要发展社会经济，又要进行生态环境保护，因此，河南省面临着环境治理与区域发展的双重压力。为扭转生态环境污染逐渐恶化的态势，持续开展对生态环境污染的预防和治理工作，从 2016 年开始，河南省便在全国省市之中率先打响污染防治攻坚战，随着攻坚力度的逐年加大，这场战役扩大为一场关系到天蓝、水碧、土净和民安的全面战役。2018 年9 月，河南省出台了《关于全面加强生态环境保护坚决打好污染防治攻坚战的实施意见》，并制定了《河南省污染防治攻坚战三年行动计划（2018—2020 年)》，确保污染防治攻坚战取得阶段性成果，并将战果扩大。当月，河南省生态环境大会在省会郑州市召开，对下一个阶段全省生态文明建设的目标和任务进行了分解，并提出了相关要求。在这次会议上，河南省提出要开展"四大行动"（即经济结构提质、国土绿化提速、生态功能提升、环境治理提效），坚持两手抓（即扩大环境容量、削减污染排量），确保"三管齐下"（即生态建设、生态保护、生态治理），从而推动河南省社会经济高质量发展，使本省生态经济发展呈现出欣欣向荣的大好局面。①

二、河南省生态经济发展现状

（一）经济水平稳步提高，生态经济后劲十足

从图 5.2 的相关统计数据便能发现，2012～2022 年这十一年间，河南省国内生产总值不断持续走高，这反映出河南省社会经济总量呈现逐年增加趋势，社会经济水平得以稳步提高。的确，从整体上来讲，河南省社会经济在这十一年里取得了长足的进步和发展，国内生产总值从 2012 年的 29810.14 亿元，跃升至 2022 年的61345.05 亿元，十一年间的净增长率达到 105.79%，翻了一番还要多。并且，连续

---

① 赵力文，焦万益. 建设生态文明 共绘美丽河南——河南生态环境保护事业 70 年发展综述［N］. 河南日报，2019－09－27.

迈过 3 万亿元、4 万亿元、5 万亿元、6 万亿元这四个台阶①。可以说，河南省社会经济总量的稳步提高为本省生态经济高质量发展以及生态文明建设事业的长足进步打下了坚实的经济基础，充当可靠的实力后盾。

随着河南省社会经济发展进程的加速，三大产业结构也在不断发生变化。通过图 5.7 可以发现，在河南省三大产业之中，第一产业占比最小，并且第一产业增加值在国内生产总值的占比呈现缓慢下降的趋势，从 2012 年的 12.1% 降至 2022 年的 7.6%，十一年间下降了 4.5%。在河南省三大产业之中，第二产业占比一直较大，并且第二产业增加值在国内生产总值的占比也呈现出缓慢下降的态势，从 2012 年的 54.1% 降至 2022 年的 43.9%，十一年间下降了 10.2%。在河南省三大产业之中，第三产业占比适中，并且第三产业增加值在国内生产总值的占比呈现稳步上升的趋势，并于 2019 年时后来者居上，超过了第二产业，成为对河南省国内生产总值贡献最多的产业，所占国内生产总值的比重从 2012 年的 33.8% 升至 2022 年的 48.5%，十一年间上升了 14.7%，已经接近河南省国内生产总值的一半。伴随着第一产业和第二产业占比的不断减少以及第三产业占比的不断增加，河南省社会经济规模越来越大，社会经济水平越来越高，社会经济结构越来越优化。

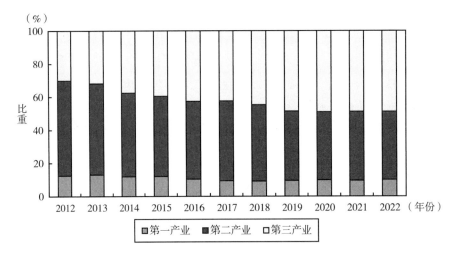

图 5.7 河南省三大产业占比（2012～2022 年）
资料来源：河南省统计局官网。

事实上，检验一个国家和区域社会发展成熟度的主要标志，是第三产业增加值在其国内生产总值之中所占比重的大小。第三产业增加值在国内生产总值之中所占比重越大，其经济水平就越高，社会发展就越成熟。而社会发展成熟度又和这个国

① 国家统计局河南调查总队.2022 年河南省国民经济和社会发展统计公报［R］.河南省统计局网站，2023.

家和区域的文明程度息息相关,社会发展越成熟,这个国家和区域就越文明,人的思想意识就越高,认知水平就越高。随着这个国家和区域居民认知水平的提高,对生态文明建设的认知度和认可度就会越高,这个国家和区域在推动生态经济高质量发展过程中所遭受的阻力就会越小,推行进程就会越顺利。

不仅如此,随着河南省第三产业增加值在国内生产总值之中所占比重逐年上升,河南省持续推动生态经济高质量发展的进程就会加快,生态经济的发展态势就会越来越好。这是因为第三产业增加值在国内生产总值之中所占比重的持续上升,是伴随着第一产业增加值和第二产业增加值在国内生产总值之中所占比重持续下降而出现的,尤其是第二产业增加值在国内生产总值之中所占比重的持续下降。随着河南省经济的发展和社会的进步,尤其是生态文明建设的推行,生态经济的不断前行,许多高污染、高能耗和低效率的传统产业开始自我革命,一方面进行产品结构优化,绿色生态产品渐渐成为主流,另一方面进行节能减排和提能增效,生态化设备和节能型设施渐渐成为主流。还有一些高污染、高能耗和低效率的传统产业干脆从此就"关门大吉",或者受政府相关政策的影响被关停,转而发展以服务业为主体的第三产业,这就使得第三产业增加值在国内生产总值之中的比重能够不断上升。无论哪条路径都有利于河南省生态文明建设,都有利于河南省生态经济出现高质量发展。

此外,从第三产业内部结构来看,随着互联网的发展以及信息技术的进步,交通会更加便利,物流会更加发达,信息会更加快捷,渠道会更加畅通,沟通会更加顺畅,这些都会成为河南省社会经济发展的强大动能,并为生态经济高质量发展提供更有力的保障。

值得一提的是,河南省自古便称"中州""中原"和"天下之中",是我国连接东西和贯穿南北最为重要的交通枢纽之一。尤其是省会郑州市,以国际航空货运枢纽的形象得以迅速发展,国际铁路枢纽地位日渐稳固,米字型高速铁路网四通八达,形成巨大的客货运输网,从而为河南省社会经济的优质化、生态化和绿色化发展提供了极大便利,也为河南省生态经济高质量发展提供源源不断的巨大动能。

除此之外,河南省作为历史文化大省的突出优势也慢慢凸显。随着抖音、快手和腾讯微视等短视频平台的兴起,河南省先后推出的《唐宫夜宴》《洛神水赋》和《龙门金刚》等系列古为今用、融古于今的文化节目迅速出圈,大大提升了河南省的知名度,从而带动了河南博物院、龙门石窟、应天门遗址博物馆、明堂和天堂等景区在近几年持续走红,迅速成为全国人民的网红打卡地,从而使河南省文化旅游经济成为本省生态经济的一大亮点。

(二)生态建设成效明显,环境质量持续向好

2012 年以来,我国对生态环境保护事业日益重视,上升到生态文明建设的高度，并把生态文明建设放在和经济建设、政治建设、社会建设以及文化建设同等重要的位置，成为我国新时代社会主义现代化的重要指标，这便是"五位一体"发展理念。事实上，"五位一体"发展理念是将对生态环境的保护融入到社会经济发展过程中，从而实现生态环境与社会经济的协调耦合和协同共进，是生态经济高质量发展之路。河南省是我国较早注重生态环境保护和社会经济发展融合的省份，早在2012年河南省便制定了《河南生态省建设规划纲要》，对本省生态文明建设进行了科学安排和合理规划，并提出要在2030年力争实现"生态强省"的伟大目标。近些年，循着这一目标，河南省一路前行，取得了诸多实质性进展，从而使河南省生态文明建设成效初显。

自古以来，河南省便是农业大省，同时也是粮食大省。如今，国家视粮食为战略资源，坚决不能受制于人，不能让其他国家"卡住脖子"，河南省要为我国粮食安全提供充足保障，战略地位因此便显得尤为重要，这也决定了河南省作为农业大省的角色在短时间内是难以改变的，甚至将永远处于农业大省的地位。然而，从现实状况来看，在三大产业之中，河南省第一产业在产业总体结构中所占比例是最小的，再加上经过自改革开放以来四十余年的社会经济发展，高能耗和高污染的第二产业在产业总体结构中长期占据最大比重，在2019年才被第三产业超过。由于河南省土地面积有限，土地、水和矿产等资源都受到一定的限制，河南省以往几十年发展，走的都是高污染、高能耗和低效率的传统粗放型社会经济增长的路子，不仅使自然资源有了较大程度的耗费，还使生态环境为此付出了沉重的代价。资源有限、生态破坏、环境污染、负担累累，背着沉重的包袱负重前行，河南省如果再走粗放型社会经济增长的路子是走不通的。这就需要河南省在两大方面下足功夫，一是推进企业改革，优化产业结构；二是建设生态文明，发展生态经济。只有这样，才能实现河南省社会经济的健康和可持续发展。当然，在推进生态文明建设的过程中，如何协调资源、能源和生态与环境之间的关系，使之既能满足生产力发展的需要，又能符合大自然的客观规律，这是最大的难题。

近年来，经过推行一系列切实可行的措施，河南省在生态文明建设领域已经取得了一些建设性成果，如不断对产业结构进行升级转型，使之达到更优；不断对生态文明项目进行推进，使之落实到位；先后对各项条例制度进行完善，使之切合实际等，这些都为河南省生态经济的向前推进提供了有力保障。具体表现在以下三个方面。

其一，河南省坚持以生态经济发展理念为基本原则，采取了一系列手段，推行了一系列措施，不断推进产业升级，持续促进产业转型。首先，精心培育一些技术优势强和发展潜力大的高成长型企业，使之成为推动社会经济持续增长的巨大储备能量，大力扶持电子信息、现代物流、互联网平台以及智能制造等新兴产业，使其成为生态经济高质量发展的优势兵力。其次，对现有较为传统的支柱产业进行保留的基础上，不断加大高新技术的研发与推广，从而取代陈旧的生产方式和落后的技术手段，在使现有产值得到充分保证的同时，降低生产过程中的能源消耗和污染物排放，尽量将其控制在最低水平。正是在升级产业结构和促进产业转型的过程中，提高了自然资源的利用效率，使清洁生态的生产方式得以实现，同时使河南省社会经济增长模式从传统的高能耗、高污染和低效率的粗放型模式，逐渐转化为低能耗、低污染和高效率的精细型模式，从而推动河南省社会经济发展水平再上一个台阶，生态环境与社会经济也得以融合发展，最终实现了生态经济高质量发展。

其二，河南省不断推进生态文明建设项目，使其一一落地实施，并成长为使自然资源得到修复、使大自然得以休养生息、使生态环境得到保护的有力武器和可靠屏障。以污水及垃圾处理项目为例，从 2014 年开始，河南省便实施污水及垃圾处理项目，对工厂生产以及居民生活所排放的污水和垃圾进行妥善处理。根据《河南省第二次全国污染源普查公报》，河南省每年集中处理污水 38.16 亿立方米，处理生活垃圾 1645.17 万吨[1]。为河南省的资源循环利用以及生态环境优化等都作出不小的贡献。不仅如此，河南省对林业生态建设也极为重视，号召人民群众植树造林和退耕还林。经过一系列行动的推行和一系列措施的实施，2020 年河南省森林覆盖率为 25.07%，比 2015 年增加了 24.22 万公顷[2]。此外，在重点行业和重点领域，河南省也在不断推动节能减排、清洁生产以及生态作业行动，使企业效能大为提高，使生态环境污染大大减少。值得一提的是，河南省落地实施了一批功在当代、利在千秋的大型生态文明建设工程，如横跨鄂豫两省的丹江口水库生态建设、南水北调工程沿线生态建设等，不仅造福一方，还利国利民，使河南省生态环境得到优化，实在是一举多得的重大利好工程。

其三，河南省积极推行生态环境保护体制机制改革，不仅成立专门从事河南省生态环境保护工作和治理境内生态环境污染的河南省生态环境保护委员会，还在党中央、国务院政策措施的基础上，制定了一系列切实有效的措施条例，确保河南省生态环境保护工作干在明处、落在实处、谋在深处、务求实效。例如，在制定《关于建设美丽河南的意见》时，把对生态文明建设的业绩纳入公职人员政绩考核体系之中，作为对其奖惩和助其升迁的重要指标，河南省对生态文明建设的重视程度可见一斑。

---

[1]　河南省第二次全国污染源普查公报［N］. 河南省生态环境厅网，2020.
[2]　河南省"十四五"林业保护发展规划［EB/OL］. 河南省林业局网，2022.

(三) 对接重大战略机遇，形成融合发展合力

在以习近平同志为核心的党中央的有力推动下，黄河已经成为国家重大战略机遇发源地。2019 年 10 月习近平总书记视察河南省，在省会郑州市主持召开黄河流域生态保护和高质量发展座谈会时曾特别强调，黄河文化作为中华文明的有机组成部分是中华民族根之所系、魂之所在，要保护好黄河文化遗产，守护好老祖先们留给我们的珍贵财产。要深入挖掘黄河文化背后的时代价值，把黄河故事讲好，将历史文脉延续下去，坚定我们的文化自信，为中华民族伟大复兴的实现凝心聚力，为中国梦变成现实不懈奋斗[1]。2021 年 10 月 8 日，我国政府发布《黄河流域生态保护和高质量发展规划纲要》，要求各地、各部门认真落实。该纲要中特别强调，黄河流域生态保护和高质量发展是国家重大战略，要共同做好大保护，协调搞好大治理，要着力加强黄河生态保护治理，对黄河流域长治久安要予以保障，使黄河流域人民群众的生活质量得到改善，使黄河文化得以传承，从而使黄河真正成为人民群众的幸福之河。2022 年 6 月，生态环境部、自然资源部、国家发展和改革委员会、水利部等四部门联合下发《黄河流域生态环境保护规划》，旨在解决黄河流域的突出生态环境问题，如工业废水处理和污水处理等。2022 年 8 月，生态环境部又联合其他十一个部门共同印发《黄河生态保护治理攻坚战行动方案》，成为黄河流域诸省份打赢黄河生态环境保护治理攻坚战的"行动指南"和"作战法宝"。2022 年 12 月，工业和信息化部、住房城乡建设部、国家发展和改革委员会及水利部等四部门联合下发《关于深入推进黄河流域工业绿色发展的指导意见》，针对"十四五"期间黄河流域工业绿色发展的主要目标，对 14 项重点任务进行布置，涉及水资源集约化利用、产业结构布局提升、传统制造业绿色化提升、能源消费低碳化转型以及产业数字化升级等五大方面。2022 年 10 月 31 日，全国人大常委会审议通过了《中华人民共和国黄河保护法》，为从根本上解决黄河流域生态保护和高质量发展的法理问题提供了强有力的法律保障。[2]

河南省之所以称为"河南"，是因为大部分疆域在黄河之南；中华文化之根在黄河文化，黄河文化之根在河洛大地，也就是河南省；炎帝黄帝的故事、大禹治水的故事和黄河出图的故事等都在黄河之畔上演，也在河南上演。可见，黄河和河南省血脉相连，息息相关。因此，河南省必须要传承好黄河文化，讲好黄河故事，执行好国家的黄河战略，做好境内黄河流域的生态环境保护，推动社会经济的高质量发展，使黄河成为造福人民群众的幸福河。事实上，面对这一重大战略机遇，同时

① 习近平. 在黄河流域生态保护和高质量发展座谈会上的讲话 [J]. 求是，2019 (20)：8.
② 张燕. 黄河流域"绿""富"共赢 [J]. 中国经济周刊，2022 (24)：73－96.

也是推动自身社会经济高质量发展的天赐良机，河南省率先做出了反应，综合整治其境内黄河流域矿山，有效治理滩区面源污染以及支流水污染，从而给面积多达8.6万亩的历史遗留矿山披上了厚厚的绿衣，多达35处国家地表水层考核断面全部达标。不仅如此，河南省还同山东省一道，先黄河流域其余诸省一步，在省际黄河流域实施横向生态补偿制度，并于2021年5月签订了《黄河流域（豫鲁段）横向生态保护补偿协议》。该协议通俗而言就是，如果河南段黄河水质达不到协议规定要求，河南省要向山东省进行生态补偿；如果河南段黄河水质达到协议规定要求，山东省要向河南省进行生态补偿。2022年7月，由于河南段黄河水质达到协议规定要求，河南省收到山东省兑现的1.26亿元生态补偿资金。河南省和山东省此次举措，不仅成为全国生态补偿机制建设的新探索，还被传为一时佳话。事实上，在这件事情上没有输家，河南省和山东省双方都是赢家，黄河和黄河流域生态环境同样也是赢家。因此，生态补偿机制是多方共赢和利国利民的大好事情。

事实上，对于河南省及黄河流域其他省份而言，黄河不仅是经济牌，也是文化牌；不仅是生态牌，也是旅游牌。黄河流域风光秀美、历史悠久、文化厚重，以河南省境内而言，不仅有三门峡这样的峡谷，也有花园口这样的渡口；不仅有仰韶文化这样的古老遗址，也有洛阳和开封这样的帝乡古都；不仅有小浪底这样的水利枢纽工程，也有嘉应观这样的"小故宫"；不仅有数不尽的故事，也有道不完的传说。总而言之，作为中华民族的母亲河，黄河景观星罗棋布，文化包罗万象，宗教文化、商旅文化、航运文化、建筑文化、民俗文化和军事文化等堪称一部流淌的百科全书。河南省已经看到黄河文化所蕴含的文化价值和旅游价值，并开始持续发力。如小浪底黄河三峡景区、黄河花园口水利风景区、郑州黄河国家湿地公园、商丘民权黄河湿地、三门峡天鹅湖国家城市湿地公园、黄河国家地质公园、黄河博物馆、南水北调穿黄工程和黄河大堤等，这些与黄河有关的景区在吸引国内外旅人游客观光游览的同时，也为河南省创造了巨大的经济效益、社会效益和生态环境效益，成为河南省生态经济高质量发展的重要参与者。不仅如此，由河南省主导的黄河流域申请世界遗产工作已经启动，由党中央提议的黄河国家文化公园建设工作正在稳步向前推进，黄河国家文化公园（河南段）也已经开始实施。2023年2月，黄河国家文化公园形象标志在洛阳市隋唐洛阳城国家考古遗址公园和二里头国家考古遗址公园亮相。[①] 相信在不远的未来，黄河会成为河南省生态经济高质量发展的主要推动力，为河南省各项事业的发展提供源源不断的动力。

河南省能够对接的国家重大战略机遇，不仅是黄河流域生态保护和高质量发展

---

① 河南省文物局. 黄河国家文化公园形象标志在洛阳试推出［EB/OL］. 河南省人民政府官网，2023 - 02 - 13.

这一项，如中部地区崛起、"一带一路"、大运河文化带等国家战略，河南省都是重要参与者。针对"美丽中国"和乡村振兴等国家战略，河南省已经展开大规模行动。2022年3月3日，《河南省"十四五"生态环境保护和生态经济发展规划》公布，成为加快推动河南省生态强省建设步伐的新蓝图。与此同时，该规划也是我国第一个将生态环境保护和生态经济发展进行融合的省级规划，在全国率先吹起生态环境保护和生态经济发展融合来推动生态经济高质量发展的号角。在其中，明确提出七大战略，即碳排放达峰战略、黄河流域生态环境保护战略、南水北调中线水源地生态安全保障战略、大运河绿色生态带建设战略、革命老区绿色振兴发展美丽中国战略、乡村生态振兴战略以及城市生态环境提质战略等。[①] 在这七大战略中，黄河流域生态环境保护战略、大运河绿色生态带建设战略、革命老区绿色振兴发展美丽中国战略和乡村生态振兴战略这四项都是与上述国家重大战略相互呼应的，由此也可看出河南省对国家重大战略机遇的精准把握。

第四节　河南省生态经济矛盾分析

近年来，按照党中央、国务院的相关部署，河南省以习近平生态文明思想中的生态经济理论为指引，以打赢全面建成小康社会决胜战和实现新时代中国特色社会主义现代化为目标，在积极推进社会经济全面发展的同时，也致力于生态文明建设，并始终牢记习近平总书记所指出的"生态文明建设是中华民族实现永续发展的百年工程、千年大计"[②]，全力推动社会主义生态文明建设事业不断发展向前。然而，河南省是国家战略资源储备的粮食大省，人口基数大，工业体系还并不是很完善，生态文明建设还处于起步阶段，没有现成的经验可以遵循，没有现成的道路可以跟着走，制定许多政策措施也只是摸着石头过河，因此面临着较为严峻的形势，也肩负着极为艰巨的任务。河南省的生态环境与社会经济还存在着一些阶段性矛盾，下面进行详述。

一、自然资源压力依然很大

从自然资源方面来看，河南省一直都是人口资源大省，但面积只有16.7万平方公里，在全国34个省级行政区中位列第18名，约占我国国土总面积的1.73%。然

---

① 河南日报."十四五"河南生态强省这样干：实施七个战略行动 明确六项重点任务［EB/OL］.河南省人民政府官网，2022-03-05.
② 习近平出席全国生态环境保护大会并发表重要讲话［EB/OL］.中央政府门户网，2018-05-19.

而，河南省常住人口却有9872万人，在全国34个省级行政区中，数量仅少于广东省和山东省，排在第3位，约占我国总人口的6.99%。[①] 河南省人均土地占有量在全国排在极为靠后的位置，这就造成了河南省人均资源取得量是极为有限的，对生态环境的承载能力造成了很大的压力。

如果在有限的国土面积里，河南省能够拼尽全力，竭尽所能推动工业发展，促进生产兴盛，社会经济当然能得到更充分有力的发展。然而，现实情况并非如此，因为河南省还肩负着极为重要的粮食生产任务。自古以来，我国便是以小农经济为主的农业国家，地处我国中部的河南省以农业立省，是我国为数不多的粮食主产区之一，肩负着粮食生产这一国家重大战略任务。因此，在河南省极为有限的土地中有很大一部分要专门作为种粮产粮的耕地，并且耕地是一条不可逾越的红线，只能作为耕地，不能转为他用。在这样的情形之下，河南省用地紧张的程度进一步加剧，对发展本省社会经济造成了极大的土地供应缺口。对于一些土地紧张的市县来说，甚至没有多余的土地用来投资建厂和推进城镇化进程。正因如此，在推进社会经济发展过程中，河南省常常面临土地资源紧缺的状况，成为发展社会经济的巨大阻力。

不仅仅是土地资源，河南省人口基数过大，使得人均资源占有量处在一个极低水平，因此，在进行相关资源开发过程中，由于人口众多而资源需求大，使得资源往往被过度开发，超过生态环境的承载范围。如水资源利用，由于水资源在河南省分布并不均匀，再加上工业生产、农业灌溉和居民生活等，对水资源的需求量较大，造成了河南省水资源极为紧缺的现象。不仅如此，能源结构不科学和不合理的情况也长期存在。由于发展社会经济的需求，工业发展成为河南省委省政府的一大工作重点。然而，由于工业生产的主要能源长期以来都是煤炭，而煤炭在燃烧过程中会排放大量污染物，也会留下大量废弃物，不仅会造成严重的空气污染，也会给水资源和土地资源造成极大程度的损伤。经过近年来坚持不懈的治理，河南省生态环境污染已经有了较大程度的改观，并且在对相关产业进行优化升级时，煤炭使用量大为减少。但是由于长期以来一直使用煤炭等传统能源，出现了很多历史遗留问题，使得能源结构的调整绝不是短时间内就可以迅速完成的。因此，河南省要做好打持久战的准备，做好长远规划，分步骤缓缓施行，推动产业优化，完成产业升级，逐步降低煤炭在能源结构中的比例，降低河南省工业对煤炭的依赖度。

总而言之，河南省在协调生态环境与社会经济关系的过程中，不可避免地会遇到土地供给出现较大缺口以及自然资源出现严重紧缺，因此，河南省无论过去、现在还是，未来很长一段时期所面临的自然资源压力都很大。

[①]　省情［EB/OL］. 河南省人民政府官网，2018－05－31.

二、经济转型任务依然艰巨

河南省是我国传统的经济大省，国内生产总值排名一直比较靠前。如 2022 年河南省国内生产总值以 6.13 万亿元排在全国第 5 的位置，仅次于广东省、江苏省、山东省和浙江省等传统经济强省。不仅如此，河南省国内生产总值同比增速为 3.1%，也排在全国较为靠前的位置。[①] 然而，由于河南省人口较多，平均下来便不占优势。2022 年河南省人均生产总值为 62071 元，在全国 34 个省级行政区中只排在第 22 位；人均可支配收入为 28222 元，在全国 34 个省级行政区中仅排在第 23 位[②]。这样的数值，不仅和国内生产总值较为靠前的广东省、江苏省、山东省和浙江省等传统经济强省相比存在较大的差距，就连和同处中部的湖北、湖南、安徽和江西等省份比起来也不占优势。

不仅如此，河南省的产业结构也存在一些不合理之处。经过多年经济结构的调整、优化和升级，2022 年河南省产业结构已经出现了很大程度的改观，三大产业增加值的比例已经从 2012 年的 12.4∶51.9∶35.7 转变为如今的 9.5∶41.5∶49.0。[③] 第一产业和第二产业增加值的比例明显下降，第三产业增加值的比重显著上升，已经占据河南省国内生产总值的近一半。然而，和全国平均水平相比还有一定差距，更不用说和广东省、江苏省、山东省和浙江省等传统经济强省相比了。2022 年，全国三大产业增加值的比例为 7.3∶39.9∶52.8，第三产业增加值在国民生产总值中所占比重比河南省高出 3.8 个百分点[④]。这也说明，在推进产业结构调整、促进产业结构优化和实现产业结构升级这一过程中，河南省仍然任重而道远，需要走更长的路，翻越更多的大山，解决更多的问题，克服更大的困难。

此外，在河南省能源结构之中，煤炭仍然占据较大比重。2022 年，河南省一次能源消费之中，煤炭占比降到 67.6%，非化石能源占比达到 11.2%[⑤]。河南省还需要进一步优化和深层次升级能源结构。

三、环境污染状况不容乐观

经过这么多年生态环境污染治理工作，尤其是近些年进行生态文明建设，从整

①②④　国家统计局河南调查总队.2022 年河南省国民经济和社会发展统计公报［R］.河南省统计局网站，2023.
③　结构调整稳步推进 发展优势显著增强——党的十八大以来河南经济结构调整成就［EB/OL］.河南省人民政府网，2022.
⑤　关于印发河南省"十四五"现代能源体系和碳达峰碳中和规划的通知［EB/OL］.河南省人民政府网，2022.

体上来看，河南省生态环境有了很大程度的改善，其质量水平也有了很大程度的提升，尤其是空气质量有了极为显著的进步，不仅得到中央政府的肯定，也受到当地人民群众的热烈欢迎。如 2021 年 3 月 31 日，时任河南省人民政府常务副省长的周霁同志，在河南省十三届人大常委会第二十三次会议上做了《关于2020 年度环境状况和环境保护目标完成情况与依法打好污染防治攻坚战工作情况的报告》，提到"河南省在 2020 年实现优良天数 245 个，同比增加 52 天，增长幅度排在全国第一位"。[①]

　　然而，从环境质量方面来看，河南省仍然存在一些突出性问题，使得环境质量仍有很大的提升空间。在主要污染物排放方面，河南省不仅存在数量偏高问题，排放强度多年来也始终比全国平均水平要高，有一些县市已经达到或者接近生态环境承载能力的上限。以工业污染物为例，河南省工业污染物的排放量一直居高不下，尤其是工业"三废"（废水、废气、废渣）需要更大力度的整治。河南省工业废水排放量多年排在我国中部六省第一位，2022 年河南省工业废水总排放量超过 4.29亿吨，工业废气中最主要的污染物——氮氧化物总排放量为 562.99 吨[②]，对生态环境承载能力来说已经是极为危险的数值了。也就是说，河南省工业布局仍有一些不科学和不合理之处，结构性污染问题仍然较为突出，全省产业结构偏于重工业、能源结构偏于煤炭和运输结构偏于公路等诸多问题目前还没有找到更为妥当的解决办法。尤其是一些煤电企业，虽然也在针对产业结构进行调整优化，并使污染物排放量大大减少，然而排放总量还是很大。此外，散煤治理和扬尘管控等涉及区域广、治理难度大，消耗了大量人力、物力，还难以取得明显成效，只要稍有松懈，便会出现反弹，已经成为河南省生态环境污染治理的一大顽疾。

　　不仅如此，由于长期发展高污染、高能耗和高排放的工业，导致河南省许多城市空气污染都严重超标，重度污染天气频繁出现，严重污染天气也是常常出现。时至今日，河南省仍然是全国范围内大气污染最为严重的几大省市之一，空气质量监测的几大主要指标在全国的排名极为靠后。此外，水体污染仍然较为严重，劣五类水质仍然存在着较高的断面比例，2022 年国家地表水考核断面相关数据显示，河南省水质优良断面比例还达不到全国平均水平，仍有 5.7 个百分点的差距。在一些城市，还存在着一定程度的"黑臭水体"；在广大农村，由于禽畜养殖等原因导致面源污染问题仍然十分突出。工业污染危及山川河流以及农村土地，农村则垃圾成堆，白色污染物四处飘飞，由于缺乏重点整治，再加上面积太大力不从心，造成农业面源污染、地下水污染以及土壤污染等农村污染问题日益严重，已经成为河南省生态

① 牛瑞芳. 坚定走好河南生态优先、绿色发展之路［J］. 人大建设，2021（5）：3 - 8.
② 2022 年河南省排放源统计年报数据［EB/OL］. 河南省生态环境厅网，2023.

环境污染的突出问题。

PM2.5 是对那些直径小于以及等于 2.5 微米的悬浮细粒物的统称，能在空气中悬浮较长时间。在空气中，其含量和浓度越高就意味着污染越严重。目前，PM2.5 已经成为监测环境污染的最重要的指标。随着河南省社会的进步和经济的发展，人民群众生活水平普遍提高，许多家庭为使生活更加便利都购买了汽车。然而，以汽车为主的机动车所排放出来的尾气积少成多，已经成为对 PM2.5 造成严重影响的主要因素。然而，机动车尾气污染如今并没有区域之间的协同立法，也缺乏较为有力的监管控制措施，时至今日仍然是造成大气污染的重要因素。

四、生态系统退化亟待遏制

随着党中央、国务院对生态环境问题的日益重视，并启动生态文明建设相关机制，河南省生态环境保护事业有了长足进步，生态文明建设也在稳步向前推进。然而，由于我国生态文明建设还处于探索阶段，与生态文明有关的机制体制并不健全，使得河南省生态环境保护相关问题并没有得到很好的解决。[①] 例如，生态系统，它们是极为脆弱的，一旦造成破坏，便需要很长时间才能恢复，有些生态系统一旦遭到破坏可能永远难以修复。就目前而言，生态系统脆弱度达到中度及以上程度的河南省土地面积依然有很大比例，因为对资源的过度利用开发，所导致的生态系统破坏问题仍然较为突出，生态空间遭到侵占和挤压的程度不断加深，天然湿地面积不断减少，生物多样性也在不断削减，许多生物濒临灭绝甚至已经灭绝。

正因如此，山水林田湖草是完整的生态系统，是命运相连的共同体，这样的思想理念需要进行更多宣传，需要深入基层，为更多人所熟知。此外，河南省对湿地、水体和森林等生态系统进行保护的力度应该进一步加强，所进行的修复面积应该进一步加大。[②]

五、生态产业结构单一

生态产业是生态经济的重要评价因素，生态经济出现高质量发展，离不开生态产业和绿色产业的高质量发展。针对河南省目前的生态产业，其发展还只是刚刚起

---

① 任杰，钱发军，李双权. 河南省生态系统胁迫变化研究 [J]. 中国人口·资源与环境，2015 (3)：169 – 171.

② 李晓东，文倩，李小弯. 河南省生态文明水平时空分异及关联分析 [J]. 中国农学通报，2019 (1)：95 – 101.

步，处于初期阶段，产业结构相对较为单一，相关产业只是呈现点状分布的态势，未能形成相对完整的产业链，更无法完成生态产业体系的构建，因此，还难以出现规模效应，而成为促进河南省生态环境与社会经济协调发展的加速器。事实上，造成这样的局面是因为河南省传统产业转型升级的速度较为缓慢、过程较为艰难。

第三产业是检验一个国家和区域生态产业是否健康的晴雨表。经过多年努力，河南省第三产业增加值在国内生产总值的比重一直在持续升高，目前已经接近河南省国内生产总值的一半。然而，与国内平均水平相比仍然有一定差距，和国内发达省市相比差距更大。所以，河南省要积极调整优化产业结构，大力发展第三产业，尤其要推动生态产业体系的构建，促进生态产业结构的丰富和完善。

不仅如此，生态技术的开发与创新也是促进生态产业不断向前的重要推动力。尤为重要的是，如果清洁生态的生产方式能够得到大面积推广和广泛性应用，便能保证传统工业企业在产值总量不降低、生产规模不缩小的同时，使能源消耗大为降低、污染物排放大为减少。一直以来，河南省主要工业污染物排放量都处在一个较高水平，并且居高难下，如果能够积极致力于生态生产技术、清洁能源技术以及资源循环再利用技术等生态型技术的研发和应用，便能使污染物排放量大为降低，从而缓解生态环境与社会经济之间的矛盾。事实上，要想实现产业生态化和企业清洁化，就要把生态生产和清洁生产的思想理念贯穿在产品制作的诸多环节之中，推动生产生态化、管理生态化和运输生态化，从而实现全过程生态化。

不过，要推动生态产业的发展，完成生态技术的革新，不是政府凭一己之力所能完成的，也不是企业独自发力所能推动的，而需要政府和企业双管齐下、共同发力方能完成。一方面，政府要出台规章制度，对企业排放污染物做出从严要求，并从资金上对企业从事技术创新和产业升级进行帮扶，在政策上予以支持。另一方面，对生态化生产和生态型产业，企业也要有充分深刻的认识，完全理解生态技术革新对于企业的重大意义，它不仅能够提高产品竞争力，还能推动企业的转型与升级，从而不断加大生态技术创新的投入力度，不懈追求环保生态的生产方式。

第六章

河南省生态环境与社会经济耦合协调发展评价体系构建

促进生态环境与社会经济和谐共处，推动生态环境与社会经济协调共荣，是高质量发展省域生态经济的必由之路，也是提升地区整体实力的快捷通道。河南省地处中原腹地，不仅是历史文化大省，也是经济大省和农业大省，对促进我国中西部地区社会经济发展具有极为重要的推动作用，是我国社会经济高质量发展不可或缺的重要环节。因此，河南省根据自身实际情况，推动生态环境与社会经济高质量发展显得至关重要，需要河南省积极探索找到一条满足自身需求和适合自身发展的社会和谐、经济发展、生态绿色、环境友好之路。

▶ 第一节　耦合协调发展评价体系设计基本原则

河南省生态环境与社会经济耦合协调发展评价体系，是对河南省生态环境与社会经济耦合度进行监测和协调的重要体系，它能够直观反映生态环境与社会经济的耦合度与协调性。一般而言，评价体系既能表明评价对象在不同方面的特性，也能反映不同指数之间的相互关联度，还能显示指数的内在结构。在构建耦合协调发展评价体系时，保证其科学性、可行性、完整性和动态性，是对河南省生态环境与社会经济之间的耦合度和协调性进行客观评价、认真分析的基础和前提。因此，在对河南省生态环境与社会经济耦合协调发展评价体系中的评价指数进行选取时，一定要能够准确、全面、科学地反映河南省生态环境与社会经济之间的耦合协调关系。

所以，在设计和构建河南省生态环境与社会经济耦合协调发展评价体系时，务必要遵循以下四点原则。

一、科学性原则

如果想要从整体上对河南省生态环境与社会经济的耦合协调度进行科学、客观和合理的评价，那么在设计和构建其评价体系时要严格遵照科学性原则，才能对河南省生态环境状况以及社会经济发展程度进行全面掌握和科学分析。因此，在构建指数体系框架时要遵照相关理论原理，才能保证河南省生态环境与社会经济耦合协调发展评价体系的合理性、科学性以及严谨性，进而使河南省生态环境的实际状况以及社会经济的现实发展情况得到确切和真实的反映，其所暴露出来的问题也会得到合理有效的解决。这就需要做到三点：一是各评价指数数据有着可靠的来源，应来自各级政府的公开数据或者各级统计局公布的数值；二是处理方法应是得当、科学和客观的；三是评价体系的结构应是合理、公正和有效的。

二、可行性原则

设计与构建河南省生态环境与社会经济耦合协调发展评价体系时，要充分考虑各评价指数的可行性，因为如果各评价指数不具备可行性或者可行性不是很强，就有可能给后续研究带来诸多不便，并给接下来的观点结论造成一些不良影响，使相关研究功亏一篑。为了保证各评价指数的可行性，一方面，充分考虑河南省生态环境的演变性和社会经济的发展性，也就是说，在选取评价指数时要考虑到生态环境与社会经济的时代因素在其中所占的比重，与此同时，也要保证这些评价指数在空间上是具有可对比性的，在时序上是具有可排列性的。另一方面，也要充分考虑这些评价指数的可获得性，保证它们是容易获取的，也就是说，在选取各评价指数时尽量选取党和国家、中央政府以及地方各级政府、相关部门公开的统计数据，与此同时，也要保证这些评价指数是可以进行量化分析以及定量和定性研究的。由于地理位置和地域特色不同会造成不同地区之间自然资源不同、生态环境各异、人文特色不一和经济特色有别，因此发展速度和程度均不尽相同。因此，在选取评价指数时要把评价内容作为重中之重，尤为重要的是各个子系统的评价指数，不仅要能够真实直观地反映河南省下辖18个地级市社会经济发展状况和生态环境现实情况，并且是这18个地级市所共有的量化指标和公开的统计数据。

三、完整性原则

在设计和构建河南省生态环境与社会经济耦合协调发展评价体系时，需要从整体上把握并进行综合考量。一方面，要考虑到生态环境与社会经济这两个较为复杂的系统所涵盖的所有要素，研究其全面性和系统性；另一方面，要考虑这两个系统之间以及系统各要素之间的关联性，研究其普遍联系性以及异同性。如果分开来看，对社会经济评价系统来说，社会经济结构、社会经济规模及社会经济潜力等是需要着重考虑的因素；对生态环境评价系统来说，生态环境容量、生态环境污染以及生态环境治理等则是需要重点考虑的对象。总之，不仅要保证河南省生态环境与社会经济耦合协调发展评价体系是完整的，还要保证该系统所涵盖的要素是齐备的，至少要包含所有的重点要素。

四、动态性原则

对于本书主要研究对象而言，无论是河南省生态环境与社会经济耦合协调度评价，还是河南省生态经济高质量发展，都不是静止不变的，而是一个不断发展和变化的过程，同时也是一个动态前进的进程。不仅如此，对于河南省下辖 18 个地级市而言，无论其生态环境还是社会经济，都在不断发生变化，不断在前进中发展，不断在发展中前行，也是一个动态变化的过程。因此，在选取河南省生态环境与社会经济耦合协调发展评价体系的指数时，不仅要准确而恰当地反映动态变化的特征，还要如实而精准地体现其在地域、空间和格局等方面的差异。

▶ 第二节　耦合协调发展评价体系设计与指数选取

一、体系设计

就目前而言，已经有不少学者聚焦于生态环境与社会经济耦合协调发展的研究领域，或分析其时空演变，或研究其内在联系，并取得了较为丰硕的研究成果。然而，虽然有关生态环境与社会经济耦合协调发展评价的体系研究已经有学者涉及，但并不系统，也未建立科学完整的评价体系。为了科学探讨生态环境与社会经济之间的内在联系，并科学评价它们之间的耦合协调发展，就要对其进行精准和便捷的定量分析。为了保证精准性和便捷性，要选取一些关键性指标和重点型数据，这就要求指标要有很强的代表性，能够准确反映生态环境的现实状况和社会经济的真实情况。不仅如此，这些指标还要全面而具体的。尤为重要的是，这些指标要可以量化的，能够通过具体数值来代表，用直观数据来反映。

在研究河南省生态环境与社会经济耦合协调度时，本书作者在认真查阅相关文献，并对期刊文章和硕博论文等文献进行系统研究的基础上，严格遵循如前文所言生态环境与社会经济耦合协调发展评价体系设计的四大基本原则，结合河南省的现实状况以及下辖18个地级市的实际发展情况，对河南省生态环境与社会经济耦合协调发展评价体系进行科学而系统的设计。

本书作者认为，河南省生态环境与社会经济耦合协调发展评价体系应当包含河南省生态环境发展评价和河南省社会经济发展评价两大系统。而这两大系统又有各自的评价指数，河南省生态环境发展评价系统分为生态环境容量、生态环境污染以及生态环境治理等三个方面；河南省社会经济发展评价系统包含社会经济结构、社会经济规模以及社会经济潜力等三个部分。两大系统的三个方面和三个部分又可细分为具体的评价指数。

二、指数选取

（一）生态环境发展评价系统

1. 生态环境容量

生态环境容量是评价生态环境发展现状时不可或缺的指数。生态环境系统所能承受的人类活动总量并不是无穷大的，其所能容纳的污染物总量是有上限的。在某一特定自然区域内，如果生态环境系统的结构不被破坏，功能不受损伤，人类活动又不会降低生态环境的质量状况，生态环境对污染物的最大容纳负荷量，便是生态环境容量。某一区域生态环境容量的大小和这一区域生态环境空间的大小、所涵盖生态环境要素的基本特征、生态环境的净化能力以及污染物的物理化学性质等有着极为密切的关系。

生态环境容量还可细分为饱和生态环境容量和适宜生态环境容量等两种形式。饱和生态环境容量是指当前生态环境资源所能承受的最大生态环境压力。当然，生态环境资源的定义是极为广泛的，不仅包含大气资源、水资源及土地资源等内容，还包含生物资源和海洋资源等形式。适宜生态环境容量是在充分利用生态环境资源时又使生态环境得到尽可能的保护，从而在生态平衡得到很好保持的前提下，推动区域实现可持续发展时生态环境所能承受的最大压力。

  一个区域的生态环境容量是这一区域生态是否健康和环境是否友好的晴雨表，因此可以用其对一个区域或者众多区域的生态环境发展指数做出评价。不过，生态环境容量这一词汇在政令性文件或者政府工作报告中出现的频率并不高，取而代之的往往是建成区绿化覆盖率这样的词汇。此外，人均耕地面积也可被视为该区域生态环境容量的反映。因此，在对一个区域的生态环境容量进行评价时，建成区绿化覆盖率、人均耕地面积以及公共绿地面积是最常用的三大指数，一来这三者是检验政府工作是否卓有成效的极为重要的指标，二来这三大指数是能够进行量化的指数，三来它们一般都会出现在各级政府的年度工作报告中，相关数据易于查询。

  （1）建成区绿化覆盖率。

  绿化覆盖率是对一个区域绿化水平进行衡量时的一个主要指标，建成区绿化覆盖率代表着城市绿地面积的大小和绿化水平的高低。建成区绿化覆盖率指的是在城市建成区内，灌木、乔木和草坪等绿化植被在垂直投影状态下的面积占建成区整体面积的百分比。建成区绿化覆盖率和城市的面积大小、生态环境质量、水域气候条件、人口密度以及用地性质等都有着极为密切的关系。因此，由于自身条件有所差异，实际状况也有所不同，不同城市的建成区绿化覆盖率是不尽相同的，并且对建成区绿化覆盖率的要求也不尽相同。不过，几乎所有城市对自身建成区绿化覆盖率的要求都在30%以上[①]。这就要求各城市哪怕没有足够的绿地，也要见缝插针搞绿化，不仅需要建设尽可能多的花坛、草坪、公园以及行道树木等公共绿化设施，还需要对商户、住宅和办公大楼等私家区域进行相关绿化安排。

  作为城市建设的重要指标，建成区绿化覆盖率的提高，无论是对城市生态环境系统的保护还是对城市空气质量的提升，无论是对市民生活环境的改善还是对市民居住条件的提高，都起着至关重要的推动作用。当然，建成区绿化覆盖率能否提高，不仅需要政府的积极主导和大力宣传，还需要企业的大力支持和市民的倾力相助。一方面，政府要制定相关政策和出台相关举措，在相关部门单位进行城市建设时对绿化进行硬性规定，提出硬性要求。另一方面，政府也要加大宣传力度，加强推广手段，对企业绿化环境和居民美化家园的营建进行引导和鼓励。

  如今，建成区绿化覆盖率已经成为各级园林城市建设的一大评定标准。国家园林城市是各级园林城市的最高层级，根据《国家园林城市标准》，建成区绿化覆盖率要达到40%以上，而国家生态园林城市的要求更高，建成区绿化覆盖率要大于等于45%[②]。目前，建成区绿化覆盖率已经成为检验政府执政水平的重要因素，并成

[①] 关于印发《城市绿化规划建设指标的规定》的通知 [EB/OL]. 中华人民共和国建设部，1993.

[②] 住房和城乡建设部关于印发国家园林城市申报与评选管理办法的通知 [EB/OL]. 中华人民共和国住房和城乡建设部网，2022 – 01 – 17.

为反映各城市建设治理能力的重要标志。

（2）人均耕地面积。

耕地是能够用来进行农作物种植并且需要耕作的田地。粮食不仅能够解决人类的温饱，还维系着人类的存亡，因此，我国自古以来便有"国以农为本，民以食为天"的说法。正因如此，能够产出粮食的耕地才显得尤为重要。我国是土地资源大国，同时也是人口大国，地大物博，人口众多，以不足全球 10% 的土地，生产着全球 25% 的粮食，养育着全球近 20% 的人口。[①] 2009 年 6 月 23 日，国土资源部（即如今的自然资源部）决定举行以保经济增长和保耕地红线为目标的双保行动，坚决施行最严格的耕地保护制度，耕地保护底线不能破，耕地保护红线不能碰。我国的耕地保护红线为 18 亿亩，这一红线是最低下限，即能够经常进行耕作种植的田地面积的最小值。在我国，耕地包含多种形式，如熟地、连续撂荒不满三年的耕地、当年新开垦的荒地以及当年未进行种植的休闲地等。

人均耕地面积，即人均耕地占有面积，指的是某一区域所能耕种的土地总面积与这一区域人口总数量相除的数值。一般来说，人均耕地面积越大意味着这一区域的农业生产能力越强，粮食产出越大，所能取得的经济效益也就越高。

尽管有耕地红线存在，由于我国拥有 14.12 亿人口，人均耕地面积只有区区 1.39 亩，在全球排名较为靠后。因此，我国人民要过上更好的生活就需要在现有耕地上多下功夫。一方面，扩大耕地面积，以退地还耕和退林还耕等形式尽可能地增加耕地面积；另一方面，提高耕地利用率，以新技术应用和新产业融合等形式尽可能地增长耕地产出。事实上，我国出台保护耕地的相关举措是卓有成效的。2021 年 8 月 26 日，国家自然资源部公布了第三次全国国土调查的主要数据成果，根据相关调查数据测算，我国耕地面积已经超过 19 亿亩，达到 19.179 亿亩。[②]

（3）公共绿地面积。

城市公共绿地面积是衡量一个城市绿化数量以及绿化质量的重要指标，同时也是推动城市社会经济发展和完善生态文明建设的重要因素。它不仅是对城市生态环境质量进行评价的重要标准，也是反映城市精神文明建设程度的重要标志。

公共绿地指的是那些以休闲娱乐为主要功能，并兼有生态优化和环境美化等功能，可以对公共开放，开展不同种类的户外活动、规模面积较大的绿地。如果按照特征进行分类，公共绿地包括风景名胜公园、城市公园、社区公园、主题公园、动物园、植物园、广场绿地、森林公园、街旁游园以及带状公园等；如果按照功能进行分类，公共绿地可以分成区域公园、自然公园、综合公园、邻里公园以及河滨公园等。

---

①　汪同三：中国用全世界不到 10% 的耕地养活了 20% 的人口 [EB/OL]. 中央纪委监察部网，2023.

②　耕地面积 19.179 亿亩，第三次全国国土调查主要数据成果公布 [EB/OL]. 央视网，2021 - 08 - 26.

城市公共绿地面积指的是城市公共绿地所占有的面积，往往包含以下三种形式：一是天然绿地面积；二是人工建造的公共场所绿地面积；三是政府部门和企事业单位等所拥有的绿地面积。

衡量城市拥有的公共绿地时，还有一项重要指标是人均公共绿地面积，指的是城市公共绿地面积与城市非农业人口相除的数值。早在 1993 年，我国政府便对每个城市的公共绿地面积做出了硬性要求，国务院建设部于 1993 年 11 月 4 日发布了《城市绿化规划建设指标的规定》，规定人均公共绿地面积指标要根据城市人均建设用地指标来确定。其中，人均建设用地指标小于 75 平方米的城市，人均公共绿地面积到 2000 年时，应当大于等于 5 平方米，到 21 世纪 20 年代时，应当大于等于 6 平方米；人均建设用地指标在 75 平方米和 105 平方米之间的城市，人均公共绿地面积到 2000 年时，应当大于等于 6 平方米，到 21 世纪 20 年代时，应当大于等于 7 平方米；人均建设用地指标大于 105 平方米的城市，人均公共绿地面积到 2000 年时，应当大于等于 7 平方米，到 21 世纪 20 年代时，应当大于等于 8 平方米。[①] 如今正是 21 世纪 20 年代，我国大多数城市都已经达到我国政府的规定要求。

事实上，无论是国家园林城市、国家森林城市建设还是国家生态文明建设示范市建设，城市公共绿地面积都是硬性指标，因此，各省市、各区域，都要想方设法、见缝插针增加城市公共绿地面积，这样一来，城市空气质量会得到大幅改善，热岛效应会得到一定缓解，城市居民的生活质量会大大提高，对其身心健康当然也大有裨益。

当然，无论是城市公共绿地面积的增加，还是人均公共绿地面积的提高，都需要政府、企业和居民三方密切配合，协同作战。首先，对政府来说，应该积极推行城市绿化建设，不断加大城市公共绿地投入，以创建国家园林城市、国家森林城市和国家生态文明建设示范区等为契机，不断以绿地扮靓城市，以绿化愉悦人心，使居民的归属感、获得感和幸福感大大增强。其次，对企业来说，应该勇敢承担社会责任，主动出击，有所作为，在认真参加城市公共绿地建设的同时，以优化环境和美化企业为目的，在企业内部养花种草，植树造林，美化环境，净化厂区，使干部职工的主人翁意识大大增强，激发全体员工"以厂为荣"和"以企为家"的荣誉感，鼓舞他们奋起直追和你追我赶的奋斗精神，从而推动企业各项事业不断向前发展。最后，对居民来说，应该树立"我以城市为荣耀，城市因我而文明"的主人翁精神，对公共绿地做到自觉爱护，讲文明，懂礼貌，不乱扔废物垃圾，不破坏公共设施，不践踏草坪，制止不文明和不礼貌的行为，坚决与破坏公共设施和绿化绿地

---

① 李晓东，文倩，李小弯. 河南省生态文明水平时空分异及关联分析 [J]. 中国农学通报，2019（1）：95 – 101.

的人作斗争。

2. 生态环境污染

评价生态环境发展状况时，生态环境污染无疑是重中之重。生态环境污染是指因生态环境系统中某种物质或者能量的积累与增加，使人类或者其他生物受到直接或者间接危害的状况。造成生态环境污染的主要原因无外乎两点：一是人类活动的加剧，如人类进行工业活动排出的"三废"——废水、废气、废渣，因汽车增多造成的交通噪声、废气排放，因战争和核电站泄露造成的核辐射等。二是某种自然活动的结果，如火山爆发排放出来的大量灰尘烟雾，使阳光遮蔽，导致日照减少，气温下降；排放出来的有毒物质，使海水遭到污染，使鱼虾中毒死亡等。当然，人类活动造成的生态环境污染，所带来的不良影响要远远大于自然活动，人类是生态环境污染的"罪魁祸首"。

目前，生态环境污染已经成为全球性课题，需要全人类集中智慧，共同努力去应对。使生态环境污染成为全球性问题的主要原因在于：一是生物和被污染的环境之间发生相互作用，从而使污染进一步扩大或者加深；二是在生态环境系统中，污染物进行迁移、发生转化、生产累计，从而导致污染逐渐扩大或者日益加深。

如果从污染层面进行分类，生态环境污染可分为水污染、大气污染、土壤污染、生态污染以及食品污染等。如果以污染因子的性质进行分类，生态环境污染可分为物理污染、化学污染和生物污染等，如光、声、辐射和热能等带来的污染属于物理污染，无机物污染和有机物污染属于化学污染，寄生虫、有害微生物以及变应源等所导致的污染属于生物污染。如果以污染源进行分类，生态环境污染可分为工业污染源污染、交通运输污染源污染、生活污染源污染以及农业污染源污染等，其中，因工业活动中煤和石油等燃料的燃烧从而产生的废渣废气和有毒物质等对生态环境的危害较大，此外，农业活动喷施的农药等残留在食物和土地中也会产生较大危害。

排查生态环境污染时，由于难以面面俱到，我国只是对一些主要污染源污染做出数据统计并予以公布。工业污染源方面，一般以二氧化硫、废水和烟尘粉尘等工业三废为主，并以二氧化硫排放总量、废水排放总量和烟尘粉尘排放总量等进行数据统计。生活垃圾污染源方面，一般以生活垃圾为主，以生活垃圾清运量进行数据统计。农业污染源方面，一般以农用化肥施用为主，以农用化肥施用折纯量进行数据统计。

（1）二氧化硫排放总量。

煤、石油以及其他矿物质通常都含有硫元素，在其燃烧后，硫元素经过氧化会变成二氧化硫。虽然二氧化硫只是一种无色透明的气体，但有明显的刺激性臭味，含有剧毒。人体在吸入二氧化硫后，和呼吸道的水分相溶，从而生成具有强烈腐蚀性的硫酸、亚硫酸以及硫酸盐，使刺激作用大幅增强，导致胸闷和呼吸不畅等不良症状出现。根据相关研究表明，如果大气中的二氧化碳浓度超过 0.5ppm①，已经能够对人体产生潜在不良影响；如果大气中的二氧化碳浓度在 1ppm 至 3ppm 之间，可以刺激人体，导致一些不良情况出现；如果大气中的二氧化碳浓度在 400ppm 至 500ppm 之间，会导致人体口腔出现溃疡，并有肺水肿出现，甚至有窒息死亡的危险。

事实上，导致大气中二氧化硫浓度过高的主要原因是人类的工业活动。具体而言，有三种人类活动最为频繁地排放二氧化硫：一是硫酸厂排放出来的尾气含有大量二氧化硫；二是在铜、锌、铅、镍、钴、银和金等有色金属冶炼过程中，大量二氧化硫被排放出来；三是在煤炭燃烧过程中产生的烟气含有大量二氧化硫。虽然自然活动也会产生二氧化硫，如火山喷发时会产生二氧化硫，生物在腐烂过程中会生成硫化氢，排放到大气中氧化后也会产生二氧化硫，但含量不多，浓度也不高，二氧化硫浓度之所以高主要还是人类工业活动造成的。

为了更好地控制二氧化硫的排放，我国制定了《大气污染物排放标准》，对不同设备、不同行业以及不同区域的不同燃料进行二氧化硫排放限值，其中，硫煤为 1.5（克/千克）煤、焦煤为 1.5（克/千克）煤、其他煤类为 1.0（克/千克）煤；燃宝石为 0.4（克/标准立方米）、天然气为 0.25（克/标准立方米）；燃油为 2.0（克/千克）油、其他液体为 3.0（克/千克）计量单位的液体。不仅如此，在排放二氧化硫时还要同时满足排放口规定浓度和流速限制。

对二氧化硫的排放进行控制，并制定较为严格的排放标准，是我国大力推进生态环境保护事业的重要举措。随着科学技术的不断进步和人民群众环保意识的稳步提高，我国对二氧化硫排放的控制能力会逐步提高，因此，对二氧化硫排放总量的控制作为生态环境污染防治的重要指标，也会受到人民群众的日益重视。

（2）废水排放总量。

废水被视为危及生态环境的三大主要公害之一。人们在进行各种活动排出的水以及径流雨水，统统被称作废水。废水通常是指在经过一定技术处理之后，仍然难以循环利用的水，或者在经过一级污染之后，尽管经过制纯处理仍达不到相关标准的水。

废水主要来自工业活动产生的废水、居民生活产生的污水以及径流雨水三个方面。其中，工业废水是对生态环境影响和危害较大的一类废水。如果工业废水不经处理直接流进渠道，流入江河湖海，会使地表水受到污染，从而导致鱼虾水草等水

---

① ppm 即为百万分之一。

生动植物大量死亡，有些物种可能会因此绝迹。如果工业废水发生渗透，使地下水遭到污染，生活在附近的民众饮用受到污染的地下水后，会使身体健康受到危害，严重者可能会造成死亡。如果工业废水渗透进土壤，会使土壤遭到污染，不仅会危及土壤中微生物及昆虫的生命安全，还会使农作物受到影响，从而危及粮食安全及人类健康。如果工业废水中的有毒有害物质挥发到空气中，会使空气受到污染，从而危害生态环境。事实上，工业废水破坏生态环境的威力相当大，如发生在日本的富山事件和水俣事件，就是工业废水过量排放导致的。前者是由于铅锌冶炼厂排放含镉废水，附近居民因为食用了含镉的稻米和饮用了含镉的水体而导致中毒，从而产生关节痛、神经痛及骨痛等症状，造成骨骼软化和萎缩，最终十分痛苦地死去。后者由于化学企业排放大量含汞的废水，导致鱼虾体内剧毒物质——甲基汞大量堆积，附近居民在食用有毒鱼虾之后，大脑内的中枢神经系统和末梢神经受到侵害，从而导致步履蹒跚、手足麻痹、面部痴呆和视觉丧失，严重者会精神失常，他们手舞足蹈，兴奋大叫，最终死亡。正因如此，世界各国才将工业废水排放总量作为生态环境监测统计的主要指标之一。

　　废水种类很多，如农药废水，因为农药种类繁多，导致废水水质极为复杂，对生态环境污染极为严重；含酚废水，主要携带甲酚、苯酚和二甲酚等含酚基化合物，不仅会造成鱼虾死亡，还影响人类健康；含汞废水，主要携带各种汞化合物，这些汞化合物的毒性差异较为明显，有些无毒、有些微毒、有些剧毒，如造成水俣病的甲基汞就含有剧毒；含油废水，主要携带大量油类污染物，如浮上油、分散油和乳化油等，还有一些密度较高的重焦油；重金属废水，携带大量重金属，不过，这些重金属的含量、种类以及存在形式并不相同；含氰废水，主要含有氰化物，无论有机氰化物还是无机氰化物，都属于剧毒物质，对生态环境危害极大；食品工业废水，主要含有果皮、菜叶和碎肉等固体物质，油脂和淀粉等悬浮物质，糖类、酸类、盐类和碱类物质，泥沙，其他有机物以及病菌病毒等。另外还有造纸工业废水、印染工业废水、染料生产废水、化学工业废水、酸碱废水、选矿废水以及冶金废水等。

　　（3）烟尘粉尘排放总量。

　　烟尘、粉尘和二氧化硫并称为"最主要的工业排放污染气体"。烟尘是指企业工厂在生产过程中，燃烧煤和石油等燃料时产生的含有污染物的悬浮小颗粒。烟尘一般由各种金属小颗粒、非金属小颗粒以及由氮氧化物、二氧化硫和碳氢化合物构成的有毒有害气体组合而成，颗粒直径往往小于0.9毫米。因往往以颗粒形式悬浮在空气中，因此也被称作悬浮颗粒。这些悬浮在空气中的颗粒处在毫无规则的布朗运动状态之下，会通过碰撞使颗粒逐渐凝聚增大。烟尘的大量聚集，空气质量会严重下降，人类吸入有烟尘的空气，会损伤上呼吸道，从而引发呼吸道疾病。不仅如此，烟尘还会和空气中的二氧化硫产生协同效用，从而对人类和动物的身体产生更大的危害。此外，烟尘在空气中大量凝聚，会遮蔽阳光，影响植物进行光合作用，并诱发酸雨，从而弱化土壤机能，对生态环境造成严重破坏。

粉尘主要是指工业粉尘，即固体物料在进行机械粉碎以及机器研磨时，在筛分、混合、包装以及运输的过程中所产生的粉末状颗粒。此外，金属矿石在加热过程中产生的大量携带金属小颗粒的蒸汽，上升到空气中之后，因为氧化凝结而滞留在空气中形成粉尘。如：在金属冶炼过程中，会产生锌蒸汽，在空气中凝结氧化之后会变成固体小颗粒。粉尘的危害程度是较为严重的，具体表现在三个方面：其一，粉尘的化学成分极其有害，像锰、铬、铅、镉和汞等金属粉尘以及砷和二氧化硅等非金属粉尘都是有毒的，人体在吸入这些有毒物质后，会导致中毒甚至死亡，如果长期吸入粉尘，在肺部沉淀堆积之后，会导致呼吸机能病变而成为俗称的"尘肺"。其二，粉尘颗粒的大小不同，沉积在呼吸系统的位置也会有所不同。通常而言，如果粉尘颗粒直径在 100μ[①] 以上，会从空气中很快降落，并不危害人体健康，如果粉尘颗粒直径在 10μ 以上，会滞留在呼吸道之外，如果粉尘颗粒的直径在 5μ 至 10μ 之间，会被鼻腔和气管内的纤毛以及黏液阻留，被人体以咳嗽或者打喷嚏的形式排出体外，如果粉尘颗粒直径小于 5μ，会在肺泡中滞留。总之，粉尘越细，停留在空气中的时间越长，被人体吸入的机会越多，对人体造成的危害就会越大。其三，粉尘浓度过大，会使城市上空的能见度严重下降，更为严重的还会因粉尘大量凝聚而引发爆炸。

正因如此，在各级空气质量监测及环境监测统计数据中，烟尘和粉尘排放总量一直是一项主要指数。而加大监控监管力度，采用新手段和实施新技术等形式，使烟尘和粉尘排放总量降低，则是各级政府一项重要的工作内容。

（4）生活垃圾清运量。

生活垃圾是指人们在日常生活过程中，抑或为人们的日常生活提供某种服务的活动中，所产生的固体废物的统称。此外，依照法律法规规定，可被视为生活垃圾的固体废物也可作为生活垃圾。生活垃圾一般有以下几类：居民在生活过程中产生的垃圾、集市贸易以及商业行为产生的垃圾、公共场所产生的垃圾、因街道清扫产生的垃圾、企事业单位产生的垃圾、厂矿企业等单位产生的除工业废料废渣以及其他危险固体废弃物之外的垃圾。

生活垃圾有以下几个显著特点：一是成分复杂，这和我国大多数地方采用混合收集的方式有关，垃圾分类任重而道远；二是含水量较大，因许多厨余垃圾是由果

---

① μ 即百万分之一。

皮菜叶和剩饭剩菜构成，含水率往往较高；三是含有大量无机物质，如金属和玻璃等无机物在生活垃圾中出现的频率较高；四是有机物质含量相对较少，如布料、纸张、皮革和纺织物等有机物质含量较少，厨余垃圾较多。

生活垃圾危害甚大，一方面，大量生活垃圾要占用很多土地，严重影响城市生态环境，给人们带来不好的感官体验。另一方面，生活垃圾会给大气、地下水、土壤以及农作物等都造成较为严重的污染，从而对生态环境和人类身心健康带来多重不良影响。首先，变质的生活垃圾会散发出大量有毒有害气体，污染大气环境。其次，生活垃圾里的有毒有害物质会和地下水相溶，渗透进土壤，从而引起地下水污染和土壤污染，进而危及人民群众的健康。最后，发酵的生活垃圾会产生沼气，不仅会使植物生长受到阻碍，臭氧层也会因此受到破坏，遇到火花时还会发生爆炸，使人民群众的财产和生命安全受到严重威胁。随着我国城镇化进程的加快，城镇居民会越来越多，产生的生活垃圾也会越来越多，目前已经成为我国城镇化进程所面临的严重问题。

生活垃圾清运量指的是能够被清理、运送到垃圾消纳、转运场所的生活垃圾的总量。一般而言，生活垃圾清运量会受到生活垃圾产生量、生活垃圾清运比以及生活垃圾回收比三方面的影响。通常来说，生活垃圾产生量越小，生活垃圾清运量就越小；生活垃圾清运比越高，生活垃圾清运量就越大；生活垃圾回收比越高，生活垃圾清运量就越小。生活垃圾清运量的大小是这三方面共同作用的结果。

总之，生活垃圾清运量是一个城市文明程度的重要标志。一个城市的生活垃圾清运量越大，清运比越高，就代表着这个城市所采取的举措越得力，也就说明这个城市越先进，越文明。

（5）农用化肥施用折纯量。

化肥，即化学肥料的简称，指的是使用化学或者物理方法制作而成的、能够满足农作物存活生长需要的一种或者几种营养元素集合而成的肥料，因此也叫无机肥料。化肥一般有以下几大种类：氮肥，能够为植物生长提供必要的养分，加快植物生长，助推植物发育，从而促进植物提高产量和提升质量，氮肥有尿素、氨肥、硝酸钾以及硝酸铵等几种形式，其中，应用最为广泛的是尿素。磷肥，能够促进植物根系的发育，使植物的抗病能力得到增强，磷肥有磷酸三铵、磷酸二铵、磷矿物粉以及三钾磷等几种形式，其中，以磷酸二铵应用最为广泛。钾肥，能够促进植物发育，帮助植物生长，使植物抗病抗灾能力加强，钾肥有氢氧化钾、硫酸钾和氯化钾等几种常见形式，其中以氯化钾应用最为广泛。复合肥，顾名思义，由氮、磷和钾等多种营养元素复合而成，能够提供植物生长发育所需要的多种营养元素，施肥方便，省时省力，复合肥有多元素复合肥和NPK复合肥等两种形式，其中，应用最为广泛的是 NPK 复合肥。微肥，即微量元素肥，能够提供植物生长发育所需要的微量元素，帮助植物快速繁殖，提高产量，微肥有锌肥、铁肥和硼肥等几种常见形式，其中，应用最为广泛的是铁肥。

化肥在促进植物生长发育和推动农作物增产增效等方面，发挥着重要作用，可以说为人类生活条件的提高与改善作出了突出贡献。不过，由于过于频繁和泛滥地使用化肥，导致土壤溶液的浓度大幅增加，使得农作物的根细胞非但难以从土壤中汲取水分，反而将自身水分输入土壤溶液，从而让农作物出现"烧苗"死亡的现象。不仅如此，由于农田长期施用化肥，靠近农田的江河湖泊出现富营养化的现象，食品、饮用水以及饲料中有毒有害的成分也大大增加。因此，必须对化肥的施用进行有效控制和科学管理，最大限度地减少化肥施用量。

农用化肥施用量指的是在本年度内农业生产所施用的实际化肥数量，包含钾肥、氮肥、磷肥、复合肥以及微肥等多种形式。按照相关要求，农用化肥施用量一般以折纯量进行计算。所谓折纯量，指的是将磷肥、氮肥和钾肥分别按照含五氧化二磷、含氮、含氧化钾的 100% 成分来进行折算。五氧化二磷和氧化钾是磷元素和钾元素在化肥中的常见表现形式。复合肥和微肥则按照其内所含主要成分来进行折算。

早在 2015 年，我国农业部制定了《到 2020 年化肥使用量零增长行动方案》以及《到 2020 年农药使用量零增长行动方案》，目的是大力推动化肥减量提效，有力推行农业减量控害，从而在推动粮食增产增收和提质增效的基础上，尽可能地减少化肥和农业的施用量，走产品安全、产出高效、资源节约、生态和谐和环境友好的新型农业发展之路。[①]

3. 生态环境治理

生态环境治理指的是通过对生态环境加大保护力度、完善保护制度和优化保护体系等措施手段，从而实现修复生态和优化环境的路径选择。从目前来看，生态环境治理工作还只是归属公共事业，公益性强，收益性差，亟须民间组织和社会公众参与。

从治理对象来看，生态环境治理可分为以下几个方面：一是对自然环境进行保护，为实现对青山绿水和蓝天白云的保护，一方面治理目前的自然环境污染，另一方面加大力度防止自然环境污染出现进一步恶化。二是保护地球生物，包括保护物种多样性、养护植物植被、保护动物、恢复灭绝物种、守护生物的家园、人类与地球生物和谐共处等。三是保护人类环境，确保环境符合绿色、健康、卫生和科学的要求，使居住环境更和谐、自然环境更适宜、人文环境更健康、周边环境更美丽。

---

① 农业部关于印发《到 2020 年化肥使用量零增长行动方案》和《到 2020 年农药使用量零增长行动方案》的通知［EB/OL］. 中华人民共和国农业部官网，2015.

四是保护生态环境，包括保护生物生态、保护森林生态、保护河流生态、保护山野生态、保护草原生态和保护农业生态等。

生态环境治理又可分为城市生态环境综合治理和乡村生态环境综合治理两项内容。城市生态环境综合治理是生态环境治理的重中之重，通过强化环保职能部门的职权，依靠其他部门积极配合，运用各种有效手段，充分调动各级组织和市民的积极性，使各方共同努力，最终达到生态环境污染的治理与预防。城市生态环境综合治理，领导体制要健全、运用手段要有效、依靠力量要多元、防治内容要综合。根据我国环境保护法以及其他相关法律法规，我国城市生态环境综合治理工作有以下几项内容：排污管理、环境影响评价、水库项目"三同时"（生态环境污染防治设施要和主体工程设计同时、施工同时、投产使用同时）、污染源限期治理、污染集中控制、污染赔偿、环境监测、建立环境质量标准、实施生态环境保护目标责任制和城市生态环境综合治理定量考核等。通过一系列制度措施的实施，城市生态环境逐渐向好的方向发展。

乡村环境综合治理是我国推动乡村与城市协调发展，促进乡村走向振兴的重要举措。乡村环境综合治理包含以下几方面的内容：一是治理农村自然生态环境，清理垃圾、治理污水、清洁厕所和整治村容村貌。二是治理农村人文生态环境，铁腕打黑除恶，坚决铲除村氓村霸，清除其背后的保护伞，使乡村风清气正，民风淳朴和谐。三是建设农村基础配套设施，尤其是道路基建，做好，做扎实，使村民能走出去，游客能走进来。四是建设农村公共服务设施，解决乡村孩子上学难、老人就医难和青年就业难等根深蒂固的难题，逐渐缩小城乡差距。五是培训农村基层干部，提升能力，弥补不足，让他们能够更好地为乡村服务。

本书笔者认为，对生态环境进行综合治理的考核指数，可以量化的不多，就各级政府公布的数据看，只有一般工业固体废弃物综合利用率这一项可以获取相关数据并进行量化。

工业固体废弃物指的是工业企业进行生产时所产生的固体类废弃物，简称工业废弃物。它是一种数量庞大的固体废弃物，由工业生产活动中遗留下来的各种粉尘颗粒、废渣及其他废弃物组成。工业固体废弃物可分为两种：一种是一般工业固体废弃物，如钢渣、高炉渣、有色金属渣、赤泥、煤渣、粉煤灰、废石膏、硫酸渣、电石渣、脱硫灰以及盐泥等都归属这一种。另一种是危险工业固体废弃物，它们具备腐蚀性、有毒性、反应性、易燃性以及感染性等诸多特性，根据《国家危险废物名录（2021版）》，我国将467种废物列为危险工业固体废弃物。[1] 如果工业固体废

---

① 郁红. 新版国家危险废物名录发布32种物质列入豁免清单［N］. 中国化工报, 2020-12-01.

弃物存放不当，不仅会占用大量土地，大量浪费人力物力，还会使一些溶于水的废渣通过淋溶等方式污染水体和土壤。此外，一些呈粉末状的工业固体废弃物，不仅会随风飘洒，污染环境，还会散发出阵阵恶臭，有的甚至有剧毒。还有一些工业固体废弃物，淤塞河道，使水体遭到污染，不仅影响水中动植物生长，还会损害人类的身体。

人类工业革命的出现使工业生产得到前所未有的发展，人类的物质生活水平也得到前所未有的提高。然而，工业固体废弃物也呈现逐年递增的趋势，其中，以冶金行业和火力发电行业等工业行业排放量最为惊人。工业固体废弃物数量极大、种类庞杂、成分复杂，处理起来相当困难。目前，在世界范围内，只有少数几个国家能够做到对工业固体废弃物的回收和利用，但也只限于区区几种。如瑞典、美国等国家实现了对钢铁渣的利用；丹麦、日本等国家实现了对煤渣和粉煤灰的利用。其他大量工业固体废弃物还只是进行简单堆放，难以进行循环使用和回收利用。一些危险工业固体废弃物可以采取焚烧、填埋、微生物处理以及化学转化等方式进行处理，但效果并不理想，有些处理方法还会造成生态环境污染。

一般工业固体废弃物，指的是那些在工业生产、邮电通信及交通运输等活动中产生的不具危险性的固体废弃物。如采矿企业在采矿活动中留下的矸石、尾矿、废石和废料等矿产固体废弃物；交通运输制造企业在生产活动中产生的橡胶和废旧轮胎；印刷企业废弃的纸张纸片；服装加工企业废弃不用的皮革边、边角料和废料等。一般工业固体废弃物并不在《国家危险废物名录（2021 版）》，但有 1 类和 2 类之分，主要是其最高允许排放浓度和 pH 值不同。

事实上，无论是一般工业固体废弃物还是危险工业固体废弃物，都只是放错地方的资源，它们是可以进行回收利用的。工业固体废弃物综合利用是通过回收原料、加工再利用、转化再利用和废弃物交换等方式，从工业固体废弃物中提取有用物质，使其再利用或发生转化，从而形成可以被利用的能源、资源以及其他原材料。如废旧金属回收、再生建材的使用、农业肥料的转化以及再生筑路建材的建造等，都是对工业固体废弃物进行综合利用的较好方式。

一般工业固体废弃物综合利用率，指的是一般工业固体废弃物进行综合利用的数量占一般工业固体废弃物产生总量的百分比。对一般工业固体废弃物进行综合利用，其目的是实现一般工业固体废弃物的减量化、无害化和资源化。这三者是相辅相成的，从无害化到资源化，是对一般工业固体废弃物进行综合利用的必然趋势，而资源化的前提又是无害化，无害化以及减量化的必要条件便是资源化。总而言之，对一般工业固体废弃物进行综合利用，减量化是短期目标，无害化是前提基础，资源化是大势所趋。

(二) 社会经济发展评价系统

1. 社会经济结构

社会经济结构，指的是国民经济的组成及构造，反映着一个区域的生产力整体布局情况。不同区域之间的社会经济结构类型不同，其发展程度不尽相同，产业范围会有所差异，投资方向会略有不同，资金来源会差别明显，盈利水平也会有高有低。社会经济结构是一个多因素和多层次的复合体，由多个系统构成。对社会经济结构产生影响的因素有很多，最为主要的是社会需求和科技进步。社会需求的变化和科学技术的更新迭代都会影响社会经济结构的变化。

社会经济结构作为一个复合体，从不同角度来看，它有着不同的含义和内容。如果从生产关系的角度来看，社会经济结构反映的是不同所有制经济的占比和构成；如果从国民经济构成部门以及社会再生产方方面面的构成来看，社会经济结构又包含产业结构、交换结构、分配结构、技术结构、消费结构以及劳动力结构等多项内容；如果从包含范围来看，社会经济结构又可分成社会经济整体结构、地区结构、部门结构以及企业结构等；如果从专门研究需要对比来看，社会经济结构又可分为人员结构、组织结构、产品结构、投资结构、就业结构、材料结构以及能源结构等。

社会经济结构状况都是反映一个国家或区域社会经济发展水平的最为重要的标志之一。一个国家或者区域的经济体制不同，其经济发展的趋势也会不同，社会经济结构的状况差异较为明显。然而，一个国家或者区域的社会经济结构是年深日久和多年积累的结果，是否健康合理主要还要看是否符合本国或者本区域的现实状况；是否具有强劲的发展潜力；是否能够充分发挥社会经济优势；是否能够充分利用国内外或者区域内外的有利因素；是否合理调动和利用人力、财力、物力以及自然资源；能否推动本国或者本区域科学技术的进步；能否最大限度地提高劳动生产率；能否做到既满足本国或者本区域社会经济发展的当前需求，又对长远发展有利；能否取得最大的社会效益和经济效益；能否最大限度地满足人民群众的需求。总而言之，只有合理的社会经济结构，才能最大程度地发挥这一国家或者区域的社会经济优势，才能推动各产业协调发展。

新中国成立以来，我国社会经济结构经过不断调整和优化，逐渐趋向协调和谐，并不断向健康升级的方向积极推进。1978 年以前，我国社会经济曾严重依赖工业，导致农业基础极为薄弱，服务业停滞不前，虽然工业得到较好发展，但重工业和轻工业的比例不相协调，严重失衡。从 1978 年实施改革开放开始，我国通过率先发展轻工业、积极扩大高档消费品进口、夯实基础产业、大力发展基础设施建设以及推动第三产业做大做强等一系列卓有成效的政策措施,使我国社会经济结构得到调整和优化。正如《2023 年国务院政府工作报告》所言,"在过去的五年里,我国的社会经济结构得到进一步的优化,装备制造业的增加值以 7.9% 的年均速度在增长,高技术制造业的增加值以 10.6% 的年均速度在增长"[①]。

社会经济结构最常见的形式是以三大产业的构成比例来表现,其中,第一产业占国民生产总值的比重和第二产业占国民生产总值的比重,最能代表一个国家或区域社会经济结构的健康度和合理性。

(1)第一产业占国内生产总值比重。

第一产业、第二产业和第三产业的划分最早是新西兰著名经济学家阿·费希尔(A. Fisher)提出来的。1935 年出版的《安全与进步的冲突》,他最早阐述了这一概念,[②]之后成为世界各国的共识,统统按照这一划分方式对产业进行划分。第一产业指的是能够利用自然力,生产那些不用经过深加工就能消费的产品或者工业原料的部门。而根据国家统计局制定的《三次产业划分划定》,第一产业指的是农业大门类之下的农业、畜牧业、林业和渔业等小门类。

从自然界直接获取资源是第一产业的主要特征。第一产业周期性比较强,季节性较为明显,其收成受气候和天气影响较大。不仅如此,从生产方式上来看,第一产业相对较为传统,往往属于劳动密集型产业,技术含量比较低。自 1978 年实施改革开放以来,我国第一产业占国内生产总值的比重不断降低,然而,第一产业的重要性仍然是不可忽视的。首先,第一产业的发展能够为社会经济发展提供充足的食物和原材料保障,为国家的安定繁荣奠定坚实的基础。其次,对广大发展中国家,尤其像我国这样的人口大国来说,有数量众多的农民在土地上耕种劳作,需要通过第一产业改善生活条件、提高生活水平和促进家庭和谐。再次,第一产业是国民经济的重中之重,是前提和基础,只有保证第一产业的发展与兴旺,才能确保第二产业和第三产业的发达与繁荣;从次,粮食是一种战略资源,保障粮食安全和种子安全也是在保障国家的发展战略,因此第一产业可称作战略产业,其重要性不言而喻。最后,第一产业和生态环境问题是息息相关的,农药化肥的施用、土地沙漠化和土壤河流污染等,不仅关系到第一产业的发展,也是积重难返的生态环境问题,因此,发展第一产业其实也是在改善生态和优化环境。

正因如此,第一产业占国内生产总值的比重才被世界各国政府所重视,将其列入重要经济指标进行考核。对一个国家或者区域来说,第一产业占国内生产总值的比重是社会经济结构是否健康合理的晴雨表。通常而言,第一产业占国内生产总值

---

① 两会·政府工作报告 | 数说这五年[EB/OL]. 新华网,2023 – 03 – 05.

② 黄汉江. 投资大辞典[M]. 上海:上海社会科学院出版社,1990.

的比重越低，代表着这个国家和区域社会经济越发达，社会经济结构越合理，社会经济指数越健康。

当然，这也不是绝对的。第一产业占国内生产总值的比重不能太低，否则，将会导致这一国家或区域的战略安全得不到保障。这就要求第一产业要在国内生产总值中占有一定比重，在第二产业和第三产业得到发展的同时，也要兼顾第一产业，促进其发展进步，推动其兴旺繁荣。如今，随着科学技术的不断进步，第一产业也迎来发展的春天，智慧农业、生态农业、休闲农业、绿色农业和精准农业等新型农业形式如雨后春笋般出现，为第一产业的繁荣提供了必要的前提。

（2）第二产业占国内生产总值比重。

第二产业指的是各类专业工人、各类工业以及各类产品的统称。根据国家统计局制定的《三次产业划分划定》，第二产业指的是采矿业（不包含在开采时所进行的辅助性活动）、制造业（不包含机械设备以及金属制品的修理行业）、水、电力、燃气等生产供应业及建筑业等。

在人类历史的很长一段时期，第一产业一直是主导产业。直到工业革命的出现，第二产业才扶摇直上，迅速发展，一举成为国民经济的支柱产业。尤其是第二次世界大战以后，由于科学技术的进步，第二产业飞速发展，最先体现在重工业领域，由于对现代化装备的大量需求，推动重工业得到空前发展。随着人们生活水平的提高，对工业品有了前所未有的需求，轻工业又得到突飞猛进的发展。此后，第二产业开始向系列化、大型化和综合化方向发展，世界性工业地带也开始形成，当然，主要分布在发达国家和地区，如北美工业地带、日本工业地带、东欧工业地带和西欧工业地带等。

新中国成立以后，百废待举，百业待兴，党和国家第一代领导集体认识到第二产业的重要性，并开始发展第二产业，在编制"一五计划"时偏重于第二产业的发展，主要是集中力量发展重工业，为国家实现工业化以及国防现代化打下了坚实的基础。1978 年实施改革开放以后，我国仍将主要精力放在第二产业上，制定以重工业为主、轻工业为辅的工业发展战略。经过四十余年的发展，以工业为核心的众多经济带也逐渐形成，如长三角经济带、珠三角经济带和京津唐经济带等都是第二产业极为发达的区域。如今，我国第二产业正在进行转型升级，由低端制造产业向高端制造产业转变，由劳动密集型产业向技术密集型产业转变，由传统制造产业向智能制造产业转变，由单一化产业向综合型产业转变，呈现出发展态势整体平稳、局部需要进行调整的良好局面。

如果说第一产业是立国之基，那么第二产业就是强国之础。第二产业的强盛，是一个国家或者区域走向现代化的重要标志，也是这一国家或区域走向繁荣富强的重要体现。首先，工业强盛，社会经济稳固，第二产业的强盛能够为第一产业和第三产业的发展提供产品和设备等支持，助推第一产业发展，带动第三产业兴盛。其次，工业强盛，国防稳固，第二产业的强盛能够为国防事业提供强有力的支持，纵观全球军事强国，无不是工业基础较为雄厚的工业强国。再次，工业强盛，人民富裕，第二产业的强盛能够将劳动力、资金、自然资源和信息等资源汇集在一起，形成强大的发展动能，从而创造更多的就业机会和创业机会，带动更多的人群富裕起来，过上更好的日子。最后，工业强盛，科技进步，许多科学技术从实验室走向工厂，从样品走向量产，从空想变成现实，都需要强大的工业能力作为支撑，尤其像现今这样的智能时代和信息时代，信息技术和人工智能只有和工业产能相结合，才能走得更远，发展更好。

因此来说，第二产业占国内生产总值的比重是检验国民经济是否健康，社会经济结构是否合理，社会经济是否具有潜能的重要抓手。通常而言，一个国家或区域第二产业占国内生产总值的比重越大，代表着这个国家或区域社会经济结构越合理，社会经济越健康。当然，第二产业占国内生产总值的比重也不能过大，和第一产业、第三产业所占比重应该协调起来。归根结底，一个国家或者区域的社会经济结构是否合理，社会经济是否健康，国民经济水平是否位居高位，应该综合起来看。只有第一产业、第二产业和第三产业相协调，做到共同发展，共同提高，共同进步，这个国家或者区域的社会经济结构才会越合理，社会经济才会更健康，国民经济水平才会更高。

2. 社会经济规模

社会经济规模也被称作社会经济总量。社会经济规模有狭义和广义之分。狭义的社会经济规模，指的是有效的社会价值总量，既包括能够以货币形式进行计算的社会价值总量，也包括不能以货币形式进行计算的社会价值总量，既包括以量进行衡量的社会财富价值，也包括以质进行衡量的社会财富价值。广义的社会经济规模，指的是所有能够以货币形式进行计算的国民经济总量，既包括有效的国民经济总量，也包括无效的国民经济总量。

社会经济规模包含社会总供给及社会总需求两大方面。从价值形态方面来看，社会总供给指的是基于一定的价格水平，在一定时期之内国民经济所有部门所能供应的产品和提供的服务价值量的总和。从物质形态方面来看，社会总供给指的是基于一定的价格水平，在一定时期之内国民经济所有部门所能供应的产品和提供的服务总量。从供给物形态方面来看，社会总供给应当包含产品总供给以及服务总供给等两大方面。从最终用途方面来看，社会总供给应该包含消费品总供给以及投资品总供给等两大方面。从来源方面来看，社会总供给应当包含国内总供给和国际总供给等两方面。从形式方面来看，社会总供给应当包含潜在形式的总供给以及实现形式的总供给等两方面。事实上，社会总供给是以生产的形式表现，也就是说社会总供给可被视为社会总产出，国内社会总供给是国内社会总产出。如果从统计核算指标来看，是用生产法进行计算的国内社会生产总值，也就是第一产业、第二产业和第三产业这三大产业增加值的总和。因此，衡量一个国家或者区域的社会经济规模，国内生产总值是最主要的几大指标之一。

社会总需求指的是基于一定的价格水平，在一定时期之内社会全体对产品以及服务所能支付的购买力的总和，或者说是基于一定的价格水平，在一定时期之内社会全体对产品以及服务的支付能力的总和。从需求物形态方面来看，社会总需求应当包含产品总需求以及服务总需求等两方面。从最终用途方面来看，社会总需求应当包含消费总需求以及投资总需求等两方面。从来源方面来看，社会总需求应当包含国内总需求以及国际总需求等两方面。从形式方面来看，社会总需求应当包含潜在形式的总需求以及实现形式的总需求等两方面。

社会总供给和社会总需求之间关系的变化会对国民经济的稳定产生重大影响。如果社会总供给和社会总需求之间的关系是平衡和协调的，那么就代表着国民经济出现平稳的态势，也就是说达到社会经济规模的整体平衡。如果社会总供给和社会总需求之间的关系是失衡和不协调的，那么就代表着国民经济出现跌宕的态势，也就是说社会经济规模整体是失衡的。如果社会总需求远远超过社会总供给，会造成产品和服务价格出现持续普遍的上涨，进而导致社会供求关系的严重失衡，容易出现需求膨胀。如果社会总需求远远低于社会总供给，就会造成产品和服务价格出现持续普遍的下降，使得产品严重过剩、企业生产萎缩、设备和人工出现闲置，这样也会导致社会供求关系的严重失衡，容易出现需求不足。

因此，对社会总供给以及社会总需求进行科学管理和宏观调控是很有必要的，甚至可以说，保持社会总供给和社会总需求的基本平衡和整体协调是对宏观经济进行调控的首要任务。然而，许多方方面面的因素都会影响社会总供给和社会总需求的整体质量和结构，如政治因素、经济因素、社会因素和技术因素等，这使得对社会总供给以及社会总需求的宏观调控颇有难度，时至今日，仍然是世界各国政府颇为头疼的工作任务，同时也是国内外专家学者孜孜以求的重大课题。

对社会经济规模来说，对其产生作用和造成影响的因素有很多，不过，最为主要的是国内生产总值、全社会固定资产投资总额以及地方财政收入三个方面。下面分别予以详述。

（1）国内生产总值。

国民生产总值和国内生产总值是衡量社会经济规模和核算国民经济的核心指标。

国民生产总值（Gross National Product，GNP）指的是一个国家或者区域所有常住单位在一定时间之内（一般以一年为期）对其收入进行初次分配的最终结果。也就是说，在这一时间段之内，该国家或者区域全部生产要素所有者所拥有的最终产品以及服务的价值总和，它通常包含国内生产总值和来自国外的净要素收入两部分。国内生产总值（Gross Domestic Product，GDP）指的是一个国家或者区域所有常住单位在一定的时间之内（一般也是以一年为期）生产活动的最终成果。

从表现形态方面来看，国内生产总值一般有价值形态、产品形态以及收入形态三种表现形态。从价值形态方面来看，国内生产总值指的是所有常住单位在一定时间之内（一般以一年为期）所生产的所有产品以及所提供的所有服务整体价值和在同一时间段之内所投入的所有非固定资产形式的产品以及服务整体价值这两者之间的差额，或者说是所有常住单位产品和服务增加值的总和。从收入形态方面来看，国内生产总值指的是所有常住单位在一定时间之内（一般以一年为期）所创造出来的、对所有常住单位以及非常住单位所进行的初次收入分配的总和；从生产形态方面来看，指的是所有常住单位在一定时间之内（一般以一年为期）所生产的最终进行使用的产品以及服务的整体价值和进口的产品和服务的整体价值的差额。

计算国内生产总值的方法有生产法、支出法以及收入法。虽然这三种方法是从不同方面对国内生产总值规模以及构成进行反映，但从理论上来说，它们计算出来的结果应该是相同的。然而，现实情况又有所不同，由于数据来源不同、口径范围不一和计算方法各异等，受这些因素的影响，根据这三种方法计算得来的国内生产总值不一定是相同的，它们之间存在的差异被称作统计误差。根据现实情况，在统计与计算国内生产总值时，一般会使用生产法和收入法。为保证数据的一致性、科学性和可靠性，以生产为主的产业或者部门，一般以生产法对其增加值进行统计和核算，以服务为主的产业或者部门，一般以收入法对其增加值进行统计和核算，这样一来，生产法和收入法计算出来的国内生产总值就不会有太大的出入。由于资料来源和计算方法的不同，使用支出法计算出来的国内生产总值往往与生产法和收入法计算出来的国内生产总值有着较为明显的差异，有时会比生产法和收入法计算出来的大一些，有时则会小一些。从数据来源的准确性和计算基础的稳定性来看，生产法和收入法计算出来的国内生产总值无疑更精确，更趋近于实际数值，因此，许多国家都在采用生产法和收入法对国内生产总值进行计算。我国采取的是三种计算方法并行计算的方式，不过，主要还是以生产法和收入法为主，官方公布的国内生产总值数据往往也是以生产法和收入法计算出来的。支出法计算出来的国内生产总值数据则作为参考数据存在，和生产法以及收入法计算出来的数据会控制在一定误差之内（误差一般为2%）。

当然，我们对照现实情况就会发现，以国内生产总值对一个国家或者区域的社会经济规模进行核算的方式，其局限性是较为明显的。首先，国内生产总值是以市场价格来对产品和服务进行评价的，那么，差不多所有市场之外所进行的活动蕴含的社会价值不会被囊括进来。尤其需要指出的是，以家庭为单位所生产的产品和所提供的服务，其价值不会在国内生产总值中体现。其次，国内生产总值并没有体现出生态环境的价值，例如，如果国家或者区域政府放弃所有对生态环境形成管制的法律制度，那么工厂企业就会以肆意破坏生态环境为代价制造商品和提供劳务。然而，在这样的情形之下，虽然国内生产总值增加了，但是社会所能提供的福利却极有可能被削减，生态破坏和环境污染所引发的连锁反应不仅会抵消工厂企业通过制造商品和提供劳务所创造的价值，还会让这一国家或者区域尝到更多恶果。再次，国内生产总值难以体现民众的收入状况和分配情况，顶多是国内生产总值与这一国家或者区域的总人口相除之后得到人均国内生产总值的情况。但这只是一个平均数值，个体与个体之间收入是否有差异、分配是否均衡，均难以体现。最后，国内生产总值这一概念最早来自因交换而产生财富的理念。但是，它的实现需要同时满足三个条件：一是必须在自愿的前提下进行交换；二是在进行交换时，不能妨碍到第三人；三是进行交换的必须是两个产权清晰的个体。一旦不能满足这三个条件中的任何一个，国内生产总值的数据准确性就会大打折扣。对国内生产总值数据准确性造成影响的因素很多，如强制进行交易的产值、已经对他人形成妨碍的产值、出口创造的产值、投资产生的产值、因消费而产生的产值等，国内生产总值并不是绝对准确的，只能说是相对准确。然而，从目前来看，还没有任何一项指标比国内生产总值更能代表社会经济规模、更能表现国民经济状态，因此，只能使用国内生产总值来代表和表现。

（2）全社会固定资产投资总额。

全社会固定资产投资总额由固定资产投资而来，指的是企业在一定时间段之内，建造以及购置固定资产以货币形式进行表现的工作量以及和此相关的发生费用情况。对固定资产进行建造以及购置的经济活动，也被称作固定资产再生产活动。这一过程通常包含固定资产的更新（又可分为固定资产局部更新以及固定资产整体更新等两项内容）、固定资产的改建、固定资产的扩建和固定资产的新建等活动。作为对固定资产再生产活动进行衡量的最为主要的手段，固定资产投资额是对购置以及建造固定资产活动工作量进行货币表现的形式，在一定程度上，它能反映出固定资产投资的规模、比例关系、速度及使用方向等。

如果按照经济类型进行分类，全社会固定资产投资可以分成国有固定资产投资、集体固定资产投资、个体固定资产投资、联营固定资产投资、股份制固定资产投资、外商固定资产投资以及港澳台固定资产投资等类型。如果按照管理渠道进行分类，全社会固定资产投资可以分成基本建设投资、更新改造投资、房地产开发投资以及其他固定资产投资等形式。其中，其他固定资产投资指的是没有列入前三项的全社会固定资产投资，如按照有关规定，国有单位没有纳入基本建设计划以及更新改造计划管理，并且计划总投资或者实际需要总投资金额在 50 万元以上的工程、城镇固定资产投资、城镇以及工矿区私人建房投资、农村个人投资等都属于其他固定资产投资。如果按照资金来源进行分类，全社会固定资产投资可以分成国家预算内资金、利用外资、国内贷款、自筹资金以及其他资金来源等。如果按照工作内容以及实现方式进行分类，全社会固定资产投资可以分成设备、器具、工具购置、建筑安装工程以及其他费用等。如果按照建设项目性质进行分类，全社会固定资产投资可以分成新建固定资产投资、扩建固定资产投资、迁建固定资产投资以及改建固定资产投资等四种类型。

全社会固定资产投资对衡量一个国家或者区域的社会经济规模有着极为重要的作用，通过购置以及建造固定资产的活动，国民经济得以不断采用更为先进的科学技术、不断使用更为前沿的设备装备、不断建立新型产业部门，从而使这一国家或者区域的社会经济结构得到进一步调整、使这一国家或者区域的生产力分布得到进一步优化，从而使其社会经济实力大大增强，为这一国家或者区域人民群众物质生活的改善打下更为坚实的基础，同时为他们精神生活的提升创造更为有利的条件。

新中国成立之初，我国在社会经济制度模式方面大多学习苏联模式，对全社会固定资产投资进行统计的方法也是如此，采用的是将项目作为统计对象的形象进度法。根据形象进度法的相关要求，投资完成额以项目完成进度为参照。也就是说，在对某一项目的投资完成额进行计算时，通常是将该项目的计划投资总额乘以项目进度的百分比。虽然形象进度法看似能够如实反映项目进度情况，但也存在较多问题。第一，如果是投资规模较大的项目，数据的准确性就会大打折扣，并且核实起来也存在较大难度。第二，计算出来的固定资产投资完成额和实际情况比起来，往往增速偏高。第三，全国被列入固定资产投资的项目多如牛毛，统计起来工作量巨大。正因如此，我国才在近些年进行试点，准备在全国逐步以财务支出法取代形象进度法。财务支出法是以财务报表作为基础进行核算的，在诸多固定资产投资项目之中，只有那些完成会计核算的才被列入固定资产投资完成额，这样一来就大大减少了相关工作量，产生问题的可能性也大大降低。不过，财务支出法也有其不良影响：其一，会导致从投资实际完成到统计数据之间有一定的时间差。以建筑工程为例，这些项目通常是需要赊销和垫资的，但这些实际上已经产生的投资数额等到会计进行核算之后才能被计入固定资产投资完成额，而形象进度法不会存在这样的问题。其二，财务支出法统计出来的固定资产投资完成额，往往比形象进度法统计出来的要小一些，因为有些财务制度不健全的企业无法纳入统计，并且，将会计报表作为基础进行统计，方方面面的主观干预要小得多。不论如何，财务支出法要比形象进度法更科学、更合理、更接近实际情况，因此，取代形象进度法也是顺理成章。

（3）地方财政收入。

财政收入指的是一个国家或者区域的政府为履行政府职能、实施相关公共政策、提供公共物品以及服务的需要，从而对资金进行筹措的货币表现形式。通常所说的财政收入是一个国家或者区域的政府部门在一定时间段之内（一般为一年）所取得收入的货币表现形式。财政收入是对一个国家或者区域财政能力进行衡量的最为重要的指标之一。一般来说，一个国家或者区域的政府所能提供的公共物品以及公共服务的数量和范围，往往是由这一国家或者区域的政府所能取得的财政收入来决定的。财政收入越多，相对而言，提供的公共物品和公共服务就会越多，范围也会更广。

如果按照获取形式进行分类，财政收入可以分成税收、国债收入、国有资产收益、收费收入及其他收入。这里所说的其他收入是不计入前面四种形式的收入，如基本建设收入、基本建设贷款归还收入以及捐赠收入等。如果按照内容进行分类，财政收入可以分成增值税、营业税、消费税和土地增值税等各项税收；征收排污费收入、教育费附加收入和征收城市水资源费收入等专项收入；国有企业计划亏损补贴；基本建设收入、基本建设贷款归还收入和捐赠收入等其他收入。如果按照行政级别进行分类，财政收入可以分成中央财政收入和地方财政收入这两种。

事实上，财政收入的获得并不是越多越好，应该把握四点要求。其一，积极发展经济，扩大基本盘，这样才能广开财路。其二，在保证国家和地方财政收入的同时，也要给单位以及个人留足份额，只有这样才能更好地调动他们的积极性，更充分地发挥他们的能动性。其三，中央财政收入和地方财政收入要统筹协调，做到两者兼顾。其四，以合理负担为原则，对收入不同的纳税人实行不同比例的税务征收，负担能力强的多负担，负担能力弱的少负担，只有这样才能确保公平竞争，并为中央和地方保存足够的财政潜力。

如果按照行政级别进行划分，地方财政收入又分为省财政收入（包括自治区财政收入和直辖市财政收入）、市财政收入（包括自治州财政收入和自治县财政收入）以及县财政收入。本书所说的地方财政收入主要是指河南省下辖18市的市一级财政收入。地方财政收入主要包括地方财政预算收入以及预算外收入等两种形式。列入地方财政预算收入的有地方所属企业收入、各项税收收入、中央财政调拨收入、中央财政补贴拨款收入以及其他形式的收入等几项内容；列入地方财政预算外收入的有各种税收附加收入、城市公共事业收入、农、林、牧、水、文、体、卫等事业单位所取得的各项收入、市场管理收入以及物资变价收入等几项内容。

由于社会经济水平有高、有低，社会经济增长速度有快、有慢，各省市的地方财政收入差距还是很大的，河南省下辖18市也是如此，各市的地方财政收入存在着较大差距。

3. 社会经济潜力

社会经济潜力指的是一个国家或者区域由生产力、生产技术以及劳动力所组成的潜在能力，或者说是一个国家或者区域社会经济所具备的发展潜力。一个国家或者区域的社会经济潜力越高，代表着所拥有的社会经济环境更健康，各种支柱产业发展势头更好、各种新兴产业发展潜力更大、各种商业活动更活跃。社会经济潜力是检测一个国家或者区域社会经济能否得到更好发展的重要指标，其重要性是不言而喻的。

对社会经济潜力产生影响的因素有很多。其一，社会政治。社会政治对社会经济潜力往往产生着重大影响，政治是否开明、社会是否稳定、秩序是否有序和制度是否完善等都会对一个国家或者区域的社会经济潜力造成不小影响。其二，文化教育。文化的强大、教育的发展会培养更多适合经济发展、满足社会需求的人才参与到社会经济活动中，从而推动社会经济得到更好的发展。其三，经济基础。经济基础是一个国家或者区域前进与发展的重要基础，如金融体系、货币体制、财政体制以及利率政策等，都会影响社会经济在发展过程中能否得到充足的资金支持。不仅如此，对于社会经济结构的提升与优化，经济基础也会产生重要影响，而前者也是影响社会经济潜力的重要元素。其四，科学技术。科学的进步和技术的发展会对一个国家或者区域的发展产生重要影响，不仅可以降低生产成本、提高产品质量，还能使企业的组织架构得到显著改善，提高企业的管理效率，从而直接转化为社会经济效益，并转化为这一国家或者区域社会经济发展的巨大潜力。因此，一个国家或者区域可以通过改革社会体制、完善政治制度、大兴文化教育、夯实经济基础、健全金融体系、优化经济结构、推动科学发展以及倡导技术进步等手段，获得更大的社会经济发展潜力，从而推动这一国家或者地区的社会进步和整体发展。

一个国家或者区域的社会经济潜力主要表现在以下四个方面：第一，发展成本。发展成本低往往意味着社会经济潜力大，如我国改革开放初期一切以经济建设为中心，和发达国家相比，人口基数大、工资水平低、消费水平低，因此投资建厂的成本更低，社会经济潜力也就更大。第二，基础设施建设。完善的基础设施建设不仅可以缩短物流时间，提高劳动生产率，还可以使新技术得到更好的推广，增强消费者的消费信心，从而降低制造成本和提高核心竞争力。因此，对一个国家或者区域来说，良好的基础设施建设意味着更大的社会经济潜力。第三，金融体系。更为科学和完善的金融体系往往意味着这一国家或者区域拥有更大的社会经济潜力，这是因为健全的金融体系有助于提升投资者与被投资者之间的信息交流速度和传递水平，从而增强被投资者的融资能力，使这一国家或者区域的社会活跃度得到提升，经济活力得到增强，进而达到优化社会经济结构、发展国民经济的目的。第四，社会文明程度。一个国家或者区域的社会文明程度，主要体现在社会法治是否公平公正、公民权利能否得到充分保障、政治体系是否和谐完备、政治活动是否安全自由、文化交流是否自由融洽、群众安全能否得到较好维护、公共服务是否得到普及等诸多方面，如果社会文明达到一定高度也就代表着这一国家或者区域的社会经济潜力是巨大的。

总而言之，一个国家或者区域如果能够充分发挥和合理利用社会经济潜力、降低发展成本、完善基础设施建设、健全金融体系和推进社会文明，便能增强这一国家或者区域的社会经济发展水平，提高其核心竞争力，从而成为这一国家或者地区整体发展前行的重要推动力。

（1）城镇居民消费支出。

居民消费支出，指的是居民在日常生活中因满足自身以及家庭成员的需要所进行的经常性与多次性消费支出。居民消费支出主要包含衣着居住、食品烟酒、生活用品以及服务、交通通信、学习教育、医疗保健、文化娱乐以及其他用品和服务等方面，但不包含投资类支出、各种增值保值支出以及居民在医疗卫生、文化教育等方面由政府支出的部分。从消费形式方面来看，居民消费支出可分为现金消费支出和实物消费支出；从消费群体方面来看，居民消费支出可分为城镇居民消费支出和农村居民消费支出。

城镇居民消费支出，指的是城镇居民满足自身和家庭成员的日常生活需要所进行的经常性和多次性消费支出。城镇居民消费支出包含商品支出和非商品支出，其中，用于文化体验和生活服务等方面的支出为非商品支出。

城镇居民消费支出是居民消费支出的重要组成部分，是衡量社会经济是否具备更大潜力的重要标准。我国自实施改革开放以来，由于社会经济的发展以及城镇化步伐的加快，城镇居民消费支出有了较大幅度的提升。不过，对于不同省市的城镇居民来说，消费支出在结构上又存在着较大差异。总体来说，用于解决温饱问题的消费支出逐渐减少，城市居民的消费理念已经开始从"吃饱、穿暖"向"吃好、穿好"转变。不仅如此，城镇居民恩格尔系数也在稳步下降。恩格尔系数是指居民在食品方面的消费支出占消费总支出的比例。恩格尔系数与社会经济水平关系密切，恩格尔系数越高意味着居民可支配收入越低，说明社会经济的发展水平越低；反之，恩格尔系数越低意味着居民可支配收入越高，说明社会经济发展水平越高。此外，城镇居民的消费理念也开始从物质生活消费方面向精神生活消费方面转移，用于衣食住行方面的消费支出占消费总支出的比例逐渐降低，用于学习教育、文化娱乐以及旅游休闲方面的消费支出占消费总支出的比例稳步提升。

当然，城镇居民消费支出不仅要看量的增长，更要看质的提升。如果城镇居民消费支出只是量的增长，结构不合理、发展不均衡，也会导致贫富差距进一步拉大，社会资源配置发生进一步转移，从而使产业结构受到严重影响，最终对社会经济发展形成严重的制约和阻碍。首先，要通过优化产业结构、促进区域进步、坚持自主创新和推动科技发展等举措，继续保持我国社会经济快速增长的发展势头，提高城镇居民的收入，持续增强人民群众的消费能力，使城镇居民消费支出保持稳步提高的发展态势。其次，健全社会保障制度、社会保险制度和社会福利制度等，使城镇居民更有幸福感、获得感和安全感，提升他们对未来社会经济的信心，从而进一步刺激消费，拉动增长。再次，在注重效率的同时，一定要兼顾公平，通过实施"一带一路"、中部地区崛起和西部大开发等国家战略，持续推动中西部经济走向快速增长，进一步缩小中西部地区与东部地区的社会经济差距，继而拉动中西部城镇居民消费增长，逐渐提升中西部城镇居民消费支出水平。最后，引导城镇居民树立正确的消费观，一方面出台相关政策措施以激发民众进行消费的热情，另一方面倡导俭省节约和理性消费，引导城镇居民形成健康的消费理念，在生活质量得到提高的同时也能进行合理消费，不透支、有结余，开源节流，源远流长，从而使各区域人民群众都能过上幸福、健康与和谐的社会主义新生活。

（2）城镇化水平。

城镇化指的是将农村人口转为城镇人口的过程，但城镇化的过程非常复杂。首先，城镇需要有一定基础，以满足就业人员的居住和厂矿企业的入驻。其次，第二产业和第三产业渐渐向城镇聚焦，农村人口不断来到城镇。再次，城镇规模扩大。最后，城镇遇到发展瓶颈，新的城镇开始形成，城镇数量逐渐增加。

我国并非城镇化个例，在世界各国推动工业化的过程中，往往会伴随着城镇化步伐的加快。如今，全球城镇化水平已经超过一半，全世界有一半以上的人口都在城镇居住生活，城镇化对人类文明的进步作出了不小的贡献。

不过，"城镇化"这一词汇却是我国独有，英文"Urbanization"传入我国后，起初被翻译成城市化，后来许多学者认为城市化并不能代表我国的实际情况，乡镇的情形其实和城市差不多，只不过比城市略小，于是便有了"城镇化"。1991年，我国著名经济学家辜胜阻撰写的《非农化与城镇化研究》对城镇化进行了重点阐述，并将概念进行拓展和延伸。在他后来的系列研究之中，又逐步凸显和深化城镇化的意义，使城镇化更为人所知。随着越来越多的学者聚焦于城镇化领域，城镇化被广泛阐述，仅对其概念的阐述就有二十余种之多。1998年10月，中共十五届三中全会在北京举行，会上审议并通过的《中共中央关于农业和农村工作若干重大问题的决定》率先在国家文件层面使用"城镇化"一词。

城镇化包含人口就业结构的调整、经济产业结构的转化和城乡空间结构的变迁三个核心。因此，其本质特征也体现在三个方面：其一，农村人口在空间层面的迁移，从农村来到城镇；其二，非农产业逐步向城镇靠拢，城镇有着非农产业发展壮大更为坚实的基础；其三，农业劳动力向非农业劳动力转变，从事第一产业的劳动力转变为从事第二产业和第三产业的劳动力。

无论对一个国家还是一个区域来说，城镇化都有着极为重要的现实意义。首先，城镇化是拉动社会经济增长的重要力量。大量农业人口在城镇聚集之后会产生规模效应，无论是私人投资还是公共投资，其平均成本以及边际成本都会大大降低，这样市场会更大，利润也会更高。其次，城镇化是提升公共服务质量的重要推力。大量人口在城镇聚集之后，使公共基础设施、医疗卫生和文化教育等公共服务供给的平均成本大大降低，这样会提高公共服务质量，从而提高了城镇居民的教育水平和生活质量。再次，城镇化能够推动政府治理水平的提高。城镇化拉近了政府和民众的距离，政府的一言一行和官员的一举一动更容易受到民众监督。不仅如此，民意传达更为方便，信息传播也更为便捷，无论出于主动还是被动，政府都只有提升执政能力和提高治理水平来提升民众的满意度这一条路可走。最后，城镇化能够逐渐缩小城乡收入差距和地域发展差距。城镇的发展，使来到城镇的农村人口在收入得到增长的同时，生活质量和思想意识也会得到相应提高。随着城镇化进程的加快，越来越多的人口收入增长，生活质量得到了提高，使得农村人口越来越少，贫困人口也越来越少，促进了社会更和谐的进步和更公平的发展。

然而，城镇化并非尽善尽美。由于城镇盲目的扩张，诸多"城市病"开始出现。城镇面积扩大后，更多的人口流入，但基础设施建设未能够跟得上，也没有更多更好的就业机会让新来的人们养家糊口和创收致富。不仅如此，医疗卫生条件和教育资源等配套公共服务的完善也非一日之功。交通拥堵、空气污染、治安混乱和房价高昂等问题接连不断地出现，在中小企业发展严重受限的同时，城市的朝气和活力也渐渐荡然无存。

因此，在城镇化过程中不能一味贪多求大，而要量力而行，有序推进，合理实施。首先，要坚持实事求是和因地制宜的原则。我国区域发展差异较大，不同区域发展水平、发展阶段和资源禀赋不同，进行城镇化的条件自然也就不同。因此，要根据当地的现实情况制定切合实际的城镇化方案。其次，要坚持统筹协调和和谐共进的原则。城镇化并不是推动社会经济发展的最终目的，提高人民群众的生活质量，实现共同进步和共同富裕才是最终目的。在发展城镇化的同时也要兼顾农村的发展，进一步完善城镇功能，进一步提升农村的基础设施和公共服务，改善农村的居住条件，提高农民的生活质量，从而使农村群众的幸福感、获得感和认同感进一步增强。再次，要坚持绿色发展和协调发展的原则。推进城镇化建设并不是一味地盖楼建房，也不能一味地圈地建厂，而是要使区域发展更健康持久，因此，要对城乡空间进行科学规划和合理管理，划定城镇增长边界，严格审批城镇建设用地，严防"空楼"和"鬼城"的出现，使城镇布局更紧凑，发展更集约。最后，要坚持以人为本和为民服务的原则。在推动城镇化进程的同时也要完善城镇服务功能、改善交通布局和增加城市绿地，在加强住房建设的同时也要提升居住品质和优化居住环境，尤其要照顾低收入人群的利益。

城镇化水平指的是一个国家或者区域推动城镇化的程度。它一般包含三大内涵：其一，是指一个国家或者区域居住在城镇的人口占总人口的比重。其二，是指一个国家或者区域人口聚集程度可以达到能够以"城镇"作为代称的居住点数目。其三，是指某个城市的人口规模以及占地面积。

▶ 第三节　评价体系建立及权重确定

一、评价体系的建立

根据第二节的阐述，可以确定在生态环境与社会经济耦合协调发展评价体系下，有生态环境发展评价和社会经济发展评价两大系统。在这两大系统之下又分别有三方面内容。其中，生态环境发展评价系统分成生态环境容量、生态环境污染以及生态环境治理等三部分。生态环境容量包含建成区绿化覆盖率、人均耕地面积和公共绿地面积等三项指数；生态环境污染包含二氧化硫排放总量、废水排放总量、烟尘粉尘排放总量、生活垃圾清运量以及农用化肥施用折纯量等五项指数；生态环境治理只包含一般工业固体废弃物综合利用率这一项指数。社会经济发展评价系统分成社会经济结构、社会经济规模以及社会经济潜力等三部分。社会经济结构包含第一产业占国内生产总值比重和第二产业占国内生产总值比重等两项指数；社会经济规模包含国内生产总值、全社会固定资产投资总额及地方财政收入等三项指数；社会经济潜力包含城镇居民消费支出和城镇化水平等两项指数。

从指数属性上来看，生态环境容量这三项指数，建成区绿化覆盖率越高，年末人均耕地面积越大，城市公共绿地面积越大，既有利于社会经济发展，也有利于推动生态环境保护，因此都属于正向指数。生态环境污染这五项指数和生态环境污染有关，其数值越大，就越不利于生态环境保护，因此都属于负向指数。一般工业固体废弃物综合利用率这项生态环境治理指数属于废物利用回收，能够带动社会经济增长，加强生态环境保护，因此属于正向指数。在社会经济发展评价系统这八项指数里面，只有第一产业占国内生产总值比重这一项，如果数值过大意味着社会经济没有得到更为有利的发展，因此属于负向指数。除此之外，其余七项都属于正向指数。生态环境与社会经济耦合协调发展评价体系如表6.1所示。

表6.1　　　　　　　生态环境与社会经济耦合协调发展评价体系

体系层	系统层	方面层	指数层	指数属性
生态环境与社会经济耦合协调发展评价体系	生态环境发展评价系统	生态环境容量	建成区绿化覆盖率（%）	正向
			人均耕地面积（亩）	正向
			公共绿地面积（亩）	正向
		生态环境污染	二氧化硫排放总量（万吨）	负向
			废水排放总量（亿吨）	负向
			烟尘粉尘排放总量（万吨）	负向
			生活垃圾清运量（万吨）	负向
			农用化肥施用折纯量（吨）	负向
		生态环境治理	一般工业固体废弃物综合利用率（%）	正向
	社会经济发展评价系统	社会经济结构	第一产业占国内生产总值比重（%）	负向
			第二产业占国内生产总值比重（%）	正向
		社会经济规模	国内生产总值（亿元）	正向
			全社会固定资产投资总额（亿元）	正向
			地方财政收入（亿元）	正向
		社会经济潜力	城镇居民消费支出（亿元）	正向
			城镇化水平（%）	正向

二、评价指数权重的确定

从表6.1可以发现评价指数有的以亩进行度量，有的以亿吨、万吨和吨进行度量，有的以亿元进行度量，有的则以百分比进行度量，类别不同其度量单位也不尽相同，为方便核算分析需统一度量，因此需要对现有数据做无量纲化和标准化处理。

针对评价指数的特性，首先需要采用极差标准化的方法对变量量纲以及变异范围影响进行消除，以达到标准化处理，消除不同指数由于度量单位不同可能对结果造成的影响。然而，从理论上来说，如果按照极差标准化的方法对这些指数进行标准化处理，有些指数可能变成零，如果出现这样的结果，赋值指数就会变得毫无意义。为了避免出现这种可能性，在进行极差标准化处理时，本书采用加 0.01 的方法。

当指数属性为正向时，极差标准化公式为：

$$X'_{ij} = [x_{ij} - \min(x_{ij})] \div [\max(x_{ij}) - \min(x_{ij})] \times 0.99 + 0.01 \qquad (6.1)$$

当指数属性为负向时，极差标准化公式为：

$$X'_{ij} = [\max(x_{ij}) - x_{ij}] \div [\max(x_{ij}) - \min(x_{ij})] \times 0.99 + 0.01 \qquad (6.2)$$

在式（6.1）和式（6.2）中，x_{ij} 代表第 j 变量在第 i 年的数值；$\max(x_{ij})$ 和 $\min(x_{ij})$ 分别为 x_{ij} 的最大值和最小值；X'_{ij} 为 x_{ij} 经过极差标准化处理之后的数值。

通过式（6.1）可以发现，如果指数属性为正向，在对其进行极差标准化处理时，首先要先计算出 x_{ij} 的最大值和最小值，其次将 x_{ij} 和最小值的相减值除以最大值和最小值的差值，最后为了避免出现 0 数值，将数值拆分成 0.99 和 0.01，将 0.99 乘以前值，并和 0.01 相加，得到的数值便是指数标准值。

通过式（6.2）可以发现，如果指数属性为负向，在对其进行极差标准化处理时，首先要先计算出 x_{ij} 的最大值和最小值，其次将 x_{ij} 的最大值和 x_{ij} 的相减值除以最大值和最小值的差值，最后为了避免出现 0 数值，将数值拆分成 0.99 和 0.01，将 0.99 乘以前值，并和 0.01 相加，得到的数值便是指数的标准值。

然而，仅对指数进行极差标准化处理还不够。因为其中有不少属于解释变量，本身存在着多重共线性，可能会把数据所提供的信息交织在一起，从而产生重叠和堆积，指数之间的真正关系被掩盖或出现错乱。为了论证的准确性以及分析的真实性，有必要对数据做降维处理。2016 年，徐顽强等学者在研究对科技服务业集聚化发展产生影响的因子时，使用了主成分分析法，[①] 这一方法对本书研究和分析河南省生态环境与社会经济耦合协调度具有重要的借鉴意义。首先，选取和分析生态环境与社会经济一些较有代表性的指数；其次，本着力争使数据信息损失到最小的原则，利用 SPSS 软件将选取的与生态环境与社会经济密切相关的指数进行转化，以成为具有代表作用的综合性指数；最后，计算生态环境与社会经济特性关系的综合性指数评价权重，为生态环境与社会经济耦合度以及耦合协调度的计算和分析打下坚实基础。本书评价分析河南省生态环境与社会经济耦合协调时也将按照这一思路来操作。

[①] 徐顽强，孙正翠，周丽娟，等. 基于主成分分析法的科技服务业集聚化发展影响因子研究 [J]. 科技进步与对策，2016，33（1）：59 – 63.

第四节　耦合协调模型构建与评定标准建立

一、综合指数评价法与综合发展模型构建

（一）综合指数评价法

综合指数评价法指的是将正负均值作为基准，通过对每项指数进行综合折算，之后再进行汇总评价的方法。对各项综合指数而言，一般来说，数值越大意味着效益也就越好。

在进行评价时，首先，会将各项指数的实际数值与极差评价标准值相除，这样会得到各项指数的评价指数。即：

$$y_i = x_i / x_i' \tag{6.3}$$

在式（6.3）中，y_i 表示第 i 项评价指数的个体评价指数；x_i 表示第 i 项评价指数的实际数值，x_i' 表示第 i 项评价指数的极差评价标准值。

其次，会将各项指数的个体评价指数做加权算数平均计算，这样会得到综合评价值。即

$$y = \sum_{i=1}^{x} y_i w_i = \sum_{i=1}^{x} \frac{x_i}{x_i'} w_i \tag{6.4}$$

在式（6.4）中，y 代表经过综合评价计算之后所得到的综合指数；w_i 代表第 i 项评价指数在进行综合评价计算之后所取得的权数。

利用综合指数评价法进行评价，是先进行综合运算，后进行对比平均。它的最大优点在于，不仅能够反映较为复杂的经济现象整体的变动方向以及变动程度，还能够对变动现象所产生的现实经济效果进行准确解释和定量说明。[1] 但是，它所要求的原始资料是齐备而完善的，数据是准确而全面的，如果不能保障这一前提，可能会对评价结果造成不利影响。综合指数评价法操作方法比较简单，经济含义明了清晰，步骤过程容易理解，因此成为处理经济学相关问题时常用的一种评价方法。不过，在操作时需注意，在进行运算评价的过程中，评价指数一定要确保同向性。当评价指数不同向时，应对其进行同向处理后方可进行，否则，对综合指数的评价将会徒劳无功。

---

① 梁前德. 基础统计 [M]. 北京：高等教育出版社，2011：35 – 37.

（二）综合发展模型构建

运用综合指数评价法评价河南省生态环境与社会经济这两者之间的耦合协调度。综合指数评价法对各项指数进行逐个加权之后，得出生态环境与社会经济综合评价指数。通过以上对综合指数评价法的阐述，具体计算公式如下：

$$f(x) = \sum_{i=1}^{m} a_i x_i \tag{6.5}$$

$$g(x) = \sum_{i=1}^{n} b_i y_i \tag{6.6}$$

$$T = af(x) + bg(y) \tag{6.7}$$

在式（6.5）、式（6.6）和式（6.7）中，$f(x)$代表社会经济发展综合评价指数；$g(y)$代表生态环境发展综合评价指数；a_i代表社会经济发展评价系统的指数权重，所描述的具备各指数特征的指数值，是经过无量纲化处理后的数值；b_i代表生态环境发展评价系统的指数权重，所描述的具备各指数特征的指数值，也是经过无量纲化处理之后的数值；a代表着社会经济发展评价系统的权重值；b代表着生态环境发展评价系统的权重值。

2017 年，段长桂等学者对南京市生态环境与社会经济之间的耦合协调关系进行评价研究时，经过认真论证和科学分析之后，认定生态环境发展评价系统和社会经济发展评价系统这两大系统是同等重要的，因此，这两大系统的权重应该各取一半。[①] 本书作者认为生态环境与社会经济两者互为促进，相互影响，也是同等重要的，所以，在本书对河南省生态环境与社会经济耦合协调度进行评价和研究时，也持段长桂等学者的观点，即社会经济发展评价系统的权重值和生态环境发展评价系统的权重值相同，a、b 同为 0.5。

式（6.7）中的 T 是在对社会经济发展评价系统和生态环境发展评价系统这两者进行综合评价时所赋予的数值。按照约定俗成的取值方式，T 通常在 0 和 1 之间，即 $T \in [0,1]$。

二、耦合协调度模型构建及判别标准确定

（一）耦合协调度模型构建

生态环境是社会经济不断向前的依托，良好的生态和健康的环境能够为社会经

[①] 段长桂，董增川，管西柯，等. 南京市经济发展与生态环境耦合协调关系研究 [J]. 水力发电，2017，43（9）：5－9.

济的发展提供源源不断的动力；而社会经济也是生态环境的支撑，健全的社会体制和充分的经济发展能够为生态修复和环境保护提供充足的资金支持，从而推动生态环境持续向好。生态环境与社会经济是相互促进和彼此协调的，它们之间是共生互利的关系，协调则两利，不协调则两害。正因如此，探讨生态环境与社会经济之间的耦合协调关系显得尤为重要，只有梳理清两者之间的关系，分析其耦合协调度，才能更好地推动两者共融互利，继而走向更高质量的发展。

在对生态环境与社会经济的耦合协调度进行分析研究时，构建耦合协调模型是国内外学者的常用方法。耦合协调模型是一种能够解决较为复杂的经济问题的理论模型，它不仅可以解决与模型整体上下文有关的某些特定问题，还可以得到既能保证未来变化也能保持足够灵活的未来结果。不过，如果想通过耦合协调模型解决较为复杂的问题就必须要考虑各系统、各层面和各指数之间的复杂性，也要考虑它们之间的耦合性，并对每个系统、每个层面和每个指数所受影响的程度有足够了解，对未来变化所能带来的影响予以充分考虑，才能有效把握各系统、各层面和各指数的发展趋势，从而有效解决问题。

不过，为了更为深入地分析研究生态环境与社会经济的耦合协调度，需要将耦合度模型、耦合协调度模型以及相对发展系统模型三者有机统一起来使用，才能更为真实地反映和把握河南省生态环境与社会经济的耦合协调关系。下面予以详述。

耦合协调度模型是以变差系数为指导思想，对两个事物之间的关系进行衡量分析的发展模型。在构建耦合协调度模型时，首先需要测算生态环境与社会经济的耦合发展水平，这需要用到耦合度模型。2008 年，鲁春阳等学者以重庆都市区为例，对城市人居环境和经济发展的耦合度进行评价时，不仅详细介绍了耦合度模型，还在案例分析中加以使用。[①] 本书认为这种方法颇为可行，可以参照。

耦合度模型如下：

$$C = \left\{ \frac{f(x) \times g(y)}{\left[\frac{f(x) + g(y)}{2} \right]^2} \right\}^k \tag{6.8}$$

在式（6.8）中，f(x)代表社会经济发展综合评价指数；g(y)代表生态环境发展综合评价指数；k 代表调节系数，一般以大于等于 2 为宜，本书联系河南省自身实际，选取 k 值为 6，以用来对度分度进行增加；C 为生态环境与社会经济的耦合度，两者完全无耦合度时，C 值为 0，两者达到最大的耦合度时，C 值为 1，因此，C∈[0,1]。

① 鲁春阳，宋昕生，杨庆媛，等. 城市人居环境与经济发展的协调度评价——以重庆都市区为例 [J]. 西南大学学报（自然科学版），2008（6）：121－125.

2005 年，乔标和方创琳对城市化生态环境与社会经济的关系进行研究时曾建立动态耦合模型。[①] 其中，探求其耦合度是该文研究重点之一。该文将城市化生态环境与社会经济之间的发展关系分为四个阶段：低级协调共生阶段、协调发展阶段、极限发展阶段及螺旋式上升阶段。2012 年，马丽等对我国经济和环境污染之间的耦合度格局以及工业结构进行解析，其中详细介绍了耦合的内涵。[②] 根据该文研究，生态环境与社会经济的耦合度，从空间上可以划分为四大类：耦合度数值在0.8 以上的为经济环境高强度耦合地区，主要集中在东部沿海；耦合度数值在0.5 ~ 0.8 的为经济环境还处在磨合阶段的地区，主要集中在人口和产业集聚区；耦合度数值在 0.3 ~ 0.5 的为经济环境高强度耦合地区，主要分布在中西部一些省会城市以及老工业基地；耦合度数值在 0.3 以下的为经济环境低强度耦合地区，主要集中在西部偏远地区。此外，也有其他学者对生态环境与社会经济的耦合度进行分析研究，观点较为相似，看法基本一致，但对耦合度所处阶段的划分众说纷纭，莫衷一是。

本书参考一众学者的研究，在经过取舍之后，将生态环境与社会经济的耦合度划分成六大阶段。

第一个阶段，当耦合度数值为 0 时，为无关联阶段，即 $C = 0$。在这一阶段，生态环境与社会经济各自"为政"，分别发展，看不出有太过明显的关联。

第二个阶段，当耦合度数值在 0 ~ 0.3 时，为低耦合阶段，即 $C \in (0, 0.3)$。在这一阶段，生态环境与社会经济已经产生联系，但关联度不大，彼此依存度不高。

第三个阶段，当耦合度数值在 0.3 ~ 0.5 时，为对抗阶段，即 $C \in (0.3, 0.5]$。在这一阶段，生态环境与社会经济已经有了广泛联系，彼此依存度很高。然而，两者之间的关系明显是"错乱"的，社会经济发展导致生态环境破坏，生态环境的恶化又导致社会经济发展受阻。

第四个阶段，当耦合度数值在 0.5 ~ 0.8 时，为磨合阶段，即 $C \in (0.5, 0.8]$。在这一阶段，生态环境与社会经济的关系进一步加深，依存度进一步增强。生态环境的恶化给人们的生活造成严重影响，给社会经济造成很大阻力。出现这样的局面让人们开始反思，逐渐认识到生态环境的重要性。因此，开始对生态进行修复，对环境进行保护。于是，一边发展社会经济，一边加强生态环境保护。然而，生态环境问题已经明显恶化，只能加大治理力度、提升治理能力来应对。

[①] 乔标，方创琳. 城市化与生态环境协调发展的动态耦合模型及其在干旱区的应用 [J]. 生态学报，2005 (11)：211 –217.

[②] 马丽，金凤君，刘毅. 中国经济与环境污染耦合度格局及工业结构解析 [J]. 地理学报，2012，67 (10)：1299 – 1307.

第五个阶段，当耦合度数值在 0.8 ~ 1 时，为高耦合阶段，即 $C \in (0.8, 1)$。在这一阶段，生态环境与社会经济彼此协调，相互促进。由于第四个阶段对生态环境问题的重视以及在现实中的摸索前行，人们逐渐掌握一些切实可行的方式方法，并利用这些方式方法在保证生态环境得到有效保护的前提下推动社会进步和经济发展。不仅如此，人们也开始利用生态环境发展社会经济，并利用社会经济推动生态环境保护，从而使生态环境与社会经济协调发展，共同进步。

第六个阶段，当耦合度数值为 1 时，为共振耦合阶段，即 $C = 1$。在这一阶段，生态环境与社会经济同频共振，和谐共处，协调共融，达到可持续、高质量和有序发展的至高水平。

当然，耦合度有其自身局限性，耦合度只能反映生态环境与社会经济这两大系统的关联程度和发展水平，但对两者之间协调发展的程度无法进行衡量。要衡量生态环境与社会经济的协调发展程度，则需要耦合协调度模型，即：

$$D_t = \sqrt{CT} \tag{6.9}$$

根据前文所述，在式（6.9）中，C 代表生态环境与社会经济的耦合度；T 代表生态环境与社会经济的综合评价指数，即协调发展指数。D_t 代表生态环境与社会经济的耦合协调发展程度，当生态环境与社会经济无耦合性、发展完全不协调时，D_t 值为 0；当生态环境与社会经济的耦合度达到最大、发展出现完全协调融合时，D_t 值为 1。也就是说 D_t 值在 0 至 1 之间，即 $D_t \in [0, 1]$。D_t 值越大，生态环境与社会经济的耦合协调发展程度就越高，表明生态环境与社会经济协调融合的水平就越高，生态环境与社会经济之间的关系也就越和谐、越融洽。

不过，耦合协调度模型也有其自身局限性。尽管耦合协调度模型能够反映生态环境与社会经济的耦合协调程度，却难以对生态环境与社会经济这两者的相对发展属性进行评价，如相对发展存在怎样的状况和到什么样的程度等，均难以做出描述。相对发展系数刚好能解决这一问题。

2011 年，刘浩等以环渤海城市群为例，对城市土地的集约利用和区域城市化之间的时空耦合协调发展关系进行研究和评价时，对其相对发展程度进行详细阐述。[①] 根据城市土地的集约利用与区域城市化的相对发展程度，将城市土地的集约利用和区域城市化之间的耦合协调发展划分成拮抗阶段、磨合阶段以及协调阶段。

本书借鉴其相对发展系数的概念和内容，对生态环境与社会经济之间的相对发展关系进行评价。相对发展系数公式为：

① 刘浩，张毅，郑文升. 城市土地集约利用与区域城市化的时空耦合协调发展评价——以环渤海地区城市为例 [J]. 地理研究，2011，30 (10)：1805 – 1818.

$$E = \frac{f(x)}{g(y)} \qquad\qquad (6.10)$$

根据前文所述，在式（6.10）中，$f(x)$代表社会经济发展综合评价指数；$g(y)$代表生态环境发展综合评价指数；E代表生态环境与社会经济相对发展系数。由于生态环境与社会经济是两个相对独立的系统，其相对发展程度应介于零和无穷大之间，即$E \in [0, \infty)$。只有当E值接近1时，生态环境与社会经济之间的相对发展程度才是最为融洽和协调的。

（二）耦合协调度模型判别标准确定

事实上，生态环境与社会经济之间的关系是动态的，无论其耦合度还是协调度，都不是一成不变的，而是一直都在发生变化。并且，这样的变化是循序渐进的，逐步从无序走向有序，从混乱走向秩序，从低阶段走向高阶段，从低水平走向高水平。2010年，谢丁以湘西凤凰古城为例，对欠发达地区县域经济和旅游产业的耦合协调发展进行研究时，按照耦合协调度的大小将欠发达地区县域经济和旅游产业的耦合协调类型划分为三大类七小类，而欠发达地区县域经济和旅游产业发展对比（即相对发展系数）又可分为三种类型，每一种耦合协调发展类型都有三种相对发展类型，七小类有二十一种相对发展类型。[①] 这样的划分方式可以说是较为精准和科学的。

在对河南省生态环境与社会经济耦合协调度进行分析研究时，本书便借鉴了谢丁的划分方式。根据发展程度的不同，生态环境与社会经济的耦合协调度一般介于0和1之间，即$D_t \in [0, 1]$。为了更为清晰地观察和了解生态环境与社会经济之间的耦合协调关系，本书按照耦合协调度的大小，将生态环境与社会经济之间的耦合协调类型细分为十个类型，并将0和1之间小数点之后的一位数字分为十段进行界定。先详述如下。

当D_t值介于0~0.1（含）时，即$D_t \in [0, 0.1]$，生态环境与社会经济之间关系的失调程度已经极为严重，定为极其离散失调类。

当D_t值介于0.1~0.2（含）时，即$D_t \in (0.1, 0.2]$，生态环境与社会经济之间关系的失调程度已经较为严重失调，定为严重离散失调类。

当D_t值介于0.2~0.3（含）时，即$D_t \in (0.2, 0.3]$，生态环境与社会经济之间的关系已经走向颇为失调阶段，定为中型离散失调类。

当D_t值介于0.3~0.4（含）时，即$D_t \in (0.3, 0.4]$，生态环境与社会经济之间

① 谢丁. 旅游产业与欠发达地区县域经济的耦合发展研究［D］. 长沙：湖南师范大学，2010.

的关系已经走向失调阶段，定为轻型离散失调类。

当 Dt 值介于 0.4～0.5（含）时，即 $D_t \in (0.4, 0.5]$，生态环境与社会经济之间的关系走向即将失调的阶段，定为即将离散失调类。

当 D_t 值介于 0.5～0.6（含）时，即 $D_t \in (0.5, 0.6]$，生态环境与社会经济之间的关系出现基本耦合协调的局面，定为基本耦合协调类。

当 D_t 值介于 0.6～0.7（含）时，即 $D_t \in (0.6, 0.7]$，生态环境与社会经济之间的关系走向颇为耦合协调阶段，定为轻型耦合协调类。

当 D_t 值介于 0.7～0.8（含）时，即 $D_t \in (0.7, 0.8]$，生态环境与社会经济之间的关系走向较为耦合协调阶段，定为中型耦合协调类。

当 D_t 值介于 0.8～0.9（含）时，即 $D_t \in (0.8, 0.9]$，生态环境与社会经济之间的关系走向极为耦合协调阶段，定为极为耦合协调类。

当 D_t 值介于 0.9～1（含）时，即 $D_t \in (0.9, 1]$，生态环境与社会经济之间的关系走向最佳耦合协调阶段，定为最佳耦合协调类。

按照生态环境与社会经济耦合协调发展的阶段，结合不同区域的实际情况，可以得知：生态环境与社会经济所能达到的最佳耦合协调状态、最理想情况，便是生态环境与社会经济同步伐、共节奏，耦合共融、协调共进，并呈现出高质量、可持续发展的良好格局。这也就是生态环境与社会经济的相对发展系数 E 达到 1 时的状态。然而，在现实社会中，这种状况往往是很难出现的。要么是社会经济发展过快，导致生态破坏、环境污染的情况屡屡发生；要么是生态环境保护政策过于保守，导致社会经济发展受阻。因为一方是社会经济发展，另一方是生态环境保护，这两者本身便存在某种矛盾，在社会经济发展与生态环境保护之间，选择是艰难的，尺寸更难以拿捏，这就造成现实生活中往往出现顾此失彼、厚此薄彼的情况。为了对生态环境与社会经济相对发展阶段进行更为科学、更加合理地界定，根据相对发展系数 E 的大小，可将生态环境与社会经济相对发展的类型划分成三类。现详述如下：

由于现实生活中 E 很难达到 1，在对生态环境与社会经济相对发展的类型进行划分时，把接近于 1 的状态定为生态环境与社会经济协同发展、共同前进的类型。也就是说，当相对发展系数值接近 1，在 0.8～1.2 时，为两者同步发展型，即 $E \in (0.8, 1.2)$。

当相对发展系数值小于 0.8 时，说明社会经济的相对发展速度明显小于生态环境的相对发展速度，是社会经济滞后型，即 $E \in (0, 0.8]$。

当相对发展系数值大于 1.2 时，说明社会经济的相对发展速度明显大于生态环境的相对发展速度，为生态环境滞后型，即 $E \in [1.2, \infty)$。更直观的表述如表 6.2 所示。

表 6.2　　　　　　　　生态环境与社会经济耦合协调发展、相对发展类型

耦合协调度（D_t）值	耦合协调类型	相对发展系数（E）	相对发展类型
$D_t \in [0, 0.1]$	极其离散失调类	$E \in (0, 0.8]$	社会经济滞后型
		$E \in (0.8, 1.2)$	两者同步发展型
		$E \in [1.2, \infty)$	生态环境滞后型
$D_t \in (0.1, 0.2]$	严重离散失调类	$E \in (0, 0.8]$	社会经济滞后型
		$E \in (0.8, 1.2)$	两者同步发展型
		$E \in [1.2, \infty)$	生态环境滞后型
$D_t \in (0.2, 0.3]$	中型离散失调类	$E \in (0, 0.8]$	社会经济滞后型
		$E \in (0.8, 1.2)$	两者同步发展型
		$E \in [1.2, \infty)$	生态环境滞后型
$D_t \in (0.3, 0.4]$	轻型离散失调类	$E \in (0, 0.8]$	社会经济滞后型
		$E \in (0.8, 1.2)$	两者同步发展型
		$E \in [1.2, \infty)$	生态环境滞后型
$D_t \in (0.4, 0.5]$	即将离散失调类	$E \in (0, 0.8]$	社会经济滞后型
		$E \in (0.8, 1.2)$	两者同步发展型
		$E \in [1.2, \infty)$	生态环境滞后型
$D_t \in (0.5, 0.6]$	基本耦合协调类	$E \in (0, 0.8]$	社会经济滞后型
		$E \in (0.8, 1.2)$	两者同步发展型
		$E \in [1.2, \infty)$	生态环境滞后型
$D_t \in (0.6, 0.7]$	轻型耦合协调类	$E \in (0, 0.8]$	社会经济滞后型
		$E \in (0.8, 1.2)$	两者同步发展型
		$E \in [1.2, \infty)$	生态环境滞后型
$D_t \in (0.7, 0.8]$	中型耦合协调类	$E \in (0, 0.8]$	社会经济滞后型
		$E \in (0.8, 1.2)$	两者同步发展型
		$E \in [1.2, \infty)$	生态环境滞后型
$D_t \in (0.8, 0.9]$	极为耦合协调类	$E \in (0, 0.8]$	社会经济滞后型
		$E \in (0.8, 1.2)$	两者同步发展型
		$E \in [1.2, \infty)$	生态环境滞后型
$D_t \in (0.9, 1]$	最佳耦合协调类	$E \in (0, 0.8]$	社会经济滞后型
		$E \in (0.8, 1.2)$	两者同步发展型
		$E \in [1.2, \infty)$	生态环境滞后型

第七章 7

河南省生态环境与社会经济耦合协调度综合分析

▶ 第一节 河南省生态环境与社会经济综合发展水平评价分析

　　按照上一章对生态环境与社会经济的综合发展水平进行测算的相关要求，结合河南省公布的 2007～2022 年与生态环境、社会经济有关的数据，得出河南省社会经济发展综合评价指数 f（x）（2007～2022 年），以及河南省生态环境发展综合评价指数 g（y），并测算出河南省生态环境与社会经济耦合度（2007～2022 年），具体情形如图 7.1 和图 7.2 所示。

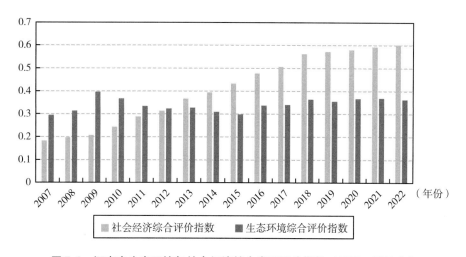

图 7.1　河南省生态环境与社会经济综合发展评价指数（2007～2022 年）

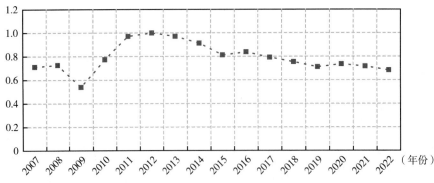

图7.2　河南省生态环境与社会经济综合发展评价耦合度（2007～2022年）

一、河南省生态环境整体发展水平评价分析

通过图7.1可以看出，在2007～2022年的这十六年里，河南省生态环境整体发展大致历经了两大重要阶段。

其一为生态环境一般发展阶段，时间跨度为2007～2015年。在这一阶段，河南省生态环境整体发展极不稳定，综合评价指数忽高忽低。不过，就整体而言，2007～2015年，河南省生态环境综合发展表现为稳中有升的上升趋势。在这一阶段，可持续发展观念在河南省已经深入人心，河南省对生态环境保护极为重视，下大力气致力于生态环境建设，在坚持总量减排的前提下，不断调整产业结构、转变社会经济发展模式，在推动中原城市群社会经济高速发展的同时，又不以破坏生态、损伤环境为代价，从而以更小的生态环境代价来满足该省更大的社会经济发展。一系列举措的实施，使该省生态环境整体质量有了较大程度的改善，对生态修复、环境保护也产生着较为积极地影响。然而，这一阶段正是河南省社会经济快步前进、飞速发展的重要阶段，城镇化步伐不断加快，一众工业项目陆续建成投产，工业污染物排放压力很大，生活垃圾问题日益严重，这就造成河南省生态环境整体发展在其中一些年受到遏制，综合评价指数呈现略微下降的趋势。

其二为生态环境良好发展阶段，时间跨度为2016～2022年。从2016年开始，河南省生态环境整体发展呈现出稳步上升趋势，综合评价指数也在不断增加。在这一阶段，就大环境而言，随着党的十八大的召开，以习近平总书记为核心的新的党中央和国家领导集体成立，对生态环境问题极为重视，在党的十八大上提出要建设美丽中国的号召，十九大又将现代化建设目标体系纳入"美丽中国"框架，自上而下，开始实施生态文明改革。就河南省自身来讲，受党和国家政策的影响，该省积极推行生态文明建设，生态文明建设机制体制稳步走向完善健全。社会经济发展模式正在向绿色、低碳的生态环保型调整；产业结构积极向第三产业聚集，与此同时，第二产业也在求新求变；资源及能源消费逐渐摒弃传统的高投入、高污染、低效率模式，开始向低投入、低污染、高效率模式转变。与此同时，新增污染物排放稳步降低，公众生态环境保护意识逐渐增强，全社会凝成加强生态修复、环境保护的强大合力，使生态环境质量得到较大程度的改善，良好的资源优势逐转化成巨大的社会经济优势，推动社会经济发展的成效已经初步凸显。

二、河南省社会经济整体发展水平评价分析

通过图 7.1 也可以看到，在 2007~2022 年的这十六年里，河南省社会经济整体发展评价指数，从 2007 年的 0.183，增长至 2022 年的 0.603，增长两倍有余。不仅如此，该省社会经济发展呈现出稳步上升的良好态势。具体而言，河南省社会经济整体发展大致可分为两个重要阶段。

其一为社会经济良好发展阶段，时间跨度为 2007~2018 年。在这一阶段，河南省牢牢把握中原振兴、中部崛起等国家战略目标，通过对产业结构进行调整，将促进结构性税收减免、推动公共支出大幅增加等政策措施作为主要手段以扩大内需，使能源、资源、要素及市场等本土优势得到进一步凸显，使与社会经济发达省份在理念制度等方面的劣势进一步缩小，从而为社会经济的腾飞创造更强的竞争优势和更大的市场空间。

其二为社会经济平稳发展阶段，时间跨度为 2019~2022 年。在这一阶段，河南全省上下积极贯彻新业态、新优势、新发展等绿色发展理念，推动供给侧结构性改革持续向前，使社会经济结构得到进一步优化，在持续降低第一产业比重的同时，不断增加第二产业和第三产业的比重。尤其是第二产业，以高能耗、高污染、低产出为主要特征的传统工业的比重稳步下降，以低能耗、低污染、高产出为主要特征的现代装备制造业、高新科技产业以及战略性重工业等比重进一步上升。这一阶段的河南省社会经济正由速度型向质量型转变。但从图 7.1 可以明显看出，受新冠疫情影响，河南省社会经济发展出现短暂停滞不前，但随着封控解除，河南省会社会经济又开始出现强劲发展的势头。

三、河南省生态环境与社会经济耦合度评价分析

图 7.2 反映出河南省生态环境与社会经济在 2007~2022 年的耦合度。可以看到，2007~2022 年的这十六年里，河南省生态环境与社会经济耦合度在图上略成"M"型，大致可以分为三个阶段。

第一阶段为生态环境与社会经济耦合度持续上升阶段，时间跨度为 2007～2008 年。在这一阶段，河南省发挥自身优势，借助中部地区崛起等国家战略目标，使社会经济得到较快速度的发展，使生态环境不断得到修复和保护，从而推动生态环境与社会经济耦合度一路攀升，耦合度数值由 2007 年的 0.712 增长至 2008 年的 0.726，继而使生态环境与社会经济完成向良性耦合的快速转变。在这一阶段，河南省生态环境与社会经济之间的关系不断优化协调，尤其是社会经济，发展速度一路走高、发展水平持续增强，从而使河南省生态环境与社会经济的耦合状态持续向好，以至于在 2008 年时达到 M 型曲线的第一个峰值。

第二阶段为生态环境与社会经济耦合度徘徊往复阶段，时间跨度为 2009～2012 年。在这一阶段，河南省生态环境与社会经济耦合度在 2009 年曾有过短暂下降，之后便迅速回升，到 2012 年时达到 M 型曲线的第二个峰值。在 2009 年时出现短暂下降的主要原因是因为在这一年里，河南省社会经济结构有所调整，而对生态环境进行保护的力度进一步加大。虽然这样的举措在当年留下阵痛，却为后几年带来长久的效用，从而推动 2010～2012 年这三年里生态环境与社会经济耦合度数值能够不断上升。

第三阶段为生态环境与社会经济耦合度缓慢下降阶段，时间跨度为 2013～2022 年。事实上，经过 2007～2012 年这六年的发展与前进，无论是生态环境还是社会经济都在向好发展，从而使河南省生态环境与社会经济走向一个相对平和的发展阶段，其耦合度也处在一个相对稳定的状态。也就是说，从 2013 年开始，河南省响应国家号召，不仅追求社会经济发展的速度，更重要的是要提升社会经济发展的质量，从高速度发展走向高质量发展，因此，社会经济增速虽然有所放缓，但由于生态文明建设的有序推动、美丽中国等国家战略的推行，使得生态环境质量不断改善，使得生态环境与社会经济之间的耦合度呈现不断下降的趋势。事实上，在这一阶段，河南省生态环境与社会经济的耦合度已经处在一个较高水平。

▶ 第二节　河南省下辖市生态环境与社会经济综合发展水平评价分析

一、河南省下辖市生态环境整体发展水平评价分析

自从我国推行改革开放以来，社会经济取得很长一段时间的高速增长，然而，因此引发的生态破坏、环境污染事件也层出不穷，给党和国家带来严重困扰的同时，

也使社会经济发展的步伐受到一定程度的阻碍。正因如此，在 2007 年 10 月召开的党的十七大会议上，时任党中央总书记的胡锦涛同志便明确提出要建设生态文明的伟大创想，大力发展循环经济、提升再生能源比重、有效控制主要污染物、改善生态环境质量等观点一时成为国人热议的话题。

在这样的大背景下，在省委省政府的强有力领导下，河南省下辖 18 市对生态文明建设日益重视起来，并开展一系列促进生态修复、环境保护的活动，在使本市生态环境质量持续好转的同时，也使各级政府生态环境治理能力不断提升，从而呈现出生态环境治理与社会经济发展基本同步的良好局面。与此同时，加强对本市居民的生态环境保护教育，提升他们的生态环境保护意识，促进他们积极参与生态环境保护和生态文明建设事业中来，从而为本市生态环境质量的提升做出自己的贡献。

正是以此为基础，本书在对河南省下辖市生态环境整体发展水平进行评价分析时，从生态环境容量、生态环境污染、生态环境治理等三个层面出发，对河南省下辖 18 市的生态环境整体发展水平进行测算和衡量，并从 2007～2022 年这十六年之中选取阶段性年份 2007 年、2012 年、2017 年、2022 年作为时间点，绘制河南省下辖市生态环境整体发展指数曲线，从而观察不同地市在不同时间点的生态环境整体发展指数的趋势与变化。详情如表 7.1 和图 7.3 所示。

表 7.1　　　　　　　　河南省下辖市生态环境整体发展指数一览

河南省下辖市	2007 年	2012 年	2017 年	2022 年
郑州市	0.373	0.512	0.597	0.613
开封市	0.238	0.285	0.349	0.363
洛阳市	0.315	0.423	0.494	0.517
平顶山市	0.244	0.289	0.383	0.406
安阳市	0.268	0.327	0.401	0.409
鹤壁市	0.331	0.394	0.445	0.452
新乡市	0.259	0.271	0.364	0.372
焦作市	0.213	0.342	0.317	0.323
濮阳市	0.280	0.329	0.413	0.421
许昌市	0.245	0.283	0.375	0.382
漯河市	0.323	0.286	0.427	0.431
三门峡市	0.241	0.323	0.364	0.369
南阳市	0.236	0.297	0.362	0.373
商丘市	0.213	0.265	0.334	0.342
信阳市	0.287	0.352	0.431	0.439
周口市	0.293	0.345	0.391	0.397
驻马店市	0.276	0.328	0.385	0.391
济源市	0.284	0.347	0.418	0.425

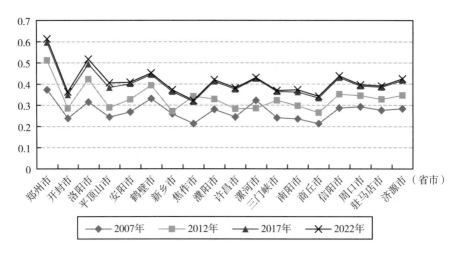

图 7.3　河南省下辖市生态环境整体发展指数变化趋势曲线图

根据表 7.1 的相关数据和图 7.3 的曲线图所示，从时间方面来看，随着时间的推移，河南省下辖 18 市的生态环境呈现整体向前发展的趋势，2007 ~ 2022 年的这十六年里，生态环境整体发展评价指数均呈现出稳中有升的增长势头。从区域层面来看，2007 ~ 2022 年的这十六年里，生态环境整体发展评价指数增幅较大的城市有郑州市、洛阳市、平顶山市、安阳市、濮阳市、许昌市和南阳市等。其中，增幅处于第一梯队的为郑州市和洛阳市，增幅处于第二梯队的有平顶山市、信阳市、安阳市、濮阳市、济源市、许昌市和南阳市，河南省其余下辖市处于第三、第四、第五梯队。

郑州市是河南省下辖 18 市中生态环境整体发展评价指数增幅最大的城市，2007 ~ 2022 年的十六年里，增幅达到 0.24。究其原因，主要因为郑州市不仅是河南省省会，还是河南省社会经济实力最强的城市，在全省 18 个地市之中，郑州的社会经济规模最大，社会经济增长幅度和发展潜力也名列前茅。强大的社会经济实力，不仅能够为生态修复、环境保护提供充足的资金保障，还能够投入更多的资金发展新业态、研发新技术、开发新产品，从而将更多低碳环保、绿色生态的产品和技术推向市场，以降低传统经济对资源和能源的严重依赖，继而走上生态经济可持续发展之路。尤其值得称道的是，在 2007 ~ 2022 年这十六年里，在河南省委省政府的坚强领导下，作为省会城市，郑州市牢固树立新发展思想、积极贯彻新发展理念、有力融入新发展格局，不仅对生态文明建设的要求极为严格，对新业态的开拓、新技术的应用更是不遗余力，主动作为、自我加压，从而更快适应社会变革和新时代、新环境的要求，认真做好河南省社会经济发展的领头雁和生态文明建设的好榜样。

洛阳市是河南省下辖 18 市中生态环境整体发展评价指数增幅第二大的城市，2007 ~ 2022 年的十六年里，增幅达到 0.202。究其原因，主要因为洛阳市不仅是社会经济实力仅次于郑州市的河南省第二大城市，还是全国知名的工业城市和旅游城市，"老工业基地""千年帝都，牡丹花城"的名头足以让洛阳市傲视省内其他非省会城市。"十一五"以来，洛阳市立足自身实际，在区域位置、综合实力、创新能力、产业支撑等方面下足功夫，不断发挥工业优势、文化优势、旅游优势，积极推进洛阳城市圈建设。不仅如此，洛阳市还坚决贯彻习近平总书记所倡导的"绿水青山就是金山银山"等生态文明发展理念，因地制宜、对症下药，积极发展生态旅游业、生态农业、休闲观光业、健康养老业，有力打造沟域经济，着力提升城市品位，使洛阳市生态文明建设得以扎实有效地开展，从而使生态环境质量稳步提升。

增幅处于第二梯队的平顶山市、信阳市、安阳市、濮阳市、济源市、许昌市和南阳市，在2007～2022年的十六年里，生态环境整体发展评价指数增幅在0.137～0.162之间。像平顶山市，十六年来，生态环境整体发展评价指数增幅达到0.162。近年来，尤其是"十三五"以来，平顶山市坚持绿色生态的发展理念，一方面，全力打好污染防治攻坚战，另一方面，全面推进生态文明建设，并且在加快绿色转型、加强生态保护、发展生态经济、提高治理能力等方面下大力气，做足文章，从而为社会经济高质量发展创造出良好的生态环境条件。像信阳市，十六年来，生态环境整体发展评价指数增幅达到0.152。近年来，信阳市加快发展步伐，统筹协调生态环境高层次保护与社会经济高质量发展之间的关系，全面实施碧水、蓝天、净土三大攻坚行动，有力实施"无废城市"试点建设，使生态环境质量持续改善，使生态环保经济稳步发展，使人民群众的幸福感、获得感和认同感不断增强，从而为该市全面建成小康社会积累下更为浓厚的绿色底蕴。像安阳市、濮阳市和济源市，十六年来，生态环境整体发展评价指数增幅达到0.141。近年来，安阳市、濮阳市、济源市抓住黄河流域生态保护和高质量发展和南水北调工程生态系统保护修复等重大发展机遇，在生态修复、产业转型及文化复兴等方面下足功夫，从而推动低碳、绿色、循环发展体系逐渐形成。像许昌市和南阳市，十六年来，生态环境整体发展评价指数增幅均达到0.137。有山有水，有河有林，山水辉映，生态多元，可以说是许昌、南阳这两市的共同特色。在这十六年里，两市逐步加大对生态环境的综合治理，使荒山野岭变成青山秀岭，让黑水河扬起清波，居住环境持续向好，人民群众满意度不断增强。

增幅处于第三梯队的有商丘市、三门峡市、开封市和鹤壁市，在2007～2022年的十六年里，生态环境整体发展评价指数增幅在0.121～0.129之间。这5个城市，要么是以传统工业为主的老工业城市（如三门峡市、鹤壁市），要么是人口数量众多的人口资源大市（如商丘市），要么是经济规模较小的地级市（如开封市），或出于经济转型的需要，或出于自身发展的需求，通常会对社会经济发展的重视超过对生态环境保护的重视。不仅如此，这些城市往往有着根深蒂固、积重难返的生态环境问题，解决、根除也非一日之功，因此在生态环境整体发展评价指数的增幅上表现出的优势并不是很明显。

增幅处于第四梯队的有驻马店市、新乡市和焦作市，在 2007～2022 年的十六年里，它们的生态环境整体发展评价指数增幅在 0.110～0.115 之间。驻马店市是河南省传统的人力资源输出大市和农业大市，由于其定位原因，导致其生态环境整体发展评价指数不会有太大幅度的增长。新乡市是中原经济区极为重要的工业基地，在电池、生物、医药、特色装备制造以及煤化等产业具有较强的优势。正因如此，新乡市生态环境污染问题较为突出，尤其是结构性污染，作为新乡市社会经济支柱产业的化工、制药、造纸以及酿造等行业在充实新乡市社会经济的同时也带来严重污染，给新乡市带来有机废水总量较大、污染物排放强度较高等生态环境问题，使河流、空气、土壤等都受到严重污染。近年来，尽管新乡市经过一些卓有成效的治理，但生态环境问题与省内其他城市相比仍较为突出。在这三个城市之中，需要重点提到的是焦作市。尽管焦作市这十六年来生态环境整体发展评价指数的增幅处于河南省中下游水平（增幅为 0.110），但它一直是河南省生态环境质量最差的城市，不仅生态环境质量长期居于河南省最末流，还屡次被媒体曝光，多次被上级部门点名批评。如 2021 年 12 月，河南省委第七生态环境保护督察组就在焦作市发现其部分县区的砖瓦窑厂存在厂区环境管理较为混乱、污染防治设备设施难以正常运行以及环境管理台账造假等问题，导致生态环境问题频发，要求务必认真整改。① 究其主要原因，作为一座长期以煤炭开采为主要经济来源的能源型城市，一百多年来，焦作市都在进行煤炭开采，对生态环境造成极为严重的破坏，在生态环境评价指数系统之中，无论是生态环境污染还是生态环境治理都是重要的评价层面，而像废水排放量、二氧化硫排放量及一般工业固体废弃物利用率等又是其中重要的评价指数，作为曾经的"煤炭之城"，焦作的这些层面、这些指数均难以乐观，因此，其生态环境整体发展评价指数一直居于省内末位自然是显而易见的。

增幅处于第五梯队的仅有漯河市和周口市，在 2007～2022 年的十六年里，其生态环境整体发展评价指数增幅分别只有 0.108 和 0.104。漯河市是全国较为知名的食品城市，在石化、涂料、农药等工业领域也有着自己的独特优势。然而，正因如此，便带来诸多生态环境问题，经过多年治理虽有所改善，仍是积重难返，上升空间并不大。作为传统的农业大市，周口市农业污染面广、污染源多；地表水环境质量较差，深层地下水出现较为严重的超采问题；绿色产业发展较为缓慢等，生态环

---

① 典型案例 | 焦作市部分县区砖瓦窑厂环境污染问题突出 [EB/OL]. 河南省生态环境厅官网，2022 -03 -02.

境问题较为突出，治理起来有一定难度。

二、河南省下辖市社会经济整体发展水平评价分析

2007～2022年，是我国社会经济快速增长的十六年，同时也是我国转变观念，推动经济走向高质量发展的十六年。尤其是党的十八大以来，我国通过推行供给侧结构性改革，使供给结构得到优化，从而积极完成传统的以劳动密集型产业为主导的产业优势向新型以高端技术密集型产业为主导的产业优势转型升级；以创新驱动为主要支撑，推进技术进步、加快产业升级，从而助推社会经济迈向更高水平的发展；以深化改革为主要动力，继续深化在各领域的改革，使机制体障碍得以打破，使市场活力得以释放，从而推动社会经济走向高质量发展；以开放合作为重要方向，积极推行全球化经济，以"一带一路"等战略决策为重点，携手世界其他国家尤其是发展中国家加强经贸合作，从而达到互惠互利、合作共赢的目标。

在这样的时代背景下，河南省也积极行动起来，加快现代产业体系建设，完成产业转型升级；积极转变政府职能、营造更好的营商环境；积极构建创新生态体系，提升科技创新水平。河南省社会经济发展，既要保证量的合理化增长，也要实现质的平稳化提升，从而推动社会经济不断实现预期增长。在省委省政府的正确领导下，河南省下辖18市，鼓足干劲、力争上游，不断借助产业、政策以及自身优势，推动社会经济实现积极而有效的发展与增长。

正是以此为基础，本书在对河南省下辖市社会经济整体发展水平进行评价分析时，从社会经济规模、社会经济潜力、社会经济结构等三个层面出发，对河南省下辖18市的生态环境整体发展水平进行测算和衡量，并2007～2022年这十六年中选取阶段性年份2007年、2012年、2017年、2022年作为时间点，绘制河南省下辖市社会经济整体发展指数曲线，从而观察不同地市在不同时间点的社会经济整体发展指数的趋势与变化，详情如表7.2和图7.4所示。

表7.2 河南省下辖市社会经济整体发展指数一览

河南省下辖市	2007年	2012年	2017年	2022年
郑州市	0.617	0.745	0.853	0.869
开封市	0.225	0.293	0.356	0.368
洛阳市	0.412	0.637	0.735	0.747
平顶山市	0.282	0.341	0.425	0.438
安阳市	0.314	0.347	0.438	0.447
鹤壁市	0.245	0.326	0.387	0.394

续表

河南省下辖市	2007 年	2012 年	2017 年	2022 年
新乡市	0.361	0.317	0.408	0.419
焦作市	0.295	0.307	0.386	0.392
濮阳市	0.247	0.316	0.418	0.427
许昌市	0.265	0.337	0.411	0.423
漯河市	0.256	0.307	0.379	0.385
三门峡市	0.262	0.336	0.423	0.431
南阳市	0.285	0.337	0.421	0.434
商丘市	0.257	0.278	0.347	0.353
信阳市	0.252	0.313	0.381	0.397
周口市	0.256	0.315	0.358	0.363
驻马店市	0.235	0.269	0.384	0.392
济源市	0.261	0.334	0.417	0.423

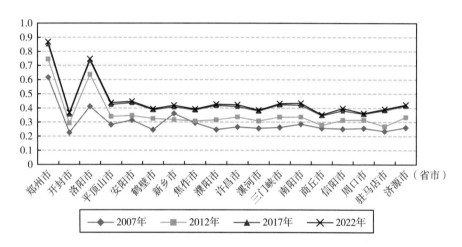

图 7.4　河南省下辖市社会经济整体发展指数变化趋势曲线图

　　根据表 7.2 的相关数据和图 7.4 的曲线图所示，从时间方面来看，随着时间的推移，河南省下辖 18 市的社会经济呈现整体向前发展的趋势，在 2007 ~ 2022 年的这十六年里，社会经济整体发展评价指数均呈现稳中有升的增长势头。从区域层面来看，在 2007 ~ 2022 年的这十六年里，河南省社会经济整体发展评价指数增幅较大的城市有洛阳市、郑州市、濮阳市、三门峡市、济源市、许昌市、驻马店市及平顶山市等，其中，增幅处于第一梯队的为洛阳市和郑州市，增幅处于第二梯队的有濮阳市、三门峡市、济源市、许昌市、驻马店市和平顶山市，增幅处于第三梯队的有鹤壁市、南阳市、信阳市和开封市，河南省其余下辖市处于第四、第五梯队。

洛阳市是河南省下辖 18 市中社会经济整体发展评价指数增幅最大的城市，在 2007～2022 年的十六年里，增幅达到 0.335。究其原因，主要因为洛阳市早在"一五"时期便是我国重点建设的重工业城市，工业基础扎实、科技实力雄厚、各种资源储备极为丰富。2007 年以来，尤其是党的十八大召开以来，洛阳市始终将"风口"产业发展作为产业发展的主线，推动传统产业重建、转型、升级及优势再造，培育新兴产业从无到有、从弱到强，谋求未来产业健康孕育，加快重点集群建设，抢占先机、换道领跑。不仅如此，洛阳市还借助自身厚重坚实的历史文化优势和得天独厚的自然资源条件，全面推行文旅文创深度融合战略，以"黄河文化""国花牡丹""伏牛山水""盛世隋唐""工业遗产"等文旅优势为抓手，全力打造沉浸式文化旅游目的地。抓好产业发展、实现城市提质、推动乡村振兴，通过一系列切实可行的举措，洛阳市在社会经济高质量发展之路上迈出坚实有力的一步步。

郑州市是河南省下辖 18 市中社会经济整体发展评价指数增幅第二大的城市，在 2007～2022 年的十六年里，增幅达到 0.252。究其原因，主要因为郑州市不仅是国家中心城市，还是我国公路、铁路、航空及信息等众多交通手段兼优的全国交通枢纽城市，自身优势显而易见，发展条件得天独厚。从 2007 年以来，郑州市以"枢纽+开放"展示新形象、以创新发展营造新活力，以集群化产业带动链条式发展，在推动郑州制造快速走向世界的同时，加快数字化转型，推动智能制造、智能物流等智能化建设，从而实现数字产业化和产业数字化协同作战。与此同时，郑州市全面深化改革，以战略重组、专业化整合等为重点，使企业重现活力，以高品质城市建设为抓手，展现充满生机和活力的郑州新形象，从而使区域发展更加协调、更加和谐。此外，郑州市还坚定不移地走上以绿色低碳、生态环保为主题的绿色发展之路，从而为社会经济高质量增添更为厚实的生态本底，走出一条生态环境与社会经济和谐共荣的可持续发展之路。

增幅处于第二梯队的濮阳市、三门峡市、济源市、许昌市、驻马店市和平顶山市，在 2007～2022 年的十六年里，社会经济整体发展评价指数增幅在 0.156～0.180 之间。像濮阳市，十六年来，社会经济整体发展评价指数增幅达到 0.180。濮阳市为河南省东北门户，同时也是多省交会的区域性中心城市。近年来，该市优先发展新兴产业，在新能源、新材料、新一代信息技术及节能环保等新兴产业广泛布局，并扎实推进基础产业高级化、传统产业现代化等，从而使社会经济展现出蓬勃发展的增长势头。此外，该市还以氢能制造为抓手，推动氢能制造、运输、储备、利用等全产业链建设，使该市社会经济增添更多活力。像三门峡市，十六年来，社会经济整体发展评价指数增幅达到 0.169。作为曾经的资源型城市，三门峡市稳住资源这一基本盘是硬道理，一方面，加快传统产业模式变革，产业链不断向高端伸展，另一方面，积极着眼新兴业态，以重点企业为抓手，大力发展光电、镓基、砷基、复合等新材料，从而积极向创新型城市转型，并取得一些建设性成果。像济源市，十六年来，社会经济整体发展评价指数增幅达到 0.162。济源市以科技创新为指导，不断在业态、产品、管理、制度及服务等方面寻求创新突破，在对传统产业进行延链、补链、强链的同时，也在碳捕集工程、制氢储氢及前沿新材料等未来产业谋求布局，从而展现出良好的发展势头。像许昌市，十六年来，社会经济整体发展评价指数增幅达到 0.159。许昌市是传统工业强市，城市规模和经济实力长期居于河南省前列。近年来，该市将推动数字经济转型、做优现代服务业及夯实产业发展载体等作为发展重心，从而带动社会经济既保量又保质的增长。像驻马店市，十六年来，社会经济整体发展评价指数增幅达到 0.158。近年来，驻马店市一方面稳住农业基本盘，使粮食产量平稳增长，另一方面，积极招商引资，以科技园、产业园等形式，吸引外来资本在该市投资建厂，使之成为拉动该市社会经济增长的生力军，从而取得不错的效果。像平顶山市，十六年来，社会经济整体发展评价指数增幅达到0.156。作为传统的工业强市，平顶山市工业基础扎实、科技力量雄厚，一方面，继续做大做强传统重工业，完成传统产业的升级改造，另一方面，加快发展新兴产业，完成一些新兴产业从无到有的转变。不仅如此，平顶山市还在加快淘汰落后陈旧产能、有力推进企业节能增效改造、大力推广节能增效技术及产品、用心做好节能减排等方面做精做优，从而使社会经济在完成转型升级的同时，也有了一定幅度的增长。

增幅处于第三梯队的有鹤壁市、南阳市、信阳市和开封市，在 2007～2022 年的十六年里，社会经济整体发展评价指数增幅在 0.143～0.149。像鹤壁市和南阳市，十六年来，社会经济整体发展评价指数增幅达到 0.149。作为老工业城市，鹤壁市坚持以科技创新为驱动，推动产业转型升级；以传统产业集群升级为重点，重塑产业竞争优势；以新兴产业培育为主导，强化新旧动能转换；以一流营商环境为目标，深耕产业发展沃土，从而走出一条属于自己的发展道路。不过，老工业城市在转型发展的道路上终究显得有些艰难。人口大市南阳市坚持以产业立市、以工业强市，以大工业、大产业、大项目为突破口，加速千亿级产业集群建设，引入一批重大项目落户，从而为社会经济发展安装上强劲的科技动能。不仅如此，该市还牢记粮食安全责任，守住耕地红线，促进粮食增产增收，从而为社会经济发展打下坚实的基础。不过，该市作为农业大市和粮食产出大市的定位使其社会经济发展受到一定程度的制约。像信阳市，十六年来，社会经济整体发展评价指数增幅达到 0.145。近年来，信阳市大力发展茶叶种植、红色旅游、休闲度假及生态环境保护等生态产业，一方面，减少对传统产业的依赖，推动业态升级和产业创新；另一方面，倡导绿色发展理念，使革命老区再度焕发青春活力，从而取得不错的成绩。像开封市，十六年来，社会经济整体发展评价指数增幅达到 0.143。开封市始终将郑开同城化作为努力方向，坚持走城乡融合发展的道路，对现有城市功能布局不断进行优化构建，从而使各类资源能效都能得到充分发挥。西部为高质量发展区、北部为生态涵养区、东部为产业集聚区、南部为产城融合区、中部为古城保护区，有条不紊、秩序井然，为该市社会经济的发展奠定坚实基础，并助力社会经济持续腾飞。然而，开封和郑州进行同城化的劣势也较为明显，在很大程度上也限制其进一步发展。

增幅处于第四梯队的有安阳市、漯河市、周口市、焦作市和商丘市，在 2007～2022 年的十六年里，社会经济整体发展评价指数增幅在 0.096～0.133。像安阳市，十六年来，社会经济整体发展评价指数增幅达到 0.133。安阳市不仅是河南省的社会经济大市，同时也是该省的工业重镇，在多项传统产业领域均居于省内前列。党的十八大以来，安阳市始终将创新放在发展的核心位置，充分发挥该市知名高校和科研院所云集的优势，全力打造创新平台，深入推进研发平台系统锻造工程；着力夯实创新主体，大力推进创新型企业培育计划；持续做好创新生态，不断增强科技投入能力；倾力打造千亿集群，加速推进"安阳制造"走向"安阳智造"，从而使社会经济呈现出健康发展的良好局面。在第四梯队中，漯河市、周口市和商丘市等三市情况较为相似，它们位于河南省的东部或南部，基本上都属于适合农作物培育种植的黄河和淮河堆积平原区域，河南省之所以能成为农业大省，它们发挥着巨大作用。然而，虽然这些市农业资源极具优势，却也对其工业发展形成很大程度的制约，造成其经济增长点明显不足、产业结构极不合理、后备储能严重短缺等问题，使其社会经济发展受到极为严重的制约。不过，这些市在粮食、调味瓶、油料、肉奶精深加工、食用菌、休闲食品、饮料等与农业关系较深的产业和领域占据很强的优势，在我国人民对物质生活的需求和品位不断增加和提升的现今，这些产业可以说具有极大的发展潜力。在 2007～2022 年的十六年里，焦作市社会经济整体发展评价指数增幅只有 0.097。党的十八大以来，焦作市继续坚持工业强市这一战略部署，深耕细挖制造业高质量发展，推动新一轮工业振兴计划的实施与开展，从而使产业基础走向更高级化、实现产业链条现代化，并力争在绿色智能领域闯出一条新路。然而，作为长期以来都依靠煤炭资源实现自身发展的能源型城市，在资源使用日趋紧张、环境约束日益严格的局面下，焦作市产业机构不够优化、主导产业不够鲜明、产业链条不够完整、创新动能严重不足，导致许多传统行业、能源型企业都渐渐走向没落，社会经济发展速度逐渐放缓。总而言之，虽然焦作市目前仍是河南省工业经济的主力军，但正在逐渐失去竞争优势，未来增长又缺乏动力，从而渐渐走入困境。近年来，焦作市提出以"三个一"为抓手，期颐能够走出困局，实现破局。

"三个一"，即"一城"，我国中部新能源材料城；"一都"，健康休闲产品之都；"一基地"，国家级汽车零部件特色产业基地。这一决定，为焦作市社会经济的未来发展指出明确的方向，描绘出清晰的蓝图。

增幅处于第五梯队的仅有新乡市，十六年来，其社会经济整体发展评价指数增幅只有 0.058。近年来，新乡市的社会经济发展面临较深的困局，一方面，传统产业如家具制造、纺织等转型升级难，优势地位越来越不明显，另一方面，高科技产业发展缓慢、现代服务业跟不上时代的步伐。不仅如此，城市规划有诸多不科学、不合理之处，使得交通拥堵严重，现代公共交通服务系统亟待建立。此外，虽然有一些全国较为知名的高校与科研院所，但人才流失严重，城市核心竞争力越来越不突出。不过，近年来，新乡市也在求新求变，力求在经济结构调整、产业升级转型、城市基础设施完善、人才引进等方式有所突破，使之成为能够推动河南省社会经济发展的一支强有力的生力军。

第三节　生态环境与社会经济耦合协调时空变化分析

一、河南省生态环境与社会经济耦合协调时序变化分析

事实上，生态环境与社会经济耦合度 C，是对整个体系从无序状况向有序状况过渡、转换的过程的反映，是对整个体系各指数之间所产生的相互作用的体现，是对体系在其发展变化过程中的和谐程度所能进行的度量。然而，生态环境与社会经济耦合协调度 D 则是站在整个体系层面来看待生态环境系统和社会经济系统这两大系统之间的耦合关系，所以说，其分析评价要比耦合度 C 分析评价更全面、更科学、更合理。2015 年，张荣天、焦华富在对泛长江三角洲地区的生态环境与社会经济之间的耦合协调关系进行分析时，便持类似的观点和看法[①]。以上文河南省生态环境与社会经济综合发展水平评价体系相关数据、图标为基准，利用生态环境与社会经济耦合协调模型，对河南省在 2007～2022 年生态环境与社会经济耦合协调度进行运算，能得出相关年份的耦合协调度数据，根据表 6.2 对耦合协调度（Dt）值和相对发展系数（E）的评定标准，从而找出河南省在相关年份的耦合协调类型，详情如表 7.3 所示。

① 张荣天，焦华富. 泛长江三角洲地区经济发展与生态环境耦合协调关系分析 [J]. 长江流域资源与环境，2015，24（5）：719-727.

表7.3　　　　　　　　河南省生态环境与社会经济耦合协调度数值及其所属类型

年份	耦合协调度（Dt）	相对发展系数（E）	耦合协调类型
2007	0.413	0.620	即将离散失调类、社会经济滞后型
2008	0.431	0.627	即将离散失调类、社会经济滞后型
2009	0.404	0.524	即将离散失调类、社会经济滞后型
2010	0.486	0.660	即将离散失调类、社会经济滞后型
2011	0.550	0.863	基本耦合协调类、两者同步发展型
2012	0.565	0.969	基本耦合协调类、两者同步发展型
2013	0.576	1.154	基本耦合协调类、两者同步发展型
2014	0.567	1.274	基本耦合协调类、生态环境滞后型
2015	0.546	1.452	基本耦合协调类、生态环境滞后型
2016	0.585	1.414	基本耦合协调类、生态环境滞后型
2017	0.580	1.482	基本耦合协调类、生态环境滞后型
2018	0.591	1.542	基本耦合协调类、生态环境滞后型
2019	0.575	1.610	基本耦合协调类、生态环境滞后型
2020	0.591	1.579	基本耦合协调类、生态环境滞后型
2021	0.588	1.605	基本耦合协调类、生态环境滞后型
2022	0.575	1.657	基本耦合协调类、生态环境滞后型

从表7.3和图7.5可以看到，河南省生态环境与社会经济耦合协调度数值从2007年的0.413上升到2022年的0.575，由此可见，这十六年来，河南省生态环境与社会经济耦合协调水平一直在稳步上升，也就是说，河南省生态环境与社会经济耦合度越来越高、协调度越来越好。

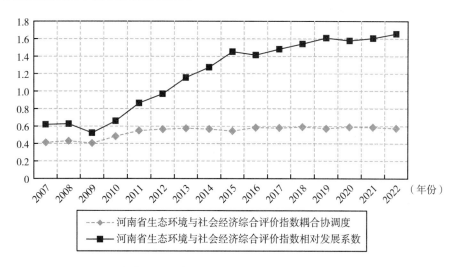

图7.5　河南省生态环境与社会经济耦合协调度及相对发展系数图

不仅如此，十六年来，河南省生态环境与社会经济耦合协调度类型从 2007 年时的即将离散失调类、社会经济滞后型逐步发生进化，到 2022 年时，已经是基本耦合协调类、生态环境滞后型。也就是说，这十六年来，河南省生态环境与社会经济耦合协调度从 2007 年时的离散状态达到 2022 年时的耦合状态，生态环境与社会经济之间的关系从相互制约到相互促进，这两大系统开始彼此成就、相得益彰，并渐渐走向耦合度更高、协调度更好的良性发展、发展。

如果分时间段来看的话，在 2007～2010 年这四年里，河南省生态环境与社会经济耦合协调度数值的增幅并不是很大，并且出现忽高忽低的状况。造成这一现象的主要原因便是因为当时河南省对社会经济发展的策略有所调整，使得社会经济发展速度有所放缓，与此同时，对资源和能源的消耗，在资源和能源的可承受范围之内，对生态和环境的破坏，也在生态和环境的承受极限值之内。也就是说，对于社会经济因进步和发展所带来的不利影响，是生态环境所能承受并加以消化的。在当时的情形之下，河南省生态环境与社会经济之间的关系是处在较低水平的耦合协调。

在 2011～2016 年这九年里，河南省生态环境与社会经济耦合协调度数值呈现出快速增加的趋势。出现这一现象的主要原因便是因为在此期间，随着东部沿海社会经济发展趋向稳定，我国政府将更多精力转移到中西部地区来。建设中原经济区、实现中部崛起，不仅是中部各省的呼声，也是党和国家的要求。河南省抓住机遇、迎接挑战，迅速制定各项政策措施，推动各类项目工程落地，从而实现经济的快速发展和社会的平稳进步。随着河南省社会经济综合评价指数的不断上升，生态环境与社会经济的相对发展水平也从社会经济滞后型转变为两者同步发展型。

在 2017～2022 年这五年里，河南省生态环境与社会经济耦合协调度数值又呈现出缓慢增加的趋势，然而，与此同时，其相对发展指数却出现快速增长，生态环境与社会经济的相对发展水平也从两者同步发展型转变为生态环境滞后型。出现这一现象的主要原因便是从 2018 年开始，为了实现社会经济走向更好发展，大量生态环境资源被消耗，并呈现出资源短缺的情况。虽然社会经济表现出良好发展的喜人势头，但是对于生态环境来说，其承载力却在不断下降。尽管河南省已经注意到生态环境问题，并以开展生态文明建设为抓手，对生态进行修复、对环境进行治理，然而，对生态环境所进行的保护远远赶不上社会经济的发展速度，于是，生态环境滞后于社会经济的尴尬情况便不可避免地发生了。

尤其是在 2020～2022 年这三年里，受新冠疫情影响，河南省生态环境与社会经济耦合协调度数值的增长速度不断下降，并且趋向平稳状态。出现这一现象的主要原因便是在新经济、新业态、新发展的驱动下，社会经济的发展不再单纯追求速度，而更看重质量，更重视其与生态环境的耦合协调关系，更加注重其与综合发展的和谐融洽关系。这样一来，在社会经济结构调整、业态转换的大背景下，国内生产总值增速放缓、社会经济从高速增长阶段转向高质量发展阶段，河南省生态环境与社会经济耦合协调度的增长速度下降也就显而易见了。

如果从河南省生态环境与社会经济这两大系统的相对发展状况来看，2007 ~ 2010 年这四年间，其相对发展系数虽然都小于 0.8 并呈现出时而增长、时而下降的趋势，也就是说，在这四年里，虽然河南省社会经济一直在前进、不断在发展，但是，其所遭遇的生态环境问题越来越多，所面临的生态环境压力也越来越大，社会经济和生态环境的矛盾渐渐难以调和。

2011 ~ 2013 年这三年间，河南省生态环境与社会经济相对发展系数均在 0.8 ~ 1.2 之间，也就是说，在这三年里，河南省生态环境和社会经济基本上处于同步发展状态。

2014 ~ 2022 年这九年里，河南省生态环境与社会经济相对发展系数均超过 1.2，也就是说，在这九年里，相对于社会经济来说，河南省生态环境发展是滞后的。确切地说，河南省生态环境发展不仅相对滞后，还对社会经济发展形成一定阻碍。造成这一现象出现的主要原因是因为在遭遇种种生态环境问题，品尝到因生态破坏、环境污染造成的恶果之后，河南省对生态环境问题已经极为重视，并以生态文明建设为契机，出台多项政策、制定多项措施，对生态进行修复、对环境进行保护。然而，即便如此，河南省生态环境的严峻形势仍然不容乐观，生态并未得到根本性修复，虽然环境不断恶化的态势遭到遏制，但并未得到完全扭转。在这五年里，河南省主要工业污染物的排放强度仍然比全国水平要高，再加上因人口基数大造成的人均资源占有量少，因资源能源短缺造成的资源型企业、能源型企业发展艰难、转型较慢，从而对社会经济发展形成严重约束，并呈现出不断加剧的趋势。以上种种不良影响叠加在一起，便造成河南省生态环境与社会经济之间的关系不断恶化，其矛盾越来越不可调和。

总而言之，2007 ~ 2022 年这十六年里，河南省生态环境与社会经济的协调程度不断在加深，这也表明，河南省生态环境与社会经济这两大动态系统，其实处在一个耦合度不断提高、协调度不断加深、不断向好前进、不断健康发展的动态过程。从一个侧面说明这十六年来，河南省社会经济不断在发展、不断在进步、不断在快速增长。不仅如此，其与生态环境的耦合协调度也越来越高。需要密切关注的是，2007 ~ 2022 年这十六年里，河南省社会经济综合发展评价指数一直在快速增长，并且，该指数一直比河南省生态环境综合发展评价指数的增长速度要高，到 2013 年时，河南省社会经济综合发展评价指数开始超过河南省生态经济综合发展评价指数。这就是说，河南省社会经济的快速发展，给生态环境所造成的压力越来越大，并且有超过生态环境所能承载的能力的趋势。还有一点需要指出，十六年来，虽然河南省社会经济系统和生态环境系统这两大系统的耦合协调度一直在增加，耦合度越来越高、协调度越来越好，但是，正是从 2014 年开始，河南省生态环境的发展开始滞后于社会经济的发展，这种状况的出现，将会给生态环境系统造成更大压力，也会给社会经济系统造成更大阻力。这就是说，在未来很长一段时间内，在发展河南省社会经济时，千万不能再走以前的老路，以破坏生态、污染环境为代价，而是要走生态环境与社会经济耦合前进、协调发展之路。因此，在走社会经济高质量发展之路的同时，也要走生态文明建设之路，努力建设资源节约型、环境友好型、经济循环型社会，从而走上生态环境与社会经济和谐、友好、协调、融洽的可持续发展之路。

二、河南省生态环境与社会经济耦合协调空间变化分析

首先，根据第七章第四节所介绍的耦合度模型以及耦合协调度模型，选取四个代表性年份 2007 年、2012 年、2017 年、2022 年作为时间点，以河南省下辖市生态环境与社会经济之间的关系为研究对象，对其耦合度、耦合协调度以及相对发展系数进行运算。之后，根据这些数据，确定河南省下辖市生态环境与社会经济所处耦合阶段以及所属耦合协调类型。具体情况如表 7.4、表 7.5、表 7.6 及表 7.7 所示。

表 7.4　　　2007 年河南省下辖市生态环境与社会经济耦合度、耦合协调度、

相对发展系数、耦合阶段及耦合协调类型情况汇总一览

河南省下辖市	耦合度 C	协调度 D	协调度排名	相对发展系数 E	耦合阶段	耦合协调类型
郑州市	0.685	0.582	1	1.654	磨合阶段	基本耦合协调类生态环境滞后型
开封市	0.994	0.480	15	0.945	高耦合阶段	即将离散失调类两者同步发展型
洛阳市	0.897	0.571	2	1.308	高耦合阶段	基本耦合协调类生态环境滞后型
平顶山市	0.970	0.505	10	1.156	高耦合阶段	基本耦合协调类两者同步发展型
安阳市	0.965	0.530	3	1.172	高耦合阶段	基本耦合协调类两者同步发展型
鹤壁市	0.875	0.502	12	0.740	高耦合阶段	基本耦合协调类社会经济滞后型
新乡市	0.849	0.513	7	1.394	高耦合阶段	基本耦合协调类生态环境滞后型
焦作市	0.854	0.466	17	1.385	高耦合阶段	即将离散失调类生态环境滞后型

续表

河南省下辖市	耦合度 C	协调度 D	协调度排名	相对发展系数 E	耦合阶段	耦合协调类型
濮阳市	0.976	0.507	9	0.882	高耦合阶段	基本耦合协调类两者同步发展型
许昌市	0.994	0.503	11	1.082	高耦合阶段	基本耦合协调类两者同步发展型
漯河市	0.924	0.517	5	0.793	高耦合阶段	基本耦合协调类社会经济滞后型
三门峡市	0.988	0.498	13	1.087	高耦合阶段	即将离散失调类两者同步发展型
南阳市	0.947	0.450	18	1.208	高耦合阶段	即将离散失调类生态环境滞后型
商丘市	0.947	0.472	16	1.207	高耦合阶段	即将离散失调类生态环境滞后型
信阳市	0.976	0.513	7	0.878	高耦合阶段	基本耦合协调类两者同步发展型
周口市	0.970	0.516	6	0.874	高耦合阶段	基本耦合协调类两者同步发展型
驻马店市	0.965	0.497	14	0.851	高耦合阶段	即将离散失调类两者同步发展型
济源市	0.988	0.519	4	0.919	高耦合阶段	基本耦合协调类两者同步发展型

表 7.5　　2012 年河南省下辖市生态环境与社会经济耦合度、耦合协调度、相对发展系数、耦合阶段及耦合协调类型情况汇总一览

河南省下辖市	耦合度 C	协调度 D	协调度排名	相对发展系数 E	耦合阶段	耦合协调类型
郑州市	0.813	0.715	1	1.455	高耦合阶段	中型耦合协调类生态环境滞后型
开封市	0.999	0.537	15	1.028	高耦合阶段	基本耦合协调类两者同步发展型
洛阳市	0.778	0.642	2	1.506	磨合阶段	轻型耦合协调类生态环境滞后型
平顶山市	0.959	0.550	12	1.180	高耦合阶段	基本耦合协调类两者同步发展型
安阳市	0.994	0.579	5	1.061	高耦合阶段	基本耦合协调类两者同步发展型
鹤壁市	0.947	0.584	3	0.827	高耦合阶段	基本耦合协调类两者同步发展型
新乡市	0.965	0.533	16	1.170	高耦合阶段	基本耦合协调类两者同步发展型
焦作市	0.982	0.564	10	0.898	高耦合阶段	基本耦合协调类两者同步发展型
濮阳市	0.998	0.567	9	0.960	高耦合阶段	基本耦合协调类两者同步发展型
许昌市	0.953	0.544	13	1.191	高耦合阶段	基本耦合协调类两者同步发展型
漯河市	0.992	0.542	14	1.073	高耦合阶段	基本耦合协调类两者同步发展型
三门峡市	0.998	0.573	6	1.040	高耦合阶段	基本耦合协调类两者同步发展型
南阳市	0.976	0.556	11	1.135	高耦合阶段	基本耦合协调类两者同步发展型
商丘市	0.996	0.520	18	1.049	高耦合阶段	基本耦合协调类两者同步发展型
信阳市	0.980	0.571	7	0.889	高耦合阶段	基本耦合协调类两者同步发展型
周口市	0.987	0.571	7	0.913	高耦合阶段	基本耦合协调类两者同步发展型
驻马店市	0.941	0.530	17	0.820	高耦合阶段	基本耦合协调类两者同步发展型
济源市	0.998	0.583	4	0.963	高耦合阶段	基本耦合协调类两者同步发展型

表 7.6　　2017 年河南省下辖市生态环境与社会经济耦合度、耦合协调度、
相对发展系数、耦合阶段及耦合协调类型情况汇总一览

河南省下辖市	耦合度 C	协调度 D	协调度排名	相对发展系数 E	耦合阶段	耦合协调类型
郑州市	0.827	0.774	1	1.429	高耦合阶段	中型耦合协调类生态环境滞后型
开封市	0.999	0.593	16	1.020	高耦合阶段	基本耦合协调类两者同步发展型
洛阳市	0.790	0.697	2	1.488	磨合阶段	轻型耦合协调类生态环境滞后型
平顶山市	0.984	0.631	7	1.110	高耦合阶段	轻型耦合协调类两者同步发展型
安阳市	0.989	0.644	5	1.092	高耦合阶段	轻型耦合协调类两者同步发展型
鹤壁市	0.971	0.636	6	0.870	高耦合阶段	轻型耦合协调类两者同步发展型
新乡市	0.981	0.615	13	1.121	高耦合阶段	轻型耦合协调类两者同步发展型
焦作市	0.944	0.576	18	1.218	高耦合阶段	基本耦合协调类生态环境滞后型
濮阳市	1.000	0.645	4	1.012	共振耦合阶段	轻型耦合协调类两者同步发展型
许昌市	0.987	0.623	10	1.096	高耦合阶段	轻型耦合协调类两者同步发展型
漯河市	0.979	0.628	9	0.888	高耦合阶段	轻型耦合协调类两者同步发展型
三门峡市	0.967	0.617	12	1.162	高耦合阶段	轻型耦合协调类两者同步发展型
南阳市	0.966	0.615	13	1.163	高耦合阶段	轻型耦合协调类两者同步发展型
商丘市	0.998	0.583	17	1.039	高耦合阶段	基本耦合协调类两者同步发展型
信阳市	0.977	0.630	8	0.884	高耦合阶段	轻型耦合协调类两者同步发展型
周口市	0.989	0.609	15	0.916	高耦合阶段	轻型耦合协调类两者同步发展型
驻马店市	1.000	0.620	11	0.997	共振耦合阶段	轻型耦合协调类两者同步发展型
济源市	1.000	0.646	3	0.998	共振耦合阶段	轻型耦合协调类两者同步发展型

表 7.7　　2022 年河南省下辖市生态环境与社会经济耦合度、耦合协调度、
相对发展系数、耦合阶段及耦合协调类型情况汇总一览

河南省下辖市	耦合度 C	协调度 D	协调度排名	相对发展系数 E	耦合阶段	耦合协调类型
郑州市	0.834	0.786	1	1.418	高耦合阶段	中型耦合协调类生态环境滞后型
开封市	1.000	0.605	16	1.014	共振耦合阶段	轻型耦合协调类两者同步发展型
洛阳市	0.817	0.719	2	1.445	高耦合阶段	中型耦合协调类生态环境滞后型
平顶山市	0.992	0.647	6	1.079	高耦合阶段	轻型耦合协调类两者同步发展型
安阳市	0.988	0.650	5	1.093	高耦合阶段	轻型耦合协调类两者同步发展型
鹤壁市	0.972	0.641	8	0.872	高耦合阶段	轻型耦合协调类两者同步发展型
新乡市	0.979	0.622	13	1.126	高耦合阶段	轻型耦合协调类两者同步发展型
焦作市	0.945	0.581	18	1.214	高耦合阶段	基本耦合协调类生态环境滞后型
濮阳市	1.000	0.651	3	1.014	共振耦合阶段	轻型耦合协调类两者同步发展型
许昌市	0.985	0.630	10	1.107	高耦合阶段	轻型耦合协调类两者同步发展型
漯河市	0.981	0.633	9	0.893	高耦合阶段	轻型耦合协调类两者同步发展型

续表

河南省 下辖市	耦合度 C	协调度 D	协调度 排名	相对发展 系数 E	耦合阶段	耦合协调类型
三门峡市	0.965	0.621	14	1.168	高耦合阶段	轻型耦合协调类两者同步发展型
南阳市	0.966	0.624	12	1.164	高耦合阶段	轻型耦合协调类两者同步发展型
商丘市	0.999	0.589	17	1.032	高耦合阶段	基本耦合协调类两者同步发展型
信阳市	0.985	0.642	7	0.904	高耦合阶段	轻型耦合协调类两者同步发展型
周口市	0.988	0.613	15	0.914	高耦合阶段	轻型耦合协调类两者同步发展型
驻马店市	1.000	0.626	11	1.003	共振耦合阶段	轻型耦合协调类两者同步发展型
济源市	1.000	0.651	3	0.995	共振耦合阶段	轻型耦合协调类两者同步发展型

　　根据表7.4、表7.5、表7.6及表7.7的耦合度数据，绘制河南省下辖市生态环境与社会经济耦合度及耦合协调度变化趋势曲线图（见图7.6和图7.7），对河南省生态环境与社会经济耦合度空间变化进行分析。

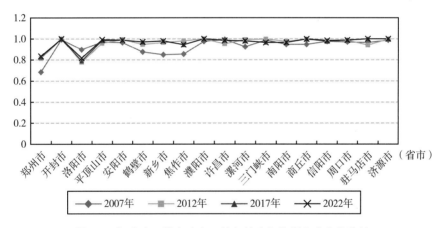

图 7.6　河南省下辖市生态环境与社会经济耦合度变化趋势

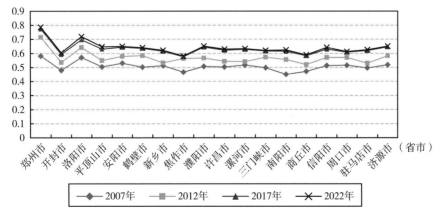

图 7.7　河南省下辖市生态环境与社会经济耦合协调度度变化趋势

从图 7.6 和图 7.7，我们可以看到，对于河南省下辖 18 市来说，生态环境与社会经济耦合度数值基本上均呈现出不断增加的发展态势。这也就是说，随着河南省生态文明建设的有序向前推进，该省下辖诸市对生态环境极为重视，一方面，增加社会经济发展进程中的生态环境含量，另一方面，对已经破坏的生态进行修复，对已经污染的环境进行治理，从而使本市生态环境与社会经济的耦合度不断增加。

从 2022 年诸市生态环境与社会经济耦合度数值可以看到，河南省下辖市中大多数的这一数值接近于 1，其中已经有四市的耦合度数值等于 1，耦合特征已经较为明显，也就是说，河南省下辖 18 市的生态环境与社会经济耦合度大多数已经处于高耦合阶段，即将进入共振耦合阶段。从走向趋势来看，2022 年以后，河南省下辖 18 市的生态环境与社会经济之间的关系，会更加协调、更加和谐，从而朝着彼此共融、协同共进的理想方向前进。

第八章 ⑧

生态强省建设背景下河南生态经济高质量发展路径选择

　　自 2004 年 3 月 "中部地区崛起" 首次在我国政府工作报告中提出以来，聚焦中部地区发展、推动中部地区经济迅速增长成为党和国家的重大战略决策。随着中部经济带建设、中原城市群建设等一系列举措的实施，中部地区已经成为党和国家重点关注的区域。2021 年 10 月党和国家又集聚黄河流域，提出 "黄河流域生态保护和高质量发展" 重大战略，成为我国继京津冀协同发展、长三角一体化发展、粤港澳大湾区建设以及长江经济带发展之后的又一个重大国家战略。

　　作为中部地区不可或缺的省份以及黄河流域最重要的省份之一，无论是中部地区崛起还是黄河流域生态保护和高质量发展，河南省都有幸位列其中。对于河南省来说是重大历史机遇，可以说正是发挥后发优势，追赶先进并迎头赶上的百年良机，同时也是借助政策优势，发挥自身优势，促进生态环境与社会经济耦合协调发展，从而推动本省整体提升与进步的最佳时机。

　　正如党的十九大报告所言："我国经济已由高速增长阶段转为高质量发展阶段，正处在转变发展方式、优化经济结构、转换增长动力的攻关期。"① 在全球科技浪潮的推动和国内社会经济高质量发展的鼓舞下，河南省应该紧抓机遇、迎接挑战，以新经济为抓手、以新业态为方向、以新理念为指导，坚持生态经济先行、绿色产业优先的原则，将创新作为驱动、以高端形成引领、把生态集约运作，从而使本省生态环境与社会经济耦合度更高、协调度更好。

---

① 习近平总书记关于中国经济高质量发展重要论述的发展历程与实践意义 [EB/OL]. 求是网，2023.

总而言之，河南省要以思维先行，强化社会经济生态化意识；使行动得力，健全现代产业绿色化机制；用政策保障，夯实生态经济热潮化根基，从而走出一条生态环境与社会经济高质量发展之路，走出一条使生态环境问题得到有效解决的社会经济高质增长之路，走出一条使生态环境污染得到有效防治的整体发展健康有效之路，走出一条生态环境得到有效保护的民生改善、群众富裕之路。

▶ 第一节　思维先行，强化社会经济生态化意识

一、解放思想，使经济生态化发展深入人心

按照生态学的观点，生态系统一般会包含水系统、空气系统、国土系统及生物系统四个子系统。与之相对应，生态系统的安全风险可分为水系统的安全风险、空气系统的安全风险、国土系统的安全风险以及生物系统的安全风险。对于河南省来说，健康、安全、绿色和循环的生态环境是进行社会经济发展的前提，也是推动社会经济前进的动力，必须在对生态系统做到有效保护的前提下发展社会经济、进行资源旅游开发。这是因为如果在对生态系统进行开发的过程中，没有处理好生态环境与社会经济之间的关系，造成生态环境与社会经济耦合协调度过低，不仅对社会经济发展不利，还有可能超过生态环境所能承受的极限，从而使环境受到污染、生态遭到破坏。这样的例子在现实生活中可谓比比皆是，不可不慎重对待。

随着黄河流域生态保护和高质量发展上升到国家高度，成为在习近平生态文明理论指导下的国家发展战略，在未来很长一段时间内，河南省将借助黄河流域生态保护和高质量发展这一天赐良机，推动社会经济不断向高质量化前进和向纵深领域挺进，河南省的城镇化浪潮将会波澜壮阔，新型化产业将会风起云涌。在河南省社会经济规模、实力和发展潜力均名列前茅的郑州市、洛阳市等社会经济发达城市的带动下，以郑州都市圈和洛阳都市圈建设为契机，河南省中部、西部、南部和东部地区社会经济欠发达城市也会迎来社会经济发展的广阔春天，从而推动河南省整体发展水平的提升和综合治理能力的提高，继而使河南省生态环境与社会经济统筹协调、耦合和谐，走上高水平、高质量发展的道路。

然而，值得警惕的是，越是高层次建设和高水平开发，并进行大面积推进，所面临的生态环境问题就越严峻。一旦出现问题，就会是更深层次的、破坏力极强、破坏度极高的，因此造成的生态破坏和环境污染就有可能难以修复，甚至造成无可挽回的损失。日本福岛核泄漏事件的余波仍在，让人很难不心有余悸，同时也为我

们敲响警钟：在推进黄河流域社会经济高质量发展的过程中，必须做好生态环境保护；在推进河南省社会经济高质量发展的过程中，必须严格保证生态环境安全。否则，一旦突破生态环境保护红线，社会经济高质量发展难以保障不说，社会经济发展的成果也会化为乌有。

一是要牢牢树立生态发展观。"绿水青山就是金山银山"由习近平总书记首次提出，之后被写入党的十九大报告，不仅成为习近平关于新时代生态经济论述的有机组成部分，更成为中国共产党人永恒的价值追求、全国人民永久的努力方向。事实上，"绿水青山就是金山银山"理论是对生态环境与社会经济耦合协调、和谐融洽，从而走上高质量发展之路的精准概括，因此，理应成为照亮河南省生态经济高质量发展之路的指路明灯。

二是要增强生态发展意识。生态经济的出现是人类社会的一个伟大创举，是人类这个种族能够生存下去并得以发展壮大所必须要遵循的一种发展模式。这种以技术创新、能源创新、制度创新和体制创新所组合而成的社会经济发展模式，讲究以人为本，是以人类的可持续发展为核心，以生态伦理为价值观，不仅契合中华文化"天人合一"的理念，更符合我国当下对生态环境的要求。生态经济高质量发展的前提是确保生态环境与社会经济有更好的耦合度和协调度，生态环境与社会经济从相互制约走向互为补充，再走到协调共生、和谐共荣，从而构成社会经济得以可持续发展和高质量发展的基础。因此，河南省应该推行生态经济发展战略，推动社会经济从高能耗、低效率、高排放和高污染的粗放型社会经济增长模式向低能耗、高效率、零排放和低污染的集约型社会经济增长模式转变，从而提升社会经济发展的生态化水平，增加社会经济增长的绿色含量，推动社会经济生态化、绿色化和低碳化增长。总而言之，河南省要将节能减排当作推进社会经济高质量发展过程中的重要任务，与此同时，把生态经济当作促进社会经济结构转型的神兵利器，不断强化生态发展意识，时时不忘社会经济生态化发展。

三是要筑牢绿色生态思想。无论集体还是个人都要树立正确的消费观念，培育健康的消费心理，推行合理的消费方式，以绿色生态思想为指导，以生态环境保护为宗旨，养成勤俭节约和绿色消费的良好习惯，崇尚资源和能源节省，杜绝铺张浪费，减少环境污染，从而在河南省掀起适度消费和科学生活之风，风清气自正、气正民自安、民安业自兴、业兴俗自良，从而形成良性循环，在推动河南省各项事业不断进步的同时，也促进河南省生态经济高质量发展。此外，还要推行社会经济过程绿色化和社会经济结果生态化，使其成为推动生态经济高质量发展的重要抓手和主要手段，并将发展生态经济当作黄河流域生态保护和高质量发展这一国家战略的重大举措，从而引领河南省相关产业从劳动密集型为主导的低端化产业结构向新能源、新技术为主导的高端化产业结构转型，继而推动河南省整体社会经济结构的调整、转型与升级。

四是要夯实循环经济概念。循环经济和绿色经济、生态经济同属可持续发展的经济模式，和生态经济以及绿色经济相比，循环经济更注重社会经济过程的循环化，倡导循环生产和循环使用。将有效保护生态环境当作高效发展社会经济的前提条件，我们不仅要像保护我们的眼睛一样对生态环境实施保护，更要倡导资源和能源的循环利用，这就要求企业要做到循环生产，产业要做到循环组合，社会要做到循环消费。

五是要紧绷生态保护红线这根弦。生态保护红线是生态环境进行有效保护的保障，更是推动社会经济走向健康发展的基石。省市县乡村等各级政府作为严守生态保护红线的主体责任人，在狠抓严管生态环境问题、推动生态环境有效防治的同时，也要有正确的观念、良好的心态来看待产业结构调整和社会经济结构转型，从而使社会经济能够实现自我优化，得以更健康、更优质地发展。长江经济带发展座谈会于 2016 年 1 月 5 日在重庆召开，习近平总书记在会上强调，"当前乃至今后相当长一个时期内，要把加强长江生态环境修复摆在压倒性位置上，合力进行大保护，坚决不搞大开发"[①]。习近平总书记为长江经济带发展所定这一基调也可以作为河南省推动黄河流域生态保护和高质量发展的重要指导思想。河南省应该积极响应习近平总书记的伟大号召，坚持走社会经济生态化和产业企业绿色化之路，对传统能源型企业和重工业进行污染整治，加强大气和烟尘污染治理，加大生态环境保护力度，推行更为严格的生态环境保护措施。

六是要加大生态发展理念宣传。虽然生态发展和生态经济等已经不是较为新颖的学术命题，更不是全新的经济学概念，但它们在大众的视野里出现较晚，无论企业还是个人对生态发展的概念还很模糊，更不用说对其内涵和外延的理解和掌握了。为了尽快使生态发展这一"生僻"词汇被更多企业和更多群众所接受，也为了使生态发展理念愈加深入人心、赢得民心，有必要也必须在河南全省范围内加强关于生态发展理念的宣传教育，使更多企业和群众掌握生态发展的具体内容，了解生态发展的重大意义，支持生态发展的推行和宣传。与此同时，利用一切可以利用的媒体资源，尤其是微信公众号、抖音、快手、小红书等新媒体资源，吸引全省群众自发参与到生态发展相关活动中来，鼓励他们创业创新、成长成才。此外，针对有关产业和相关企业，倡导生态化生产，依靠科技水平的提高、管理能力的增强以及不拘一格的创新来促进生产规模的扩大和生产能力的提升。以生态化清洁生产来推动产

---

① 尚宇杰. 在水清岸绿中乘风破浪｜贵州推动长江经济带高质量发展观察系列报道 [N]. 贵州日报，2022 – 12 – 29.

业结构的调整和产值增长方式的转变，全面推行资源节约、倡导集约使用、合理利用，从而助推传统产业转型升级，实现绿色发展迅速成为生态产业。

二、转变思路，使新型工业化战略落在实处

从2004年我国推行中部地区崛起重大战略决策，河南省自我加压、自我奋进。自提出"中原崛起"计划以来，河南省已成为中部地区社会经济增长速度最快、社会经济发展潜力最大、社会经济活跃度最高的省份之一。事实上，河南省传统工业化之路已经走向中后期，具体表现在以下三个方面。

其一，工业化进程不断加快。河南省以国外发达国家工业化进程为参照，结合国内其他省份工业化路径选择，把传统制造业转型升级当作重要手段，重点在大工业项目的引进、新技术和新工艺的推广、智能化设备的研发与应用、制造模式的调整与改革以及生态化产业样板区建设等方面花大力气、下大功夫，从而为工业总产值绿色水平的提高与生态含量的增加做出良好的铺垫，最终为河南省生态经济高质量发展注入更多新活力。

其二，产业技术转移不断加快。一方面增强研发实力，提升研发水平，在推进工业技术研发和促进生产效率提高方面不遗余力。另一方面对沿海经济发达省份先进的工业技术和可靠的管理方法实行拿来主义，为己所用，从而使该省制造技术大幅增强、制造水平不断提升。与此同时，工业资源的整合更有效、优化更明显、升级更快捷，聚集能力得以增强，相关产业集中发展的苗头也越来越明显。通过一系列卓有成效的措施，河南省制造业的核心竞争力也得到很好的提升。

其三，工业园区建设不断加快。河南省充分发挥区位、交通、资源及人口等方面的巨大优势，有力整合下辖18市在产业、能源、资本及市场等方面的资源，持续推进以贸易经济和先进制造为主导的工业园区建设，从而使工业园区在全省各下辖市全面开花，成为助推当地社会经济高质量发展的超强动力引擎。如郑州市的新密先进制造业开发区、新郑新港产业集聚区、洛阳市的洛龙科技园、许昌市的中原电气谷、三门峡市的三门峡产业集聚区、南阳市的南阳市生态工业园等工业园区都具有很强的科技研发实力，并拥有各自的优势。

因此，在这样的情形之下，要想促进河南省生态环境与社会经济耦合协调，推动生态经济走向高质量发展，就要把实体经济当作重中之重，狠抓实体经济，求转型、谋发展，从而走新型工业化之路。

一是要把习近平总书记关于新型工业化的重要指示作为理论指导。早在党的十六大报告中，便把走新型工业化道路作为重要内容来论述。党的十八大以后，党和

国家对新型工业化建设更为重视。在参加 2023 年 3 月举行的十四届全国人大一次会议江苏代表团审议时，习近平总书记曾重点指出，"要继续坚持将经济发展的着力点放在实体经济上，使新型工业化深入推进，使重大技术装备攻关和产业基础再造能力强化，推动传统制造业向智能化、高端化、绿色化方向发展"①。在促进新型工业化有序前行的过程中，河南省已经积极行动起来，推动产业绿色化转型，实现经济生态化突破。要优先发展生态工业，采用循环利用、废物交换及清洁生产等方式方法，多措并举、多管齐下，从而实现资源的闭路循环及能源的多级利用。如果资源能够达到最大化利用、能源能够达到最充分的使用、废弃物能够实现零排放，便能够利用科学技术来完成传统产业向绿色化和生态化的转型。也就是说，河南省要走出一条适合自己并能彰显自身特色的新型工业化路子。在这条道路上，社会经济效益好、科学技术含量高、生态环境污染少、资源能源消耗低、人口优势发挥充分、人与自然和谐相处、生态环境与社会经济耦合协调发展。只有这样的路子，才适合河南省社会经济高质量、高水平发展。

二是要主次分明、重点突出。近些年，河南省新型工业化建设的步伐明显在加快。根据工业和信息化部在 2022 年 7 月通报的 2021 年度国家级新型工业化产业示范基地发展质量评价结果，河南省共有 13 家单位进入该名单，有 12 家单位发展质量获评四星以上，其中洛阳国家高新技术产业开发区的发展质量被评定为五星，是河南省唯一一家五星级示范基地。② 通过国家级新型工业化产业示范基地建设，河南省在装备制造、食品、化工、有色金属、高技术转化应用、汽车、大数据以及绿色建材等产业均显示出强劲的发展实力，为传统产业向生态化和绿色化转型作出了重要贡献。因此，河南省要继续发挥自身优势，一方面推动传统优势行业，如装备制造、化学工程、有色金属等向新能源、新材料以及新智能方向转型；另一方面大力发展新兴产业，在数据驱动、软件定义、平台支撑、智能主导及服务增值等方面下功夫，从而使传统产业绿色生态含量增加、高新技术产业占比提高，使河南省成为知名度更高、竞争力更强、优势更明显的国际化新型工业孵化基地。总而言之，要不断探索新型发展模式，建立多元化融资投资体制，促进土地资源的集约利用和节约使用，使土地资源的综合利用效率稳步提高，从而使发展空间得到更进一步的拓展。

三是要推动社会经济体系走向现代化。河南省要走社会经济高质量发展之路，就要使社会经济体系转型升级，从而完成社会经济体系现代化之路。因此，走绿色、

---

① 邓线平．以"数实融合"推动新型工业化［N］．工人日报，2023－04－25.
② 陈辉．1 个五星、11 个四星，看河南国家新型工业化产业示范基地交出的答卷［N］．河南日报，2022－07－21.

生态、循环和低碳的可持续发展道路是便捷之路，也是必由之路。河南省应该主动放弃粗放式社会经济发展模式，大力推广集约式社会经济发展模式，调整传统产业结构，给予新兴产业更多更大的发展空间，有力推动第一产业、第二产业和第三产业走向协调融合发展。尤其要重点关注、积极扶持高新技术产业，积极推动产业结构和加工模式从高能耗、低技术和高污染的粗加工型向低能耗、低污染和高技术的精细加工型转变。不仅如此，河南省还要加强对外合作交流，汲取国内外发达城市的先进经验，优化、细化生产、经营、管理模式，鼓励大胆创新和跨越发展，从而推动社会经济的生态化发展和集约式增长。

三、厘清思路，使产业绿色化改造取得实效

由于河南省地处我国中部，长期以来又是农业大省，因此在工业发展之初，大多数工业项目缺乏长远眼光和合理规划，再加上吸引投资的优势又不是很明显，这造成了许多工业项目在落地实施时，在空间选择上表现出极大的随意性，从而导致企业的空间布局散落、凌乱、不科学、不合理，诸多问题十分突出。这样一来，产业便无法集聚，更无法形成集群发展。不仅如此，产业内部各企业之间联系较为松散，产业之间关联程度很低，造成产业链条短小而不精悍，因此难以形成集聚效应，难以发扬团队作风，难以抱团取暖，更难以建设分工明确、业务分明、团队作战、合作共赢的新型工业园区。

从整体而言，目前，尽管河南省拥有一些类型不同、分工不同的产业集群，但由于前期野蛮式增长、粗放型发展，因此存在着企业规模相对较小、企业实力相对较弱、技术水平不高、创新能力不强、分工不明确、专业化水准不高、产业链条不长及生态环境问题积重难返等诸多问题。尽管这些问题在不同企业的表现形式不同、深浅程度不一，但多数已经成为这些企业的困扰，成为它们在转型升级时难以突破的瓶颈。

如今，河南省正处于工业化增速提质的关键时期，不仅要面临世界性信息技术的挑战，更要面对发达国家工业化程度已经很深的挑战，责任重大、压力巨大。即便如此，河南省也要迎接挑战，迎难而上，使工业化又好又快地完成，因为完成工业化不仅是党和国家在新形势下赋予河南省的重大任务，也是新时代在新机遇下赋予河南省的历史使命。

伴随着成本不断攀升、对生态环境的要求越来越高、对资源和能源的需要越来越大等诸多问题的出现，河南省的工业化道路将会走得比以往任何一个历史时期更困难、更艰辛。正因如此，才需要扩散思维、理清思路，不断得到新的发展动力、

不断适应新的发展业态，不断寻找新的发展方向。

一是要把握产业生态化的核心。在促进传统产业绿色化和生态化的道路上，不是无法可依、无章可循的，而是有一定的要求和约定俗成的规则。产业生态化的宗旨是"循环是根本、生态是灵魂、高端是目标"。只有实施循环经济模式，才能尽可能地减少资源浪费、降低生产成本、促进收益增多；只有将加强生态环境保护贯穿始终，才能最大程度地创造经济效益和社会效益；只有努力向高端产业、高端市场进军，才能在激烈的市场竞争中占有一席之地，才能永远立于不败之地。对河南省来说，一方面要以污染较为严重的化工能源产业为切入口，推行循环经济模式，从而使这些产业能够实现转型升级，并尽可能地减少生态环境污染；另一方面要以引进高端制造产业为工作重点，引入重大项目、建设重大企业、振兴重大产业，从而一大批配套项目、配套企业、配套产业也会随之而落地，以点到线、以线到面，尽快产生规模作用，形成集群效应。河南省下辖18市中，有核心产业的城市，发展配套，完成整个产业链条，做大做强；有配套产业的城市，积极向核心产业进军，抢占高端市场，做精做优；以农业为主的城市，在大农业、绿色农业和生态农业等农业形式上做文章，立足自身优势，做实做细。总而言之，要增强河南省在社会经济发展层面的造血功能，加速推进河南省工业化进程，积极促进传统企业向新型企业转型，助推污染产业向生态产业转型，推动高能耗经济向高效率经济转变。与此同时，在传统企业向新型企业、高污染产业向高效率产业转变的过程中，相关企业、相关人员不可避免地会产生惰性，并对改革转型有着不小的排斥心理。因此，必须加强宣传教育，让企业和员工认识到转型改革的重大利好，让他们从心理上接受改革转型，从而达到"和平演变""清洁进化"的效果。

二是要统筹协调三大产业。目前，推动河南省社会经济不断向前的动力主要来自第二产业，第一产业和第三产业的带动效果不强，第一、第二和第三产业协调性不强、耦合度不高。因此，第二产业要引入先进的科学技术和管理思路，完成转型升级；第一产业要在确保生态和绿色的前提下，向纵深挖掘，向上下游挖掘，从而恢复第一产业的活力；第三产业要与第二产业形成配套，为第一产业做好服务。这样一来，三大产业的协调水平会得到大幅提高。其中，第二产业的升级改造是重中之重，也是难中之难。首先，要立足自身实际，彰显时代特色，以信息技术导入，用智能设备联动，有效融合冶金、纺织、汽车、石化、造纸、电力以及食品等传统产业，使之信息内涵更丰富，数字化水平更高，从而以数字化、智能化和信息化提升传统产业的综合收益，增加传统产业的科技含量。其次，要推动制造业进行智能化改造，将制造业的智能化改造作为河南省制造业转型升级的主攻方向，使河南省传统制造业重新获得竞争优势，以创新驱动，实现可持续和高质量发展，传统制造业经智能化改造之后，能够有更大的工业产值、更高的工业附加值和更长的产业链条，使其核心竞争力得到较大幅度的增强。最后，以智能化装备制造为导向，主攻其中的核心产业和重点产业，如基础零部件制造、高档数控机床、关键基础材料制作以及轨道交通装备等，提升河南省高端制造的质量，并迅速形成高附加值生产力，以此创造更大的社会经济效益。

三是要深远布局，兼顾三大产业，尽快建立生态产业体系。首先，针对第一产业，倡导生态作业和清洁生产，逐步减少化肥、农药的使用量和使用频率，建议使用生态肥和生态农药，根据不同地块的不同特色，在进行施肥时尽量选择无机肥以及无机复合肥。为保护土地资源，降低对土地资源的污染与破坏，一方面在种植时要采取生态种植和绿色种植的模式，另一方面在使用农药时，尽量使用毒性低、效率高和残留少的农药以及解离强、药效足的生物农药。其次，针对第二产业，倡导全过程绿色化、生态化及循环化，要鼓励生态生产，减少污染物排放，降低资源与能源消耗。在生产、研发过程中，注重质量、注重效率、注重环保，从而将科技研发作为河南省工业提质增效的核心动力和努力方向，打造新时代、新发展、新主题和新方向的新型河南省工业。最后，针对第三产业，倡导服务技术的革新和服务水平的提高。对传统服务业的调整、转型和升级要加快步伐，认真实施，使其服务水平得到提高，发展空间逐步扩大，力争实现服务全过程的资源节约、污染减少、服务优、效率高。不仅如此，还要使产业结构得到优化，从而为第三产业的健康发展提供更优质的舞台和更广阔的空间。

四是要以儆效尤，加大惩戒力度。要通过一系列宣讲教育，使生态经济、生态产业、生态制造的理念深入人心，从而让企业和员工都能形成产业生态化、制造生态化的思维模式，以生产全过程生态化为抓手，积极运用生态工艺、采用绿色技术、使用生态设备，在钢铁、冶金、化工、电力及建筑等重点行业全面推行生产全过程生态化。与此同时，建立健全生态制造审计制度，对造成生态破坏、环境污染的政府、企业以及个人要实施终身追责制，根据对生态环境造成破坏程度的不同，确定相应责任，严判重判，决不姑息。对于那些处在城市区的高污染企业和重污染行业，要有计划和分步骤实施搬迁；对于那些污染程度高、危害程度深、社会影响大的企业，要严令其整改，并给出整改时间节点。要么转为生态生产型企业，要么关停退市、要么迁出河南省，对于污染企业来说，面前只有这三条路，再没有其他捷径可走。要三令五申、令行禁止，给这些污染企业敲响警钟，让它们自警自省。曾经的粗放型经济模式催生它们进行粗放式生产，如今，新时代、新格局和新形势带来新变化，这些高污染企业，必须自我加压、自我变革。一方面，要加强研发和注重创新，推动产品走向生态化和绿色化；另一方面，要提升环保意识，注重生态建设，推动生产线生态化和绿色化，多方着手，两边发力，从而生产出更节能、更环保、更适应市场和更令消费者满意的绿色生态产品。此外，传统重工业和化工行业是监察的重点。如冶金、建材、化工和钢铁等行业，污染物排放量大，废弃物堆存多，要加大对这些企业的监督和管理，坚决杜绝高能耗、高污染和低效率的企业还在生产的畸形现象。最后，对工业园区的生态化改造工作也要加快进度，推动工业园区碳的零排放尽早实现，对与生态环境有关的基础设施也要加强改造升级，从而提升资源利用效率、提高循环经济发展水平。

四、扭转困局，使能源新型化道路打通拓宽

随着全球经济规模不断扩大、贸易层次不断升级，世界各国对能源的需求越来越大。因此，在社会经济发展过程中，能源的地位越来越重要，而能源的稀缺性也越来越显现出来。所以，最近这些年我国在新能源方面下了很大工夫以早日摆脱对传统能源的依赖，获得更多的政治话语权和经济主动权。

在这样的时代背景下，河南省也应积极推动能源结构优化、完成能源结构升级，积极从传统能源结构模式中走出，在新能源领域大展拳脚、有所作为，从而构建科学合理的能源布局，建立新旧结合、优劣互补的新型能源结构模式。事实上，建设绿色、生态、高效、经济和健康的新型能源体系，为河南省生态经济高质量发展提供源源不断、绵绵不绝的能源，是河南省社会经济再度腾飞的最为重要的保证之一。

众所周知，人类历史上已经发生过三次工业革命。如今，后经济危机时代已经来临，第四次工业革命似乎还没显现，其实已经在时代的襁褓中孕育，新能源很有可能是第四次工业革命的爆发点。因此，新能源产业将成为世界各国你争我夺、争取抢先突破的战略制高点。所以，为了抓住这一重大机遇，河南省要积极抢占新能源，并围绕新能源构建全产业链体系，将潜力巨大、前景广阔的新能源产业，打造成河南省最有发展前途、最具划时代影响、最有深远意义的主导型和支柱性产业。

一是要严格控制能源消费总量。河南省要实施煤炭消费总量削减管理制度，禁止石化、钢铁、水泥、有色金属冶炼以及燃煤自备电厂等高污染项目的新建、扩建和改建。对于新建企业和新建项目，其所生产的产品，单位能耗要达到国内领先水平、达到或者接近国际先进水平。对于那些还在使用传统能源尤其是不可再生能源的企业，要鼓励其提高能源利用效率，并给出改用清洁能源和新能源的建议。与此同时，要充分发挥新能源企业的主体作用和带动效应，尽量消除新能源生产和使用的壁垒，激发河南省新能源经济的内生动力和发展活力，从而推动新能源经济的高

质量和可持续发展。此外，还要鼓励相关企业加大对新能源技术的研发力度，吸引更多企业进入新能源领域，开发和利用新能源，为新能源企业做好配套，为新能源的生产和使用做好服务。总而言之，要出台一系列切实可行的措施，控制传统能源使用量，扶持新能源企业做大做强，如对新能源发电予以补贴、对化石能源燃料发电增收税费、和供电工地签订新能源发电合同、对可再生能源进行订购等都是可行性很强的方法。

二是要逐步淘汰燃煤发电。燃煤发电，消耗大、污染高、效率低，然而，时至今日，燃煤发电仍是我国电力市场的主力军。河南省要在加强生态环境保护的前提下推动社会经济走向高质量发展，就要严格限制煤炭发电的使用量，逐步增加国内生产总值的生态含量。首先，对于那些落后陈旧的燃煤发电企业给出时间节点限期整改，一方面对落后产能进行淘汰，另一方面以南阳电厂二期工程、陕煤信阳重点项目和中煤永城项目等大型煤电项目为抓手，积极推进发电机组的大容量和高参数建设，加强煤电机组供热改造、节能降耗改造及灵活性改造，加快推行燃煤热风炉、热处理炉、加热炉及干燥炉等设备设施的使用，有效促进煤炭进行清洁高效利用。其次，始终坚持结构优化和布局调整相结合、集中式推广和分布式实施相协调的原则，对新能源进行大力开发和有效利用，在三门峡市灵宝县、济源市逢时河、洛阳市汝阳县菠菜沟等地建立抽水蓄能电站，积极实施和推广光伏发电、风力发电项目，谋划储备高效清洁火力发电项目，促进新型储能设备与源网荷进行一体式发展，多措并举和多点发力组合成新能源开发与利用网络，为河南省抢占新能源高地打下坚实的基础。光伏发电是新能源发电的常用方式，河南省要促进集中式并网与分布式光伏协调发展，以屋顶、房顶、楼顶等作为重点，建设分布式光伏电站，推动河南省光伏发电实现跨越式发展。在农村以秸秆为重点，在城市区以生活垃圾为重点，推进生物介质直燃发电的快速发展。与此同时，河南省也要增加补助形式、拓宽补助渠道、加大补助力度，将新一代蓄电池作为重点，对能源开发、储备、使用技术的研发予以大力支持。事实上，国内外相关经验也说明开发新能源技术和发展新能源经济要依靠政府的力量，因为政府对新能源领域的影响是巨大的，政策支持、资金帮扶、人员补充和服务配套等都离不开政府的运作。不仅如此，政府还起到鼓励和动员作用，有了政府坚持不懈的宣传和不遗余力地推广，才会有新能源经济的顺风顺水、扶摇直上、腾飞千里。因此，河南省各级政府要制定节能减排优惠政策，建立与之相对应的财政补贴及政府激励机制，从而使河南省新能源产业的培育得以更好地完成。此外，还要积极促进风能、太阳能、氢电池、锂电池及储备设备相关产业的发展，加快相关产业群的孵化，尽快形成河南省社会经济高质量发展的强劲动能。

三是要提升新能源的利用水平和覆盖能力。河南省在太阳能、风能、水能等资源方面有着自己的独特优势，因此，应该牢牢把握新时代新能源规模大、比例高、市场化和质量高等发展特征，因地制宜、实事求是、灵活协调、有序推进，推动河南省可再生能源呈现出高质量和跃升式发展的良好格局。一方面，从各地实际情况出发，因势利导发展生物质能，促进生物质能高效利用，着力推广太阳能，广泛拓展太阳能应用场景，积极推进风电集中式和规模化开发，提升风电利用的整体水平，对其他生态能源、可再生能源以及清洁能源的开发与利用也要做出广泛关注，并进行重点布局。另一方面，稳步扩大新能源的生产规模和利用领域，不断推动新能源技术的更新迭代，不断优化企业清洁生产技术，不断加大对新能源使用技术的投资，鼓励各企业采用更为清洁和更为环保的技术生产、更为绿色和更为生态的产品，重视各企业对清洁能源技术的创新，加强对高能耗和高污染企业在生产全过程的监督与管理，督促其承担更多社会责任，协助其实现节能减排和提质增效。不仅如此，对各级政府来说，有责任也有义务积极推进新能源基础设施建设，为新能源的使用和推广提供更为舒适的场景、创造更为便利的条件。对于公共充电网络要进行大规模建设，从充电桩、换电站和充电站等入手，从点到线，从线到面，分步实施，从而形成完善、周密而充实的密集网络。对于能源供应设备设施，要进行全方位建设，以化石能源为支撑，将风能、太阳能及生物质能作为重要补充，使传统能源与新能源相结合，稳步调整能源结构并进行逐级优化，做到有序推进、循序渐进，从而有计划、有步骤地以新能源代替传统能源、以非常规能源代表常规能源。相信在不久的将来，非常规能源也会变成常规能源。

▶ 第二节　行动得力，健全现代产业绿色化机制

一、发挥优势，使生态产业化创新做精做优

生态经济既是在说生态的经济化，也是在说经济的生态化，其着重强调的是生态环境与社会经济的耦合协调，两者和谐融洽、互为补充、相互影响，从而实现同步发展。生态经济能够使生态环境得到有效保护的前提下，推动社会经济走向高质量发展，与此同时能够把生态环境优势转化为社会经济优势，从而推动社会经济健康、高效和可持续发展。

河南省是生态大省，生态资源丰富、自然环境优美，再加上历史悠久、文化厚重，因此积累下众多集自然与人文于一身的美丽景观，如闻名遐迩的嵩山、风光秀

美的老君山以及风情无限的云台山等，在让游客领略到自然风光和人文风光双重之美的同时，也给河南省带来丰厚的经济效益和社会效益。事实上，这只是生态环境优势转化为社会经济优势的一个小小缩影，在生态经济化和产业化方面，河南省大有可为。

其一，在农业领域，新型农业有着很大的发展潜力。目前，河南省的农业形式还是以种粮产粮的传统农业为主，由于投入大、产出低、耗费精力多、受天气制约的因素强等问题，使越来越多的农民不愿以农业为生。河南农业的这种状况，既是现实的尴尬，又蕴含着巨大的发展潜力。因此，河南省要引导和鼓励广大农民发展新型农业，从广阔的土地入手及现实资源出发，积极利用先进科技，推动两者有效结合和有机融合，在提高资源利用效率的同时也使农业的生产效率得到提高。新型农业的种类很多，如生态农业、休闲观光农业、特色农业及家庭合作社农业等。凡是有利于乡村振兴、农民增收和农业复兴的农业形式都可以实行拿来主义。不仅如此，还能够以乡村振兴战略为契机，抓住机遇，利用好每一寸土地，打造独具魅力的乡村景观，并借助乡村所蕴含的历史文化元素，打造特色明显的乡村旅游线路。

其二，在工业领域，以生态产业为抓手，增强创新驱动。新时代、新形势、新业态、新发展，河南省要抓住社会经济发展新常态，对新型业态进行准确掌握，对新型产业进行重点扶持，深挖其潜力、发挥其优势，助其成长、促其进步，使其成为现代化新型工业的核心力量。不仅如此，还要对新兴产业进行引导，为其赋予生态化和绿色化的发展主题，使其成为与时代精神相吻合、与当代主题相符合的生态产业。而且，要注重挖掘高端制造业，鼓励制造业在生产和研发过程中走上高效率、高质量、清洁生产和低碳生产之路，从而使河南省成为我国科技研发和科研创新的重要一极，成为契合新主题、引领新时代，是高端制造业走向生态化、绿色化的重点区域。首先，河南省要重点扶持电子信息、智能电网、传感器、新材料、特种设备制造和精密仪器制造等新兴产业，推动这些新兴产业走向集聚化、规模化和品牌化，从而成长为河南省社会经济高质量发展的中坚力量。其次，河南省要立足本省氢能产业的良好基础，结合下辖市对氢能产业发展的定位，前瞻布局，顶层设计，形成产业支撑、应用引领、生态构建、保障供应的全产业链路径，以重大项目落地为重点，以交通领域场景示范为切口，规划产业结构，优化产业布局，着力打造郑州—洛阳—开封—濮阳氢能走廊，从而形成产业优势明显、竞争能力突出的氢能产业发展格局。最后，河南省要发挥其传统工业优势，积极为石油化工、装备制造、新能源、新医药以及休闲食品等产业赋能提质，从而使传统工业挣脱束缚、脱胎换骨。

其三，在服务业领域，培植新兴业态，构建现代化服务产业体系。河南省可以利用地处中原的区位优势，凭借四通八达的交通优势，发展新型服务业，使服务业走向正规化、现代化和科学化。不仅如此，河南省还可以借助陆运、空运等便利的交通优势，积极发展对外贸易，并与现代化制造业形成联动发展，从而形成就业面广、带动力强、效益好、层次多和就业人员多的现代化服务业体系。此外，还可以大力推广特色型现代服务业及生产型服务业，如软件开发服务和电子信息商务等。与此同时，还要坚持以生态化发展和绿色化服务的思想理念为指导，提升服务质量，优化产业结构，从而为河南省服务业的发展与壮大提供更广阔的空间。对河南省下辖 18 市来说，由于所处地理位置、产业优势及自身实际等有所不同，选择的发展道路可能会有所不同。总而言之，河南省下辖市一定要结合自己的实际状况，走独具自身特色、适合自身发展的服务业兴起之路。

其四，在生态旅游领域，挖掘潜力、发挥优势，借助新媒体之力，乘势崛起。生态旅游既是生态旅游化，也是旅游生态化。随着我国综合实力的不断增强，人民群众的物质生活已经有了极大丰富，对精神世界追求的需求越来越高、越来越迫切。旅游是人们追求精神富足和休闲解压放松的最好方式之一。时至今日，除了"五一"游、"十一"游等这种节假日出游外，自驾游、深度游及探险游等新型旅游形式也日渐兴起。郑州市、洛阳市和开封市的屡屡出圈，也说明河南省有发展各种形式旅游的巨大潜力。河南省要注重挖掘生态旅游资源，尤其要注重生态旅游资源与其他旅游资源相结合，以景区打造休闲度假区、城市打造休闲度假之都为契机，并学会巧借抖音、快手和小红书等新媒体之力，深挖旅游痛点，制造旅游热点，引起更多游客的共鸣，激发他们的好奇心和求知欲，吸引他们纷至沓来，从而走上"网红城市""网红景区"之路。

二、加大投入，使经济现代化体系顺畅运行

目前，融资难是对河南省生态环境与社会经济的进一步耦合协调形成制约、对河南省生态经济高质量发展形成阻碍的最为重要的因素之一。因此，有必要创新改革投资体制和融资机制，融合政府扶持资金和民间资本这两种资金形式，拓宽投融资渠道，从而形成形式多样、结构多元、高效规范、包容开放的全方位、多层次和现代化生态经济投融资机制，从而为河南省加强生态环境治理、促进生态产业发展和推动传统产业生态化变革提供充足的资金保障。

当然，无论是生态文明建设还是综合环境治理，都需要大量资金作为有力支撑。对各级政府来说要加大资金投入，为投融资提供宽容的环境，创造便利的条件。尤其是从政策层面予以支持，通过制定一系列与生态文明建设和生态环境保护有关的

措施，使资本多元化，使营商环境开放化，使政策措施健全化，从而让企业能够在各路资本的加持下拥有充裕的资金保障，能够更好地开发绿色技术，发展生态经济。

其一，推行金融改革。为加大对绿色经济和生态建设项目的扶持力度，在向企业提供贷款时可以采用低息或者无息的方式，还可以延长贷款周期，而不是非要限制在银行的结算周期内，可以将绿色经济和生态经济项目的建设周期作为贷款周期。不仅如此，银行还可以创新金融产品，发行一些与生态经济和绿色发展相关联的金融产品，将生态环境资源作为资产可以实施抵押，达到对金融市场机制进行创新的目的。此外，河南省还可以针对投资规模大和建设周期长的生态建设项目，发行与之相对应的生态金融债券，吸引各路资本购买，吸引民众以更高的热情参与进来。

其二，扶持生态市场。对于任何一种经济形式或者产业类型，有市场才会有发展的动力和广阔的前景，否则，一切都是镜花水月、空中楼阁。孕育生态经济的土壤是生态市场，推动生态经济发展的动力也是生态市场。河南省应该多方着手、全面发力，推动生态市场不断发展壮大并走向成熟。各级政府要密切关注生态市场的新业态、新动向，为生态型企业的发展与进步尽可能提供全方位的支持，需要人才时补充人才，需要物资时协调物资，需要资金时提供贷款，总之，要不惜一切代价促进生态型企业的健康成长。例如，在资金方面可以设立生态创新基金，解决中小型生态企业起步难、融资难等现实问题。在技术研发支持方面，对那些新设立的研发中心，给予一定金额或者按投资金额的一定比例给予奖励补助。在融资方面可以推行债务性融资，开创财政资金使用新模式，以政府引导加上市场运作，使生态型企业产融结合，从而促进其健康发展。总而言之，要密切关注生产技术创新，对中小型企业进行生态化改造，使其走向生态化的进程进一步加快，生态技术的能力进一步增强，从而能够尽快成为生态产业发展的中坚力量。

其三，加大科教投入。对一个省份或者一个城市来说，教育水平决定知识水平、知识水平决定科技水平、科技水平决定创新能力、创新能力决定经济发展、经济发展决定前途命运。发展的关键要看对教育的投入力度以及对科技的重视程度，因此，再穷不能穷教育，再苦不能苦科技。事实上，对教育和科技来说，投入与产出成正比，投入越多，产出越高。对河南省各级政府来说，一方面，要进一步加大对当地教育的投入力度，培养一大批各式人才，或能够积极应对市场变化、或能够致力于科技研发、或能够扎根于特色农业、或能够进行现代化服务，在提高知识文化水平的同时，也提升他们的综合能力。另一方面，要进一步提升对当地科研技术的重视程度，建立健全与生态经济、生态产业有关的政策体制，鼓励企业吸纳科研人才、增强研发队伍、成立技术中心，为科技研发工作的顺利开展奠定良好的基础，继而能够出现一大批在资源能源节约、生态环境保护、加强污染治理、促进社会进步和推动经济发展等方面具有明显推动作用的科学技术。

三、拓宽渠道，为经济高质量发展增辉添色

随着我国各地区均衡化发展的呼声越来越高，以及我国社会经济体制改革稳步走向深水区，我国政府对中西部地区的整体发展与进步也会越来越重视。河南省作为中部地区最为重要省份之一，无论在社会经济发展还是生态文明建设方面都有着更广阔的前景和更大的潜力。

无论是"中部地区崛起"还是"一带一路"，无论是中原城市群建设还是黄河流域生态保护和高质量发展，都为河南省社会经济发展注入更多活力和提供更强动力，同时也为河南省生态环境保护提供更多保障和创造更多可能。因此对河南省而言，一方面，应该勤练内功，挖掘更多内生动力，为生态环境与社会经济的耦合协调发展创造更健康的环境和更便利的条件。另一方面，应该积极借力，勇于拓宽渠道，联合周边各省，打造血脉相连、荣辱与共的利益共生体和命运共同体，从而共同提高、共同进步。

其一，以黄河流域生态保护和高质量发展为契机，推动生态环境保护和社会经济发展两项事业的共同进步。黄河是中华民族的母亲河，早在万年以前，华夏民族的先民们就在黄河流域耕种劳作。黄河不仅是中华民族的灵魂信仰，更是华夏儿女的精神纽带。黄河文化不仅是中华文明的源头活水，更是世界文明的有机组成，是中华文化未曾断流的主要表征和重要载体，更是华夏文明的主体记忆和精神源流。[①]作为一项国家重大战略，黄河流域生态保护和高质量发展对沿黄各省来说意义重大，推力巨大。具体主要表现在以下四个方面：第一，黄河流域生态保护和高质量发展是将生态保护放在首位的发展战略，意味着任何发展都要以生态环境保护为前提，都不能以伤害生态环境为代价，牺牲生态环境更是不被允许的。第二，黄河流域生态保护和高质量发展，生态保护是前提，高质量发展是目的，是要保证将生态置于完全保护之下所进行的高质量发展。这与我国目前正在进行的社会经济体制改革的理念相吻合，甚至可以说是我国在探索社会经济体制改革之路上所进行的一次勇敢尝试和大胆创新。第三，黄河流域生态保护和高质量发展，不仅仅是要加强生态文明建设，也不仅仅是要推动社会经济高质量发展，更重要的是要推动黄河流域的整体发展和共同进步。不仅要进行生态环境保护，也要加强黄河文化保护；不仅要推动社会经济发展，还要进一步缩小城乡差距，在推动城市文明走向更高水平的同时，

---

① 魏晓璐，蒋桂芳. 黄河文化：华夏文明的重要源头［N］. 河南日报，2022–07–19.

带动乡村振兴。第四，黄河流域生态保护和高质量发展是全方位和立体的，重点在于赓续精神信仰、传承文化血脉，黄河文化是中华民族的根文化，我国许多传统文化和民风民俗都发源于黄河流域，如清明节、端午节、中秋节等节日，祭祀、交游、走亲、访友等习俗，皮影、刺绣、剪纸等民间工艺以及姓氏文化、寻根文化等都是如此，正是中华民族精神信仰的支撑，也是文化血脉的源流。正因如此，河南省可以和沿黄其他省份一道，凝心聚力、同心同德，携手共进、合作共赢，共同解构黄河流域生态保护和高质量发展这一伟大命题，合力破解加强黄河流域生态环境保护、护佑母亲河安澜、促进黄河流域社会经济高质量发展等这些难题。不仅如此，河南省还可以联合黄河流域诸省携手弘扬黄河文化，共同讲好黄河故事，促进黄河文化传播，增强黄河流域的文化竞争力。此外，沿黄诸省还要以文物的保护与利用、文化传承与旅游开发、乡村振兴合作、红色文化开发合作等为契机，凝成强大合力，充分利用黄河流域的各种资源、发挥其巨大能效，共同为黄河流域生态保护和高质量发展的持续前行续写更为精彩的崭新篇章。

其二，以"一带一路"为契机，开展范围更大、水平更高、层次更深的区域合作。"一带一路"，即丝绸之路经济带和 21 世纪海上丝绸之路，是党中央与国务院的重大战略决策，不仅能够有效推动"一带一路"沿线国家社会经济发展战略目标的对接和耦合，更能够挖掘"一带一路"沿线区域的市场潜力，从而推动"一带一路"沿线国家的共同发展与进步。作为"一带一路"的重要节点省份，河南省既有产业优势，又有区位优势，更有人口优势，从而能够在"一带一路"上发挥巨大能效，产生更大作用。首先，河南省作为我国举足轻重的农业大省，无论在粮食资源还是在农业技术方面都具备一定优势。在工业领域尤其是资源型产业方面，河南省也有着自己的优势，在丝绸之路经济带上，河南省能够发挥这些优势，带动我国中西部地区发展。其次，河南省地处我国中部，是东来西往、南联北接的枢纽，能够使我国的技术、人才、资金、文化、经济、产业、产品等优势在此凝聚，从而输往中亚、中东及欧洲等地，郑欧国际班列的开设奠定了河南省作为我国中部到欧洲的铁路货运集疏中心的战略地位，郑州航空港经济综合试验区的成立更是成为我国连通欧洲的空中货运桥梁。经过十多年的发展，河南省在"一带一路"上的重要地位越来越凸显。最后，河南省作为我国重要的人口资源大省，不仅可以向我国广大西部地区输送大量劳动力，更可以向中亚、中东的工程建设和经济开发运送合格的技术工人，从而为我国西部大开发以及我国与"一带一路"沿线国家的经贸合作提供重要的人才支持和强大的劳动力保障。"一带一路"是我国开放合作的重要抓手，作为"一带一路"的重要桥头堡，河南省应该发挥自身优势，让技术、产业、人才等走出去，打造更加开放的河南，更应该加强与"一带一路"沿线省份和国家的合作，补齐科技短板、增强社会经济发展动能，从而推动河南省实现生态环境与社会经济高质量耦合发展，进而实现中部崛起与河南振兴。

其三，以中部地区崛起为契机，抓住机遇、改革创新，带动中部地区实现整体发展。中部地区有六个省份，即河南、安徽、山西、湖北、湖南和江西，国土面积占据我国陆地国土总面积的 10.7%。[①] 近年来，中部地区一直是我国社会经济增长速度最快的地区之一，社会经济增幅均高于全国平均水平。与此同时，与东部沿海地区的社会经济差距也在逐年变小。无论是社会经济规模还是国内生产总值，河南省都长期排在中部地区首位，在中部地区崛起这一重大国家战略实施的过程中，河南省能够起到领头羊的作用，从而带领中部地区其他省份走向高质量发展。根据党和国家的安排，中部地区崛起的重点任务是优化产业结构、提升创新能力、促进全面发展和推动社会整体进步。在产业结构优化方面，河南省在推动传统产业转型升级的同时，也在全面扶持新兴产业的发展与壮大，在制造业、高新技术产业以及现代服务业等方面，河南省在中部地区具有明显的优势。不仅如此，河南省有着丰富的劳动力及广阔的土地资源，生活成本较低，营商环境较好，这无论对工厂企业还是人才资本都是强有力的吸引。此外，河南省具备无可比拟的交通优势，无论人员来往还是货物集散都是不可或缺的重要环节。正因如此，河南省才需要和中部地区其他省份一道，以中部地区崛起为凝聚，以交通运输环境改善为抓手，从而产生强大的经济活力，加强省份之间的协同创新、促进社会经济互联互通、推动地区一体化发展，从而使中部地区成为推动我国社会经济高质量发展的重要推动力，也成为我国各类人才倾心向往的理想之地。

其四，联动周边省份，资源互用、优势互补，推动山河四省协同向前。山河四省，即山东、山西、河南、河北，因其地理位置相邻、历史文化悠久古老、命运前途颇为相似，该称呼在网络上出现后并迅速流传。在山河四省之中，河南和山西、山东同为黄河流域重要省份，和山西同属中部地区。这四省在我国社会经济发展中占据着极为重要的位置，山东是蔬菜大省和工业大省，同时又是我国海上运输较为强劲的省份；山西是能源大省；河南是粮食大省，同时又是我国公路运输、铁路运输以及航空运输的枢纽省份；河北是钢铁大省。如果把山河四省合成一个区域来看，这一区域不仅具有强大的产业优势和技术优势，同时拥有较为全面的交通运输优势和较为丰富的人口资源优势。并且，社会经济的整体实力和规模几乎占据我国北方的半壁江山。山河四省能够进行联动的主要原因有四点：第一，山河四省区位相邻，有进行联动的基础。在这四省之中，除了山东和山西不接壤之外，其他省份都是相

---

①　陈薇，郭丁然. 新发展格局下的中部崛起 河南应该抓住哪些新机遇？[N]. 河南商报，2023 - 04 - 01.

互接壤的，因此，更容易携手共进、合作共赢、抱团取暖、同心协力打天下。第二，山河四省产业优势互补，有进行联动的诱因。正如上述所言，四省在工业、农业、能源和人口等方面各具优势，很容易进行互补，取长补短，共同进步。第三，山河四省地处不同地区，有进行联动的条件，在这四省之中，山东省处于东部沿海；河北省地处华北平原，是京津冀经济圈的重要成员；河南省和山西省位于中部地区，同属中部经济区，又和西部地区紧紧相连。因此，如果能够联动山河四省，便能勾连我国东部、中部和西部地区，盘活我国整个北方地区的社会经济，从而推动我国北方地区的整体发展。第四，山河四省在交通运输方面各具优势，不仅能够在连接我国东西部地区、贯穿我国南北部地区方面发挥至关重要的作用，还能够连通世界各国，向东可达日、韩和北美，向西可至中亚、中东和欧洲，向南可到东南亚诸国，向北可抵蒙古国、俄罗斯，从而成为推动我国社会经济增长的最为重要的板块之一。正因如此，河南省才要联动其他三省，在区位上连接、在产业上互动、在优势上互补、在运输上互通，消除障碍，打通壁垒，从而形成山河四省合作联动机制，继而实现山河四省的和谐共进、协调发展。

四、增强活力，为文化经济生态化加油助力

作为社会经济的有机组成部分，文化经济因特色独具、魅力十足受到青睐，成为继农耕经济和工业经济之后，又一种极为重要的社会经济形式，同时也是社会经济在经历工业经济之后社会财富积累和资源集中的必然结果。河南省历史悠久、文化厚重，自古便是群雄逐鹿之地，有"得中原者得天下"之称。正因如此，才使河南省成为历史文化资源大省，发展文化经济的条件可谓得天独厚。

为提高生态环境与社会经济的耦合协调水平，倡导文化经济生态化、绿色化和环保化，使文化经济与我国社会主义生态文明建设、精神文明建设等形式相结合，是文化经济走向更高阶段的必然之路，同时也是文化经济稳步走向成熟的重要标志。事实上，凡是能够促进社会经济增长、适合人类文明发展的文化经济无不以生态化、绿色化和环保化的形式呈现，纵观由人类文明创造并保存至今的文化遗址、历史遗迹和文化遗存等都具有这样的特征。如河南省的龙门石窟、殷墟和少林寺等都是如此，尤其是龙门石窟和少林寺，依山开凿，因山而建，空气清新，环境优美，令游客有领略自然风光和瞻仰历史遗迹的双重享受。因此河南省走上文化经济生态化之路既因势利导，也顺理成章。

其一，以建设国家考古遗址公园为契机，将文物保护与旅游开发相结合，将历史文化教育融入游览观光。国家考古遗址公园是以大遗址等重要考古遗址为主体建

设而成的集科研、游览、教育和休闲等功能于一身的公共空间。在国家文物局评定公布的四批 55 家国家考古遗址公园名单和 80 家国家考古遗址公园立项名单中，河南省有 7 家考古遗址公园入选，并有 10 家进入国家考古遗址公园立项名单[①]，在我国名列前茅。建设好国家考古遗址公园，不仅是对祖先留给我们的重要文化遗产的保护，还能对当地文化旅游经济形成重要的推动力，更能对当地生态环境保护与社会经济发展起到极为重要的促进作用。以洛阳市的隋唐洛阳城国家考古遗址公园建设为例，自 2009 年 2 月隋唐洛阳城国家考古遗址公园首个项目——定鼎门遗址博物馆开始建设以来，先后建成并开门迎客的定鼎门遗址博物馆、明堂天堂景区、应天门遗址博物馆、九州池景区和"两坊一街"等迅速成为洛阳市知名的景点景区，尤其是明堂天堂景区成为象征洛阳市"十三朝古都"和"千年帝都"文化的地标性建筑，为洛阳市文化旅游市场的复兴积累了极高的人气。不仅如此，以隋唐洛阳城国家考古遗址公园建设为契机，洛阳市在城市规划、文化建设、生态修复及环境美化等方面做出积极而卓有成效的努力，并有了很大程度的提升。以前破烂不堪的城中村和污染严重的工厂变成了优雅静谧的公园，道路变宽了、房屋整齐了、环境整洁了、空气清新了，不仅大大提高了当地居民的满意度，还使外地游客的美誉度大为增加。正因如此，河南省才要建设好国家考古遗址公园，并以国家考古遗址公园建设为切入点，丰富文化旅游内容、增强游客体验感、美化生态环境、盘活社会经济、激活文化业态、形成文化产业、带动整体发展，从而提升城市的整体形象、完成旅游复兴、助力经济腾飞。

其二，整合全省文化旅游资源，理顺文化旅游线路，盘活文化旅游市场，推动社会经济发展。河南省拥有丰富的历史文化资源，可以转化为文化旅游资源。如我国八大古都占据其四的古都文化、以洛阳二里头夏都遗址和安阳殷墟遗址为核心的夏商周三代文化、以少林寺和白马寺为代表的寺庙文化、以少林拳和太极拳为代表的武术文化、黄河文化、河洛文化、姓氏文化、名人文化、诗歌文化、书法文化、音乐文化、河流文化、山脉文化及宗教文化等，形成灿烂辉煌的河南文化。可将这些文化整合成精品旅游线路，如华夏溯源游、文明寻脉游、黄河文化游、文字诗词游、红色传承游、信仰永续游、中国功夫游、茶文化游、陶瓷文化游及中原美食游等，都是吸引游客纷至沓来的文化旅游线路。尤其像洛阳市和开封市这样的知名古都，不仅借助现今的新媒体屡屡出圈，吸引国内外的目光，还借助文化旅游的影响力，提升城市品位、美化城市形象、促进社会经济发展。不仅如此，河南省有着数量众多的风景名胜，山清水秀，气候温和，环境幽雅。如洛阳市的白云山、焦作市

---

① 国家文物局关于公布第四批国家考古遗址公园名单和立项名单的通知［EB/OL］. 国家文物局网站，2022 - 12 - 29.

的云台山、平顶山市的尧山、信阳市的鸡公山及驻马店市的嵖岈山等，能够成为河南省文化旅游市场的有益补充，使河南省成为观光旅游胜地和休闲度假的天堂。不过，河南省各地市也要积极行动起来，以更为多姿多彩的旅游形式、更为多种多样的旅游内容、更为清晰明了的旅游规划、更为热情周到的旅游服务，赢得更多游客的欢迎和好评。

其三，注重古老历史文化和时尚流行元素相结合，创新文化经济形式，引领时尚文化潮流。近年来，在文化形式上，河南省做出多次较为成功的尝试，也推动多种颇为精彩的创新。如开封市的清明上河园、洛阳市的隋唐洛阳城国家考古遗址公园等，都是较为成功的历史文化复建复兴工程；郑州市的《禅宗少林·音乐大典》、开封市的《大宋·东京梦华》等都是较为知名的实景演出品牌；河南广播电视台的《梨园春》《武林风》等都是享誉一时的文化类节目；河南广播电视台的《唐宫夜宴》《龙门金刚》《洛神水赋》等都成为中原文化与时尚元素完美融合的文化品牌；开封市的鼓楼夜市、洛阳市的老城十字街等都成为人流熙攘的美食胜地；郑州市的中牟、新密文旅片区、洛阳市的洛邑古城、天街及开封市的大宋文化保护传承片区等，都成为游客向往的旅游目的地，等等。河南省要坚持以创意为驱动、以美学为引领，以艺术点亮、以科技赋能，对本省的历史文化资源进行创造式开发、创新式利用，从而使其拥有更鲜明的艺术特征和更强烈的时代表达。

其四，注重挖掘历史文化资源，使其影视化和艺术化。1982 年播出的由功夫巨星李连杰主演的《少林寺》，曾经让河南省尤其是嵩山少林景区享受到一波影视红利。因《少林寺》掀起的到嵩山少林景区旅游和到嵩山脚下学功夫的热潮，至今还在延续。近年来，由香港知名导演徐克执导的《狄仁杰》系列电影，也带动了狄仁杰故事发生地、曾经的神都洛阳市的旅游热，天堂名堂景区更是从河南省诸多景区中脱颖而出，一举成为本省标杆式旅游景区，深受国内外游客的喜爱，许多游客不远千里来到洛阳就是为了一睹神都洛阳的迷人风采。时至今日，影视产业已经成为我国的支柱文化产业，围绕影视作品而进行的生产、发行、营销及周边产品开发等一系列环节、服务甚至构成链条很长的工业体系，从而对科技产业和服务产业等形成一定程度的带动作用。河南省对影视产业颇为重视，如郑州市中原影视城和焦作市焦作影视城的建成并开始承接拍摄任务，是河南省影视产业结下的硕果。电视剧《大河儿女》、《无心法师》、《水浒传》（新版）、《大秦帝国》、《三国演义》（新版）和电影《绝世高手》等，都是在这两座影视城内完成拍摄的。随着我国社会的不断进步和经济的不断发展，人民群众对精神文化生活的需求进一步增加，对影视产品的要求也会越来越高。只有更丰富的内容、更新颖的创意、更酷炫的科技和更精彩的故事才能得到观众的认可，从而赢得更多收益。正因如此，河南省要更进一步挖掘历史文化资源，更深层次地深耕于影视领域，争取在影视工业全产业链中完成重要一环、获取一席之地，从而使本省能够拥有出奇制胜、决胜千里的又一张王牌。

其五，积极建设文化创意园，以创意、创新、创造取得竞争优势，赢得制胜先机。文化创意园能够将众多文化创意产业集聚在一起，集思广益、推陈出新，产生更多新奇精巧的文化创意。政府也能够建立健全相应的配套服务体系，从而为这些文化企业提供周到的后勤服务，使其发展无后顾之忧。目前，在我国文化创意园的建设方兴未艾，有良好的政策扶持，有充足的资金做后盾，有独特的区位优势，有明晰的发展方向，文化创意园很容易发展壮大。如今，河南省拥有数量可观的文化创意园，如郑州市的河南文化创意园和郑州国际文化创意产业园、洛阳市的天心文化产业园、南阳市的豫都源文创产业园、漯河市的中州文化产业园等，都有着各自的优势项目，并开发出了能够彰显河南省自身特色的文化创意品牌。不过，河南省还要更进一步把文化创意园做得更精、更优、更扎实，将文化优势发挥到更大，使文化创意更贴近时代、更熨帖人心、更彰显特色、更注重情怀。不仅如此，河南省的文化创意园还要更集群化和专业化，能够掌握更优势的资源、汇集更优秀的人才、创造更宽松的创作环境、打造更优良的科技条件，从而使河南省文化创意产业走向更高水平和更高层次，为本省社会经济高质量发展做出更大贡献。此外，河南省下辖18市要营造更好的城市生态，以更清洁的环境、更完善的公共服务、更便利的交通和更便捷的通信手段等吸引高端文化创意人才的安家落户，才能让文化创意园发挥文化创意的示范引领作用，产生推动新型生态产业快速发展的巨大动能，从而将河南省的文化产业做大做强、做精做优。

▶ 第三节　政策保障，夯实生态经济热潮化根基

一、创新机制，为经济生态化运行壮骨添翼

2015年10月，中共中央、国务院出台了《生态文明体制改革总体方案》，从理念以及制度建设层面对我国社会主义生态文明建设进行顶层设计，对各省生态文明建设的实施与开展具有重要的指导意义。此后，河南省先后出台了《河南省生态文明体制改革实施方案》《河南省环境保护督查方案》《河南省生态环境损害赔偿制度改革实施方案》《河南省生态环境厅2020年生态文明体制改革分工方案》和《关于加快构建现代环境治理体系的实施意见》等政策性文件及制度性规定，对河南省生态文明建设和生态环境保护等工作的开展保驾护航，为本省社会经济生态化运行提

供正确的理论指导。

其一，建立健全政策扶持体系，推动社会经济生态化运行走向健康发展。为加快传统产业向生态化、绿色化和环保化方向转型，河南省要适时制定促进社会经济生态化发展的政策措施，建立帮扶基金，给予支持补贴，从而推动传统产业生态化之路走得更加平稳。不仅如此，要大力支持传统能源型、劳动密集型及高污染型企业向生态企业转型，对其转型进行政策扶持，对投入体系的建立和完善做出资金和政策支持，从而使这些企业又快又好地完成转型升级。此外，还要为生态经济的发展提供宽松的环境，并给予充分的政策支持，建立健全政策扶持体系，为生态经济的快速发展创造更有利的条件。

其二，重新制定社会经济生态化发展相关规划方案，拔高生态经济发展站位。河南省下辖18市在编制各自整体规划及城市建设体系规划时，要注重其中的生态环境保护元素，切实合理地控制生态环境容量，倡导资源节约、生态友好和环境保护，对城市生态环境基础设施进行科学规划和合理布局，确保城市基础设施不危害环境、不破坏生态、不浪费资源。不仅如此，河南省下辖18市在加强资源节约型和环境友好型城市建设过程中，要始终贯彻可持续发展战略思想，坚决贯彻"协调、创新、开放、绿色、共享"的生态发展理念，加强生态环境综合治理工作的力度，措施要结合实际，从而促进生态环境与社会经济的耦合协调。一方面，努力使河南省生态环境污染状况得到根本性改善；另一方面，也能促进河南省社会经济走向高质量发展。如郑州市于2021年7月出台的《郑州市关于实施"三线一单"生态环境分区管控的意见》（以下简称《意见》）是极为得力的举措。[①]所谓"三线一单"，即环境质量底线、生态保护红线、资源利用上线这三线以及生态环境准入清单这一单。按照相关要求，郑州市将全市划分成113个生态环境管控单元，其中包含26个优先保护单元、81个重点管控单元和6个一般管控单元。对待不同的单元实施不同的管理办法，以最严格的生态环境保护制度对郑州市的发展格局进行持续优化，对郑州市绿色发展方式以及生态生活方式的形成起到重要推动作用，以此使生态环境安全屏障牢牢夯筑，并使社会经济高质量发展得以促进。与此同时，《意见》还明确规定了"三线一单"生态环境分区管控体系是郑州市在进行社会经济结构调整、相关产业布局、自然资源开发、城镇开发建设以及重大项目选址等方面工作时的最为重要的依据之一，从而使生态发展的理念得以贯彻、使生态发展的格局得以构建。

其三，构建区域联动和城市协调机制，对重大生态环境污染事件的发生做到严防死守。近年来，由于河南省社会经济不断向前发展，对自然资源的开发加剧，导

[①]　郑州市出台《意见》实施"三线一单"生态环境分区管控［EB/OL］. 郑州市人民政府，2021－07－14.

致生态环境的承受能力也在不断下降，从而导致一些突发性生态环境污染事件接连不断地发生。所谓突发性生态环境污染事件，即在极短的时间内排放出大量或有剧毒或能够破坏生态或能够污染环境的物质，给人民群众的生命财产造成巨大的安全隐患，给生态环境带来严重恶性影响的紧急性事件。河南省可能发生的突发性生态环境污染事件包含有毒化学品突然泄露、工业废水的非正常大量排放、河流受到重金属污染及有毒气体扩散性污染等。为应对重大生态环境污染事件的突然发生，河南省下辖18市可以建立相应的区域联动和城市协调机制，亲密合作、密切配合，从而做到生态共享、环境共享和生态环境信息机制共享，并在全社会范围内倡导生态发展理念，在整个河南省掀起生态文明建设的热潮，用系统化思维和全员化战略推动社会经济生态化发展不断前行。具体举措有以下三方面：第一，河南省下辖18市，尤其是呈地域性分布的各相邻市在进行生态环境立法工作的过程中，要做到友好协商和通力配合，各市要对资源开发强度进行严格管控，对资源开发行为进行科学规范，对污染物排放更要做到严格控制。与此同时，加大生态环境保护执法力度，尤其对想钻空子的企业和个人在城市边界、城乡交界等执法环节薄弱的地方所进行的违规操作和违法生产进行严厉打击。第二，河南省下辖18市，尤其是呈地域性分布的各相邻市要思维一致、步调一致，共同构建社会经济生态化发展的配套机制、建设推动社会经济生态化发展的长效机制。例如，建立健全生态环境安全预警机制，号召生态环境保护专家、官方媒体及民间环保人士等参与进来，对生态环境保护予以关注，对生态环境安全进行监控，在通报生态环境质量信息时做到及时、真实和有效，给予人民群众充分的知情权和足够的评议权，确保民间声音的上传下达。不仅如此，还要完善城市之间的生态环境联合防护和联合管控机制，责任互担、信息互通、密切配合、共同出击，确保河南省生态环境保护永远在一个可控范围之内。第三，河南省下辖18市，尤其是呈地域性分布的各相邻市要建立突发性生态环境污染事件积极应对机制和合作交流机制，加强协调沟通，共同防范生态破坏和环境污染风险大面积爆发。与此同时，对空气、废水和固体废弃物的排放加强监测和管控，及早发现，及早处理，时时自警自省，防患于未然，将问题消灭在萌芽之中。此外，河南省下辖18市，尤其是呈地域性分布的各相邻市还可以实施联合监察和联合执法，建立跨区域和跨边界生态环境联合监察机制，实施跨界生态环境交叉执法制度，并制定相应的应急预案，经常性地开展应急演练，对技术、人员、设施、装备、物资以及救援行动安排、指挥、协调等进行预演式操作和提前性安排。事实上，不仅在河南本省范围内可以如此，与河南省相邻的山东省、河北省、山西省、湖北省以及安徽省等省份都可以建立类似的合作机制，联合监察和共同执法，对省与省的交界处所进行的生态破坏和环境污染行为进行坚决打击，并对有生态环境污染行为的企业进行严厉处罚。

二、夯实根基，使经济生态化发展行稳致远

执法为公，执政为民，政无大小，却有长短。短期之政，即眼前之政，能够迅速见到效益的政绩，如国内生产总值的增长、人均收入的增加、地方财政收入的增长等，立竿见影，短期见效。长期之政，即长远之政，长期坚持方能见到效益的政绩，如社会经济的转型、社会经济环境的优化以及生态环境安全体系的构建等等，需待以时日方有成效。

为政以德，民生为大，为官一任，造福一方。眼前之政虽然也有好处，但不如长远之政那样让一个地方因此发生翻天覆地的惊天巨变，让老百姓交口称赞、拍手称快。然而，许多为政者却不是如此，受根深蒂固的陈旧观念影响，或者是古老的官本位思想在作祟，在执政时往往偏重眼前之政而放弃长远之政，甚至牺牲长远之政来换取眼前之政。在进行资源开发或者城市建设时，往往会走上"先污染，后治理""先破坏，后修复"的粗放型经济开发的老路，陷入"先开发，后保护""先发展经济，后保护环境"的传统落后的思维观念不能自拔。到最后只能让这个地方的生态环境遭到破坏，付出更多的心血和更大的代价去修复与治理。这样的做法当然是得不偿失的。

因此，从政府层面来说要端正态度，正心正念，以建设生态化和实干型政府为己任，为河南省构建现代化生态经济体系提供充分的组织保证。具体而言，表现在以下三个方面。

其一，政府要有大格局和大视野。各级政府进行资源开发时要拓宽开发视野，提升生态开发认知。生态开发是一种和传统的"先开发、后保护"模式不同的全新开发模式，即在加强生态环境保护的前提下所进行的开发，是运用生态理念、生态技术以及生态手段，以改进人们赖以生存的生态环境为主要目标的新型开发模式。生态开发模式主要包括以下五项内容：第一，针对城市所进行的生态开发，即城市开发生态化，以建设宜居宜商的生态城市为主要目的所进行的开发，使城市群众安居乐业；第二，针对农村所进行的生态开发，即农村开发生态化，以建设绿色有机的生态农业和山清水秀的生态农村为主要目的所进行的开发，使农村群众经济越来越富裕、生活越来越美好；第三，针对产业所进行的生态开发，即产业发展生态化，以发展资源能够重复利用的循环经济和低碳环保的生态农业为主要目标所进行的开发，使企业走向绿色化和生态化；第四，针对产品所进行的生态开发，即以开发无公害环保产品和无污染绿色产品为主要目的所进行的开发，使产品更加环保、更符合消费者的需求；第五，针对技术所进行的生态开发，即以开发高效率、低污染和

低能耗的生态技术为主要目的所进行的开发，使技术既符合当下形式又适应时代要求，并且能够得到大面积的推广与应用。无论是进行资源开发还是进行项目建设，河南省各级政府都要对生态开发予以高度重视，以生态视野和生态理念发展生态产业，并进行生态开发，从而将生态化组织在方方面面都建立起来。另外，各级政府也要对生态化政府的构建以及生态建设、生态开发重视起来，因为就目前而言，生态文明建设已经被河南省纳入现代化考核指标体系之中，成为对各级政府进行考核的一项重要指标。

其二，政府职能要做到生态化。对各级政府来说要明确政府职能的生态部分，明晰生态管理权责。河南省生态环境厅出台的《河南省生态环保制度综合改革方案》明确了各级政府的职能职责，杜绝推诿扯皮现象；简化各级审批程序，尽快实施审批流程网络化、便捷化和简单化。对于生态环境保护重点区域要加强管理力度；对于管理薄弱的重点保护区域要丰富管理手段。在进行生态环境污染治理时，首先要制定具体明晰和切实可行的实施方案，出台针对性强和目标明确的行动计划；其次要进一步完善生态环境保护方案，进一步细化生态产业化方案，进一步落实生态环境治理修复工作，进一步明确生态环境污染防治行动，做到有主要目标、有具体目标，主次分明，秩序井然，以此形成 1＋N 生态环境污染防治体系，从而高水平、全面化和多维度对生态环境治理工作形成强有力的指导。

其三，生态环境保护执法要铁面无私。河南省各级职能部门要加大对生态环境保护的执法力度，加强相关产业的监督管理，对企业或者个人所造成的生态环境问题以及酿成的生态环境事故要及时予以严惩。与此同时，河南省各级政府要建立健全生态环境保护机制体制，一方面，在编写和制定各级社会经济发展规划时要融入生态发展观，其中要包含生态文明建设的部分，以促进生态环境与社会经济的耦合协调发展；另一方面，对于那些资源消耗大、能源消耗多、生态环境污染严重、社会经济效益较差的产业和企业，要下定决心进行重点整改，使其完成转型升级，并朝着生态化方向转型和环保化方面升级，如果其转型升级难以完成，就及时进行淘汰。不仅如此，还要健全多元化投入机制，落实生态补偿制度，有序推进生态环境资源税费改革，为传统产业和传统企业的转型升级创造更为宽松的环境和更为便利的条件。此外，对中央生态环境保护督察组的工作要高度重视，并做到积极配合，对其指示要尽心尽力地督办，不打折扣地完成。对于中央生态环境保护督察组所反馈的意见和建议，要实事求是，有原则和针对性地进行认真、切实、深入地整改，尤其是要明确责任划分；及时挂账督办；解决突出问题要稳、准、狠；加强薄弱环节要面面俱到。只有在做到这些方面的基础上，河南省各级政府、相关职能部门才能在加强生态环境保护之路上走得更加顺畅和平稳，河南省生态环境与社会经济的耦合协调水平才会有所提高。

事实上，无论是河南省整体生态环境状况还是下辖各市生态环境状况，均不容乐观。2016 年，河南省因为 1～4 月 PM10 和 PM2.5 浓度在京津冀及周边七省市中高居榜首而受到中央生态环境保护督察组的点名批评①。造成空气污染的首要元凶是扬尘，2016 年开春以来，全省大大小小的工地陆续开工，仅郑州市就高达近 2000 个。从整体上来说，这些工地整体管理不规范，大多都在进行粗放式作业，有的甚至进行野蛮操作，更有甚者，连扬尘防控措施都没有。此外，由于粗放式清扫作业，造成城市道路扬尘问题也极为突出。2018 年 12 月，驻马店市、济源市、许昌市及安阳市 4 市因大气污染问题较为突出，一些重要污染指标一直居高不下甚至不降反升，受到河南省污染防治攻坚战领导小组办公室的通报。尤其是驻马店市，PM10 和 PM2.5 浓度与去年同期相比，不降反升，所辖县区空气质量排名较为靠后，在污染管控方面存在大量盲区，因而受到严厉批评②。2021 年 7 月，中央第五生态环境保护督察组对河南省开展第二轮环境保护督察后，向河南省反馈相关督察情况，认为河南省存在部分地区垃圾填埋场污染整改不到位，平顶山市汝州天瑞煤焦化有限公司违法排污，焦作市北山非法开采破坏生态，郑州和开封等市以引黄灌溉为借口造人工湖以及安阳市焦化产能压简工作落实不力等。③2023 年 3 月，河南省生态环境厅发布《第二轮中央生态环境保护督察整改落实情况报告》，认为部分下辖市存在以下问题：对习近平生态文明思想的贯彻落实不够深入，思想认识不够深刻；对高耗能和高排放项目进行控制的态度不坚决；黄河滩区管理尤其是生态环境保护方面缺乏系统规划和统筹施策；农村生态环境污染防治不容乐观，污水处理设施闲置状况令人担忧；畜禽养殖所造成的污染问题十分突出；对挥发性有机物的治理力度有待加强；产业集聚区所造成的污水处理问题仍较为突出；医疗废物处理能力在各地市存在极不平衡的状况等。④总而言之，各级政府以及相关职能部门要重视生态环境问题，切实加强生态环境保护以及生态环境污染治理。

三、多措并举，为经济生态化落实保驾护航

地处中原的河南省既是农业大省，也是经济大省，粮食产量和经济总量多年位于全国前列。然而，与东南沿海发达省份相比，河南省发展步伐稍显缓慢，社会经

---

① 河南空气污染又严重了 谁在作怪 [EB/OL]. 搜狐新闻，2016 – 05 – 13.
② 空气质量不升反降 河南通报 4 地大气污染突出问题 [EB/OL]. 央广网，2018 – 12 – 16.
③ 河南：生态环境损害问题追责问责 128 人，其中厅级 14 人 [EB/OL]. 京报网，2022 – 08 – 04.
④ 河南省生态环境厅第二轮中央生态环境保护督察整改落实情况报告 [EB/OL]. 河南省生态环境厅官网，2023 – 03 – 31.

济增长有所不足。以生态强省战略目标为基准，按照习近平总书记提出的生态优先与绿色发展并行的社会经济发展新要求，河南省生态经济占整体经济的比重还不够大，发展动能稍显不足，生态环境与社会经济之间的耦合协调程度需要进一步加深。

其一，积极调整能源结构，降低传统能源依赖。能源结构的调整绝不是短时间内可以迅速完成的，而是一个过程。因此，河南省要做好打持久战的准备，做好长远规划，分步骤施行，推动产业优化，完成产业升级，逐步降低煤炭在能源结构中的比例，使本省工业对煤炭的依赖程度大大降低。不仅如此，要通过新技术、新业态和新模式对经济增长形成强烈的带动效应。以郑州航空港经济综合实验区、郑洛新国家自主创新示范区、中国（河南）自由贸易试验区及中原城市群为代表的"三区一群"产业为优势，发挥高新产业引领作用；以米字型高速铁路网为基础，发挥交通大格局优势，有力推动从省会郑州到西北欧国家卢森堡的"空中丝绸之路"建设，使河南省成为通联中外的全国性交通枢纽；以少林寺、龙门石窟和殷墟等世界文化遗产为重点，以郑州、洛阳、安阳和开封等古都名城为核心，大力发展旅游经济，推动第三产业蓬勃发展。

其二，加大综合治理力度，根除环境污染顽疾。河南省要加大社会经济和生态环境综合治理力度，着力挣脱社会经济低质量发展束缚，根除生态环境污染顽疾。一方面，要大力发展并推广先进科学技术，如三沼综合利用和秸秆沼气等，变废为宝，使农业污染物成为可以利用的资源。另一方面，要积极推广和应用先进农业模式，如秸秆粪便等农业废弃物综合利用、农牧渔结合循环发展模式等，使农村生态环境得到改善的同时，也使农业得到高质量发展，从而收到良好效果。不仅如此，河南省还要积极行动起来，对土地实施综合整治，因地制宜，有针对性地治理各地市生态环境污染。如安阳、新乡和开封等市，地处豫北或豫东，且多是山区或与山区接壤，常常出现较大风沙，可以实施田间林地策略，在使森林覆盖率提高的同时，也能起到一定防风固沙的作用。洛阳和南阳等市，地处豫西或豫南，被伏牛山系贯穿，山地较多，可以实施缓坡地治理，增加农田蓄水量，不仅有利于农业增收，也能起到抑制山区水土流失的作用。

其三，着力生态系统修复，重点加强生态污染防治。以生态系统修复为着力点，加大湿地建设力度，加强生态污染防治。多年来，河南省对湿地保护工作较为重视，尤其是近年来，随着我国生态文明建设被写入宪法，河南省湿地保护工作更是有所加强，但远远不够。要不断加大对湿地进行保护和修复的力度，推动湿地面积不断增加，质量不断向好；要以开展专项整治活动为契机，严厉打击破坏湿地资源的行为；要通过多种形式的宣传教育，推动人民群众湿地保护意识不断增强，务求湿地保护工作取得实效。不仅如此，河南省还要通过"四区三带"建设，以生态文明建设为契机，对经济结构转型和相关产业升级形成倒逼，从而去除落后低下的产能，使现代高效农业得以蓬勃发展，中高端服务产业得以兴盛推行。

其四，推动生态技术革新，助力科技企业发展。技术的发展与革新是推广生态经济的关键所在。如果能够积极致力于生态生产技术、清洁能源技术以及资源循环再利用技术等生态型技术的研发和应用，便能使污染物排放量大为降低，缓解生态环境与社会经济之间的矛盾。事实上，要想实现产业生态化和企业清洁化，就要把生态生产和清洁生产的思想理念贯穿于产品制作的各个环节，推动生产生态化、管理生态化和运输生态化，从而实现全过程生态化。不过，要推动生态产业的发展，完成生态技术的革新，不是政府所能单独完成的，也不是企业独自发力所能推动的，需要政府和企业双管齐下、共同发力才能完成。一方面，政府要出台规章制度，对企业污染物排放从严要求，并从资金上对企业技术创新和产业升级进行帮扶，在政策上予以支持；另一方面，对于生态化生产和生态型产业，企业也要有充分深刻的认识，完全理解生态技术革新之于企业的重大意义——不仅能提高产品竞争力，还能推动企业转型升级，从而不断加大对生态技术创新的投入力度以及不断追求生态环保的生产方式。

总之，要想使河南省生态环境与社会经济耦合度更高、协调性更好，就需要高处着眼、整体布局、多方着手、全面发力。相信在不远的未来，无论是生态强省建设还是黄河流域生态人文建设，都会成为推动河南省生态环境与社会经济耦合协调发展的重要加速器，为河南省各项事业的发展与进步提供绵绵不绝的动力。

四、划定红线，让经济生态化前行大有可为

在新时代、新发展、新理念和新形势下，河南省所面临的生态环境安全问题主要来自以下三个方面：首先是水资源短缺问题。河南省处在黄河中下游地区，水资源相对比较匮乏，再加上在产业结构及用水方式等方面有所偏重，造成了河南省水资源的需求远远大于供应，并呈现日益加剧的态势。其次是土地荒漠化问题。河南省为半干旱气候，土壤相对贫瘠，森林覆盖率相对较低，再加上人口基数比较大，人类活动以及自然环境双重压力给土地资源造成无法扭转的不良影响，从而导致土地荒漠化现象十分严重。最后是空气污染问题。河南省地处我国中部，位于第二阶梯和第三阶梯的过渡地带，再加上自身对社会经济发展的迫切需求，造成了大气环境污染问题难以乐观的状况。严重的大气污染不仅会导致生态环境系统所承受的压力越来越大，甚至出现崩溃的危险，还会使人民群众的身心健康受到较为严重的威胁，从而影响政府的公信力和人民群众的归属感。

在我国古代生态环境思想之中，天人合一思想具有最为重要的历史意义和最为珍贵的理论价值，其倡导对自然法则的服从，强调人与自然的和平共处与和谐统一，认为自然生灵都是人类的知己，世间万物都是人类的朋友，充分体现出古人对大自然的尊重和对生态环境的热爱。古人认为土地作为自然界的一部分，滋养着世间万物，同时也哺育着我们人类，有"皇天后土""地势坤，君子以厚德载物"之说。事实上，土地的重要性从古至今从来没有变过，对今人来说仍是如此，尤其对属于农耕文明传承人的中华儿女来说更是如此。现如今，土地不仅是能够推动社会经济增长的最为重要的生产要素之一，同时也是极为珍贵的资源，对人口基数大、国土面积相对较小、荒漠化日益严重的河南省来说更是如此。在推动社会经济发展的过程中，不可避免地要利用土地资源，在土地上建工厂、办企业、建城镇、搞开发，以广袤的土地换取产业的入驻、资金的流入和技术的落地。然而，依靠土地推进社会经济建设不可避免地就要占据动植物赖以生存的家园，使动植物的生存权受到威胁，生物多样性受到严重挑战。因此，在推动社会经济向前发展的过程中，必须树立生态环境保护优先思想，拥有生态环境红线意识，使生态环境与社会经济的耦合度更高、协调度更好，从而推动社会经济逐步走向生态化、跨步迈向绿色化。具体而言，要在以下几个方面下足功夫。

其一，在制定长期战略发展规划或者长远发展政策时，河南省必须把生态环境放在首要位置。生态环境保护是社会经济发展的前提，是推动社会经济高质量发展的基础，因此，要在加强生态环境保护的前提下促进社会经济发展，也要在促进社会经济发展的过程中加强生态环境保护。河南省要有将社会经济发展规划与生态环境保护规划相互融合、合二为一的思想，要从自身实际出发，切实制定生态环境保护整体规划，并做到严格实施、坚决执行。在生态环境保护整体规划中，要解决产业布局问题，力争做到合理合规，还要解决发展定位问题，力争做到生态环境与社会经济的有机统一。在对各下辖市的产业发展进行定位时，既要考虑到产业发展的前景是否广阔，又要考虑生态环境的承受能力是否达到极限，从而做到保护性开发和开发性保护有机结合，按部就班，循序渐进，稳步向前推进。在生态环境整体规划中，对行业准入门槛要设限，对清洁生产水平要明确，对准入企业的单位排污水平要明确。与此同时，对开发区域范围的划定要清晰，哪些区域禁止开发、哪些区域限制开发、哪些区域重点开发，都要一一进行明示。此外，对生态环境保护区和社会经济开发区的界定要清楚，协调机制要切实可行，生态补偿机制要科学合理，不仅要合乎社会经济学相关理论，还要合乎大自然的客观发展规律。

其二，对生态环境保护设施的建设要科学，要加大投入，加强关注度，完善和健全河南省生态环境保护体系，如对污染源要进行实时监测、对工业废水和生活污水要进行集中处理、对工业固体废弃物和生活垃圾要进行集中处置等。河南省生态环境保护体系，必须确保能够与社会经济高质量发展进程相配套，相关产业的发展必须有科学和实用的生态环境保护设施作为支撑。一方面，做到生态环境保护事业不会延缓社会经济走向高质量发展的进度；另一方面，大力发展生态环境保护产业，不断加大对生态环境保护产业的投资力度。事实上，以美国、德国和法国等为代表的西方发达国家，其生态环境保护产业经过自工业革命以来百余年的发展，已经成长为技术成熟、结构稳定和布局合理的工业体系，这些国家生态环境保护工业产值占据国内生产总值的比例高达 10% 以上，不仅能够和风头正盛的化工制药产业以及电子信息产业并驾齐驱，发展势头甚至比计算机行业还要强劲，能够拥有其国内生产总值增幅 1 至 2 倍的增长速度。如今，世界各国普遍把生态环境保护产业当作高新技术产业来对待，对其抱有很高期望。因此，河南省在推进社会经济走向生态化的过程中，一定要遵循运行市场化和投资社会化的基本原则，采取积极有效的措施，引导社会资本向生态环境保护产业流动，增加社会资本对生态环境保护产业的投入力度，促进资源节约型、能源替代型、循环利用型技术、产品的开发与推广，进而使河南省生态环境与社会经济耦合协调水平稳步提高，推动生态经济走向高质量和可持续发展之路。

其三，在优先考虑生态环境保护的前提下，促进社会经济高质量发展。对生态环境实施优先保护策略，最基本的做法是划定生态环境保护红线，并牢牢守住这条红线。河南省各级政府是守牢生态环境保护红线的主体责任人，要在加强生态环境保护的基础上，积极促进社会经济结构调整，实现三大产业结构优化。针对第一产业要积极推广生态有机农业、生态健康养殖业、生态低碳农业等生态化、循环式和综合型农业发展模式，深入推进黄河、海河、淮河、长江、南水北调工程等流域百万亩生态防护林建设，有机推进农业生产、加工、销售和游览观光等形式的有机融合，积极转变传统农业发展方式，有效降低化肥和农药使用强度，扩大生态农业、有机农业、观光农业和采摘农业等新型农业的适用范围。与此同时，鼓励国外资本和民间资本进入能够进行大面积种植、大规模养殖、商业化运作和企业化经营的现代化农业领域，从而推动农业走向产业化、生态化和绿色化。针对第二产业，积极改进化工、煤炭和机械等传统工业，大力发展高端装备制造和新能源汽车等新型产业，有力推动设计研发和商务金融等生产型高端服务业的兴起，以数字产业园和数据处理中心为核心，加快数字信息安全、数据收集分析和数字资源管理等核心技术的攻坚与突破，加强云储存数据处理中心等现代化数字平台建设，从而使生态制造业和绿色工业得以蓬勃兴盛地发展。针对第三产业，以生态服务业建设为目标，有力推动传统服务业转型升级，并向休闲康养、度假旅游、教育培训以及知识普及等高端服务业奋勇迈进。与此同时，进一步推动河南省服务业供给侧结构性改革，完善和健全现代化生态服务业发展体制机制，创造、创新促进生态服务业健康发展的良好政策环境，从而加快河南省服务业实现结构优化升级，并积极探索河南省生态服务业高质量发展和平稳化前进的优化路径。

相关案例分析

第一节　黄河流域旅游经济与生态环境耦合协调研究

　　21世纪以来，我国在经济、商业、文化和社会等各方面都取得了令人叹为观止的成就，快速提高的居民生活水平和迅速发展的全球化旅游，促使我国旅游业也保持强劲的增长势头，在我国社会经济中发挥着重要作用。随着旅游业在世界经济发展中发挥着越来越重要的作用，与社会经济发展相关的生态环境问题也越来越受到关注。越来越多的学者开始关注如何能在促进旅游经济发展的同时减少对生态环境的破坏，促进二者协调发展已成为旅游开发领域的研究热点。

　　黄河是我们中华民族的母亲河。黄河流域拥有森林、草地和湿地等多种生态系统，在我国生态安全中扮演着重要的角色。另外，黄河流域还是我国十分重要的经济区，拥有丰富而独特的自然和人文旅游资源，旅游开发已达到一定水平。然而，快速的城市化和工业化进程也带来了许多问题，如资源的过度开发和污染加剧。党的二十大报告提出要推动黄河流域生态保护和高质量发展、传承中华优秀传统文化等。2022年6月，生态环境部发布了《黄河流域生态环境保护规划》，工作重点是改善生态环境质量，力求实现碧水蓝天净土，同时还制定了详细的路线图和时间表来改善黄河的生态环境质量；同年10月，党的十三届全国人大常委会第三十七次会议决定通过了《中华人民共和国黄河保护法》，将"黄河文化保护传承弘扬"设为专章，明确要加强保护和弘扬黄河文化，积极建设黄河文化旅游带。至此，黄河流域发展得到法律保障。可见，国家对黄河流域的生态保护和高质量发展是极为重视的。

黄河流域生态保护和高质量发展对我国具有重要意义。近年来,黄河流域九省旅游业迅速发展,破坏了黄河流域脆弱的生态环境。随着研究的不断深入,发展旅游经济与保护生态环境的关系越来越引起研究者的关注。黄河流域生态保护与旅游业高质量发展的关键在于正确认识和协调二者之间的关系,积极推动旅游业生态化和低碳化发展,创造人与自然和谐相处的现代旅游业新发展模式。

一、黄河流域旅游经济与生态环境现状分析

(一)黄河流域旅游经济现状

黄河流域拥有丰富的文化和旅游资源,如上游地区有青海湖、敦煌莫高窟、九寨沟、沙坡头等;中游地区有壶口瀑布、平遥古城、额济纳胡杨林等;下游地区有龙门石窟、曲阜"三孔"等。据国家统计局统计,截至 2022 年 7 月,黄河流域九省区一共有世界遗产 20 处、不可移动文物 30 多万处、国家全域旅游示范区 47 个、国家级非遗代表性项目 649 项、国家 5A 级旅游景区 84 个、全国红色旅游经典景区 85 个、国家级旅游度假区 9 个、全国乡村旅游重点村 329 个①。

近年来,黄河流域九省区旅游经济发展迅速。2019 年,九省区国内旅游收入占生产总值的比重上升为 22%②,可见旅游业已经成为黄河流域的重要产业,在社会经济发展中发挥着越来越重要的作用。然而,不同区域的社会经济发展并不均衡,上游地区面积广袤但人口稀少,社会经济发展相对缓慢;中下游地区人口稠密,社会经济发展速度较快。

2021 年,黄河流域九省区国内生产总值为 28.69 万亿元,占我国国内生产总值的 25.21%③。从表 9.1 可以发现,2021 年四川、河南和山东三省的国内生产总值高于全国平均水平,而其他六省的国内生产总值低于全国平均水平。由此可见,下游地区的经济发展水平要高于上游和中游地区。

表 9.1　　　　黄河流域九省 2012~2021 年地区生产总值情况　　　　单位:亿元

年份	山东	河南	山西	陕西	内蒙古	宁夏	甘肃	四川	青海	全国平均水平
2012	50013	29599	12113	14454	15881	2341	5650	23873	1894	18598
2013	55230	32191	12665	16205	16917	2578	6331	26392	2122	20463
2014	59427	34938	12761	17690	17770	2752	6837	28537	2303	22584

① 《黄河文物保护利用规划》全文正式公布 [EB/OL]. 国家文物局网, 2022 - 07 - 18.
② 2019 年全国旅游及相关产业增加值为 44989 亿元 [EB/OL]. 央广网, 2021 - 01 - 04.
③ 黄河流域九省区政府工作报告分析(2022)[R]. 中研智业集团数字规划研究院, 2022.

续表

年份	山东	河南	山西	陕西	内蒙古	宁夏	甘肃	四川	青海	全国平均水平
2015	63002	37002	12766	18022	17832	2912	6790	30053	2417	23315
2016	68024	40472	13050	19400	18128	3169	7200	32935	2572	25164
2017	72634	44553	15528	21899	16096	3444	7460	36980	2625	27327
2018	76470	48056	16818	24438	17289	3705	8246	40678	2865	29507
2019	71068	54259	17027	25793	17213	3748	8718	46616	2966	31785
2020	73129	54997	17652	26182	17360	3921	9017	48599	3006	32659
2021	83096	58887	22590	29801	20514	4522	10243	53851	3347	36701

资料来源：2013～2022年《中国统计年鉴》。

国内旅游人次在2019年达到最高纪录60.1亿人次，国内旅游收入为5.7万亿元[1]；2020年受突发疫情影响，旅游业收入骤然下降，国内旅游收入22300亿元，较2019年下降51%[2]；2021年国内旅游收入29200亿元，虽较2020年有所恢复，但是仍比2019年下降49%[3]。从表9.2可以发现，黄河流域九省区的旅游收入在2019年达到顶峰，2020年骤然下降，2021年又有所恢复，说明旅游市场正在有序复苏。在空间格局上，上游地区四川省的旅游总收入常年位居第一，中游地区山西省旅游收入最高，下游地区河南省和山东省这两个省份的旅游收入在九省区均名列前茅。总体来看，下游旅游经济发展水平要高于上游和中游地区。

表9.2　　　　　　　　黄河流域九省2012～2021年旅游总收入情况　　　　　　单位：亿元

年份	山东	河南	山西	陕西	内蒙古	宁夏	甘肃	四川	青海
2012	4520	3364	1813	1713	1129	103	471	3280	124
2013	5184	3876	2305	2135	1403	127	620	3877	159
2014	6193	4366	2847	2521	1805	143	780	4891	202
2015	7063	5035	3448	3006	2257	161	975	6211	248
2016	8031	5764	4247	3813	2715	210	1220	7706	310
2017	9200	6751	5360	4814	3440	278	1579	8923	382
2018	9892	8120	6729	5995	4011	296	2060	101113	466
2019	11087	9607	8027	7212	4651	340	2680	11594	561
2020	6020	4813	2920	2766	2406	199	1455	7173	290
2021	8279	6079	6542	3434	1460	287	1842	7353	350

资料来源：2013～2022年《中国统计年鉴》。

---

[1] 中华人民共和国2019年国民经济和社会发展统计公报 [R]. 国家统计局，2020.
[2] 中华人民共和国2020年国民经济和社会发展统计公报 [R]. 国家统计局，2021.
[3] 中华人民共和国2021年国民经济和社会发展统计公报 [R]. 国家统计局，2022.

（二）黄河流域生态环境现状

黄河流域包括黄河自然生态走廊和若尔盖、祁连山、三江源等重点生态区。黄河生态环境差，水资源极度匮乏，水土流失十分严重，环境忍耐力较弱，沿黄九省区发展不平衡、不充分问题尤为明显。上游地区的冰川高原和草原草甸、中游地区的黄土高原和下游地区的黄河三角洲等区域都是生态脆弱区，遭破坏后恢复难度大且过程极为缓慢。国务院于 2021 年发布的《黄河流域生态保护和高质量发展规划纲要》指出，黄河流域最大的问题是水资源短缺，上中游大部分地区位于 400 毫米等降水量线以西，气候干旱少雨，近年来降水量平均 446 毫米，仅为长江的 40% 左右；多年平均水资源总量 647 亿立方米，不到长江流域的 7%；水资源开发利用率高达 80% 左右，远超 40% 的生态警戒线[1]。

党的二十大报告指出："要推动黄河流域生态保护和高质量发展。"[2] 经过多年的持续努力，黄河治水治沙工作取得明显成效，基本建成防洪减灾体系，为人民群众的生命和财产安全提供多层保障，流域内用水量的过快增长问题得到有效控制，黄河二十年来不曾断流，生态环境明显向好。与此同时，土地绿化程度和水源涵养度进一步提升，山、水、林、田、湖、草的修复步伐加快，有效控制水土流失，提高了优质生态产品的供给能力。黄河流域在中国加快绿色发展的道路上迎来了新机遇，尤其是加强环境治理和生态文明建设是新时代社会经济高质量发展的重要动力。相信在党的二十大精神的引领下，未来沿黄九省区将继续保持历史耐心和战略定力，积极践行绿水青山就是金山银山的发展理念，努力实现人与自然和谐共生的高质量发展，努力将黄河流域打造成我国生态安全的典范。

（三）黄河流域旅游经济与生态环境现状

旅游经济既能促进生态环境保护，也能对生态环境造成破坏。黄河流域九省区的旅游发展在财政上支持了当地生态环境的保护和管理，增加了政府对生态管理的投入，使旅游经营者和居民的生态环境保护意识逐渐增强。与此同时，改善生态环境在一定程度上会吸引更多的旅游者到来，提高旅游收入，使旅游经济与生态环境产生良性循环。例如，山西作为我国重要的煤炭生产地，由于历史上粗放的煤炭开采利用，使生态环境遭到严重破坏。近年来，山西省通过构建"1 + N + X"政策体系，改善空气质量、加强水污染控制和强化土壤污染防治，使生态环境质量得到改

---

① 中共中央 国务院印发《黄河流域生态保护和高质量发展规划纲要》[EB/OL]. 新华社，2021.

② 习近平：高举中国特色社会主义伟大旗帜 为全面建设社会主义现代化国家而团结奋斗——在中国共产党第二十次全国代表大会上的报告 [EB/OL]. 新华网，2022.

善，旅游业的经济效益也得到不断提高。然而，由于在开展旅游活动过程中，会消耗大量水资源，产生大量垃圾，再加上旅游企业缺乏维护意识，在进行旅游规划开发时会对当地遗产和物质多样性等造成破坏，这些都对当地生态环境造成严重的不良影响。近年来，河南一些地区在开发旅游资源时忽视了生态环境保护，造成了资源的过度开发和旅游目的地的环境破坏。

生态环境对旅游经济既有承载作用又有制约作用。黄河流域自然资源丰富，生态环境良好与否会对旅游经济产生直接或间接影响。在生态环境承载力范围内，良好的生态环境可以吸引游客并且提高游客重游率，对旅游业的可持续发展起着重要作用。例如，位于山东省营口市的黄河三角洲国家级自然保护区，拥有优质的生态环境和独特的自然景观，因此吸引大量游客和摄影爱好者前来，带动当地旅游经济的发展。相反而言，如果旅游规划者在开发时不考虑生态环境承载力问题，恶化的生态环境会破坏旅游地形象、降低游客体验感，就会对旅游经济的发展起到阻碍作用，甚至影响旅游活动的后续开展。例如，近年来，黄河流域甘肃段以船舶为主要运输工具所进行的旅游观光等活动迅速发展，使船舶污染随之加重，加之人类活动对河流其他方面造成的破坏，使生物多样性受到明显损伤，造成生态系统功能失衡，在很大程度上使当地旅游经济的可持续发展受到阻碍。

二、黄河流域旅游经济与生态环境耦合协调分析

（一）指标体系构建与数据来源

借鉴已有文献的指标选取，构建评价指标体系（见表9.3）。

表9.3 旅游经济与生态环境耦合协调度评价指标体系

系统	一级指标	二级指标	指标	单位	指标性质
旅游经济	旅游经济基础	地区生产总值	X_1	亿元	+
		人均地区生产总值	X_2	元	+
		第三产业产值	X_3	亿元	+
		第三产业产值占GDP比重	X_4	%	+
	旅游市场规模	入境旅游人数	X_5	万人次	+
		国内旅游人数	X_6	万人次	+
	旅游经济效益	旅游外汇收入	X_7	万美元	+
		国内旅游收入	X_8	亿元	+
	旅游产业规模	星级饭店数量	X_9	家	+
		旅行社数量	X_{10}	家	+

续表

系统	一级指标	二级指标	指标	单位	指标性质
生态环境	生态环境污染	废水排放总量	X_{11}	万吨	-
		二氧化硫排放量	X_{12}	万吨	-
		一般工业固体废物产生量	X_{13}	万吨	-
	生态环境治理	一般工业固体废物综合利用量	X_{14}	万吨	+
		工业污染治理完成投资	X_{15}	万元	+
		水土流失治理面积	X_{16}	千公顷	+
生态环境	生态环境资源	国家级自然保护区面积	X_{17}	万公顷	+
		森林覆盖率	X_{18}	%	+
		人均水资源量	X_{19}	立方米	+
		建成区绿化覆盖率	X_{20}	%	+

注：研究时间段为 2012～2021 年。

资料来源：数据主要来源于 2013～2022 年《中国统计年鉴》、黄河流域九省区国民经济和社会发展统计公报和黄河流域九省区统计年鉴，从而保证研究的科学性和客观性。个别缺失数据采用移动平均法进行填补。

（二）研究方法

1. 系统综合评价模型

因为本书仅有旅游经济和生态环境两个系统，所以采用熵值法进行权重选择，以期数据分析更加科学。

系统综合评价模型设定如下：

$$U_z = \sum_{j=1}^{n} \sum_{i=1}^{m} \lambda_i u_{ij} \tag{9.1}$$

在式（9.1）中，U_z 指第 z 个系统的综合评价值，u_{ij} 指第 z 个系统第 i 项指标在第 j 年的标准化值。选取 n 个省份，m 个指标，则为第 i 个省的第 j 个指标的数值（i = 1,2,…,n;j = 1,2,…,m）。由于系统原始指标存在不同量纲，所以需要对搜集的原始数据进行标准化处理，为了避免出现零值，选取 0.001 为平移量进行改良，指标标准化过程如下：

$$正向指标：X_{ij} = \frac{x_{ij} - \min\{x_{ij},\cdots,x_{nj}\}}{\max\{x_{1j},\cdots,x_{nj}\} - \min\{x_{1j},\cdots,x_{nj}\}} + 0.001 \tag{9.2}$$

$$负向指标：X_{ij} = \frac{\max\{x_{1j},\cdots,x_{nj}\} - x_{ij}}{\max\{x_{1j},\cdots,x_{nj}\} - \min\{x_{ij},\cdots,x_{nj}\}} + 0.001 \tag{9.3}$$

计算第 j 项指标下第 i 个省占该指标的比重：

$$P_{ij} = \frac{x_{ij}}{\sum_{i=1}^{n} x_{ij}}(i = 1,2,\cdots,n;j = 1,2,\cdots,m) \tag{9.4}$$

计算第 j 项指标的熵值：

$$e_j = -k \sum_{i=1}^{n} p_{ij} \ln(p_{ij}) \left(一般取 k = \frac{1}{\ln(n)} > 0, 满足 1 \geq e_j \geq 0\right) \quad (9.5)$$

计算第 j 项指标的信息效用值：

$$d_j = 1 - e_j \quad (9.6)$$

计算各省项指标的权值：

$$W_j = \frac{d_j}{\sum_{i=1}^{m} d_j} \quad (9.7)$$

计算各省的综合得分：

$$S_j = \sum_{i=1}^{m} W_j X_{ij} \quad (9.8)$$

2. 耦合协调度模型

首先构建系统耦合度模型对黄河流域九省区旅游经济与生态环境系统相互作用的程度进行测量，耦合度公式如下：

$$C = \sqrt{\frac{U_1 \times U_2}{[(U_1 + U_2)/2]^2}} \quad (9.9)$$

在式（9.9）中，U_1、U_2 分别为旅游经济和生态环境子系统。耦合度 C 的取值介于 [0,1] 区间，C 值越大，表示系统间相互作用越强，系统耦合度越高；反之，系统间相互作用力越弱，系统耦合度越低。

在进行时空分析时，需要在耦合度模型的基础上建立系统耦合协调度模型，从而更好地反映系统之间的协调状况，耦合协调度公式如下：

$$D = \sqrt{C \times T} \quad (9.10)$$

$$T = \alpha U_1 + \beta U_2 \quad (9.11)$$

在式（9.10）、式（9.11）中，D 指耦合协调度，T 指系统综合评价值，α、β 分别表示旅游经济和生态环境子系统的权重。

为了直观反映旅游经济与生态环境耦合协调发展所处的时序空间，借鉴已有研究成果，根据 D 值大小，把耦合协调度分为 10 种类型，如表 9.4 所示。

表 9.4　　　　　　　　　旅游经济与生态环境耦合类型划分

序号	D 值	等级	序号	D 值	等级
1	$0.00 < D \leq 0.09$	极度失调	6	$0.50 \leq D \leq 0.59$	勉强协调
2	$0.10 \leq D \leq 0.19$	严重失调	7	$0.60 \leq D \leq 0.69$	初级协调
3	$0.20 \leq D \leq 0.29$	中度失调	8	$0.70 \leq D \leq 0.79$	中级协调
4	$0.30 \leq D \leq 0.39$	轻度失调	9	$0.80 \leq D \leq 0.89$	良好协调
5	$0.40 \leq D \leq 0.49$	濒临失调	10	$0.90 \leq D < 1.00$	优质协调

3. 空间自相关检验

空间自相关包含全局空间自相关和局部空间自相关，用来测度和判断研究区域空间单元的某一属性与其邻近空间单元属性的空间关联性与异质性特征的一种方法。全局自相关主要从区域整体测度区域某一属性的空间集聚程度，局部自相关可探索具体集聚中心的空间位置以及分析是否存在空间异质性特征。运用莫兰指数来衡量空间自相关性，全局莫兰指数计算公式如下：

$$I = \frac{n \sum_{i=1}^{n} \sum_{j=1}^{n} w_{ij}(x_i - \bar{x})(x_j - \bar{x})}{\sum_{i=1}^{n} \sum_{j=1}^{n} w_{ij} \sum_{i=1}^{n} (x_i - \bar{x})^2} = \frac{n \sum_{i=1}^{n} \sum_{j=1}^{n} w_{ij}(x_i - \bar{x})(x_j - \bar{x})}{S^2 \sum_{i=1}^{n} \sum_{j=1}^{n} w_{ij}} \tag{9.12}$$

在式（9.12）中，n 为空间位置的个数，x_i、x_j 为空间位置 i 和 j 的属性值，$\bar{x}$ 为所有空间位置属性值的平均值，S^2 为属性值的样本方差，w_{ij} 为空间权重，表示空间位置 i 和 j 的邻近关系。

全局 Moran's I 取值范围为 [−1,1]，当为正值且取值越大，表明区域属性因相似而集聚的程度越高；当为负值且取值越小，区域属性因相异而分散程度越高；当取值为零时意味着不存在空间自相关性。可通过标准化统计量 Z 检验空间自相关性的显著性水平，其中：

$$Z = \frac{1 - E(I)}{\sqrt{VAR(I)}} \tag{9.13}$$

在式（9.13）中，E(I) 和 VAR(I) 分别为 Moran's I 的期望值和方差。

空间位置为 i 的局部 Moran's I 的计算公式为：

$$I_i = \frac{(x_i - \bar{x})}{S^2} \sum_{j=1}^{n} w_{ij}(x_j - \bar{x}) \tag{9.14}$$

根据局部 Moran's I 取值，把区域空间单元和与其相邻空间单元的局域空间联系形式分为四种类型：HH 指高观测值的空间单元被高值空间单元所包围；HL 指高值空间单元被低值空间单元包围；LH 指低值区域被高值区域所包围；LL 指低值区域被低值区域所包围。

（三）研究结果分析

1. 评价综合值时序变化特征

对黄河流域九省区旅游经济数据进行整理，如表9.5 和图9.1 所示。

表 9.5　　　　　　　　黄河流域九省区旅游经济系统综合得分

年份	山东	河南	山西	陕西	内蒙古	宁夏	甘肃	四川	青海
2012	0.7918	0.3631	0.2303	0.3447	0.3162	0.1438	0.1443	0.4058	0.1691
2013	0.7861	0.3612	0.2471	0.3865	0.3158	0.1432	0.1585	0.3958	0.1692
2014	0.7912	0.3783	0.2192	0.3148	0.3378	0.1509	0.1717	0.4148	0.1880
2015	0.7583	0.3684	0.2701	0.4805	0.3216	0.1204	0.1835	0.4042	0.1830
2016	0.7941	0.3886	0.3058	0.5040	0.3432	0.1393	0.2234	0.4796	0.2045
2017	0.8084	0.4069	0.2847	0.5091	0.3835	0.1244	0.2438	0.5218	0.1843
2018	0.7996	0.4289	0.3085	0.4873	0.3783	0.1301	0.2588	0.5528	0.1751
2019	0.7906	0.4381	0.2868	0.5692	0.3417	0.1127	0.2474	0.5510	0.1379
2020	0.7809	0.3752	0.2296	0.5022	0.2943	0.1458	0.2269	0.4908	0.1587
2021	0.8289	0.4852	0.2483	0.5332	0.2876	0.1203	0.2305	0.5399	0.1660

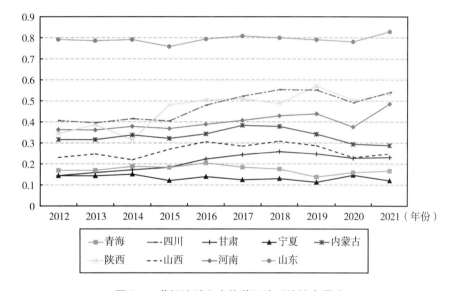

图 9.1　黄河流域九省旅游经济系统综合得分

从表 9.5 和图 9.1 可以发现，山东省近年来得分始终位居黄河流域九省区第一，远超其他省区，表明山东省旅游经济发展良好。甘肃省、宁夏回族自治区、青海省旅游经济系统综合得分较低，表明其旅游经济发展较为落后。

对黄河流域九省区生态环境数据进行整理，如表 9.6 和图 9.2 所示。

表 9.6　　　　　　　　黄河流域九省区生态环境系统综合得分

年份	山东	河南	山西	陕西	内蒙古	宁夏	甘肃	四川	青海
2012	0.2775	0.1990	0.2606	0.3327	0.3228	0.1997	0.2861	0.3316	0.6637
2013	0.2762	0.2262	0.3049	0.3365	0.4198	0.2149	0.2851	0.3492	0.6384

续表

年份	山东	河南	山西	陕西	内蒙古	宁夏	甘肃	四川	青海
2014	0.3020	0.2232	0.2642	0.3014	0.3905	0.2046	0.2627	0.3194	0.6285
2015	0.3232	0.2301	0.2643	0.3324	0.3958	0.2068	0.2646	0.3440	0.6105
2016	0.3406	0.2416	0.2455	0.3030	0.3511	0.2310	0.2762	0.3141	0.5986
2017	0.3149	0.2351	0.2656	0.3041	0.3356	0.2182	0.2928	0.3183	0.6359
2018	0.3102	0.2463	0.2771	0.2942	0.3399	0.2088	0.2759	0.3550	0.6368
2019	0.3391	0.2432	0.2760	0.2913	0.3197	0.1870	0.2642	0.3394	0.6111
2020	0.3063	0.2607	0.3059	0.3135	0.3470	0.2119	0.2875	0.3564	0.6293
2021	0.3553	0.2735	0.2825	0.3281	0.4715	0.2332	0.3114	0.3464	0.6014

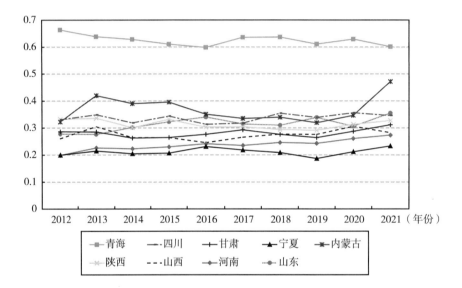

图9.2　黄河流域九省区生态环境系统综合得分

从表9.6和图9.2可知,九省区之间生态环境系统综合得分差距较小,呈波动式发展趋势。青海省综合得分居于九省区首位,远高于其他省区,生态环境良好。内蒙古自治区2021年生态环境综合得分接近0.5,处于中高水平。宁夏回族自治区、河南省生态环境综合得分较低,相比其他省区生态环境发展较为滞后。

对黄河流域九省区旅游经济与生态环境数据整理,如表9.7和图9.3所示。

表9.7　　　　黄河流域九省区旅游经济与生态环境系统综合得分

年份	山东	河南	山西	陕西	内蒙古	宁夏	甘肃	四川	青海
2012	0.6091	0.3351	0.2719	0.3686	0.3167	0.1442	0.2130	0.4147	0.3916
2013	0.6174	0.3588	0.3085	0.3916	0.3697	0.1449	0.2126	0.4236	0.3684
2014	0.6223	0.3603	0.2586	0.3523	0.3635	0.1395	0.2025	0.4162	0.3732

续表

年份	山东	河南	山西	陕西	内蒙古	宁夏	甘肃	四川	青海
2015	0.6314	0.3724	0.2675	0.4086	0.3605	0.1319	0.2042	0.4405	0.3618
2016	0.6309	0.3788	0.2602	0.3993	0.3417	0.1492	0.2175	0.4417	0.3682
2017	0.6146	0.3809	0.2763	0.4143	0.3425	0.1398	0.2297	0.4485	0.3848
2018	0.6096	0.3926	0.2932	0.4251	0.3390	0.1366	0.2319	0.4782	0.3879
2019	0.6207	0.4027	0.2948	0.4428	0.3262	0.1258	0.2360	0.4876	0.3757
2020	0.6306	0.3505	0.2558	0.3451	0.2868	0.1294	0.2329	0.4496	0.3499
2021	0.6536	0.4273	0.2855	0.4251	0.3802	0.1463	0.2561	0.4695	0.3578

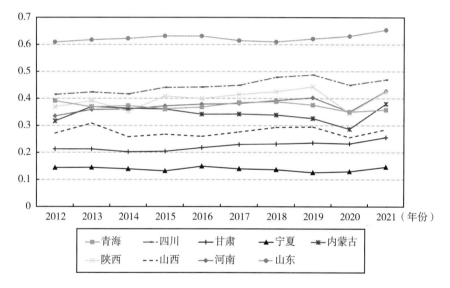

图 9.3　黄河流域九省区旅游经济与生态环境系统综合得分

从表 9.7 和图 9.3 可以发现，2012~2021 年，黄河流域九省间旅游经济与生态环境系统综合得分差距不大，呈现波动式发展，变动幅度较小。从图中可以明显观察到，就两系统综合水平来看，山东省旅游经济与生态环境系统综合得分始终在 0.5 之上，远高于其他省份，旅游经济与生态环境发展水平较高；而宁夏、甘肃等省区综合发展水平较低。

从黄河流域的空间格局上看，上游地区的四川省旅游生态环境与社会经济资源丰富，旅游经济与生态环境发展良好，系统综合得分在九省中位列第二；青海省旅游经济发展较慢，但生态环境优于其他省区，整体系统综合得分处于中等位置；宁夏回族自治区水土流失严重，生态环境比青海省更脆弱，因此综合得分比青海省低；甘肃省坐落于河西走廊西部，拥有敦煌莫高窟、玉门关等历史古迹，旅游经济发展比青海省、宁夏回族自治区更好，但生态环境开发程度大于青海省，综合得分高于宁夏回族自治区，低于青海省。中游地区的三个省区系统综合得分整体处于中等水平，陕西省作为知名旅游大省，旅游经济十分发达，生态环境处于中等水平，系统综合得分是中游地区第一；内蒙古自治区旅游资源没有陕西省丰富，但生态资源利用程度不高，系统综合得分处于中间水平；山西省旅游产业发展相对陕西较为滞后，煤炭开采对生态环境造成严重污染，系统综合得分较低。下游地区的山东省拥有极为丰富的旅游资源，曲阜三孔、泰山、趵突泉、大明湖等都是好客山东的旅游名片，助推旅游经济迅速发展，生态环境污染较低，系统综合得分位居第一；河南省旅游资源也很丰富，但作为农业大省，对生态环境污染破坏较为严重，系统综合得分低于山东。

在2012～2013年间，各省区均出台相应政策以推动旅游业的发展，带动区域旅游发展，与此同时，党的十八大报告中生态文明理念的提出也对生态环境的发展产生积极的促进作用，黄河流域九省区的旅游经济与生态环境系统综合得分整体呈上升趋势。在2013～2014年间，旅游经济与生态环境系统综合得分有所下降，因为在此期间北方雾霾污染严重，对黄河流域各省区生态环境造成了一定影响。在2015～2019年间，随着高质量发展理念的提出，雾霾治理工作有序开展，旅游产业积极调整经营策略，旅游经济与生态环境系统综合得分总体呈现上升趋势。2020年，由于突发疫情的影响，入境旅游几乎处于瘫痪状态，国内旅游人次也急剧下降，旅游企业损失惨重，旅游业遭受前所未有的重大打击，旅游经济与生态环境系统综合得分呈现断崖式下降。2021年，新冠疫情对旅游业的影响逐渐减弱，国内旅游市场处于有序恢复阶段，黄河流域九省区旅游经济与生态环境系统综合得分有所提高，但旅游经济的回弹幅度仍低于预期值，保持着波动复苏的进程。

2. 耦合协调度时空演化特征

根据耦合协调度模型，计算得出黄河流域九省区旅游经济与生态环境系统耦合协调度结果（见图9.4）。

2012～2021年，黄河流域九省区旅游经济与生态环境系统耦合协调度整体呈现波动发展态势，并且耦合协调度水平总体偏中等。其中，青海、四川、内蒙古、陕西、河南、山东等六省区的耦合协调度始终维持在0.5（勉强协调）之上，山东省始终保持第一的水平，旅游经济与生态环境耦合协调性较好；陕西省2014年耦合协调度有所下降，但2015年又有所上升，实现从勉强协调到初级协调的飞跃，说明陕西省旅游经济与生态环境的协调关系得到改善，逐步向良好方向发展；宁夏的耦合协调度多年处于0.5之下，旅游经济与生态环境发展水平相对落后，两者协调性仍需提高。

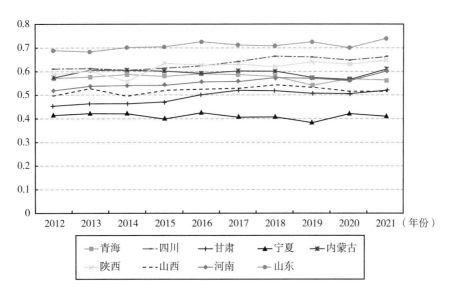

图9.4 黄河流域九省区旅游经济与生态环境系统耦合协调度

根据耦合协调度和表9.2划分的标准，分别对2012年、2015年、2019年和2021年的黄河流域九省区旅游经济与生态环境耦合协调度进行分析，观察它们的空间格局演化特征，如表9.8所示。

表9.8 黄河流域九省区旅游经济与生态环境耦合协调度类型空间演化

类型	2012年	2015年	2019年	2021年
轻度失调			宁夏	
濒临失调	甘肃、宁夏、山西	甘肃、宁夏		宁夏
勉强协调	青海、内蒙古、陕西、河南	青海、山西、河南	青海、甘肃、内蒙古、山西、河南	青海、甘肃、山西
初级协调	四川、山东	四川、内蒙古、陕西	四川、陕西	四川、内蒙古、陕西、河南
中级协调		山东	山东	山东

从时空演化角度分析，在2012～2021年间有四种演化路径：其一是以四川、青海为例的耦合协调度类型不变路径；其二是以甘肃、陕西、山西、河南、山东为例的跃迁至更高层级类型路径；其三是以宁夏"濒临失调—轻度失调—濒临失调"演化特征为例的"U"型演化路径；其四是以内蒙古"勉强协调—初级协调—勉强协调—初级协调"演化特征为例的"S"型演化路径。

总体而言，黄河流域九省区耦合协调度整体呈现下游＞中游＞上游的空间分布特征，旅游经济与生态环境之间的关系随时间发展向较好方向进行演化。

3. 耦合协调系统空间相关性分析

由全局 Moran's I、Z 和 P 可知（见表 9.9），黄河流域九省区旅游经济与生态环境系统有着显著的空间正相关性，空间上呈现集聚分布，即具有较高系统耦合协调度的省份相互聚集，具有较低系统耦合协调度的省份相互聚集。

表 9.9　黄河流域九省旅游经济与生态环境耦合协调度全局莫兰指数

指标	2012 年	2013 年	2014 年	2015 年	2016 年	2017 年	2018 年	2019 年	2020 年	2021 年
Moran's I	0.623	0.607	0.539	0.538	0.510	0.481	0.531	0.454	0.530	0.445
Z	3.279	3.214	2.931	2.960	2.901	2.826	3.083	2.678	2.916	2.572
P	0.001	0.001	0.003	0.003	0.004	0.005	0.002	0.007	0.004	0.010

2021 年全局 Moran's I 结果如图 9.5 所示。Moran's I 指数为 0.445 大于 0，说明九省区旅游经济与生态环境系统存在显著的空间正相关性；P 值为 0.010，所以拒绝零假设；Z 得分为 2.572，说明随机产生此聚类模式的可能性小于 5%。

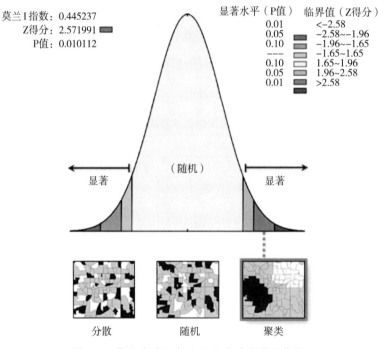

图 9.5　黄河流域九省区 2021 年全局莫兰指数

三、黄河流域旅游经济与生态环境协调发展问题

通过对黄河流域九省旅游经济与生态环境系统的耦合协调度进行研究，并分析空间演化特征，发现以下问题。

（一）缺乏科学规划，发展保障不足

在生态环境建设方面，上游地区是黄河流域重要的水资源供给地和水源涵养区，然而受草原超载放牧和森林过度砍伐等人类活动干扰，林草植被受到严重毁坏，进而导致源区水源涵养能力逐渐下降，青海省生态环境系统综合得分多年位居九省区第一，但宁夏回族自治区最为落后；中游地区是我国典型的生态环境脆弱区和重化工能源区，水土流失最为严重，缺乏机制保障，整体生态环境系统综合得分不高；下游地区泥沙淤积严重，存在黄河泛滥决口发生大洪水的风险，河南省和山东省生态环境系统综合得分均较低。在旅游经济发展方面，整体来看上游地区除四川省旅游发展较好外，其余三省份旅游发展在黄河流域九省中均处于下等水平；中游地区的陕西省是著名的旅游资源大省，内蒙古自治区由于旅游品牌问题导致旅游发展相对滞后，山西省主要依靠能源重化工产业，旅游业占比较低。整体来看，中游地区陕西省旅游发展最好，其次是内蒙古自治区，最后是山西省。下游地区的河南省文化旅游资源优势明显，旅游发展在九省中处于中上等水平，山东省凭借好客、山东的品牌和丰富的旅游资源吸引海内外大量游客，旅游发展在九省中始终位居首位。

（二）注重旅游开发，忽略生态保护

旅游业的开发高度依赖生态环境。一直以来，旅游业被认为是绿色产业而被大力支持发展，然而旅游资源的过度开发会给当地生态环境带来一定程度的破坏甚至使其丧失生态调节能力。尤其是黄河流域这类生态环境脆弱地区，只注重旅游开发而忽视生态环境保护，会严重危害黄河流域旅游经济与生态环境的健康发展。上游地区，四川省旅游经济系统综合得分多年高于0.4，在2017~2019年甚至超过0.5，但生态环境系统综合得分处于0.4之下，因此旅游经济与生态环境系统综合得分始终低于0.5；中游地区，陕西省2019年旅游经济系统综合得分超过0.5，但生态环境系统综合得分仅有0.3，因此旅游经济与生态环境系统综合得分只有0.4；下游地区，山东省2021年旅游经济系统综合得分高于0.8，但生态环境系统综合得分只有0.3，因此旅游经济与生态环境系统综合得分只有0.6（见表9.5和表9.6）。综上，虽然旅游发展水平较高，但由于生态环境保护力度不够，从而影响旅游经济与生态环境的协调发展。

（三）基础设施落后，转型知识不足

基础设施具有先行性和基础性，对所有商品和服务的生产至关重要，完善的基础设施是游客满意度提升的"生命线"。例如，如果景区的交通系统不够完善，会提高旅游者的时间成本，游客满意度会降低。黄河流域上游地区所处地理位置特殊，交通不便，总体经济规模较小，星级饭店和旅行社数量相对比较少，导致旅游基础设施落后；中下游地区整体经济基础较好，旅游发展潜力大，国内交通便利，但国际交通较为不便，因此接待国际游客较少，相对上游地区旅游经济发展较好。同时，黄河流域各省份在旅游基础设施建设方面缺乏绿色化、生态化转型理念，这在一定程度上阻碍了旅游经济与生态环境的协调发展。

（四）产品结构单一，缺乏区域特色

黄河流域旅游经济高度依赖自然资源，缺乏多样化的旅游资源组成，导致黄河旅游的附加属性不足，二次游客资源的开发空间较大。黄河流域九省份均存在旅游产品结构单一的共性问题，大多数旅游产品仅限于表面观光，几乎占据70%，尚未发展成为集观光旅游和休闲度假旅游等于一体的完整旅游业①。另外，上游、中游、下游地区区域特色不鲜明，未能深挖当地旅游资源特色，没有打造与当地民风民俗结合的特色生态旅游品牌。尤其是在乡村生态旅游建设方面，未能融入当地特色，一味模仿、缺乏创新，雷同项目众多，造成千城一面的局面。

（五）缺乏交流沟通，阻碍跨区发展

黄河流域自然旅游资源的开发与保护主要是各省独立开展，长期以来形成分段治理、各自为政的格局，缺乏统筹安排，进而形成黄河流域经济发展不均衡、整体协调性不强、开发轴线实力弱的核心问题，严重影响黄河旅游经济发展。首先，黄河流域九省区受地理位置、生态环境等因素影响，区域发展层级相差较大，每个地区不同的发展水平要求地方政府采用最适合其发展需要的治理方式，然而这些治理方式是存在一定差异的，会影响黄河流域整体治理的进程。其次，黄河流域各地区属于不同的行政区域，这些区域是没有任何行政隶属关系的，当某个地区的利益受到损害时，该地区出于自身利益考虑，必定会不配合协同工作，使得黄河流域难以形成协调治理模式。最后，在跨地区建设过程中，各省份根据自己的区域特点和发展愿望，制定各自的治理政策和旅游规划，这些政策和规划主要是基于自身利益制定的，而不是共同协商的结果，这便阻碍了对黄河流域工作的共同管理。以壶口瀑布为例，该景点的东西两侧分别由山西省与陕西省管理，游客需辗转多次才能欣赏到壶口瀑布的全貌。此外，两省在景点开发与资源保护方面缺乏一致性，导致壶口瀑布仅仅只有观光旅游业务，而未能充分发挥其旅游经济效益。

---

① 安黎哲，林震. 黄河流域生态文明建设发展报告（2021）［M］. 北京：社会科学文献出版社，2022.

四、黄河流域旅游经济与生态环境协调发展对策

（一）科学合理规划，提供发展保障

黄河流域九省区需按照黄河上游、中游、下游资源禀赋和发展定位，科学合理地制定符合自身发展的规划。针对生态环境建设，各省区要制定完善可行的环境污染治理规划和水土流失保护修复规划。首先，上游地区应重在保护湿地生态系统，青海省、甘肃省、四川省区位相邻，可以通过共建国家生态旅游示范区，科学推进水源涵养区生态优先保护，宁夏回族自治区应因地制宜建立水土流失保护机制；中游地区应科学管理黄土高原植被建设，及时巩固退耕还林草成果，遵循落实左右岸、上下游与干支流一体化治理；下游地区需实施下游河道宽河固堤、河滩区人口搬迁方案，合理规划黄河三角洲生态建设，出台政策文件约束人类活动，保护生物多样性。针对旅游经济发展，各省区要以"讲好黄河故事，传播黄河文化"为主线，合理规划黄河文化旅游路线。在上游地区，青海省、甘肃省、宁夏回族自治区应加大旅游业基础设施建设和旅游专业人才的投资，推动旅游业快速发展；在中游地区，内蒙古自治区应科学构建品牌体系，打造内蒙古独特的旅游形象，山西省应对自身资源进行科学规划和整体布局，尤其是在开发旅游项目时要严格把控，建设一批高质量的旅游产品；在下游地区，河南省和山东省在旅游发展方面均要坚持政府主导，科学合理规划旅游资源，推进文化旅游融合发展，重点开展生态旅游。

（二）开发保护共进，促进协调发展

旅游开发与生态保护齐头并进是促进旅游经济与生态环境协调发展的前提。各省区要遵循可持续发展理念进行旅游资源开发，同时注重保护生态资源，坚持开发与保护共进的原则，在旅游开发过程中严格以不破坏生态环境质量为底线。例如，青海省的国家级自然保护区面积超过 2000 万公顷①，生态资源较为丰富，在进行旅游开发时要建设以国家公园为主体的自然保护地，推动三江源国家公园建设工作，进一步优化保护地体系。对于河南省、山东省这种旅游经济发展好，但生态环境差的地区，政府应建立健全相关法律制度，加大财政投入，购买更加绿色、节能、环保的材料用于生态旅游开发，建设一批生态友好型旅游产业。

---

① 青海省 2020 年国民经济和社会发展统计公报［R］. 青海省统计局，2021.

（三）坚持绿色发展，加快产业转型

由于黄河流域九省区拥有着不同的空间格局和生态功能情况，需要为各省区量身定制一套发展建设措施。上游像三江源、祁连山这样的生态脆弱区，需要开展区域生态修复并建设国家公园，筑牢生态安全屏障，立足自身实际开展绿色生态旅游；中游黄土高原地区应加强水土流失治理，实施封山育林和退耕还林（草）等工程，提高植被覆盖率来改善生态环境，为旅游者提供良好的环境；下游三角洲要关注湿地生态系统演变，保护生物多样性，促进旅游向多元化方向发展。此外，第三产业在国内生产总值中的占比对黄河流域旅游经济与生态环境协调发展有着重要影响，旅游基础设施是第三产业的重要组成部分，需要促进和完善旅游基础设施建设。例如，景区因地制宜构建旅游风景道路、使用电动汽车作为观光游览车、设立生态卫生间等，这些旅游基础设施的构建对加快旅游产业生态化转型有着重要作用。

（四）深挖区域特色，打造生态品牌

黄河流域九省区拥有丰富的旅游资源种类，上中下游地区区域特色各异，拥有打造生态环境旅游品牌的先天优势。要深入挖掘区域旅游资源特色，把新兴的生态旅游与其结合起来，推出一批融合当地民风民俗的特色生态旅游路线，展现黄河流域各省区丰富多彩的历史文化遗产，打造黄河流域专属生态旅游品牌。位于上游地区的宁夏回族自治区，2021 年生态环境和旅游发展水平都位居黄河流域九省区末端，耦合协调度也处于濒临失调阶段，区域内沙漠遍布，生态环境脆弱，一旦遭受严重破坏将难以恢复。可以结合这种环境特色，打造沙漠深度游品牌，如品沙漠下午茶、住沙漠帐篷等特色旅游活动，可以给游客带来全新的旅游体验。这样一来，既能够推动当地旅游经济发展，又能促进沙漠治理，从而实现旅游经济与生态环境协调发展的目标。位于中游地区的陕西省可以增加与地方传统文化特色相融的黄河旅游文化项目，这样一来，既能盘活黄河旅游资源，又能实现当地传统文化的传承和发展。位于下游地区的河南省，可结合自身发展现状，开发出黄河研学之旅、黄河风景体验之旅、中华文明溯源之旅等与黄河有关的特色主题游活动，将丰富的文化和旅游资源转化为游客可以感知和体验的文旅产品，从而打造一条展示中华民族文化自信的重要旅游带。

（五）加强交流合作，实现协同治理

黄河流域九省区的旅游经济发展水平与生态环境状况各不相同。河南省、山东省等省份旅游经济较好而生态环境较差，青海省等省份旅游经济较差但生态环境相对较好，四川省等省份旅游经济与生态环境发展都较好，而宁夏回族自治区旅游经济与生态环境发展都相对落后。黄河流域生态系统是一个有机整体，在整个生态保护与社会经济高质量发展的过程中，要贯彻整体性观念，消除区域间关于黄河自然资源开发与保护的屏障。九省区要树立协调发展理念，充分考虑黄河上中下游的地区差异，推进上游水源涵养、中游维持水土和治理污染、下游湿地生态系统保护工作。各省政府要加强交流合作，建立协调发展机制，定期主持联席会议，研究讨论生态环境的治理方法。完善黄河流域生态补偿制度，四川省、河南省、山东省等旅游经济发展水平较高的省区，应建立生态补偿基金来帮扶甘肃省和宁夏回族自治区等旅游经济发展水平较低的省区，以改善水土流失、环境污染等问题，提高黄河流域生态环境治理的积极性和责任感。上游地区省份获得生态补偿后，会主动改善生态环境质量，不仅可以反哺黄河流域中下游地区生态环境，在自身生态环境得到改善的同时，还可以开展生态旅游。例如，上游地区生态环境改善后，水土流失面积将会减少，下游泥沙淤积程度将会降低，从而实现黄河流域的区域生态协同治理。

第二节　河南省旅游经济分异驱动机制研究

伴随着社会经济的发展和物质生活水平的不断提升，人们对精神文化生活的需求也在不断增加，旅游已成为新时代人们对美好生活追求的新选择。旅游业在国民经济中占有举足轻重的地位，对区域经济发展也起着重要作用。尽管我国旅游产业发展起步较晚，但不断完善实施的相关政策、改善优化的产业结构，为旅游业的快速发展创造了良好环境。2010～2019年，中国旅游业总体上呈现出稳定的发展态势，并逐步成为推动我国经济高速发展的主要动力。《中国国民经济和社会发展统计公报》发布的2019年数据显示，国内游的游客数量突破60亿人，旅游业总收入实现6.63万亿元，超越历史最高水平。2020年，受新冠疫情影响，世界各地的旅游市场都遭受到巨大打击，全年国内旅游人次28.79亿人，同比下降52.1%，国内旅游收入2.23万亿元，同比下降61.1%。[1] 我国文旅部公布的国内旅游数据显示，2023年第一季度的国内旅游总人次与旅游总收入较去年同期分别增长46.5%、69.5%，旅游市场恢复显著，旅游热度仍在持续[2]。

---

[1]　资料来源：《中国国民经济和社会发展统计公报》。
[2]　资料来源：中华人民共和国文化和旅游部网站数据。

　　实现世界旅游大国到世界旅游强国的跨越是我国旅游实施的"三步走"战略目标之一。2018年3月出台的《国务院办公厅关于促进全域旅游发展的指导意见》指出，统筹协调、融合发展，把促进全域旅游发展作为推动经济社会发展的重要抓手，从区域发展全局出发，实现全域整体协同发展。2022年1月，《"十四五"旅游业发展规划》提出，以推动旅游业高质量发展为主题，将深化旅游供给侧结构性改革作为主线，把加快旅游强国建设和促进文化和旅游深度融合作为核心内容。2022年11月，党的二十大报告再次提出，以文塑旅、以旅彰文，推进文化和旅游深度融合，为新时代文旅融合工作指明方向。基于政策的鼓励支持与引导，旅游业已经成为影响未来文旅产业和区域发展的重要因素。

　　河南省位于黄河流域，具有发展旅游业的独特优势，不仅有雄伟优美的自然风景，也有历史悠久的人文风景，如被誉为"我国三大石刻艺术宝库之一"的龙门石窟、拥有"禅宗祖庭，武术圣地"之称的少林寺、世界文化遗产殷墟遗址、国家水利风景区黄河小浪底枢纽工程、宋文化主题公园清明上河园、中国第一古刹白马寺、道教仙山老君山等。自河南省于2009年6月正式启动"旅游立省"战略，河南省旅游业的整体发展速度明显加快，旅游业得到快速发展。"十四五"开局首年，河南省接待国内外游客7.9亿人，旅游收入实现6079亿元，占全省GDP总额的10.32%。[①] 随着新冠疫情的全面放开，2023年春节期间，河南省游客人次排名全国第四位，旅游收入排名全国第六位。全省文旅市场展现出蓬勃旺盛的活力，呈现出快速恢复的态势，形成旅游大发展的良好格局，为进一步实现文化强省建设的伟大目标而不断努力。

　　河南省整体旅游经济发展呈稳步上升状态，但省内各地市的旅游经济发展差距却在逐渐拉大，资源未能得到充分有效整合，区域间的合作协调发展不足。以旅游总收入为例，2021年，郑州市旅游总收入为1272.3亿元，占全省22.80%，而收入最少的鹤壁市，仅有18亿元，占全省0.32%。整个中原城市群旅游总收入占全省的65.48%，其余9个城市的旅游总收入却只有全省的1/3。[②] 在确保旅游经济发达地区实现持续高质量发展的同时，带动周边旅游经济落后地区实现跨越式发展，成为河南省旅游发展所面临的重要问题。正是基于这一点，对河南省旅游经济变异的时空规律进行分析，进一步研究旅游经济发展的驱动机制，使各地对自己的旅游业发展状况有更为清晰的了解，并为区域旅游发展的科学化、特色化、区域化提供理论指导，为促进全域旅游协调、持续、高效、健康发展，助推地区社会经济实现高质量发展提供科学参考。

---

①　"旅游立省"（2009—2011）三年目标［EB/OL］. 河南省人民政府网，2009.
②　2021年河南省国民经济和社会发展统计公报［R］. 河南统计局，2022.

一、河南省旅游经济现状①

河南省自然旅游资源富集，风景秀丽、山清水秀，集百家自然景观于一体，既有南方的秀丽，又有北方的宏伟。截至 2022 年底，全省共有 A 级旅游景区 681 家，其中 4A 级以上旅游景区 215 家，嵩山、云台山等名山大麓驰名中外。河南省历史文化悠久，是中华文明的主要发源地之一。在中华民族的漫长历史中，先后有 20 多个王朝在此定都当政，有 200 多位帝王在此称王称帝，在长达 3000 多年时间里，河南省都是我国的经济、政治、文化中心。正因如此，也留下许多绝无仅有的名胜古迹，其中，仅国家文物保护单位就有 96 处。除此之外，河南省地下文物数量全国排名第一，现有 130 多万件馆藏文物，约占全国总量的 12.5%。中国八大古都中的郑州市、开封市、洛阳市、安阳市以及被评为国家级历史文化名城的商丘市、南阳市等均属河南。与此同时，河南省拥有登封"天地之中"历史建筑群、安阳殷墟、洛阳龙门石窟、中国大运河（河南段）以及丝绸之路：长安—天山廊道的路网（河南段）等五处世界文化遗产。此外，红色旅游资源也是河南的一大特色，全省 A 级以上红色景区共有 44 家，其中较为知名的有郑州市二七纪念塔、开封市焦裕禄纪念园、安阳市红旗渠纪念馆、洛阳市八路军驻洛办事处纪念馆等。

21 世纪以来，河南省旅游业发展良好，一直保持稳定增长。如图 9.6 所示，从

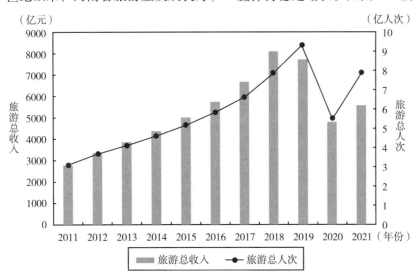

图 9.6　2011～2021 年河南省旅游总收入、总人次变化趋势

资料来源：2021 年河南省国民经济和社会发展统计公报［R］.河南统计局，2022.

---

① 河南旅游概况［EB/OL］.河南省人民政府网，2023.
　省情［EB/OL］.河南省人民政府网，2023.

2011～2021 年的这十一年间，河南省旅游总收入从 2011 年的 2122.32 亿元增加到 2021 年的 5580.45 亿元，增长 162.9%；旅游收入对国内生产总值的贡献率从 2011 年的 8.1% 增加到 2021 年的 9.5%；旅游总人数从 2011 年的 3.07 亿人次增长至 2021 年的 7.9 亿人次，增长 157.3%；2018 年河南旅游业经济增长速度最快，旅游人数达 7.86 亿人次，同比增长 18.2%，旅游总收入达到 8120.21 亿元，同比增长 20.3%。除 2020 年有所下降外，其余年份普遍呈上升趋势，造成这一现象的主要原因是受新冠疫情影响，我国旅游业整体效益有所减弱，河南省当然也不例外。2023 年疫情放开后，河南省旅游市场全面恢复。由此可见，河南省旅游业将会蓬勃发展，逐渐成为带动河南省社会经济高质量发展的优势产业。

二、河南省旅游经济分异时空演化特征

（一）数据来源

旅游总收入涵盖国内外旅游所产生的总体收入，能反映一个国家或地区旅游经济的发展状况。国家统计局将其纳入国民社会经济发展统计体系，作为宏观经济的重要指标。本书选取 2011～2021 年河南省旅游总收入作为衡量旅游经济情况的指标，以河南省下辖 18 市作为研究的基本单元，并依据河南省的经济发展格局，将全省划为中原城市群（包含郑州市、开封市、洛阳市、新乡市、焦作市、许昌市、平顶山市、漯河市、济源市的城市密集区）、豫北地区（安阳市、濮阳市、鹤壁市）、豫西豫西南地区（南阳市、三门峡市）和黄淮地区（信阳市、驻马店市、商丘市、周口市）等四个经济区。此外，本书数据选取自 2011～2021 年这十一年间的《河南统计年鉴》、各地市《国民经济和社会发展统计公报》以及文化与旅游局官方网站公布的相关数据等，具体包含 2011～2021 年河南省年末和各市年末人口数与国内生产总值。

（二）分析方法

1. 时间分析方法

本书将 2011～2021 年河南省及各地市旅游总收入数据代入标准差（S）、变异系数（CV）、泰尔指数（T）公式中，测算河南省旅游经济分异的时间变化特征，分别从绝对差异、相对差异、区域差异三个方面反映旅游经济的演变特征。

（1）标准差。

标准差（S）即均方差，是衡量区域旅游经济绝对差异的常用指标，其公式为：

$$S = \sqrt{\sum_{i=1}^{n} (Y_i - \bar{Y})^2 / n} \tag{9.15}$$

在式（9.15）中，Y_i 代表河南省第 i 个城市的总旅游收入，$\bar{Y}$ 表示河南省旅游总收入的平均值；河南省城市数量为 n，本书 n 取为 18。标准差（S）结果越大，则与平均值之间的离散程度越大，反之则越小。

（2）变异系数。

变异系数（CV）是标准差与均值的比值，是用来衡量区域经济相对差异的重要指标，其公式为：

$$CV = S / \bar{Y} \tag{9.16}$$

在式（9.16）中，S 和 Y 含义同式（9.15）。一般来说，变量值平均值越高，测出的偏离程度越大，反之则越小。若变异系数 <1，则表示相对差异较小；若变异系数 >1，则表示相对差异较大。

（3）泰尔指数。

泰尔指数是衡量区域发展差异的重要综合指标，主要是分解地区差异的地理构成，探究地区总体差异受不同地区与不同层次的地区差异的影响情况。依据河南省划分的四大经济地带，将泰尔系数分解为四大地带间差异与地带内差异。T_p 表示河南省总体旅游经济发展的泰尔指数，T_{pi}、T_{BR}、T_{WR} 则表示市域间、地带间与地带内的泰尔指数，其公式为：

$$T_P = T_{BR} + T_{WR} \tag{9.17}$$

$$T_{pi} = \sum_i \sum_j \frac{Y_{ij}}{Y_i} \ln \frac{Y_{ij} / Y_i}{P_{ij} / P_i} \tag{9.18}$$

$$T_{BR} = \sum_i \frac{Y_i}{Y} \ln \frac{Y_i / Y}{P_i / P} \tag{9.19}$$

$$T_{WR} = \sum_i \frac{Y_i}{Y} \cdot T_{pi} \tag{9.20}$$

其中，Y_i 代表河南省 i 地区的旅游总收入；P_i 代表河南省 i 地区的年末总人口数；Y_{ij}、P_{ij} 则分别代表河南省 i 地区 j 市的旅游总收入、总人口数；Y 和 P 分别为河南省的旅游总收入与总人口数。其值越大，差异程度越大，反之则越小。

2. 空间分析方法

本书根据相关文献梳理，采用区位熵（LQ）、偏离份额分析法，从旅游总收入角度动态阐述河南省旅游经济空间差异的特征，考察旅游经济区域之间的相对差异、经济结构特征和竞争力强度的特点。

（1）区位熵。

区位熵（LQ）可以度量某产业在一个区域内的相对集聚程度。通过对各区域在研究范围内所处地位进行测度，可以得出旅游经济的区位熵，反映区域之间旅游经济相对差异和竞争力情况，其公式为：

$$LQ = (q_i / Q_i) / (Q_i / \sum R_i) \tag{9.21}$$

其中，河南省旅游经济的区位熵值用 LQ 表示；河南省各市的旅游总收入为 q_i；河南省的旅游总收入为 Q_i；中国旅游总收入为 $\sum R_i$；河南省旅游总收入与中国旅游总收入的比值为 $Q_i / \sum R_i$。若 LQ > 1，则该地带的旅游经济竞争力具有优势；反之，则具有劣势。

（2）偏离 – 份额分析法。

偏离 – 份额分析法（Shift-Share Analysis）是把区域旅游经济的变化视为一个动态变化的过程，以该区域整体发展作为参照。参照夏赞才等的研究成果，通过对 2011 ~ 2015 年、2016 ~ 2021 年这两个时间段河南省旅游经济总体变化进行分析，分别从份额分量（N）、结构偏离分量（P）与竞争力偏离分量（R）三个方面对河南省区域旅游经济结构优劣与自身旅游经济竞争能力进行评估，其公式为：

$$G_i = N_i + P_i + R_i \tag{9.22}$$

$$N_i = f_i(0) \left[\frac{F(t)}{F(0)} - 1 \right] \tag{9.23}$$

$$P_i = f_i(0) \left[\frac{F_i(t)}{F_i(0)} - \frac{F(t)}{F(0)} \right] \tag{9.24}$$

$$R_i = f_i(0) \left[\frac{f_i(t)}{f_i(0)} - \frac{F_i(t)}{F_i(0)} \right] \tag{9.25}$$

其中，G_i 为河南省各区域经济的增量；N_i 为河南省各区域总体的份额分量，表示各区域按照区域标准的平均增长率而得到的变化量；P_i 为河南省 i 地区的产业结构偏离（转移）分量，也就是 i 地区因经济增长速度不同而导致的旅游总收入的相对偏移，其值越大，则旅游经济对总经济增长贡献越大；R_i 为河南省各区域的竞争力偏离分量，也就是各区域因经济增长速度不同而产生的旅游总收入偏移，其值越大，则旅游经济的竞争力对经济增长的作用越大；$F(0)$、$F(t)$ 分别为河南省在基期、末期 t 的地区生产总值；$f_i(0)$、$f_i(t)$ 分别为河南省各区域在基期与末期 t 的旅游总收入；$F_i(0)$、$F_i(t)$ 分别为河南省各区域在基期与末期 t 的国内生产总值。

（三）河南省旅游经济分异时间演化特征

由上述公式代入各年度旅游总收入、总人口数，得出 2011 ~ 2021 年河南省旅游经济的标准差（S）、变异系数（CV）与泰尔指数值，并制作对应的演变趋势图。结果如图9.7所示。

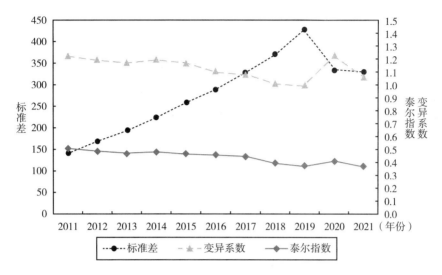

图9.7　2011～2021年河南省旅游经济绝对差异与相对差异总体演变趋势

1. 绝对差异显著上升

河南省标准差从2011年的143.866上升到2021年的329.560，整体呈上升趋势。特别是2011～2019年这九年间河南省旅游收入标准差增大2.97倍，这表明随着旅游经济的发展，河南省旅游经济的绝对差异在不断扩大，原因是郑州市稳居第一，洛阳市紧随其后，两者与其他城市旅游发展的相对速度差始终存在，使发展落差不断增大。由此可见，河南省具有优越的资源禀赋、良好的经济运行机制与高度开放的城市运转模式，其旅游经济得到快速、良好的发展，而对于那些经济发展相对落后、基础设施相对薄弱的城市，其旅游经济发展速度较为缓慢。

2. 相对差异波动缩小

在图9.7中，变异系数整体数值均大于1，变异系数呈缓慢下降的趋势，存在上下波动的特征，分别是2011～2015年处于平稳阶段，有细微波动，整体变化微小；2015～2019年，总体呈小幅下滑趋势，直至2019年，变异系数数值降至1以下；2019～2021年，处于显著波动阶段，数值由0.994升至1.219又降至1.063。这表明河南旅游经济相对差异依然较大，但整体相对差异逐渐向低差别分布演变，相对差异在逐渐减小。变异系数与标准差数据均在2019～2021年出现大幅波动，出现这一现象的主要原因是受新冠疫情影响，全省各市旅游业进入"寒冬"，收入较之前普遍锐减。总体旅游经济的泰尔指数整体呈平稳下降趋势，泰尔指数从2011年的0.502下降至2021年的0.367，也就是说在十一年间总共下降0.135，变化幅度较小。由此可见，随着时间的推移，河南省总体旅游经济差异在逐渐缩小。

（四）河南省旅游经济分异空间演变特征

1. 地区差异的泰尔指数分析

采用上述公式，计算各区域旅游经济的影响数值。如图 9.8 所示，总的来看，泰尔指数数值均小于 0.4，说明地带间与地带内差异对河南省旅游经济的影响较小，但地带内的差异对其影响明显要高于地带间的差异。

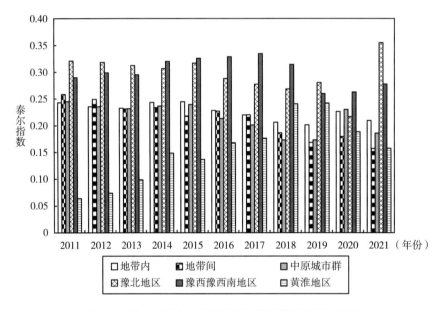

图 9.8　2011～2021 年河南省各地带旅游经济泰尔指数

从地带间差异来看，整体表现出波动现象，中原城市群、豫西豫西南地区、豫北地区与黄淮地区等这四大经济带间旅游经济差异大致呈现出"减→增→减→增→减"的演变趋势，2015 年与 2019 年是其中的重要转折点。但整体数值在不断缩小，这说明河南省地带间旅游经济整体上还是趋于均衡的。

从地带内差异来看，四大经济地带中的中原城市群、豫西豫西南地区与豫北地区差异表现为下降趋势，黄淮地区则呈现明显上升的趋势，说明全省除黄淮地区外，其他地区内旅游经济的不平衡情况有所改善。具体表现为：豫北地区地带内差异明显减小，但与其他地带相比差异依然很大，这主要是因为安阳市旅游业发展较早，且拥有丰富的、具有核心竞争力的旅游资源，如殷墟、红旗渠等。相比之下，鹤壁市、濮阳市两市发展速度较慢，导致差距不断增大。中原城市群地带内差异下降较为明显，这与河南省实施建设中原城市群方案、构建"郑汴洛"全域旅游示范区以及中原都市群旅游圈建设有着极为紧密的联系。豫西豫南地区地带内差异较大，整体差异趋于减小，地带内城市只有三门峡市与南阳市，两市旅游经济发展程度相近，与旅游热门城市郑州市、洛阳市相比差距较大，表现为低水平的趋同。黄淮地区地带内旅游经济差异越来越大，主要因为信阳市旅游经济突飞猛进，地理区位优势、旅游资源都得以有效开发，以鸡公山为首的休闲度假游和以大别山区为首的红色旅游方兴未艾，使信阳市作为旅游城市迅速崛起。其他城市旅游经济发展缓慢。像商丘市，虽然是我国历史文化名城，但旅游却一直处于劣势，使城市之间的差距不断拉大。

2. 地区差异的区位熵分析

根据公式计算河南省旅游经济的区位熵，得分如表9.10所示。

表 9.10　　　　　　　2011～2021 年河南省 18 个地市旅游经济区位熵

城市	2011 年	2012 年	2013 年	2014 年	2015 年	2016 年	2017 年	2018 年	2019 年	2020 年	2021 年	均值
郑州	2.938	2.779	2.634	2.658	2.557	2.297	2.161	1.904	1.767	1.517	1.387	2.236
洛阳	0.773	0.717	0.683	0.574	0.624	0.869	0.874	0.827	0.789	0.362	0.568	0.696
开封	1.733	1.599	1.595	1.790	1.986	1.972	1.886	1.576	1.460	0.861	1.006	1.588
新乡	0.483	0.503	0.484	0.530	0.518	0.507	0.477	0.418	0.403	0.241	0.269	0.439
焦作	0.856	0.795	0.767	0.754	0.768	0.747	0.698	0.595	0.531	0.189	0.251	0.632
许昌	0.189	0.173	0.157	0.159	0.152	0.161	0.194	0.272	0.236	0.095	0.091	0.171
平顶山	0.448	0.472	0.454	0.463	0.432	0.413	0.396	0.357	0.340	0.301	0.327	0.400
漯河	0.087	0.083	0.082	0.086	0.083	0.080	0.075	0.064	0.059	0.037	0.045	0.071
济源	0.099	0.103	0.102	0.103	0.100	0.102	0.101	0.091	0.088	0.040	0.039	0.088
安阳	0.738	0.671	0.601	0.588	0.645	0.730	0.789	0.695	0.667	0.391	0.558	0.643
鹤壁	0.154	0.148	0.150	0.165	0.171	0.178	0.179	0.156	0.087	0.091	0.020	0.136
濮阳	0.025	0.023	0.022	0.023	0.022	0.035	0.043	0.041	0.044	0.038	0.042	0.033
三门峡	0.583	0.596	0.580	0.603	0.574	0.563	0.544	0.510	0.478	0.211	0.311	0.505
南阳	0.603	0.603	0.592	0.581	0.547	0.530	0.507	0.501	0.540	0.246	0.347	0.509
驻马店	0.266	0.269	0.285	0.317	0.343	0.341	0.334	0.386	0.404	0.278	0.269	0.318
商丘	0.087	0.080	0.077	0.058	0.056	0.055	0.054	0.047	0.059	0.053	0.104	0.066
周口	0.293	0.276	0.266	0.236	0.328	0.223	0.209	0.180	0.165	0.128	0.122	0.220
信阳	0.214	0.242	0.315	0.346	0.344	0.356	0.360	0.431	0.445	0.255	0.326	0.330
均值	0.587	0.563	0.547	0.557	0.570	0.564	0.549	0.503	0.476	0.296	0.338	0.505

总体来看，仅有郑州市和开封市区位熵的得分高于1，其他16市区位熵的得分均低于1，且整体得分呈现出下降态势，表明河南省旅游业在全国并非处于优势地位。

从各市角度来看，郑州市一直处于遥遥领先的位置，表明郑州市旅游经济发展水平在河南省具有绝对优势，这与郑州市便利的交通网络、丰富的旅游资源禀赋等条件密切相关。焦作市和南阳市作为旅游业发展较早的城市，在初期具备一定的区位优势，但近几年出现下滑态势。随着越来越多的地区将旅游业作为社会经济发展的支柱产业，旅游业之间的竞争态势也逐渐加大，因此造成这些城市出现竞争力下滑的现象。漯河市和济源市等受制于相对匮乏的旅游资源禀赋、不完备的交通条件、不配套的基础设施等，旅游经济区位熵得分处在全省落后位置。焦作市紧邻郑州市，旅游经济受到郑州市显著的"虹吸效应"，随着时间的推移，区位熵得分呈递减趋势。

3. 地区差异的偏离—份额分析

按照上述公式，对河南省旅游业总收益进行偏离—份额分析。考虑到我国在2016年第一次提出了"全域旅游"这一新的区域协调发展的概念和模式，从而推动了旅游经济的协调发展。所以，本书以2016年为分割线，对河南省旅游业总收入的份额分量（N）、结构偏离分量（P）与竞争力偏离分量（R）及总偏离分量（P＋R）分时段、分地区进行计算和分析，具体情形如表9.11所示。

表9.11 2011～2021年河南省18个地市及四大经济地带偏离—份额分析法

地区	2011～2015年				2016～2021年			
	份额分量（N）	结构偏离分量（P）	竞争力偏离分量（R）	总偏离分量（P＋R）	份额分量（N）	结构偏离分量（P）	竞争力偏离分量（R）	总偏离分量（P＋R）
郑州市	220.599	55.604	138.097	193.701	479.549	114.951	-376.100	-261.149
开封市	58.039	19.158	12.704	31.861	181.372	0.754	-59.726	-58.972
洛阳市	130.138	-31.475	333.337	301.862	411.796	-26.349	-366.967	-393.316
新乡市	36.282	-4.648	74.773	70.124	105.920	8.544	-100.485	-91.941
焦作市	64.291	-6.676	72.125	65.449	155.900	-149.071	-119.509	-268.580
许昌市	14.210	-0.280	7.769	7.490	33.672	6.093	-30.535	-24.442
平顶山	33.619	-21.423	67.724	46.301	86.304	4.005	20.321	24.326
漯河市	6.567	-0.939	9.513	8.573	16.699	4.981	-16.781	-11.799
济源市	7.457	-1.0917	12.805	11.713	21.354	-1.907	-30.877	-32.784
中原城市群	571.202	8.228	728.847	737.075	1492.568	-38.000	-1080.659	-1118.660
安阳市	55.383	-16.955	66.872	49.916	148.878	-85.542	110.168	24.626
鹤壁市	11.593	1.731	22.706	24.437	36.242	-6.167	-94.563	-100.730
濮阳市	1.881	0.535	1.344	1.879	7.169	-3.759	18.375	14.616
豫北地区	68.857	-14.689	90.921	76.232	196.998	-95.468	33.980	-61.488
三门峡市	43.746	-18.704	83.578	64.874	114.679	-67.502	-22.985	-90.487
南阳市	45.249	-8.739	57.290	48.551	108.016	-14.844	-20.257	-35.101
豫西豫西南	88.995	-27.443	140.868	113.425	228.149	-82.347	-43.242	-125.589
驻马店	20.007	4.187	57.006	61.193	69.469	16.812	2.607	19.419
商丘市	6.533	0.194	-2.107	-1.913	11.113	2.378	56.897	59.275
周口市	21.989	6.511	41.700	48.211	45.498	9.152	-46.455	-37.303
信阳市	16.080	5.186	70.764	75.950	72.627	8.018	53.557	61.575
黄淮地区	64.609	16.078	167.363	183.441	203.573	36.360	66.607	102.967

　　由表 9.11 可知，河南省 18 个地市的份额分量均大于 0，郑州市是仅有的两个时段份额分量均大于 200 的城市，表明郑州市在旅游发展方面具有明显优势，而濮阳市、商丘市、漯河市等份额分量相对偏低。在结构偏离分量上，在 2011～2015 年这一时段内，郑州市、开封市、周口市 3 市分列前三；而在 2016～2021 年这一时段内，郑州市与其他城市的结构偏离分量差距进一步被拉大，而在此之前结构偏离分量处于劣势的新乡、平顶山等市借助河南省全域旅游、"十三五"旅游业发展规划等有利条件，使旅游总收入不断提高。竞争力偏离结构分量方面，2011～2015 年旅游总收入的竞争力偏离分量明显高于 2016～2021 年时间段的数值，两者存在明显差异，这说明河南省整体旅游产业在产业结构中的优势逐渐减弱，渐渐趋于劣势地位。

　　从数据来看，全省竞争优势都大大减弱，虽然郑州市结构偏离分量出现发展优化，但旅游业在其中占比较大，受疫情影响几乎停滞；洛阳市作为著名的旅游城市，竞争力偏离分量出现颠覆性转变，洛阳市的差额高达 700：304，旅游经济对区域经济增长表现为负贡献；安阳市、濮阳市、商丘市等三市竞争力偏离分量进步显著，安阳市在全国旅游业低迷阶段，采取文化旅游强市策略，将文化旅游产业作为支柱产业、主导产业，在使旅游综合收入得到恢复的同时也推动国内生产总值出现增长，濮阳市、商丘市旅游份额占比较小，生产总值受影响波动减少，使得该市数值小的旅游竞争力偏离分量出现增长，依然符合其旅游业发展不强的现状。总而言之，总体偏差成分是竞争力偏差成分和结构偏差成分之和，而竞争力偏差成分在总体偏差成分中所占比例超过 90%，与其演化规律基本吻合。

三、河南省旅游经济分异驱动机制分析

（一）理论框架构建

　　旅游经济的发展是多种因素综合作用的结果。为深入剖析河南省旅游业发展的动力机理，本书在此基础上，对有关专家发表的相关文献进行梳理和归纳。结果发现，不同学者探讨了旅游资源禀赋、城市发展水平、旅游接待能力、交通区位条件、科技创新能力、人力资源水平、经济发展水平等因素对旅游经济发展的驱动效应。其中，旅游资源禀赋、旅游接待能力和交通区位条件等内部要素是代表旅游经济吸引力、承载能力与聚集—扩散效应的重要载体，同时也是旅游得以实现的必备条件；经济发展水平、城市发展水平等环境是支撑旅游经济发展的前提，具有强大的保障效应；人力资源水平和科技创新能力等外部刺激因素为旅游经济高质量发展提供不竭的动力，具有刺激促进作用。基于旅游产业的内部优化、支撑环境与外部刺激三

个方面对河南省旅游业发展的驱动机制进行初步的逻辑框架构建（见图9.9）。

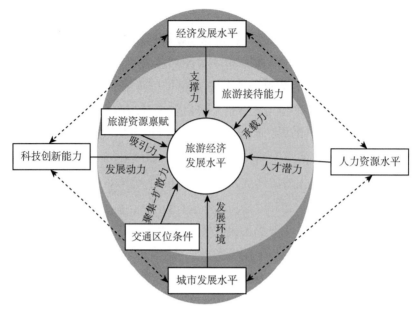

图9.9 旅游经济发展时空演化驱动力理论模型

（二）指标体系选择

根据上述驱动机制模型，选取解释变量旅游资源禀赋（T_{re}）、旅游城市发展水平（U_{rb}）、旅游经济发展水平（G_{dp}）、旅游接待能力（C_{ap}）、交通区位条件（T_{ra}）、人力资源水平（H_{re}）、科技创新能力（T_{ec}），被解释变量旅游经济发展水平（T_{ec}），具体如表9.12所示。

表9.12　　　　　　　　　　代理变量及其指标选择

变量	变量释义	表征指标	指标说明
被解释变量	T_{ec}（旅游经济发展水平）	旅游总收入/亿元	反映旅游创收能力
解释变量	T_{re}（旅游资源禀赋）	加权A级旅游景区数/个	反映旅游地吸引力
	C_{ap}（旅游接待能力）	住宿业从业人员数/人	反映旅游接待水平
	U_{rb}（城市发展水平）	城镇化水平/%	反映旅游发展环境
	G_{dp}（经济发展水平）	人均地区生产总值/元	反映旅游支撑能力
	T_{ra}（交通区位条件）	公路网密度/平方公里	反映目的地通达性
	H_{re}（人力资源水平）	在校高等教育学生数/人	反映旅游人才潜力
	T_{ec}（科技创新能力）	R&D经费支出情况/元	反映旅游创造活力

（三）模型构建及数据来源

旅游业具有极强的综合性、带动性与依赖性。本书选取空间计量模型，探究河南省旅游经济在空间关联角度下的驱动力。具体思路如下：基于地理位置构造特征，模型选取 Queen 空间矩阵作为权重；接着依据 LM 的判定标准，得出最优的空间回归模型；进而运用空间数据分析软件 GeoDa 对选取的 2011 年、2021 年两年的截面数据进行驱动因素的回归分析。本次选取的变量数据均来自《河南统计年鉴》《各地市国民经济和社会发展统计公报》等。

（四）旅游经济驱动力分析

为了更加准确地选择最优空间回归模型，本书借助 GeoDa 软件中的 OLS 模型对 2011 年、2021 年两年的截面数据进行回归检验。本书对所有变量数据均取对数，使数据值更加平稳的同时，消除数据异方差问题。依据 LM 检验步骤及判定标准，选用空间误差模型作为最优模型。空间误差模型（SEM）公式表示如下：

$$\ln T_{ec} = \rho \ln T_{ec} + \beta_1 \ln T_{re} + \beta_2 \ln C_{ap} + \beta_3 \ln U_{rb} + \beta_4 \ln G_{dp} + \beta_5 \ln T_{ra}$$
$$+ \beta_6 \ln H_{re} + \beta_7 \ln T_{ec} + \varepsilon$$
$$\varepsilon = \lambda W_\varepsilon + \mu \tag{9.26}$$

其中，ρ 为空间自回归系数；ε 表示为随机干扰项；β_i 代表各对应解释变量的回归系数。运用空间误差模型，采取 Queen 空间权重矩阵，对 2011 年和 2021 年截面数据展开空间回归检验，探究各驱动因子间的强弱关系与变动情况（见表 9.13）。

表 9.13　　　　　　　空间误差模型 SEM 选择检验及估计结果

变量	2011 年			2021 年		
	系数	标准差	P 值	系数	标准差	P 值
常数项	−2.786	6.937	0.688	−1.712	4.042	0.672
$\ln T_{re}$	−0.435	0.461	0.345	−0.386	0.418	0.356
$\ln C_{ap}$	1.566 ***	0.389	0.000	1.874 ***	0.385	0.000
$\ln U_{rb}$	3.974 ***	2.118	0.061	9.012 ***	1.883	0.000
$\ln G_{dp}$	−2.022 ***	1.154	0.080	−3.325 ***	0.600	0.000
$\ln T_{ra}$	0.116	0.159	0.465	0.290	0.278	0.298
$\ln H_{re}$	−0.187	0.212	0.379	−0.504 ***	0.288	0.080
$\ln T_{ec}$	0.169	0.359	0.638	−0.188	0.363	0.604
拟合优度	0.750			0.860		
对数似然值	−5.223			−3.107		
似然比检验	13.911（0.000）			18.449（0.000）		
AIC	26.445			22.213		
SC	33.568			29.336		
空间误差最大似然检验	2.584（0.108）			4.712（0.030）		
稳健空间误差最大似然检验	0.062（0.803）			0.236（0.627）		
空间误差最大似然检验	3.422（0.064）			6.214（0.013）		
稳健空间误差最大似然检验	0.900（0.343）			1.737（0.187）		
空间 SARMA 模型检验	3.484（0.175）			6.449（0.040）		

从各解释变量的显著性检验结果来看，2011 年和 2021 年的 C_{ap}、U_{rb}、G_{dp} 均通过了 P<0.1 显著性检验。这充分表明旅游接待能力、城市发展水平、经济发展水平对河南省旅游经济发展具有显著的驱动作用。而 T_{res}、T_{ra}、H_{res}、T_{ech} 至多一次通过检验，这表明旅游资源禀赋、交通区位条件、科技创新能力、人力资源水平与旅游经济的关联性尚未明显显现。观察回归系数结果可知，河南省旅游经济发展驱动力在两年里发生了不同程度的改变。在 2011 年、2021 年两年中，驱动影响作用从城市发展水平（3.974）>旅游接待能力（1.566）>经济发展水平（-2.022）演化为城市发展水平（9.012）>旅游接待能力（1.874）>经济发展水平（-3.325）。也就是说，这十一年来，城市发展水平、旅游接待能力这两大驱动力因素对河南省旅游经济发展保持稳定的正向驱动作用，经济发展水平因素表现为负向驱动作用，其他驱动因子则出现或正或负的转换。具体变化如下。

1. 旅游资源禀赋

旅游资源禀赋的回归系数一直保持负值，数值较低，且未通过 P 值检验，这表明河南省旅游资源禀赋与旅游经济发展水平间具有的关联性并不明显。从数据上看，郑州市、洛阳市、平顶山市、信阳市、南阳市在 A 级景区的级别和数量上都具有明显优势，其余 13 个地市则表现出相差不大的特征，但这些地市之间的旅游总收入差异依然较大。

2. 旅游接待能力

旅游接待能力的回归系数为正，且随着时间的推移对旅游经济的推动作用有所提升，回归系数从 2011 年的 1.566 上升到 2021 年的 1.874，这表明河南省包括星级酒店、民宿等在内的住宿业发展对旅游经济发展的承载力效应逐步增强。出现这一现状的主要原因在于，2014 年河南省对住宿业加大监管力度，规范行业秩序，使住宿业整体质量有了很大提升。此外，2018 年河南省出台了优秀人才下乡优惠政策，助推民宿业快速发展。

3. 城市发展水平

城市发展水平是旅游经济发展的重要保证。回归系数始终最大，这说明随着时间的推移，河南省城市发展水平对旅游经济具有愈加显著的正向推动作用。河南省作为中部地区的重要组成部分，在"十三五"期间，城市发展事业取得显著成就，城市规模不断扩大，开创了河南城市发展的新局面。

4. 经济发展水平

经济发展水平作为旅游活动得以实现的支撑条件，回归系数在两个时间点均为负值，说明河南省经济发展水平与旅游经济发展之间存在负向关系。通过分析发现，河南省以 2019 年为拐点，在此之前人均国内生产总值与旅游总收入之间保持稳定增速，2019 年受新冠疫情影响，虽然人均国内生产总值数值出现些微下降，旅游收入出现显著下降，但是经济发展水平负向驱动作用有所增强。因此，新冠疫情之后，河南省要加大旅游业宣传引流力度，促进社会经济同步增长。

5. 交通区位条件

交通区位条件作为旅游经济活动的重要载体，是旅游目的地聚集与扩散的重要动力。在 2011 年和 2021 年河南省交通区位条件的回归系数均是接近 0 的正值，并且都没有通过 P 值检验，这表明两者的关联度较弱。虽然不断提升的公路网密度促进旅游流向中心城市的聚集，但却未能给整体旅游经济发展水平带来质的改变。因此，要加强区域间的协调合作，促进旅游流的充分发散流通和均匀合理分配。

6. 人力资源水平

人力资源作为旅游经济发展的核心力量，其回归系数从趋近于 0 的不显著相关负值转为负向相关。有学者认为，中部地区对旅游高等教育投资存在的明显差异导致其对旅游产业的推动作用有限，而且，2019 年旅游业受到重创，大大打击了旅游行业从业者与待从业者的信心。因此，优化教育结构，加大旅游人才高质量培养的投资，制定合理的人才培养机制是未来河南省需要努力的方向。

7. 科技创新能力

科技创新能力是推动旅游业加速转型升级的动力，其回归系数从正值转为负值。也就是说，河南省的研究与试验发展与发达省市相比并不突出，地域内部的创新能力也存在较大差距，经费投入与产出有限，创新力不足，对旅游经济的驱动力不足。因此，河南省应该加大对科学技术的投入，尤其是对旅游业高质量发展的科技投入，促进科技企业与旅游产业的深度融合。

四、河南省旅游经济高质量发展策略

由于区域发展不平衡、不充分的问题长期存在，为进一步缩小区域经济差异，推动河南省旅游经济出现高质量发展，本书通过河南省下辖 18 市旅游经济时空演变及驱动机制进行分析，为河南省逐步解决区域旅游经济发展不平衡问题提供科学有效的参考。在此，特提出以下三点建议。

（一）加强区域协调合作，实现特色错位发展

河南省旅游经济差异依然较大，地带内差异占绝大部分，为此建议：第一，加强区域间旅游业的协调合作，让资源走出去，把旅游流量引进来，使旅游效益在本

省内部充分转化吸收。第二，加大城市间的对口帮扶，达到区域间互惠互享、合作共赢的目的，强化河南省中心城市的辐射带动作用。第三，对旅游基础较好的地市（如焦作市、南阳市等），通过整合旅游资源、推出高品质旅游线路、打造主题鲜明的旅游模块等形式，实现旅游错位发展。第四，加大文旅发展投入，推动资源优化配置，鼓励后发城市（如商丘市、濮阳市等）学习先进城市经验，结合自身特色，实现创新发展。

（二）构建一心三带格局，推动产业优化升级

基于河南省整体旅游竞争能力偏弱及区域中原城市群极化现象显著的特征，提出以下几点建议：第一，河南省应积极倡导旅游经济的联动开发，构建以中心为主引领发展，三带联合整体进步的旅游发展格局，并加强旅游的规划引领，构建目标一致、行动协调的文化旅游一体化机制，推动旅游资源大数据建设。第二，推动中原城市群产业优化升级，提升济源市、漯河市、许昌市的旅游经济发展水平。第三，豫北地区、豫西豫西南地区及黄淮地区要提升区域旅游精品酒店民宿质量，同时提高目的地的交通可达性。第四，各地市要加大新闻媒体投入力度，做好宣传推广工作。

（三）加大要素资金投入，促进人才创新发展

旅游地的经济发展水平是发展区域旅游经济的支撑因素，其人力资本水平、交通区位条件、科技创新能力等均制约着河南省旅游经济的发展。因此，首先要提升河南省工业质量，推动工业企业转型升级，推动进出口贸易的发展，从而使河南省及下辖18市的经济地位得以提升。其次要进一步优化教育结构，加大对旅游人才高质量培养的投资，不断完善人才培养机制，保障旅游工作者的权益，从而减少人才流失。再次要加大对重大交通项目的重视程度和投入力度，尤其要重点提升开封市、漯河市、三门峡市等地市的便捷通达水平。最后要加大旅游业高质量发展的科技投入，促进科技企业与旅游产业的深度交流融合，从而实现跨领域、跨行业发展。

第十章
结 论

第一节 研究结论

早在 2010 年，河南省适时提出了"全力建设生态大省"的口号，要在"十一五"期间，坚持在生态环境得到保护的前提下，大力推行低碳经济，全面推动河南省建成生态大省。2021 年，河南省又把建设生态强省提上日程，通过为山区增绿、建设农田防护林、大力开展环境保护与生态修复等举措，推进生态文明建设稳步向前。2022 年 3 月，河南省出台了《河南省"十四五"生态环境保护和生态经济发展规划》，以深入打好环境污染防治攻坚战、促进生态系统修复、大力发展绿色生态经济、筑牢环境生态安全底线等重要措施为手段，绘制生态强省建设的宏伟蓝图。该规划也是我国第一个将生态环境保护和生态经济发展相互融合，推动良好均衡发展的省级规划。建设生态强省，提升国民经济的"低碳含量"已经成为河南省今后很长一段时间内的重要战略目标。

一、我国生态经济发展四阶段

深入研究河南省生态环境与社会经济之间的关系，要从国家层面出发，更深层次地研究生态环境与社会经济的耦合协调，而我国生态经济所处的发展阶段则是重中之重。

从 1978 年开始，我国实施改革开放，重新回到以经济建设为中心这条道路上来，截至目前，我国经济在高速平稳的形势下已经向前迈进四十余年，我国生态环境与社会经济之间的关系走向大致可分成四个发展阶段。第一阶段：生态经济大致协调期，时间跨度为 1978～1989 年，我国生态环境与社会经济出现矛盾较少，基本处于平稳阶段。第二阶段：生态经济矛盾产生期，时间跨度为 1990～2006 年，随着社会经济发展程度的逐步深入，生态环境与社会经济之间的矛盾已经出现，但基本处于可控阶段，并不突出。第三阶段：生态经济矛盾爆发期，时间跨度为 2007～2012 年，这一阶段，在发展经济的同时，生态环境也遭到前所未有的破坏，两者产生的矛盾越来越突出，越来越尖锐。第四阶段：生态经济矛盾平息期，时间跨度为 2013 年至今，经过我国政府一系列政策的切实落地，我国生态环境与社会经济之间所产生的矛盾基本平息。

时至今日，为推动生态经济高质量发展，我国已经构建起确保生态经济能够得到高质量发展的制度框架，并逐步完善生态经济政策支持体系。生态经济高质量发展理念在我国不断得到深化实践，不仅为我国生态环境与社会经济的协调、长足、可持续发展打下极为深厚的根基，也为我国生态经济高质量发展的实施与推行提供极为重要的科学依据。

二、习近平关于生态经济重要论述的形成

习近平生态文明思想中生态经济体系的重要论述有着丰富的实践经验作为支撑，并且，已经过很长时间的修正、转化、调整、提高、补充。如果向前追溯，此理论的形成和习近平总书记在基层进行实践的经历有很大关系。从 1969 年习近平总书记到陕西省延安市梁家河村插队当知青，之后成为大队党支部书记，再到他在河北省正定县、福建省厦门市、宁德市、福州市、浙江省、上海市等地方任职，之后走进中央，成为新的领导核心。正是这些基层、地方任职经历，丰富了习近平总书记关于生态经济体系的重要论述。其间经历了四个时期：其一，习近平关于生态经济重要论述的孕育期，时间跨度为 1969～2002 年。从陕西省梁家河大队生态建设实践，到河北省正定县生态经济模式探索，再到福建省宁德地区生态经济融合发展实践，习近平同志认识到理顺生态环境与社会经济之间关系的重要性，从而倡导经济效益、社会效益与生态效益的协调融合发展，大力推动生态环境与社会经济的同步发展。其二，习近平关于生态经济重要论述的雏形期，时间跨度为 2002～2007 年。从提出五大生态体系构想到对浙江省安吉县"守住绿水青山"实践进行总结，再到提出"绿水青山就是金山银山"理论，也就是说，生态环境与社会经济两者相辅相成、互为因果，不仅能够协调融合、共同发展，更可合二为一，被视为一个不可分割的有机整体。其三，习近平关于生态经济重要论述的

成长期，时间跨度为2007～2015年。从将生态文明提升高度到提出生态主体功能区建设战略，再到强调生态环境保护要统一领导，最后到推动"绿水青山就是金山银山"理论广泛应用于实践，习近平同志致力于对生态文明中国建设基本任务的梳理，从而制定出更长远的目标，对既适合中国自身实际情况，又符合自然发展规律的生态经济高质量发展不断进行探索，不断向前开拓。其四，习近平关于生态经济重要论述的成熟期，时间跨度为2015年至今。从推动生态经济理念深入人心到倡导人与自然的命运共同，再到生态文明配套制度得到加强，随后到生态保护战略整体推进，最后到"绿水青山就是金山银山"理论日臻成熟，在习近平生态文明思想的指引下，我国生态经济高质量发展不仅勇敢迈进新时代，"美丽中国"建设的新征程也从此开启。

推进新时代有中国特色的社会主义生态文明建设，必须要坚持以下六点原则：第一，人与自然协调共存、和谐共生；第二，绿水青山就是金山银山；第三，良好的生态环境是最有价值的民生福祉；第四，山水林田湖草是共生共存的生命共同体；第五，用最为严格的制度、最为严密的法治对生态环境实施保护；第六，共同致力于全球生态文明建设。习近平关于生态经济的重要论述为河南省生态经济高质量发展提供了道路，指明了方向。

三、河南省生态环境与社会经济耦合协调度

自2007～2022年的十六年里，河南省生态环境与社会经济耦合度发展略成"M"型，大致可以分为三个阶段：其一为生态环境与社会经济耦合度持续上升阶段，时间跨度为2007～2008年，在这一阶段，河南省发挥自身优势，借助中部地区崛起等国家战略目标，使社会经济得到较快速度的发展，使生态环境不断得到修复和保护，从而推动生态环境与社会经济耦合度一路攀升，完成从低阶段耦合向良性耦合的快速转变；其二为生态环境与社会经济耦合度徘徊往复阶段，时间跨度为2009～2012年，在这一阶段，河南省生态环境与社会经济耦合度在2009年曾有过短暂下降，之后便迅速回升，到2012年时达到M型曲线的第二个峰值；其三为生态环境与社会经济耦合度缓慢下降阶段，时间跨度为2013～2022年，从2013年开始，河南省响应国家号召，不仅仅追求社会经济发展的速度，更重要的是要提升社会经济发展的质量，从高速度发展走向高质量发展，在这一阶段，河南省生态环境与社会经济的耦合度已经处在一个较高水平。

在本书时间段内，河南省生态环境与社会经济耦合协调度类型从2007年时的即将离散失调类、社会经济滞后型逐步发生变化，到2022年时已经是基本耦合协调

类、生态环境滞后型。也就是说，这十六年来，河南省生态环境与社会经济耦合协调度从 2007 年时的离散状态达到 2022 年时的耦合状态，生态环境与社会经济之间的关系从相互制约到相互促进，这两大系统开始彼此成就、相得益彰，并渐渐走向耦合度更高、协调度更好的良性发展、健康发展，河南省生态环境与社会经济耦合度越来越高、协调度越来越好。

从局部空间集聚态势方面来看，在研究时间段内，河南省下辖 18 市生态环境与社会经济耦合协调发展水平表现出各自的不同，很难从中发现可以进行整体归纳和概括总结的客观规律。事实上，这正是由河南省各下辖市之间社会经济规模不同、实力各异、发展潜力千差万别、生态环境状况不一、生态环境问题五花八门、生态文明建设各有千秋所导致的生态环境与社会经济耦合协调发展水平差异化太过明显而造成的。不过，其中唯一明显的特征便是省会郑州市一直处在高低集聚区域，对周边相邻城市起到示范作用、形成带动效应，从而助推了这些城市生态环境与社会经济耦合协调发展水平的提升。

四、河南生态经济高质量发展路径选择

作为中部地区不可或缺的省份以及黄河流域最重要的省份之一，无论是中部地区崛起还是黄河流域生态保护和高质量发展，河南省都有幸列在其中。对河南省来说，如今，恰逢难得一见的重大历史机遇，可以说正是发挥后发优势，追赶先进并迎头赶上的百年良机，同时也是借助政策优势、发挥自身优势，促进生态环境与社会经济耦合协调发展，从而推动本省整体提升与进步的最佳时机。河南省要以思维先行，强化社会经济生态化意识；使行动得力，健全现代产业绿色化机制；用政策保障，夯实生态经济热潮化根基，从而走出一条生态环境与社会经济高质量发展之路，走出一条使生态环境问题得到有效解决的社会经济高质增长之路，走出一条使生态环境污染得到有效防治的整体发展、健康有效之路，走出一条生态环境得到有效保护的民生改善、群众富裕之路。

五、河南生态经济高质量发展强基之路

首先，解放思想，使经济生态化发展深入人心。在推进黄河流域社会经济高质量发展的过程中，必须做好生态环境保护；在推进河南省社会经济高质量发展的过程中，必须严格保证生态环境安全。一是要牢牢树立生态发展观；二是要增强生态发展意识；三是要筑牢绿色生态思想；四是要夯实循环经济概念；五是要紧绷生态

保护红线这根弦；六是要加大生态发展理念宣传。

其次，转变思路，使新型工业化战略落在实处。河南省传统工业化之路已经走向中后期，在这样的情形之下，要想推动生态经济走向高质量发展，就要把实体经济当作重中之重，狠抓实体经济，求转型、谋发展，从而走新型工业化之路。一是要把习近平新时代社会主义新型工业化建设思想作为理论指导；二是要主次分明、重点突出；三是要推动社会经济体系走向现代化。

再次，厘清思路，使产业绿色化改造取得实效。随着成本不断攀升、对生态环境的要求越来越高、对资源和能源的需求越来越大等诸多问题的出现，河南省的工业化道路将会走得比以往任何一个历史时期都要更困难、更艰辛。正因如此，才需要扩散思维、理清思路，不断得到新的发展动力、不断适应新的发展业态，不断寻找新的发展方向。一是要把握产业生态化的核心；二是要统筹协调三大产业；三是要深远布局，兼顾三大产业，使生态产业体系尽快建立；四是要以儆效尤，加大惩戒力度。

最后，扭转困局，使能源新型化道路打通拓宽。在能源日益短缺的时代背景下，河南省应该早日着手、主动出击，推动能源结构优化、完成能源结构升级，积极从传统能源结构模式中走出来，在新能源领域大展拳脚、有所作为，从而构建科学合理的能源布局，建立新旧结合、优劣互补的新型能源结构模式。一是要对能源消费总量进行严格控制；二是要逐步淘汰燃煤发电；三是要提升新能源的利用水平和覆盖能力。

六、河南生态经济高质量发展破局之路

首先，发挥优势，使生态产业化创新做精做优。将生态环境优势转化为社会经济优势，推动生态经济化、产业化，河南省大有可为。其一，在农业领域，新型农业有着很大的发展潜力；其二，在工业领域，以生态产业为抓手，增强创新驱动；其三，在服务业领域，培植新兴业态，构建现代化服务产业体系；其四，在生态旅游领域，挖掘潜力、发挥优势，借助新媒体之力，乘势崛起。

其次，加大投入，使经济现代化体系顺畅运行。对各级政府来说，一定要加大资金投入，为投融资提供宽容的环境、创造便利的条件，通过制定一系列于生态文明建设和生态环境保护有利的措施，使资本多元化，使营商环境开放化，使政策措施健全化，从而让企业能够在各路资本的加持下拥有充裕的资金作为保障，以便更好地开发绿色技术、发展生态经济。其一，要推行金融改革；其二，要扶持生态市场；其三，要加大科教投入。

再次，拓宽渠道，为经济高质量发展增辉添色。对河南省而言，一方面，应该勤练内功，挖掘更多内生动力，为生态环境与社会经济的耦合协调发展创造更健康的环境和更便利的条件。另一方面，应该积极借力，勇于拓宽渠道，联合周边各省，打造血脉相连、荣辱与共的利益共生体和命运共同体，从而共同提高、共同进步。其一，以黄河流域生态保护和高质量发展为契机，推动生态环境保护和社会经济发展这两项事业的共同进步；其二，以"一带一路"为契机，开展范围更大、水平更高、层次更深的区域合作；其三，以中部地区崛起为契机，抓住机遇、改革创新，带动中部地区的整体发展；其四，联动周边省份，资源互用、优势互补，推动山河四省协同向前。

最后，增强活力，为文化经济生态化加油助力。河南省历史悠久、文化厚重，自古便是群雄逐鹿之地，有"得中原者得天下"之称。正因如此，才使河南省成为历史文化资源大省，发展文化经济的条件可谓得天独厚，走文化经济生态化之路既因势利导，也顺理成章。其一，以建设国家考古遗址公园为契机，将文物保护与旅游开发相结合，使历史文化教育融入游览观光；其二，整合全省文化旅游资源，理顺文化旅游线路，盘活文化旅游市场，推动社会经济发展；其三，注重古老历史文化和时尚流行元素相结合，创新文化经济形式，引领时尚文化潮流；其四，注重挖掘历史文化资源，使其影视化和艺术化；其五，积极建设文化创意园，以创意、创新、创造取得竞争优势、赢得制胜先机。

七、河南生态经济高质量发展保赢之路

首先，创新机制，为经济生态化运行壮骨添翼。河南省先后出台一系列政策性文件以及制度性规定，能够为河南省生态文明建设、生态环境保护等工作的开展保驾护航，并为该省社会经济生态化运行提供正确的理论指导。其一，要建立健全政策扶持体系，从而推动社会经济生态化运行走向健康发展；其二，要重新制定促进社会经济生态化发展的相关规划方案；其三，要构建区域联动、城市协调机制，对重大生态环境污染事件的发生做到严防死守。

其次，夯实根基，使经济生态化发展行稳致远。从政府层面来说，要端正态度、正心正念，以建设生态化、实干型政府为己任，为河南省构建现代化生态经济体系提供充分的组织保证。具体而言，表现在以下三个方面：其一，政府要有大格局和大视野；其二，政府职能要做到生态化；其三，生态环境保护执法要铁面无私。

再次，多措并举，为经济生态化落实保驾护航。以生态强省战略目标为基准，按照习近平总书记提出的生态优先与绿色发展并行的经济发展新要求，可以发现河

南省生态经济占整体经济的比重还不够大，发展动能稍显不足，生态环境与社会经济之间的耦合协调程度也需要进一步加深。其一，要积极调整能源结构，降低传统能源依赖；其二，要加大综合治理力度，下定决心根除环境污染顽疾；其三，要着力修复生态系统，重点加强生态污染防治；其四，要推动生态技术革新，助力科技企业发展。

最后，划定红线，让经济生态化前行大有可为。在推动社会经济向前发展的过程中，必须树立生态环境保护优先的思想，拥有生态环境红线意识，从而使生态环境与社会经济的耦合度更高、协调度更好，从而推动社会经济逐步走向生态化、跨步迈向绿色化。具体而言，要在以下几个方面下足功夫：其一，在制定长期战略发展规划或者长远发展政策时，河南省必须把生态环境放在首要位置；其二，对生态环境保护设施的建设要科学、投入要加大、关注度要加强，并使河南省生态环境保护体系稳步走向完善、健全；其三，在优先考虑生态环境保护的前提下，促进社会经济高质量发展。

▶ 第二节　未来研究方向

生态环境与社会经济之间存在着什么样的关系？生态环境与社会经济耦合协调度如何？如何提升生态环境与社会经济的耦合协调水平？如何走上生态环境与社会经济耦合协调之路？如何促进生态经济高质量发展？这些问题，不仅是当今学术界正在研究、急于破解的重要学术命题，更是我国和世界上其他国家亟待解决、着意突破的重大时代课题。正如前文所言，国内外对生态经济所进行的研究，往往局限在针对生态经济研究对象、制约因素、理论依据等方面的研究，体现出规范分析较多，实证研究不足；理论研究宽泛，系统论述缺乏；"拿来主义"普遍，"本土改造"不力等特征。针对这一状况，本书从生态经济思想理论体系的论述出发，对河南省生态环境与社会经济耦合协调度进行研究，并对河南省生态经济高质量发展的路径进行探析，可以说是一次"勇闯无人区"的尝试，同时又是一次"独游褒禅山"的探索。然而，一方面，时间较为紧迫；另一方面，本书作者的能力和水平有限，也就决定了本书所做的尝试多半只是浅尝辄止，所做的探索也注定点到为止。在未来针对生态环境与社会经济耦合协调度所进行的研究，还需要进一步深化，并做出进一步拓展。

首先，就生态环境与社会经济耦合协调度研究的广度来说，虽然本书针对河南省生态环境与社会经济耦合协调度进行研究分析，但河南省下辖18市之间，豫中、豫东、豫北、豫西以及豫南这些区域之间，其耦合协调度也需要进行系统分析，并给出切实可行的路径和建议。不仅如此，像黄河流域诸省份、中部地区各省及山河四省等，其生态环境与社会经济耦合协调度水平如何，和河南省的比较分析怎样等，也是很有意义的命题，有必要进行深层次探讨。

其次，就生态环境与社会经济耦合协调度研究的深度来说，针对河南省而言，如何更为有效地提升生态环境与社会经济耦合协调水平？如何从生态环境、社会经济的具体层面出发，对生态环境保护和社会经济发展策略进行研究分析？河南省下辖18市如何促进生态经济高质量发展？这些命题有待深入挖掘，以对各级政府的实际行动形成更有力的指导。

再次，虽然本书就生态经济高质量发展问题给出一些颇为具体的建议策略，但许多建议只是本书作者的初步构想，需要在各级政府的实际行动之中进行检验和修正，并结合实际情况做出调整，使之更加完善。只有经得起实践检验的理论研究才是有益的理论研究，因此，为了使本书的研究分析更适用于现实状况、解决现实问题，在未来的研究之中，需要形成更加坚实的理论体系，给出操作性更强、实用性更高的措施方法。

最后，虽然本书所采用的数据均为各级政府公布的统计数据，但有的时候国家和省份、省份和地市所公布的数据可能不尽相同，使得本书相关研究难免会出现不足之处，在此也请各位专家学者、青年才俊、民间有识之士不吝赐教，本书作者一定虚心接受诸位良师益友的批评指正。

参 考 文 献

［1］K. E. 博尔丁. 经济学与科学［M］. 丁寒，译. 香港：今日世界出版社，1977：42 – 29.

［2］蔡昉，都洋，王美艳. 经济发展方式转变及节能减排内在动力［J］. 经济研究，2008（6）：4 – 11.

［3］陈辉. 1 个五星、11 个四星，看河南国家新型工业化产业示范基地交出的答卷［N］. 河南日报，2022 – 07 – 21.

［4］陈薇，郭丁然. 新发展格局下的中部崛起 河南应该抓住哪些新机遇？［N］. 河南商报，2023 – 04 – 01.

［5］陈彦斌. 深化对供给侧结构性改革的认识［EB/OL］. 求是网，2023.

［6］程钰. 全国工商联发布 2022 年度万家民营企业评营商环境主要调查结论［N］. 中国日报，2022 – 11 – 04.

［7］创新传统 融合出彩｜两大关键词回眸河南文化产业发展非凡十年［EB/OL］. 河南文化网，2022.

［8］戴源. 探索生态经济发展的体系和路径［J］. 唯实，2010（10）：14 – 15.

［9］邓线平. 以“数实融合”推动新型工业化［N］. 工人日报，2023 – 04 – 25.

［10］第七次全国人口普查公报［EB/OL］. 中华人民共和国中央人民政府网，2021.

［11］典赛赛，殷焕举. 习近平生态文明思想探析［J］. 中共南昌市委党校学报，2017，15（1）：14 – 17.

［12］典型案例｜焦作市部分县区砖瓦窑厂环境污染问题突出［EB/OL］. 河南省生态环境厅官网，2022.

［13］段长桂，董增川，管西柯，等. 南京市经济发展与生态环境耦合协调关系研究［J］. 水力发电，2017，43（9）：5 – 9.

［14］段蕾，康沛竹. 走向社会主义生态文明新时代——论习近平生态文明思想的背景、内涵与意义［J］. 科学社会主义，2016（2）：127 – 132.

[15] 方彬楠，等．十年来我国退出过剩钢铁产能超 1.5 亿吨 ［N］．北京商报，2022 - 09 - 22.

[16] 耕地面积 19.179 亿亩，第三次全国国土调查主要数据成果公布 ［EB/OL］．央视网，2021.

[17] 关于公布全国城市黑臭水体排查情况的通知 ［EB/OL］．中华人民共和国住房和城乡建设部办公厅，环境保护部办公厅，2016.

[18] 关于河南省申报 2023 年重点流域水环境综合治理中央预算内投资计划项目的公示 ［EB/OL］．河南省发展和改革委员会网，2023.

[19] 关于印发《城市绿化规划建设指标的规定》的通知 ［EB/OL］．中华人民共和国建设部，1993.

[20] 关于印发河南省"十四五"现代能源体系和碳达峰碳中和规划的通知 ［EB/OL］．河南省人民政府网，2022.

[21] 关于印发《2021 - 2022 年秋冬季大气污染综合治理攻坚方案》的通知 ［EB/OL］．中华人民共和国生态环境部，2021.

[22] 国家发展改革委，自然资源部．全国重要生态系统保护和修复重大工程总体规划（2021 - 2035）［R］．2020.

[23] 国家环保总局，中共中央文献研究室．新时期环境保护重要文献选编 ［M］．北京：中央文献出版社、中国环境科学出版社，2001.

[24] 国家统计局河南调查总队．2017 年河南省国民经济和社会发展统计公报 ［R］．河南省统计局，2018.

[25] 国家统计局河南调查总队．2022 年河南省国民经济和社会发展统计公报 ［R］．河南省统计局，2023.

[26] 国务院三峡办有关负责人解析三峡生态环境现状 ［EB/OL］．中华人民共和国中央人民政府网，2007.

[27] 韩鑫．以智能制造推动产业升级（人民时评）［N］．人民日报，2022 - 09 - 26.

[28] 郝栋．绿色发展道路的哲学探析 ［D］．北京：中共中央党校，2012.

[29] 河南空气污染又严重了谁在作怪 ［EB/OL］．搜狐焦点郑州站，2016.

[30] 河南旅游概况 ［EB/OL］．河南省人民政府网，2023.

[31] 【河南 70 年】环境保护扎实推进生态文明建设日益加强 ［EB/OL］．河南省统计局，2021.

[32] 河南：生态环境损害问题追责问责 128 人，其中厅级 14 人 ［EB/OL］．北青网，2022.

［33］"河南生态旅游年"活动在西峡启动［EB/OL］.西峡网，2009.

［34］河南省流域水污染防治联防联控制度［EB/OL］.河南省水利厅，2019.

［35］河南省人民政府关于印发河南生态省建设规划纲要的通知（豫政〔2013〕3号）［EB/OL］.河南省人民政府网，2013.

［36］河南省社会科学院课题组.非凡十载话河南出彩中原谱新篇——河南经济发展报告（2023）［M］.北京：社会科学文献出版社，2022.

［37］河南省生态环境厅第二轮中央生态环境保护督察整改落实情况报告［EB/OL］.河南省生态环境厅官网，2023.

［38］河南省"十四五"林业保护发展规划［EB/OL］.河南省林业局网，2022.

［39］河南省文物局.黄河国家文化公园形象标志在洛阳试推出［EB/OL］.河南省人民政府网，2023.

［40］河南外出人口都去哪了？［EB/OL］.河南省统计局，2021.

［41］侯冰玉."粮食生产"这张王牌怎么打？河南有这些"密码"！［N］.大河报，2023-03-10.

［42］胡鞍钢，门洪华.生态经济与绿色崛起——关于中国发展道路的探讨［J］.中共天津市委党校学报，2015（1）：19-30.

［43］胡鞍钢，张新.建设美丽中国加快迈进生态强国时代［J］.国际税收，2018（1）：6-12.

［44］湖南省环境保护厅.关于推进湖南生态强省建设的初步探索［R］.湖南两型社会与生态文明建设报告，2017.

［45］黄汉江.投资大辞典［M］.上海：上海社会科学院出版社，1990.

［46］黄浩涛.生态兴则文明兴生态衰则文明衰——学习习近平总书记关于生态文明建设的重要论述［EB/OL］.人民网，2015.

［47］黄贤金.开展生态GDP核算推进生态文明建设［N］.新华网日报，2013-08-20.

［48］家豫企上榜"2022中国企业500强"［EB/OL］.河南省人民政府网，2022.

［49］贾学军，彭纪生.经济主义的生态缺陷及西方生态经济学的理论不足——兼议有机马克思主义的生态经济观［J］.经济问题，2016（11）：1-7.

［50］江泽民.必须把实施可持续发展战略始终作为大事来抓——1996年7月16日在第四次全国环境保护会议上的讲话［J］.环境保护，1996（8）：2-3.

［51］江泽民.江泽民论有中国特色社会主义（专题摘编）［M］.北京：中央文献出版社，2002（8）：282.

［52］江泽民.江泽民文选（第3卷）［M］.北京：中央文献出版社，2006.

［53］姜虹．我国生态经济面临的困境与对策探讨［A］//中国科学技术协会、天津市人民政府．第十三届中国科协年会第6分会场——生态经济与沿海城市可持续发展战略研讨会论文集［C］．2005.

［54］姜学民，时正新，王全新，等．我们对生态经济学研究对象几种不同认识的看法［J］．农业经济问题，1984（5）：60-61.

［55］蒋南平，向仁康．中国生态经济发展的若干问题［J］．当代经济研究，2013（2）：50-54.

［56］焦艳，李合亮．习近平生态经济发展理念的形成及内容［J］．中共天津市委党校学报，2017，19（2）：39-44.

［57］结构调整稳步推进 发展优势显著增强——党的十八大以来河南经济结构调整成就［EB/OL］．河南省人民政府网，2022.

［58］金小方，詹玉华．当代中国生态经济理论的思想来源和构建［J］．华东经济管理，2017，31（7）：62-67.

［59］靳涛，踪家峰．中国转型期粗放式经济增长模式探讨［J］．改革，2005（8）：18-22.

［60］空气质量不升反降 河南通报4地大气污染突出问题［EB/OL］．央广网，2018.

［61］莱斯特·R.布朗．生态经济——有利于地球的经济构想［M］．林自新，等译．北京：东方出版社，2002.

［62］李春发，李红薇．促进生态文明建设的产业结构理论及应用［M］．北京：科学出版社，2015.

［63］李乐乐，彭可，田光明．绿水映青山中原出新彩［N］．中国水利报，2022-12-15.

［64］李胜连．鄱阳湖生态经济区资源型产业绿色发展制约因素及对策研究［J］．工业安全与环保，2004，40（10）：25-27.

［65］李向阳．浅议生态文明城市建设［J］．建筑工程与技术，2015（2）：2-4.

［66］李晓东，文倩，李小弯．河南省生态文明水平时空分异及关联分析［J］．中国农学通报，2019（1）：95-101.

［67］李鑫．浅析中国经济新常态的提出［J］．中国市场，2017（25）：29-30.

［68］李雪松，孙博文，吴萍．习近平生态文明建设思想研究［J］．湖南社会科学，2016（3）：14-18.

［69］李彦龙．哲学视野中的生态经济［D］．北京：中共中央党校，2004：1-2.

［70］李周．中国生态经济理论与实践的进展［J］．江西社会科学，2008（6）：

7 - 12.

[71] 联合国开发计划署. 中国人类发展报告2002 绿色发展必选之路 [M]. 北京：中国财政经济出版社，2002.

[72] 梁家河 [M]. 西安：陕西人民出版社，2018.

[73] 梁洁，张孝德. 生态经济学在西方的兴起及演化发展 [J]. 经济研究参考，2014（42）：38 - 45.

[74] 梁前德. 基础统计 [M]. 北京：高等教育出版社，2011：35 - 37.

[75] 两会政府工作报告丨数说这五年 [EB/OL]. 新华网，2023.

[76] "两山" 诞生地浙江安吉 [J]. 江南论坛，2018（1）：65.

[77] 刘海霞，王宗礼. 习近平生态思想探析 [J]. 贵州社会科学，2015（3）：29 - 33.

[78] 刘浩，张毅，郑文升. 城市土地集约利用与区域城市化的时空耦合协调发展评价——以环渤海地区城市为例 [J]. 地理研究，2011，30（10）：1805 - 1818.

[79] 刘鹏. 习近平生态文明思想研究 [J]. 南京工业大学学报（社会科学版），2015，14（3）：21 - 28.

[80] 刘瑞朝，彭飞. 河南将按 "一核一区三屏四带多廊道" 布局规划建设森林资源 [N]. 大河报，2022 - 10 - 16.

[81] 刘思华. 经济可持续发展论——经济可持续发展论丛（10 卷） [M]. 北京：中国环境科学出版社，2004：12.

[82] 刘希刚，王永贵. 习近平生态文明建设思想初探 [J]. 河海大学学报（哲学社会科学版），2009（4）：33 - 37.

[83] 刘燕华. 风能和太阳能无法上网与行业垄断有关 [N]. 人民日报，2010 - 03 - 02.

[84] 刘勇. 河南生态省建设的产业发展路径 [J]. 华北水利水电学院学报（社会科学版），2010，26（4）：17 - 19.

[85] 刘於青. 党的十八大以来习近平同志生态文明思想研究综述 [J]. 毛泽东思想研究，2016，33（3）：74 - 78.

[86] 鲁春阳，宋昕生，杨庆媛，等. 城市人居环境与经济发展的协调度评价——以重庆都市区为例 [J]. 西南大学学报（自然科学版），2008（6）：121 - 125.

[87] 陆娅楠. 10 年来单位国内生产总值能耗年均下降3.3 [N]. 人民日报，2022 - 10 - 09.

[88] 路娇. 河南森林城市建设17 年：让城市融入大自然 打造宜居宜业宜游生活空间 [N]. 大河报，2022 - 12 - 09.

［89］"旅游立省"（2009—2011）三年目标［EB/OL］.河南省人民政府网,2009.

［90］罗必良.中国生态经济学:回顾、反思和重构［J］.农村经济与社会,1993（1）:16-24.

［91］马传栋.论生态经济学的研究对象和内容［J］.文史哲,1984（3）:93-99.

［92］马传栋.生态经济学［M］.济南:山东人民出版社,1986.

［93］马丽,金凤君,刘毅.中国经济与环境污染耦合度格局及工业结构解析［J］.地理学报,2012,67（10）:1299-1307.

［94］毛军吉.生态强国之梦［M］.北京:社会科学文献出版社,2014.

［95］2022年河南商务"成绩单"出炉,四大亮点一文全览［EB/OL］.河南省商务厅,2023.

［96］2021年河南省国民经济和社会发展统计公报［R］.河南统计局,2022.

［97］2022年河南省研究与试验发展（R&D）经费投入统计公报［EB/OL］.河南省人民政府网,2023.

［98］2020年全国各省市法人单位数量排行榜［EB/OL］.华经情报网,2021.

［99］2023-2028年中国电子商务行业市场前瞻与投资战略规划分析报告［R］.前瞻产业研究院,2023.

［100］牛瑞芳.坚定走好河南生态优先、绿色发展之路［J］.人大建设,2021（5）:3-8.

［101］农业部关于印发《到2020年化肥使用量零增长行动方案》和《到2020年农药使用量零增长行动方案》的通知［EB/OL］.中华人民共和国农业部官网,2015.

［102］潘荔.当代中国共产党人生态文明建设思想探析［J］.科教导刊（电子版）（中旬）,2015（5）:4-5.

［103］齐卫平,赵雷.中共八大关于社会主要矛盾结论的认识分歧及其后果［J］.河南师范大学学报（哲学社会科学版）,2001,28（4）:31-37.

［104］乔标,方创琳.城市化与生态环境协调发展的动态耦合模型及其在干旱区的应用［J］.生态学报,2005（11）:211-217.

［105］邱然,等."正定确实是近平同志从政起步的地方"——习近平在正定［N］.学习时报,2021-09-26.

［106］全国湿地展播｜河南:河流湿地润泽中原［EB/OL］.国家林业与草原局,2022.

［107］全球绿色发展署.全球绿色发展署的信息手册［C］.墨尔本,2009.

［108］让产业"含绿量"提升发展"含金量"［EB/OL］.中华人民共和国政

府网，2023.

［109］人民日报评论员. 让人民过上好日子［N］. 人民日报，2020 - 05 - 24(1).

［110］任杰，钱发军，李双权. 河南省生态系统胁迫变化研究［J］. 中国人口·资源与环境，2015（3）：169 - 171.

［111］任磊萍，李凡. 河南"四区三带"勾勒"美丽中原"［EB/OL］. 花木商情网，2012 - 12 - 13.

［112］任爽等. 吉林：以丰富森林资源为野生动植物提供良好环境［N］. 光明日报，2023 - 03 - 05.

［113］如何留住美丽"乡愁"？河南4万多个行政村人居环境整体提升群众满意度超九成［EB/OL］. 河南省人民政府网，2020.

［114］阮晓菁，郑兴明. 论习近平生态文明思想的五个维度［J］. 思想理论教育导刊，2016（11）：57 - 61.

［115］尚宇杰. 在水清岸绿中乘风破浪｜贵州推动长江经济带高质量发展观察系列报道［N］. 贵州日报，2022 - 12 - 29.

［116］申韬，李卉卉. "一带一路"沿线国家金融生态环境、经济增长耦合集聚效应分析［J］. 南洋问题研究，2018（2）：46 - 61.

［117］生态环境部通报11月和1 - 11月全国地表水、环境空气质量状况［EB/OL］. 中华人民共和国生态环境部，2021.

［118］省情［EB/OL］. 河南省人民政府网，2018.

［119］省情［EB/OL］. 河南省人民政府网，2023.

［120］十六大以来重要文献选编［M］. 北京：中央文献出版社，2006.

［121］"十四五"河南生态强省这样干：实施七个战略行动明确六项重点任务［EB/OL］. 河南日报，2022 - 03 - 05.

［122］石田. 评西方生态经济学研究［J］. 生态经济，2002（1）：46 - 48.

［123］宋晶，高旭东，王一. 创新生态系统与经济增长的关系［J］. 技术经济，2017（12）：23 - 29.

［124］孙菠. 中国环境库兹涅茨曲线的实证研究［D］. 长春：吉林大学，2016.

［125］滕藤. 生态经济与相关范畴［J］. 生态经济，2002（12）：2 - 6.

［126］汪同三：中国用全世界不到10%的耕地养活了20%的人口［EB/OL］. 中央纪委监察部网，2023 - 11 - 20.

［127］王传胜，尤飞. 生态经济学基础理论、研究方法和学科发展趋势探讨［J］. 中国软科学，2003（3）：131 - 138.

[128] 王东风. 河南九项举措推进生态强省 [N]. 中国绿色时报, 2021 - 11 - 11.

[129] 王海芹, 高世辑. 我国生态经济发展萌芽、起步与政策演讲: 若干阶段性特征观察 [J]. 改革, 2016 (3): 6 - 26.

[130] 王辉, 苑莹, 刘帆, 等. 辽宁省人口、经济与环境协调发展的空间自相关分析 [J]. 地理研究, 2013, 19 (3): 29 - 37.

[131] 王磊, 肖安宝. 习近平生态文明建设思想探论 [J]. 理论导刊, 2015 (12): 64 - 73.

[132] 王盛吉. 日本熊本县水俣病公害问题研究 (1956 年 - 1959 年) [D]. 上海: 华东师范大学, 2018.

[133] 王松霈, 徐志辉. 中国生态经济学研究的发展与展望 [J]. 生态经济, 1995 (6): 19 - 23.

[134] 王勇, 刘义飞, 刘松柏, 等. 中国水柏枝属植物的地理分布、濒危状况及其暴雨策略 [J]. 武汉植物学研究, 2006, 24 (5): 455 - 463.

[135] 王跃思, 姚利, 王莉莉, 等. 2013 年我国中东部地区强霾污染成因分析 [J]. 中国科学: 地球科学, 2014, 44 (1): 15 - 26.

[136] 魏晓璐, 蒋桂芳. 黄河文化: 华夏文明的重要源头 [N]. 河南日报, 2022 - 07 - 19.

[137] 翁伯琦, 唐龙飞. 福建建设生态强省的战略思考与若干对策 [J]. 福建农林大学学报 (哲学社会科学版), 2002, 5 (2): 5.

[138] 吴兑. 近十年中国灰霾天气研究综述 [J]. 环境科学学报, 2012, 32 (2): 257 - 269.

[139] 吴玉萍. 生态经济与生态经济学 [J]. 自然杂志, 2004, 26 (4): 238 - 242.

[140] 习近平: 高举中国特色社会主义伟大旗帜 为全面建设社会主义现代化国家而团结奋斗——在中国共产党第二十次全国代表大会上的报告 [EB/OL]. 新华网, 2022.

[141] 习近平. 关于《中共中央关于全面深化改革若干重大问题的决定》的说明 [EB/OL]. 中国共产党新闻网, 2013.

[142] 习近平. 弘扬人民友谊, 共同建设"丝绸之路经济带" [N]. 人民日报, 2013 - 09 - 08.

[143] 习近平. 既要 GDP, 又要绿色 GDP [N]. 浙江日报, 2004 - 03 - 19.

[144] 习近平. 决胜全面建成小康社会 夺取新时代中国特色社会主义伟大胜利 [R]. 中国共产党第十九次全国代表大会, 2017.

［145］习近平.绿水青山也是金山银山［N］.浙江日报,2015-08-24.

［146］习近平.努力推动我国生态文明建设迈上新台阶［J］.党的建设,2019(4):4.

［147］习近平.人民日报:在参加十二届全国人大四次会议青海代表团审议时的讲话［N］.杭州日报,2016-03-11.

［148］习近平.十二届全国人大二次会议贵州代表团审议政府工作报告讲话［N］.贵州商报,2014-03-10.

［149］习近平.在广东考察工作时的讲话［C］.习近平关于社会主义生态文明建设论述摘编,2017.

［150］习近平.在海南考察工作结束时的讲话［C］.习近平关于社会主义生态文明建设论述摘编,2017.

［151］习近平.在黄河流域生态保护和高质量发展座谈会上的讲话［J］.求是,2019(20):8.

［152］习近平.在省部级主要领导干部学习贯彻党的十八届五中全会精神专题研讨班上的讲话［C］.人民出版社单行本,2016.

［153］习近平.在十八届中央政治局第六次集体学习时的讲话［C］.新华网,2013-05-24.

［154］习近平.在中央城镇化工作会议上的讲话［C］.中八大以来重要文献选编(上),2014:589-602.

［155］习近平总书记关于中国经济高质量发展重要论述的发展历程与实践意义［EB/OL］.求是网,2023.

［156］席青.周恩来生态环境建设思想探析［J］.理论探索,2011(3):94-96.

［157］夏泰凤,董瑞芝.可持续发展与生态经济战略［J］.农村经济与科技,2005,16(5):6-7.

［158］谢丁.旅游产业与欠发达地区县域经济的耦合发展研究［D］.长沙:湖南师范大学,2010.

［159］星图数据.2022年双11全网销售数据解读报告［R］.2022.

［160］徐顽强,孙正翠,周丽娟,等.基于主成分分析法的科技服务业集聚化发展影响因子研究［J］.科技进步与对策,2016,33(1):59-63.

［161］许涤新.实现四化与生态经济学［J］.经济研究,1980(11):14-18.

［162］许庸.比利时马斯河谷烟雾事件［J］.环境导报,2003(15):20.

［163］颜珂,王鉴欣.山林披绿林下生金［N］.人民日报,2023-03-17.

［164］杨鹏,徐志辉.中国生态经济学研究存在的问题及今后研究的建议

[J]. 生态经济, 2001 (2): 1 - 4.

[165] 杨运星. 生态经济、循环经济、绿色经济与低碳经济之辨析 [J]. 前沿, 2011 (8): 94 - 97.

[166] "一季千斤、两季吨粮"! 河南公布高标准农田建设规划 [EB/OL]. 河南政府网, 2022.

[167] 伊诺泽姆采夫. 后工业社会与可持续发展问题研究——俄罗斯学者看世界 [M]. 安启念, 等译. 北京: 中国人民大学出版社, 2004.

[168] 郁红. 新版国家危险废物名录发布32种物质列入豁免清单 [N]. 中国化工报, 2020 - 12 - 01.

[169] 苑琳, 武巧珍. 实施生态优先原则、推动经济发展方式转变 [C] //全国高等财经院校《资本论》研究会. 2010年学术年第27届学术年会论文集, 2010: 32 - 33.

[170] 在城里"留得下""过得好"河南十年间城镇化率由41.99%提高到56.45% [EB/OL]. 河南省人民政府网, 2022.

[171] 战略性新兴产业十年成就回顾 [EB/OL]. 中华人民共和国国家发展和改革委员会网, 2023.

[172] 张健楠, 梁冰清. 人呵护山水 山水养育人——福建长汀38年水土流失治理记 [N]. 农民日报, 2021 - 12 - 10.

[173] 张景, 张松辉译注. 道德经 [M]. 北京: 中华书局, 2021.

[174] 张荣天, 焦华富. 泛长江三角洲地区经济发展与生态环境耦合协调关系分析 [J]. 长江流域资源与环境, 2015, 24 (5): 719 - 727.

[175] 张旭. 中国经济高质量发展的基础与方向 [J]. 红旗文稿, 2022 (5).

[176] 张燕. 黄河流域"绿""富"共赢 [J]. 中国经济周刊, 2022 (24): 73 - 96.

[177] 赵力文, 焦万益. 建设生态文明 共绘美丽河南——河南生态环境保护事业70年发展综述 [N]. 河南日报, 2019 - 09 - 27.

[178] 赵岩. 人工智能发展报告 (2022~2023) [M]. 北京: 社会科学文献出版社, 2023.

[179] 赵渊杰. 努力建设人与自然和谐共生的美丽中国 [N]. 人民日报, 2022 - 12 - 23.

[180] 正工. 白色污染危害大综合治理效益好——介绍废塑料回收利用科研成果 [J]. 适用技术市场, 1999 (1): 4 - 6.

[181] 郑州市人民政府. 郑州市出台《意见》实施"三线一单"生态环境分区

管控，2021.

[182] 中共中央　国务院印发《黄河流域生态保护和高质量发展规划纲要》[EB/OL]. 新华社，2021.

[183] 中共中央文献研究室. 建国以来毛泽东文稿（第五册）[M]. 北京：中央文献出版社，1991.

[184] 中共中央文献研究室. 习近平关于社会主义经济建设论述摘编 [M]. 北京：中共文献出版社，2017.

[185] 中共中央文献研究室. 习近平关于社会主义生态文明建设论述摘编 [M]. 北京：中央文献出版社，2017：3 - 4.

[186] 中国废旧轮胎问题研究 [J]. 中国轮胎资源综合利用，2017（10）：25.

[187] 中国环境质量公报 [R]. 国家环保总局网站，1996.

[188] 中国能源大数据报告（2023）[R]. 中能传媒研究院，2023.

[189] 中华人民共和国统计局. 中国统计年鉴 [M]. 北京：中国统计出版社，2019.

[190] 中华人民共和国统计局. 中国统计年鉴 [M]. 北京：中国统计出版社，2022.

[191] 周光迅，周明. 习近平生态思想初探 [J]. 杭州电子科技大学学报（社会科学版），2015，11（4）：35 - 40.

[192] Costanza R. What is ecological economics？[J]. Ecological Economics, 1989 (1): 1 - 7.

[193] Global Trend in sustainble Energy Investment 2010 [R]. UNEP and New Energy Finance, 2010.

[194] Herman E. Daly. Toward Some of Sustainable Development [J]. Ecological Economics, 1990 (2): 1 - 7.

[195] Jaeger W. A theoretical basis for the environmental inverted-U cure and implications for international trade [D]. Williams College, 1998.

[196] Lopezl R. The Environment as a Factor of Production: The Effects of Economic Growth and Trade Liberalization [J]. Joumal of Environment Economics & Management, 1994, 27 (2): 163 - 184.

[197] Nancy L. Stokey. Are there Limits to Growth [J]. International Economics Review, 1989, 39 (2).

[198] Neha. The Income Elasticity of Non-Point Source Air Pollutants: Revisiting the Environmental Kuznets [J]. Economics Letters, 2002 (77): 387 - 439.

[199] Robert Alan Frosch, N. E. Gallopoulos. Strategies for Manufacturing [J]. Scientific American, 1989, 261 (3): 94 – 102.

[200] Suri V, Chapman D. Economic growth, trade and energy: Implications for The Environmental Kuznets Curve [J]. Ecological Economics, 1998, 25 (2): 195 – 208.

后 记

"人生天地间，忽如远行客。"人生之路犹如远行，须跋山涉水、翻山越岭；做学问也是如此，须逢山开路、遇水搭桥。于本书作者而言，每一次选题，都是一次重大的人生选择，必须要思前想后、慎之又慎，因为每一个课题无疑是一座高山，能不能到达顶峰，不仅要看自己是否具备充足的体力和足够的智慧，还要看是否有充分的外力作为支撑、是否有完善的服务网络作为凭借。还好，本书作者足够幸运，每次在遇到阻碍难以突破时，都会得到专家、同事的热心帮助；每次在遇到难题难以解决时，都有社会友好人士施以援手。在撰写本书时也是如此。在资料准备期间，本书作者先后前往郑州市、洛阳市、新乡市、安阳市等多个城市进行调查研究，受到相关单位的大力支持，并力所能及地提供帮助；在课题攻关期间，本书作者得到河南科技大学商学院领导的鼎力支持以及多位同仁的大力协助。在此，特向对参与本书调研以及写作的专家、同仁表示衷心的感谢。

不仅如此，本书作者所教授的学生们也常常启发本书作者的灵感，拓宽本书作者的思路，使本书作者能够对相关课题不断向纵深挖掘，在内容上进行精耕细作，在语言上进行精雕细琢。学生们有直面问题的勇气，有找出问题的信心，有解决问题的决心，并能够吃苦耐劳、持之以恒，从学生们身上，看到我国科研的未来希望，并鼓舞着本书作者不断攀登、一路前行。在此，尤其要向要子博、邵千惠、李渊博等同学表达诚挚的谢意。

本书撰写分工情况：祖恩厚（河南科技大学）撰写第一章、第二章、第三章和第八章，王值（河南科技大学）撰写第四章和第六章，韩雷（河南科技大学）撰写第五章第二至四节和第十章，高燕（洛阳市中等职业学校）撰写第七章第一节和第二节，郭润加（河南科技大学）撰写第五章第一节和第九章第一节，季金鸽（河南科技大学）撰写第七章第三节和第九章第二节。最后由祖恩厚、王值和韩雷进行通稿和校对。

本书作者始终坚信：没有比脚更长的路，没有比人更高的山。攀山登岭、过岩越峰，苦在其中、难在其中，但爱也在其中、乐也在其中，人生的价值自然便在其中。

是终点，也是起点，以此自勉，是为记。